Wie könnte ich anders, als dieses Buch dem Fräulein Vicky zu widmen.

INHALT

Vorwort

Zusammen mit Vicky sind Ehefrau Sonja und ich im Januar 2020 in die Vereinigten Staaten von Amerika ausgewandert. Wir haben oft darüber diskutiert, ob wir Vicky den langen Umzug nach Übersee und die geplante Reise antun möchten oder ob sie nicht besser bei neuen Untertanen bzw. Herrchen und Frauchen aufgehoben sei.

Aus Erfahrung und dem Zusammenleben mit unseren anderen Katzen, welche Geschwister waren, unterschiedlicher nicht hätten sein können und beide im Jahr 2019 verstorben sind, wissen wir, dass jedes Tier einen eigenen Charakter und Persönlichkeit besitzt und es keine Regel für diese Situation gibt. Dadurch dass Vicky – wahrscheinlich bedingt durch ihre Erlebnisse vor und während des Tierheimaufenthalts – sehr auf uns fixiert ist, sind wir recht schnell zu dem Entschluss gekommen, sie würde es uns nicht verzeihen noch einmal verlassen zu werden. Und jeder Mensch, der mit Haustieren zusammenlebt, weiß, dass solch eine Situation extremer psychischer Stress für das Tier bedeuten kann.

Im Nachhinein hat sich herausgestellt, dass Vicky selbst die Reise im Flugzeug ohne Probleme weggesteckt hat und ihr ganzes Katzenwesen nach all den neuen Eindrücken, Sinnesreizen und Abenteuern im positiven Sinne bereichert wurde. Nicht nur hat sie viele überflüssige Pfunde durch ihre sportlichen Klettereien und Betätigungen verloren sowie neue körperliche Fähigkeiten hinzugelernt, sie ist sogar wesentlich neugieriger und entspannter geworden. Zusätzlich hat sie begonnen, immer neue Laute, Verhaltensweisen und auch Gestik zu entwickeln, was wir nur in geringerem Umfang von einer ihrer Stiefschwestern kannten.

Es erweckt den Anschein, dass der erhöhte Grad der Freiheit und des Lebens in immer wieder wechselnder Natur, Vegetationszonen und diversen Landschaften vermehrt ihre Urinstinkte und katzeneigenen Möglichkeiten zum Vorschein bringen und diese auf ein höheres Niveau heben konnte.

Aus Vicky's Sicht wird in diesem Buch über ihre erlebten Abenteuer, die Gedanken und Emotionen erzählt, welche sich im Verlauf der Reise durch den Westen und die zentrale USA ereignet haben. Da Vicky und ich nach wie vor noch sprachliche Verständigungsprobleme haben, konnte ich über so manchen Gedankengang von ihr nur mutmaßen und habe diesen nach bestem Wissen und Gewissen wiedergegeben.

In diesem Sinne wünsche ich viel Spaß beim Lesen und Miterleben von Vicky's einzigartigen Abenteuern.

Fotos und weitere Informationen:
Dank heutiger Technik konnten wir auf unserer Reise sowohl von Vicky als auch der atemberaubenden Landschaften hunderte bis tausende von Digitalfotos schießen und haben auch mehrere Kurzvideos gemacht.

Eine Auswahl der Bilder sind in Grautönen in diesem Buch abgebildet, wohl wissend, dass viel Intensität der Aufnahmen aufgrund dieser Limitierung entfällt. Insbesondere in Gegenden wie dem Yellowstone Nationalpark sind die Farben einzigartig und tragen zu einem Großteil des Gesamterlebnisses bei.

Um dem vorzubeugen, lade ich nach und nach Bilder und Kurzvideos bei Facebook und später auch Instagram hoch und hoffe dadurch das Mitreisen noch intensiver gestalten zu können.
Außerdem sind alle Bilder aus dem Buch sowie einige Videos auf meiner Homepage zu finden.

Facebook: @VickyAdventureCat
Instagram: @VickyAdventureCat
Homepage: https://philschubert.com

Mein altes (perfektes) Leben

Hach, ist das heute wieder ein wunderschöner Sommertag. Die Sonne scheint mir auf den Pelz und ich sitze im duftenden Gras. Das hat mein Herrchen erst gestern extra für mich wieder frisch gemäht und überall um mich herum blüht es in den verschiedensten Farben.

Wunderschön, dieses Kunterbunt. Einige der Blumen sind riesig, an einem langen dicken grünen Stiel mit großem gelbem Kopf und reichen weit in den Himmel. Dann ist da noch ein alter Obstbaum – ich glaube Apfelbaum nennt man so etwas. Das höre ich zumindest immer wieder meine beiden zweibeinigen Mitbewohner sagen.

Aber viel wichtiger ist das Ding vor mir, ein sogenannter Komposthaufen. Mein absoluter Lieblingsplatz. Herrchen hat ihn vor ein paar Jahren dort aufgebaut, wahrscheinlich für mich und meine zwei Stiefschwestern, vermute ich. Toll gelegen und umgeben von zwei dicht gewachsenen Hecken. Überall um dieses Ding herum leben Mäuse, leckere knackige Mäuse – wie mir das Wasser im Mäulchen zusammenläuft, wenn ich nur daran denke. Aber das Beste ist, dass ich einfach nur hier kurz warten muss, bis so ein Leckerbissen mir direkt vor die Pfoten läuft. Dieser Ort ist wahrlich das Paradies.

Da fällt mir ein, ich habe mich noch gar nicht vorgestellt.

Alle hier nennen mich Vicky und sagen, ich wäre eine schwarze Katze. Ich habe ein Auge und den ersten Abschnitt meines Lebens im Tierheim verbracht. Und irgendwann bin ich dann hier gelandet, bei Frauchen und Herrchen und meinen beiden Stiefschwestern. Diese waren ebenfalls schwarze Katzen – zweiäugig, jede von ihnen. Leider sind sie beide vor einigen Monaten verstorben. Anfangs hatten wir noch ziemliche Meinungsverschiedenheiten, und ich habe mich nicht besonders willkommen gefühlt. Aber das hat sich dann im Laufe der Zeit gelegt. Wir sind sogar teilweise zusammen auf die Jagd gegangen. Im Dreieck haben wir die Mäuse im Gebüsch umzingelt und ich durfte dann immer als erstes in den dornigen Rosenbusch hineinrennen, um die Leckerbissen zu meinen beiden Schwestern zu treiben.

Sina, die kleinere meiner Stiefgeschwister, war besonders klug. Frauchen und Herrchen haben sogar gemeint, sie konnte sprechen. Sie war die ganze Zeit unterwegs, hat sich immer etwas angesehen, irgendwo rumgeschnuppert, oder irgendetwas neues geplant.

Schmusi, die andere, war der gemütlichere Typ. Hat viel geschlafen, war aber dennoch bei jeder Tat dabei, wenn es darauf ankam. Das waren noch Zeiten.

Nun bin ich alleine, nur die Nachbarskatzen schauen ab und zu vorbei. Aber mit denen verstehe ich mich nicht besonders gut und es endet oft in Raufereien.

Aber ich schweife ab.

Frauchen und Herrchen sagen häufig, ich hätte tolle Pinsel-Ohren und auch sonst sehe ich aus, als wenn ich Wildkatzen-Gene in mir hätte. Das sehen sie auch an der Art, wie ich rennen und springen kann. Soll mir nur recht sein, das kann ich ganz und gar bestätigen.

In letzter Zeit bekomme ich auch immer öfter zu hören, ich sei zu dick und dass sie nicht verstehen, woher das kommt. Ich bekomme schließlich nicht übermäßig Futter und habe ja Bewegung. Dabei sehe ich mich selbst eigentlich überhaupt nicht als dick an. Einfach nur als, nun ja, wohlgenährt. Und woher das kommt, weiß ich nur zu gut. Denn es gibt hier nicht nur leckere Mäuse, sondern auch herzliche Nachbarn. Sehr tierliebe Nachbarn. Die natürlich auch Katzen sehr gerne haben. Und immer wieder ein Leckerli auftischen. Oder irgendwo Igelfutter rumstehen haben. Das mag ich schließlich auch sehr gerne, und sie machen es bestimmt nur für mich. Wie ich schon erwähnt habe, es ist das Paradies.

Mein Herrchen ist auch oft den ganzen Tag zuhause. Dann verbringt er viel Zeit in einem Raum, sitzt vor seinem Computer und redet häufig mit anderen, die ich aber nie sehen kann. Er nennt es immer Home-Office. Das ist so praktisch. Wenn ich etwas brauche, komme ich zu ihm und streiche um seine Beine. Manchmal ignoriert er mich einfach. Was auch verständlich ist, denn ich komme ja auch sehr oft ohne Grund zu ihm, einfach nur um zu schmusen und um bei ihm zu sein oder weil ich spielen will.

Aber dann gibt es wieder Situationen, die sind richtig ernst. Wenn ich Hunger habe, oder raus will. Oder beides. Und wenn er mich dann nicht beachtet, greife ich zu rigideren Mitteln (rigide – das Wort habe ich von meiner intelligenten Stiefschwester vor ein paar Jahren gelernt). Dann springe ich auf den Schreibtisch, trample auf seinem Laptop herum oder gebe laute nervige Töne von mir. Und wenn das auch nicht hilft, fange ich einfach an, an den Türen zu kratzen. Natürlich so, dass nichts kaputt geht. Aber Herrchen denkt trotzdem immer, ich zerkratze etwas, springt sofort auf, und erfüllt mir meinen Wunsch. So ein tolles Herrchen, ich mag ihn sehr.

Sobald er mir dann folgt, führe ich ihn meistens zuerst in die Küche. Dort steht immer ein großer weißer Behälter mit Katzenfutter. Ich liebe den Ton, wenn Herrchen oder Frauchen den Keramik-Deckel abnehmen – toller ist nur noch das Geräusch, wenn die Futter-Kringel in meinen metallenen Napf poltern.

In letzter Zeit bekomme ich allerdings auch immer öfter tagsüber Feuchtfutter. Das war früher nur am Morgen und abends der Fall. Macht mir aber gar nichts aus, denn es schmeckt mindestens genauso gut.

Während ich nun meine Mahlzeit zu mir nehme, verbringt Herrchen meistens die Zeit mit mir in der Küche. Er schnippelt entweder irgendwelches Obst klein und schüttet alles mögliche Zeugs in einen großen Glasbehälter, der dann ein sehr lautes Geräusch macht. Anschließend scheint es flüssig zu sein und er trinkt es.

Oder er drückt bei einem anderen Ding auf eine Taste, ein weniger lautes Geräusch ist zu hören und es riecht kurz darauf überall nach dem entstandenen Gebräu – ich glaube, das wird Kaffee genannt.

Sobald ich aber fertig bin mit meiner Speise, führe ich Herrchen weiter zur Terrassen-Tür – nicht ohne einen kurzen Stopp im Wohnzimmer einzulegen und mir ganz genüsslich meine Krallen an einem sogenannten Kratzbaum zu kratzen. Den haben Herrchen und Frauchen natürlich auch extra für mich gekauft – und für meine Stiefschwestern, glaube ich. Manchmal springe ich nach dem Krallen schärfen auch erst noch hoch, dann wieder herunter. Herrchen krault und streichelt mich dann meistens – eine Wohltat. Mir geht es so gut.

Nun ist aber doch endlich die Zeit gekommen, um in meinem Garten spazieren zu gehen.

Ich habe sogar ein kleines hölzernes und offenes Häuschen auf der Terrasse stehen. Sie nennen es immer Katzen-Lodge. Dort verbringe ich oft die Abende und genieße die untergehende Sonne. Und wenn es nachts nicht zu kalt wird, verbringe ich häufig die Zeit bis zum Morgen dort.

Dann muss ich allerdings wieder rein ins Haus – der Hunger lässt mir keine Wahl, und so früh am Tag verspüre ich meistens keine Lust, zu einem meiner lieben Nachbarn zu traben, um ihn wegen Futter aufzusuchen. Warum auch, Frauchen und Herrchen stehen doch sehr gerne extra für mich vor Sonnenaufgang auf. Ich kann mir keine besseren Mitbewohner vorstellen.

In meiner Lodge bin ich aber nicht nur bei Sonnenschein. Insbesondere wenn es draußen an einem Frühlings- oder Sommertag regnet, liebe ich es, in meinem kleinen Häuschen zu liegen und die frische Luft einzuatmen.

Wenn ich genug vom draußen sein habe, spaziere ich einfach durch die meistens offene Terrassentür wieder zurück hinein ins Wohnzimmer. Manchmal lege ich mich dann auf das große gemütliche Sofa. Aber ab und an schaue ich auch gleich wieder bei Herrchen vorbei, um ihm mitzuteilen, dass ich zurück bin. Und er mag es doch so, wenn ich ihm über den Schreibtisch und das Laptop schleiche, insbesondere wenn er durch das Gerät mit anderen spricht.

Später am Tag kommt dann auch Frauchen wieder nach Hause zu mir. Sie kann es immer kaum erwarten, mich zu sehen. Deshalb renne ich sofort zur Haustür sobald ich höre, dass sie da ist und schmiege mich um ihre Beine und miaue sie lautstark an. Irgendwann ist es dann soweit, und ich bekomme meinen nächsten Essensgang. Um sie nicht vor den Kopf zu stoßen, stürze ich mich natürlich auf die Futterschüssel und verhalte mich, als wenn ich kurz vorm Verhungern wäre.

Nach soviel Aufregung ist es aber wirklich an der Zeit, einfach mal alle Viere von sich zu strecken und ich schmeiße mich auf mein Sofa oder den Katzenbaum. Manchmal sitzt dann Frauchen dort auf meiner Couch, aber sie macht natürlich Platz für mich und legt mir noch eine Decke hin.

Nach einigen Stunden fühle ich mich erholt und voller Tatendrang. Ich suche Frauchen oder Herrchen auf, führe sie wieder in die Küche und anschließend zur Terrasse, und mache mich wieder auf den Weg. So verbringe ich einen um den anderen wunderschönen Tag in meinem perfekten Reich.

Niemals würde mir der Gedanke durch meinen kleinen Katzenkopf gehen, dass sich mein gemütliches und überschaubares Leben eines Tages komplett verändern könnte ...

Seltsame Dinge passieren

Es ist Freitag, soviel ich weiß, und ich liege auf dem Sofa im Wohnzimmer. Die herbstliche Sonne scheint zu den großen Fenstern hinein und wärmt mir angenehm mein flauschiges Fell. Meine kluge Stiefschwester hat einmal gemeint, die Wohnzimmer-Fenster sind so toll nach Süden ausgerichtet, darum hat man selbst in den kühleren Herbst- und noch viel kälteren Wintermonaten immer angenehm warme Sonnenstrahlen auf dem Sofa, das direkt an den Fenstern steht.

Ich fange an, mir mein schönes Fell zu putzen. Es glänzt dann immer so ganz besonders. Eigentlich ist jeder Tag gleich für mich in meinem Reich. Aber heute liegt etwas Merkwürdiges in der Luft, ich habe ein Gespür für so etwas. Bin schließlich Katze.

Gestern Nachmittag bereits, Frauchen kam gerade erst von ihrer Arbeit nach Hause, hat sie überall im Haus rum geräumt und geputzt. Als wenn wir Besuch erwarten würden. Ab und an kommen Frauchens oder Herrchens Eltern vorbei, oder Freunde – die ja auch meine Freunde sind. Aber es kam niemand. Das fand ich sehr seltsam.

Herrchen sitzt gerade wieder in seinem Zimmer und arbeitet am Laptop. Ich war vorhin erst dort und habe ihm den Weg in die Küche gezeigt und ihn angewiesen, mir Futter zu geben. Er hat für mich eine leckere Dose mit Lachs aufgemacht. Fisch liebe ich ganz besonders, und ich habe immer noch den Geschmack in meinem Mäulchen. Das Beste aber ist, dass jetzt auch mein wunderschönes Fell danach riecht. Gibt es ein besseres Parfum?

Plötzlich klingelt es. Das ist ungewöhnlich um diese Zeit. Für den Postboten ist es zu spät. Und wieder habe ich dieses Gefühl, dass etwas nicht stimmt. Nur was?

Herrchen eilt an mir vorbei zur Haustür und macht auf. Ich höre ihn mit jemandem sprechen. Und Schritte - fremde Schritte - die näher kommen. Gespannt strecke ich den Hals. Meinen kuscheligen Platz in der Sonne verlasse ich nicht, unter keinen Umständen. Ich rieche auch nichts, das ein hastiges Aufspringen und in die Küche eilen rechtfertigen würde. Aber was ist da los?

Mein Hals ist zu kurz. Wie soll ich nur je erfahren, was da vor sich geht? Ich springe vom Sofa runter und tapse nach vorne, ein vorsichtiger Blick um die Ecke kann nicht schaden. Die Sonne wartet sicherlich auf mich auf dem

Sofa, es ist schließlich mein Reich. Und wer weiß, vielleicht gibt's ja doch ein Leckerli?

Nein, ich kenne den Besucher nicht und er hat auch nichts zu essen dabei. Aber er wirkt sympathisch. Ich werde einfach mal zu ihm gehen und reibe mich an seinen Beinen, dann gibt er mir vielleicht doch noch etwas zum Knabbern. Gesagt, getan. Er fängt an mich zu streicheln, unterhält sich aber dabei weiter mit Herrchen.

Plötzlich klingelt es schon wieder. Der unbekannte Besucher und Herrchen gehen erneut zur Haustür und öffnen. Davor steht ein weiterer, mir absolut fremder Mann. Was soll ich tun?

Ich gehe zurück ins Wohnzimmer und beobachte die ganze Situation erst einmal. Ich werde wohl meinen Schmuse-Blick aufsetzen. Und schon kommen alle drei zu mir her. Endlich, ich werde weiter gestreichelt. Nur Fressen, das hat auch der zweite Besucher nicht dabei.

Die beiden Gäste und Herrchen gehen jetzt durch die einzelnen Zimmer meines Hauses. Herrchen zeigt und erklärt in jedem Raum alles mögliche. Dann gehen sie weiter in meinen Garten.

Ich hab's, die beiden Männer sind zu Herrchen gekommen, weil sie auch bei Katzen wohnen und von mir und meinem Reich gehört haben. Er erklärt ihnen wohl, worauf sie zu achten haben, dass meine Artgenossen das perfekte Leben führen können. Jawohl, so muss es sein. Ich bin beruhigt, die Sache scheint aufgeklärt.

Herrchen führt die Besucher kreuz und quer durch den Garten, dann verabschieden sie sich und er ist wieder bei mir. Ich gehe zurück auf mein Sofa und lasse die Sonne nicht länger auf mich warten. Ist das schön warm. Zeit, mit meiner Fellpflege fortzufahren.

Es müssen einige Stunden vergangen sein, ich habe wohl etwas gedöst und bin eingeschlafen. Ein schrilles Diiing-Dooong weckt mich schließlich.

Das darf doch nicht wahr sein. Schon wieder. Ich wüsste nicht, dass wir weiteren Besuch erwarten.

Herrchen eilt zur Tür. Frauchen ist auch dabei. Ach ja, sie kam ja vorhin von der Arbeit nach Hause und hat mich danach gefüttert. Mein anschließender Mittagsschlaf war anscheinend ziemlich ausgedehnt.

Ich merke gerade, dass es draußen bereits dunkel ist. Frauchen und Herrchen kommen mit dem ersten Besucher von heute Vormittag zur Tür herein, dahinter folgen noch eine Frau und ein Mann, die ich beide noch nie gesehen habe. Die sind mir unheimlich, besser ich renne davon und verkrieche mich. Soviel ich mitbekomme, gehen sie wieder durch alle Zimmer und anschließend in den nächtlichen Garten hinaus.

Diesmal dauert es nicht so lange, und Herrchen und Frauchen sind bald wieder ganz für mich da. Ich komme aus meinem Versteck und gehe zu ihnen.

Gerne würde ich ihnen sagen, wie toll ich das finde, dass sie anderen Menschen helfen, perfekte Frauchen und Herrchen für Katzen zu sein. Aber andererseits bin ich überhaupt nicht damit einverstanden, ständig fremde Besucher in meinem Reich zu dulden. Ich schwanke hin und her zwischen meinen Gedanken, lasse die Sache auf sich beruhen und reibe mich an Frauchens Beinen - Zeit für Abendessen.

Die nächsten Tage vergehen ohne besondere Ereignisse und ich denke nicht mehr weiter über die merkwürdigen Besuche nach. Die Luft wird herbstlicher und im Garten wird es Woche für Woche ungemütlicher. Ab und an beaufsichtige ich mein Herrchen noch bei der Gartenarbeit, aber meistens wird es mir schnell zu kalt und ich kontrolliere ihn von innerhalb des Hauses durch die großen Fenster.

Dann, plötzlich, geht es wieder los: Fremde Menschen kommen einfach zu allen möglichen Zeiten bei uns vorbei. Frauchen und Herrchen führen diese aber diesmal nicht durch das Haus, sondern geben ihnen Gegenstände, mit denen sie dann nach kurzer Zeit wieder verschwinden. Dinge jedweder Art, von kleinem Krims-Krams bis hin zu großen Möbelstücken. Und es sind jedes Mal andere Menschen! Unfassbar. Das passt überhaupt nicht zu meiner Wie-Menschen-bessere-Untertanen-sein-können Theorie.

So verschwindet nach und nach immer mehr aus dem Haus. Nach einigen Wochen habe ich mich jedoch daran gewöhnt und stehe meistens nicht mal mehr vom Sofa auf, wenn es wieder klingelt. Warum sollte ich mich auch ständig bei meinen wichtigen Tätigkeiten stören lassen?

Mittlerweilen ist es draußen oft kalt und regnerisch. Die meisten Dinge aus dem Garten und dem Haus sind verschwunden. Nur meine kleine Lodge steht nach wie vor noch auf der Terrasse, aber ich nutze sie nur noch selten, wenn die Sonne ab und an durch die dicken Wolken scheint.

Auf dem Sofa liegend schlummere ich vor mich hin. Das ist glücklicherweise auch noch da. Die letzten Tage sind zu meiner Freude etwas ruhiger geworden, die vielen Besucher weniger.

Dann klingelt es wieder. Ich tue so, als wenn ich nichts gehört hätte. Frauchen öffnet die Tür. Die Stimme kenne ich, Frauchens Freundin ist da.

Nun stehe ich doch auf, laufe zur Tür und streiche Ramona um die Beine. Und wie beabsichtigt, werde ich natürlich gestreichelt. Anscheinend schaut sie nur kurz vorbei, sie macht keine Anstalten ihre Jacke auszuziehen und herein zu kommen. Herrchen stößt zu uns.

Aber was hält er da in der Hand? Ach, es ist diese komische kleine Tragetasche, die aussieht, als wenn man winzige Menschen darin transportieren könnte.

Seltsam. Was will er nur damit? Ramona passt niemals hinein, Frauchen auch nicht. Er macht auch keinerlei Anstalten, die Tasche herzugeben. Dabei frage ich mich schon die ganze Zeit, warum die nicht auch einer der fremden Menschen irgendwann abgeholt hat.

Herrchen stellt die Tasche auf den Boden. Dann geht er zurück in das Wohnzimmer, wo er hergekommen ist. Ich schaue mir die Tasche wieder einmal genauer an. Manchmal habe ich darin schon Trockenfutter-Leckerli gefunden. Wer weiß, vielleicht ist ja noch etwas darin, das ich übersehen habe? Ich kann mir zwar nicht erklären, welche Zwergmenschen durch so etwas angelockt werden können, aber das soll mir auch egal sein. Mir schmeckt es schließlich auch.

Ich nähere mich der Tasche und mache den ersten Schritt hinein.

Schade, ich rieche nichts. Wird wohl nichts zum Futtern drin sein.

Ich bin schon dabei mich umzudrehen, da spüre ich wie mich jemand an meinem zarten Hinterteil versucht in die Tasche hineinzuschieben.

Was soll das? Das muss Ramona sein, sie versucht mich zu entführen. Warum unternehmen Frauchen und Herrchen nichts? Hoffentlich wurden sie nicht auch schon in eine andere Tasche gesperrt.

Ich weigere mich vehement, spreize die Hinterbeine auseinander, so dass ich mich außen an der Tasche abdrücken kann und stemme mich zugleich mit den Vorderbeinen gegen das Geschiebe. Dann höre ich Herrchens Stimme. Er redet mir zu, dass es nicht anders gehe und ich da hinein müsse. Es muss wohl schlimm um ihn stehen, wenn er so einen Unsinn redet. Ich sträube mich weiterhin. Ich muss mich befreien und Herrchen und Frauchen retten.

Doch nach ein paar Minuten verlassen mich langsam die Kräfte und ich plumpse in die Tasche. Hinter mir wird ein weiches Stoffgitter mit Reißverschluss zugemacht. Da sitze ich nun und weiß nicht wie mir geschieht. Ich schaue durch das Gitter hinaus und sehe, dass Ramona und meine beiden Mitbewohner ganz normal beieinanderstehen. Ich verstehe gar nichts mehr.

Dann hebt Herrchen die Tasche mit mir darin hoch und zusammen mit Ramona gehen wir hinaus. Ich werde den ganzen Fußweg hinunter zur Straße und den Parkplätzen getragen, dann steigen wir in ein Auto. Herrchen nimmt mich auf den Schoß und Ramona fährt los. Langsam mache ich mir Sorgen und bekomme Angst.

Was haben die mit mir vor? Wo fahren wir hin? Herrchen redet immer wieder auf mich ein und versucht mich zu beruhigen. Das lasse ich mir nicht gefallen! Jetzt mache ich erst recht Rabatz und maunze wild und laut. Sollen doch die beiden Angst vor MIR haben, schließlich könnte ich jederzeit die Tasche und das ganze Auto mit meinen großen Pranken zerreißen. Glück für sie, dass ich mich zu benehmen weiß!

Nach einer gefühlt endlosen Fahrt kommen wir an. Draußen stehen Bäume und Häuser. Herrchen steigt mit mir aus und geht in eines der Häuser hinein. Dort empfängt uns eine Frau und nimmt mich aus der Tasche.

Ich hab's! Wir sind zum Tierarzt gefahren!

Aber warum kommt dann Ramona anstatt Frauchen mit? Und warum kenne ich diese Frau nicht? Meine Leibärztin hat sich doch jedes Mal wunderbar um mich gekümmert!

Mir ist die Situation immer noch rätselhaft. Die Tierärztin fährt mit einem Metallgerät an meinem Fell entlang und es piept kurz. Anschließend überprüft sie noch meinen Herzschlag und dann darf ich auch schon wieder in die Tasche. Herrchen erhält ein Stück Papier und wir gehen wieder hinaus zu Ramona, steigen ins Auto und fahren los.

Auf dem Rückweg unterhalten sich Ramona und Herrchen über mich. Dabei schnappe ich auf, dass ich bei einem Amtstierarzt war und ein internationales Gesundheitszertifikat bekommen habe. Was auch immer das sein mag, ich fange wieder an zu protestieren. Nur wegen eines Stück Papiers muss ich Auto fahren? Unverschämtheit!

Aber auch diese Fahrt vergeht und wir kommen wieder in meinem Paradies an. Herrchen gehorcht mir und lässt mich sofort aus der Tasche und ich eile auf mein geliebtes Sofa, jedoch nicht ohne vorher noch kurz bei meinem Fressnapf vorbei zu schauen. Anschließend falle ich in tiefen Schlaf, von dieser Höllenfahrt in dem fremden Auto muss ich mich schließlich erst einmal erholen.

Die Zeit vergeht, und meine Wohnung wird immer leerer. Bis auf ein paar Tage, an denen ein weiterer mir unbekannter Mensch in meinem Reich war, um es schön weiß zu streichen, ist nichts weiter Ungewöhnliches passiert. Nur heute, da liegt etwas in der Luft. Wieder habe ich dieses Gefühl ...

Es ist bereits Abend, Herrchen und Frauchen haben den ganzen Tag Koffer gepackt und die letzten verbliebenen Gegenstände im Haus zusammengestellt. Wollen sie etwa verreisen? Da klingelt es. Herrchens Vater ist da. Sie fangen an, die vorbereiteten Sachen hinauszutragen. Was soll's, ich bin's ja gewohnt.

Einige Zeit später ist alles weg, nur die Transport-Tasche vom Tierarztbesuch steht noch da. Ich halte mich soweit wie nur möglich von ihr entfernt auf. Zum Verstecken habe ich leider nichts mehr.

Herrchen kommt auf mich zu. Ich mache mich unsichtbar. Das geht ganz einfach. Ich stelle mir lediglich vor, dass er mich nicht sehen kann. Klappt eigentlich immer, wenn ich irgendwo im Garten im Gebüsch liege oder im Haus hinter irgendwelchen Kartons oder Regalen. Nur in der leeren Wohnung scheint es aus unerfindlichen Gründen nicht zu funktionieren.

Er kommt näher. Er muss mich wohl sehen. Warum klappt mein Trick nicht mit-dem-sich-unsichtbar-machen?

Jetzt hebt er mich hoch. Ich ahne, was passiert. Und schon werde ich wieder in die Tasche hineingeschoben. Ich erkenne sofort die Schiebe-Technik, welche er an meinem bezaubernden kuschelig-pelzigen Hintern anwendet – es war also Herrchen, der mich damals zum Tierarztbesuch in die Tasche geschoben hat.

Wie konnte er nur! Und ich dachte, Ramona hätte niedere Absichten gehabt.

Ich bin verwirrt und gehe anschließend freiwillig hinein. Herrchen macht das Stoffgitter zu und zusammen mit seinem Vater und Frauchen gehen wir aus dem Haus hinaus. Dabei herrscht eine sentimentale Stimmung. Ich schnappe Phrasen auf wie „Das letzte Mal, dass wir diese Tür hinter uns schließen" und noch ein paar andere Worte, die mir wieder einmal zeigen, wie sehr wir Katzen den Menschen mental überlegen sind.

Nun steigen wir in ein Auto ein. Durch die Sehschlitze meiner Tasche erkenne ich die ganzen Gegenstände, die vorhin noch im Haus waren und jetzt im Fahrzeug sind. Auch meine Kratztrommel und Katzenklo sind da. Puh, immerhin etwas. Dann fahren wir los und in die dunkle Nacht hinein.

Nach einer gefühlten Ewigkeit kommen wir an und rollen in eine Hofeinfahrt. Ich höre einen Hund bellen. Dem Gebelle nach ist er jung und definitiv verrückt. Und wohl recht klein. Denn die Kleinen kläffen immer am lautesten. Ich kenne mich aus, bin hier naturgemäß Experte. Vielleicht ziehe ich ihn als Frühstück in Betracht.

Die Autotüren öffnen sich, ich werde mit meiner Tasche hochgehoben und wir gehen zur Haustür. Jemand macht sie von innen auf, wir gehen hinein und ich sehe am Ende des Ganges einen riesigen Hund stehen.

Oh, sowas aber auch. Nichts wie weg!

Herrchen und Frauchen gehen mit mir die Treppen hoch in das nächste Stockwerk und dort in ein Zimmer. Sie bereiten etwas vor. Dann machen sie mir das Gitter meiner Tasche auf, ich spaziere hinaus und sehe mich um.

Die Zimmertür ist geschlossen, einerseits komme ich nicht hinaus, andrerseits der Hund nicht herein. Herrchen sagt zu mir, dass wir hier für die nächsten zwei Tage bleiben. Ich habe erfahren, dass wir bei Herrchens Eltern im Haus sind und bin verdutzt.

Warum sind wir aus meinem Paradies in ein kleines Zimmer gezogen? Liegt es an mir, weil Frauchen und Herrchen soviel Futter für mich kaufen mussten und sie sich das Haus nicht mehr leisten konnten? Ich habe ein schlechtes Gewissen und krieche vorerst unter das Bett. Zumindest ist das Zimmer nicht leer, so wie es das Haus zuletzt gewesen ist.

Nach ein paar Minuten lassen mich meine beiden Untertanen alleine und gehen zur Tür hinaus. Zeit, den Raum genauer zu untersuchen.

Ich springe auf die Fensterbank und schaue hinaus in die dunkle Nacht. Gar nicht so übel, ich sehe viele Bäume und weiter hinten eine bewaldete bergige Landschaft. Vielleicht kann ich später mit Herrchen reden, dass ich morgen raus darf, um die Gegend zu erkunden.

Aber jetzt bin ich erstmal richtig müde. Das Bett sieht gemütlich aus, ich lege mich hinein und rolle mich zusammen. Frauchens und Herrchens Stimmen höre ich gedämpft aus dem Erdgeschoss und ich schlummere dabei ein.

Im Bauch eines Riesenvogels

Der nächste Tag verläuft weniger aufregend. Ich verbringe die Zeit in dem Zimmer und genieße die Aussicht. Leider lässt mich niemand raus. Macht aber auch nichts, denn aus dem Fenster sehe ich, dass es ziemlich trüb ist und kalt aussieht. Außerdem bellt immer wieder der Hund ein Stockwerk unter mir. Ich streife ab und an durch das Zimmer, schlüpfe zwischen den Regalen und unter dem Schreibtisch hindurch und erkunde so nach und nach jeden Winkel des Raums.

Dann springe ich wieder auf das Fensterbrett und folge gebannt den Bewegungen, die ich wahrnehme. Insbesondere die vielen Vögel, die in den Bäumen und auf der Terrasse unter mir hin und her springen, beobachte ich voller Interesse und sie lassen die Zeit schnell vergehen. Nicht, dass ich in meinem früheren Königinnen-Reich keine Vögel gehabt hätte. Sie waren in meinem Auge einfach nur nie wichtig genug, dass ich sie genauer unter die Lupe nehme. Wozu auch? Mit den Mäusen hatte ich mehr als genug Beschäftigung. Und die leckeren Nager schmeißen auch nicht aus heiterem Himmel ihre glibbrig-weißen Hinterlassenschaften auf mich herab.

Jetzt sehe ich, dass die Vögel verschiedene Futterstationen anfliegen. Was sie da wohl Leckeres zu essen bekommen? Vögel sind wahrlich seltsame Wesen. Ihr hektisches, aufgeregtes Treiben – noch viel schlimmer als das der Menschen. Tauben, wie merkwürdig sie sich bewegen. Die kleinen, immer panisch wirkenden Meisen. Und erst dieser irre Blick der Amseln! Furchtbar. Um nichts in der Welt würde ich mein über allem stehendes Dasein als Katze eintauschen wollen, um als Vogel oder Mensch zu leben.

Ich fange an, mit mir selbst zu philosophieren: Über das wunderbare und erhabene Leben als Katze, wie selbstverständlich und natürlich es nur ist, dass Menschen mir dienen und mich verehren, wie unverschämt doch Hunde sind mit ihrer Respektlosigkeit mir gegenüber.

Dann werde ich aus meinen Gedanken gerissen und Frauchen und Herrchen kommen zur Tür herein. Sie stellen mir neues Feuchtfutter und frisches Wasser hin. Nachdem ich mich satt gefressen habe, lasse ich mich mit Streicheleinheiten verwöhnen.

Anschließend bin ich wieder alleine. Durch das Fenster sehe ich, dass es allmählich draußen dunkel wird. Ich springe auf meinen Aussichtsplatz und beobachte weiter das bunte Treiben unter mir.

So vergeht der Tag und ich habe all die seltsamen Ereignisse der letzten Wochen schon fast wieder vergessen.

Der nächste Morgen naht und nach einigen Minuten gemütlichem Räkeln und Strecken stehe ich mit meinen Untertanen auf. Erneut überkommt mich ein seltsames Gefühl, ohne dass ich einen Grund erkennen kann.

Als ich mein Frühstück bekomme, ist die Sache schnell vergessen. Herrchen und Frauchen verlassen wieder das Zimmer. Ich höre sie die Treppen hinuntergehen und wie sie sich mit Herrchens Eltern unterhalten. Ich springe auf das Fensterbrett und mache mich weiterhin über die vielen Vögel lustig.

Nach einiger Zeit kommen meine beiden Untertanen zurück. Sie wirken aufgeregt, unruhig. Irgendetwas geht hier vor – betrifft es mich?

Herrchen redet jetzt mit mir, dass unsere Reise weitergeht. Was meint er nur? Ich überlege, ob ich nicht vorsichtshalber unter das Bett renne. Dorthin können sie mir nicht folgen. Noch bevor ich mich entschieden habe, hebt mich Herrchen mit seinen Händen hoch und probiert, mich in die Richtung meiner Tragetasche zu bringen.

Das ist es also! Nicht mit mir!

Wieder weigere ich mich mit allen Kräften und versuche, noch schnell unter das Bett zu flüchten. Aber Herrchen und Frauchen lassen nicht locker. Irgendwie schaffen sie es immer wieder und ich ergebe mich meinem Schicksal. Was bleibt mir auch anderes übrig, als ihnen ein weiteres Mal zu vertrauen?

Nach wenigen Augenblicken trägt mich Herrchen in meiner Tasche aus dem Zimmer und wir gehen die Treppen hinunter. Ich höre irgendwo in einem anderen Zimmer den verrückten Riesenhund bellen, kann ihn aber nicht sehen. Aus seinem Kauderwelsch-Gekläffe entnehme ich, dass er mir einen guten Flug wünscht. Ich nehme ihn nicht für voll und mich über ihn lustig machend, miaue ich zurück, ob er wohl schon jemals eine Katze mit Flügeln gesehen hätte.

Wir gehen zusammen mit Herrchens Eltern hinaus und steigen wieder in das Auto, was uns vor ein paar Tagen hierher gebracht hat. Kurz darauf fahren wir auch schon los. Wie immer, wenn mir etwas nicht passt, lasse ich es lauthals jeden um mich herum wissen und so kommt es, dass ich für eine lange Zeit mit kräftigem Miauen meine Mitfahrer über meine Situation aufzuklären versuche. Bis auf ein paar beruhigende Worte von Herrchen und Frauchen stoße ich allerdings auf Schweigen. Warum verstehen sie mich nur nicht? Sonst konnten sie mir doch auch jeden Wunsch von den Lippen ablesen! Ich probiere es einfach weiter und weiter. Jedoch vergebens. Können oder wollen sie mir nicht zuhören?

Abrupt werde ich aus meinen Grübeleien gerissen. Wir sind da. Um uns sind überall Autos und Menschen. Wir steigen alle aus, Herrchen trägt mich und wir gehen in ein riesiges Gebäude hinein. Frauen, Männer, Kinder überall. Ich sehe Leuchttafeln. Und Menschen, die in Schlangen vor irgendwelchen anderen Menschen hinter Tischen mit Computern stehen. Alle haben sie Koffer dabei. Wir bahnen uns unseren Weg durch die Massen und stellen uns schließlich in eine kurze Warteschlange weit im hinteren Bereich des Gebäudes.

Als wir an der Reihe sind, redet Herrchen mit einer Frau und einem Mann auf der anderen Seite eines Tisches. Dann geben sie ihnen unsere Koffer und diese verschwinden einfach so hinter der nächsten Wand.

Anschließend werde ich auf den Tisch gehoben und der Mann und die Frau schauen für einen kurzen Moment durch das Gitter zu mir in die Tragetasche hinein. Herrchen zeigt den beiden ein Stück Papier. Das ist doch das, was wir von der Amtstierärztin bekommen haben! Was hat das alles damit zu tun?

Nach ein paar Minuten Unterhaltung verabschieden wir uns von der Frau und dem Mann und gehen durch die Menschenmenge wieder hinaus zum Auto. Aber was ist mit unseren Koffern? Haben Herrchen und Frauchen schon vergessen, dass wir sie dabei hatten und die Wand unser Gepäck aufgefressen hat?

Wir steigen in das Auto ein und fahren los. Diesmal dauert die Fahrt nur wenige Minuten. Als ich in meiner Tasche aus dem Fahrzeug gehoben werde, sehe ich ein hohes Gebäude vor mir, was in der mittlerweile eingetretenen Nacht hell leuchtet. Ein paar Menschen stehen davor. Herrchens Vater lädt noch ein paar kleinere Taschen, Rucksack und mein Katzenklo aus dem Auto.

Dann passiert etwas Seltsames. Meine Untertanen verabschieden sich von Herrchens Vater und Mutter. Wieder einmal verstehe ich gar nichts mehr. Kommen die beiden denn nicht mit?

Herrchen hebt mich in meiner Tasche hoch, es wird sich noch ein weiteres Mal verabschiedet und dann gehen Frauchen, Herrchen und ich in das beleuchtete Gebäude hinein.

Dort sind mehrere Menschen, teils sitzen sie auf Sofas, teils stehen sie herum. Herrchen geht zu einem Tresen und klärt etwas mit einer Dame, die dahinter steht. Als er zurückkommt, nehmen er und Frauchen mich, die paar Gepäckstücke und mein edles Klo in die Hand und wir gehen in einen kleinen Raum mit Schaltern. Herrchen drückt einen der Schalter, die Tür schließt sich und der Raum setzt sich in Bewegung. Das ist mir unheimlich! Der Raum bewegt sich nach oben. Kurz darauf höre ich ein Klingel-Geräusch, die Tür öffnet sich wieder und wir steigen aus.

Aber wie kann das sein? Alles hat sich verändert! Anstatt des großen Eingangsbereichs des Gebäudes mit den vielen Menschen sehe ich nun einen leeren Gang, der weit nach hinten führt. Ich bin nur noch durcheinander. Wir gehen den Gang entlang und betreten schließlich ein Zimmer. Darin angekommen, stellen meine Untertanen ihre Gepäckstücke und mich auf den Boden und öffnen meine Tragetasche.

Vorsichtig steige ich hinaus und blicke mich um. In einem Eck des Raums sehe ich mein Katzenklo stehen. Etwas davon entfernt meinen Fressnapf und Wasserbehälter. Oh ja, nach diesem langen Tag habe ich einen Riesenhunger. Nichts wie hin. Frauchen füllt gerade etwas Feuchtfutter hinein. Sie meint, ich soll mich heute richtig satt essen, denn morgen darf ich nichts bekommen. Wie war das? Ich muss mich verhört haben. So oder so, satt esse ich mich in jedem Fall. Danach noch etwas Wasser schlecken.

Ich sehe mir weiter das Zimmer an. Es ist klein, mit einem Bett in der Mitte und einem abgetrennten noch kleineren Raum, in welchem eine Toilette, Waschbecken und Dusche sind. Das sieht interessant aus. Ich schleiche hinein und inspiziere zuerst die Toilette. Riecht spannend! Ich will mich daran reiben. Da kommt auch schon Frauchen und trägt mich wieder hinaus. Gerade jetzt, wo ich endlich etwas zu Schnuffeln gefunden habe. Mist. Ich sehe mich weiter um.

Was ist das für ein riesiger Vorhang? Da muss ich dahinter sehen. Kaum sitze ich auf der anderen Seite des Vorhangs, höre ich Frauchen sagen, ich soll sofort hervorkommen. Mir egal, ich ignoriere sie gekonnt, setze mich hin und begutachte das riesige Stück Stoff. Auch das riecht interessant und fasziniert beobachte ich die ein oder andere Staubfluse. Dann merke ich, wie der Vorhang zur Seite geschoben wird und Frauchen mich nach vorne trägt. Schade.

Aber ich bin sowieso müde und springe als nächstes aufs Bett. Frauchen seufzt nur noch, aber lässt mich gewähren. Aus dem Augenwinkel sehe ich noch, dass Herrchen und Frauchen jetzt auch etwas zu Abend essen, dann schlummere ich schon ein.

Am nächsten Morgen sind meine Untertanen früh wach und schon wieder sehr beschäftigt. Nach ein paar Minuten verlassen sie das Zimmer und murmeln etwas davon, dass sie kurz frühstücken gehen – jedoch nicht ohne mir auch noch zuvor etwas hinzustellen.

Ich verstehe sie manchmal einfach nicht. Warum gehen sie aus dem Zimmer, um etwas zu essen, obwohl sie mir einfach so leckeres Feuchtfutter aus der Tasche zaubern können?

Ich würde ihnen doch selbstverständlich etwas abgeben!

Sie müssen sich wohl schlecht dabei fühlen und vermeiden es daher, in ihrer untertänigen Position von meinem Königinnen-Essen zu kosten. Ist mir nur recht!

Nicht lange nachdem sie gegangen sind, höre ich sie schon wieder zur Tür hereinkommen. Dann geht alles ganz schnell, ich muss wieder in meine Tragetasche und zusammen mit dem Gepäck verlassen wir das Zimmer. Aber Untertanen, was ist mit meinem Katzenklo? Das habt ihr vergessen!

Wir steigen wieder in den kleinen sich bewegenden Raum, Herrchen drückt einen Knopf und ich spüre, wie wir nach unten fallen. Ein paar Momente später öffnet sich die Tür und wir sind zurück in dem großen Bereich mit einigen Menschen.

Herrchen unterhält sich kurz mit der Dame hinter dem Tresen, ich schnappe ein paar Worte auf, dass er mein Katzenklo dagelassen hat, und als er zurückkommt, gehen wir mit all unseren Sachen hinaus.

Dort wartet bereits ein gelbes Auto auf uns. Herrchen und Frauchen packen ihre Sachen in den hinteren Bereich des Autos und ich komme wieder mit ihnen nach vorne. Mittlerweile gewöhne ich mich an das Fahren in solch einem metallenen Ding.

Nach relativ kurzer Zeit sind wir erneut bei dem riesigen Gebäude von gestern und wir schlängeln uns genauso wie am Vortag durch die Menschenmengen hindurch, bis wir an einem Platz ankommen, an dem wir uns in eine Schlange einreihen.

Es geht sehr langsam voran und ich habe Zeit, mich etwas umzusehen. Da sind sich bewegende Tische, auf welche die Menschen ihre Gepäckstücke legen – nicht ohne vieles zuvor aus den Taschen auszuräumen. Die Dinge auf den Tischen bewegen sich dann in einen großen metallenen Kasten hinein und kommen auf der anderen Seite wieder heraus. Und auch die Menschen spazieren durch metallene Torbögen hindurch und in kleine, rundliche gläserne Bereiche hinein. Dort heben sie ganz merkwürdig ihre Hände, dann ertönt ein kurzes summendes Geräusch und manchmal piept es auch. Anschließend bewegen sie sich auf der anderen Seite hinaus und mancher wird dann von anderen schwarz gekleideten Menschen in einen abgetrennten Bereich gewunken. Was machen die da nur? Es ist alles sehr, sehr seltsam.

Dann sind wir an der Reihe, Frauchen und Herrchen stellen ihre Sachen auf die sich bewegenden Tische. Nur mich nicht - ich werde einem der schwarz gekleideten Personen in die Hand gedrückt, welche mich durch eine

Absperrung trägt und auf der anderen Seite auf Herrchen und Frauchen wartet. Die beiden gehen auch durch die metallenen Torbögen und Glasräume und als sie wieder bei mir sind, trägt mich der schwarz angezogene Mann in einen geschlossenen Raum und Herrchen und Frauchen folgen ihm.

Dann passiert etwas Unerwartetes: Herrchen öffnet meine Transport-Tasche, nimmt mich heraus und der Mann geht mit meiner Tasche davon. Herrchen versucht mich zu beruhigen – unnötigerweise, ich war natürlich ganz entspannt - und erklärt, dass meine Tasche jetzt auch untersucht werden muss. Untersucht? Was meint er damit nur wieder?

Nach kurzer Zeit habe ich meine Transport-Tasche zurück, schlüpfe hinein und wir drei gehen aus dem Raum hinaus und weiter und immer tiefer in das riesige Gebäude hinein. So viele Menschen überall. Und ab und an höre ich eine laute Stimme, ohne jemanden zu sehen. In ganz merkwürdigen Sprachen und aus mehreren Richtungen.

Irgendwann, nach gefühlt endloser Lauferei und entsprechendem Hin-und-her-Schwenken meiner Tragetasche, stellen meine Untertanen mich und ihr Gepäck ab und setzen sich neben mich. Nachdem wir ein paar Minuten so verweilen, kommt mir in den Sinn, dass sie mich ja eigentlich auch einfach aus der Transport-Tasche lassen können. Warum sollte ich auch hier drinnen rumsitzen, wenn ich außen Dinge erkunden kann?

Ich fange an, lautstark darauf hinzuweisen. Aber niemand macht mir auf. Dann eben noch lauter. Keine Reaktion. Nach einiger Zeit legt Herrchen seine Jacke über die eine Hälfte meiner Tasche, auf der ein weiteres Stoffgitter ist. Er meint, ich habe vielleicht Angst.

Keine Ahnung hat er! Ich will einfach raus!

So vergeht die Zeit und Herrchen und Frauchen fangen an, mich zu ignorieren.

Ich lasse meinen Blick durch eines der Sichtgitter meiner Tragetasche schweifen, welches in Richtung einer großen Glasfläche gerichtet ist.

Aber was sehe ich da auf der anderen Seite des Fensters?

Ein gigantischer Vogel, metallisch und weiß glänzend, läuft in unsere Richtung. Eigentlich ist es mehr ein Rollen, aber seit wann können Vögel rollen? Und seit wann sind Vögel so riesig?

Mir fällt fast das Auge heraus. Nach einigen Momenten bleibt der Monster-Vogel stehen. Seine Augen sind breit und hoch und ziehen sich quer über den ganzen Vorderkopf. Dann, nach einigen Minuten, kommt von rechts ein Rüssel, der sich langsam dem Ohr des Vogels nähert und anschließend dagegen stößt.

Ich muss träumen, so etwas kann es nicht geben. Ich kratze mich hinter dem Ohr und versuche aufzuwachen, aber nichts tut sich.

Nach gefühlt endlosem Warten und Grübeln werde ich aus meinen Gedanken gerissen. Auf der anderen Seite der Tragetasche sehe ich, dass meine beiden Untergebenen aufstehen, ihre Sachen und mich hochheben und wir uns anschließend in eine weitere Menschenschlange einreihen. Die habe ich vor lauter Aufregung gar nicht bemerkt!

Hat denn niemand von denen den Monster-Vogel gesehen?

Kurz darauf setzen wir uns in Bewegung, passieren eine Schranke und gehen eine Treppe hinunter.

Um uns sind überall Menschen. Dann lichtet sich vor uns die Menge. Als ich einen freien Blick erhasche, traue ich meinem Auge kaum. Wir sind in dem Rüssel unterwegs zu dem Riesenvogel!

Was ist nur mit Frauchen und Herrchen passiert, sind sie noch bei Sinnen? Zusammen mit all den anderen Menschen nähern wir uns immer mehr dem Vogelohr und ich sehe, wie die Personen vor uns darin verschwinden. Am Eingang des Ohres stehen sogar ein unverschämter Mann und eine Frau und begrüßen lächelnd die Menschen!

Jetzt sind wir an der Reihe und steigen hinein. So habe ich mir aber ein Vogelohr nicht vorgestellt, denke ich mir. Ich sehe Sitzreihen, welche immer wieder durch Wände und Gänge abgetrennt werden. Und auf den äußeren Seiten sind überall kleine helle Löcher, aus denen man hinaussehen kann.

Wir gehen weiter hinein in den Riesenvogel. Mittlerweile sind wir bestimmt schon durch den oberen Brustbereich hindurch. Dann halten wir an.
Herrchen packt all unsere Sachen und legt sie in eine Art Ablagebereich im inneren des Vogels. Dann nimmt er mich und meine Transport-Tasche und stellt sie auf den Boden vor einem Sitz. Oberhalb von mir ist eines der hellen Löcher. Frauchen kommt zur mir und setzt sich auf den Sitz über mir. Daneben nimmt Herrchen Platz. Durch mein Sichtgitter sehe ich mehr und mehr Füße und Schuhe in einigem Abstand auftauchen. Ich versuche, mir einen Reim aus all dem zu machen, komme aber zu keiner Erklärung. Über mir höre ich Frauchen und Herrchen miteinander reden.

So vergehen einige lange Minuten. Plötzlich ein lautes Geräusch. Der Boden vibriert. Ist das der Verdauungs-Apparat des Monster-Vogels? Erinnert mich an meinen Bauch, der knurrt und gurgelt auch manchmal so, wenn ich es mit den Mäusen übertrieben habe.

Ich bekomme Angst und meine Untertanen reden mir gut zu. Das ist mir aber egal und ich fange an, laut zu miauen. Das passt mir alles gar nicht! Eine Katze sollte niemals in einem Vogelbauch landen! Ich spüre einen Ruck, der Vogel bewegt sich rückwärts.

Rückwärts?

Um Himmels willen, merkt denn niemand was hier vor sich geht? Ich miaue noch lauter. Dann wieder ein Ruck und wir stehen still.

Jetzt fängt das Monster an, vorwärts zu laufen. Wieder eine Unterbrechung. Vorwärts, Kurve, Stopp. Dann höre ich ein Geräusch, als wenn die Hölle sich auftun würde. Der Vogel schreit. Mir geht durch den Kopf, dass es wahrscheinlich sogar ein Drache ist und er gerade Feuer speit. Davon habe ich gehört. Nur hätte ich nie gedacht, dass es diese Ungeheuer tatsächlich gibt!

Der nächste Ruck und mich drückt es nach hinten. Das Monster wird schneller und schneller, jetzt kann ihm niemand mehr entfliehen. Im nächsten Augenblick spüre ich, wie es aufhört zu rennen und wir vom Boden abheben.

Was wird als Nächstes passieren? Wo wird es uns hinbringen? Und warum macht sich keiner der vielen Menschen hier im Bauch des Ungetüms darüber Sorgen und Gedanken?

Nur ein Menschen-Baby schreit irgendwo weiter hinten, sonst sind alle ruhig und gelassen.

Ich muss sie retten und miaue lauter als ich es je getan habe. Irgendwann müssen die Menschen doch einmal aufwachen!

So vergehen die Stunden, aber an meiner Situation ändert sich nichts. Schließlich höre ich auf zu maunzen und füge mich meinem Schicksal. Bis auf die Tatsache, dass wir im Bauch eines Ungeheuers durch die Gegend fliegen und wahrscheinlich jeden Moment verdaut werden, ist ja nichts wirklich Schlimmes passiert. Also, was soll's. Ich fange an, die Sache entspannter zu sehen und beschließe, einfach zu schlafen.

Als ich wieder aufwache, kommt kein Licht mehr durch die Löcher in den Seitenbereichen des Monsters. Frauchen und Herrchen schauen nach mir und reden mir gut zu. Ich ignoriere sie. Diese armen Schafe. Merken nicht einmal, was vor sich geht und dass es jeden Moment das Ende sein kann. Ich drehe mich um und schlafe weiter.

Ein lautes Geräusch und ruckeln lässt mich aus meinem Traum erwachen. Es fällt wieder Licht durch die Seitenlöcher. Ich spüre, dass wir uns nach unten bewegen. Dann ein stärkerer Ruck, Lärm und der Monstervogel rennt wieder auf dem Boden. Nach und nach wird er langsamer, macht anschließend eine Kurve und nach ein paar Minuten bleibt er stehen.

Seltsam. Wir sind immer noch unverdaut. Wird er uns gleich ausspeien und seiner Drachenbrut zum Fraß vorwerfen?

Wir bleiben eine geraume Zeit ruhig sitzen und nichts passiert. Die Spannung wird immer unerträglicher. Herrchen öffnet einen kleinen Spalt den Reißverschluss meiner Tragetasche und streichelt mich. Ich miaue leise.

Dann ist es soweit, viele Menschen stehen auf und warten in den Gängen im Bauch des Ungeheuers. Worauf nur? Und warum sind sie nach wie vor so ruhig?

Frauchen und Herrchen bleiben noch mit mir sitzen. Die Menschen im Gang setzen sich in Bewegung und es wird leerer. Dann stehen auch wir auf und mit all unseren Sachen gehen wir durch den langen Gang zurück bis zum Ohr des Riesen-Vogels. Dort sind wieder der Mann und die Frau und ich höre, wie sie uns verabschieden.

Wir gehen durch das Ohr und sind plötzlich erneut in einem großen Rüssel. Nur dass es jetzt viel wärmer ist und alles sieht etwas anders aus. Mir egal, wir haben überlebt. Der Drache muss nicht bemerkt haben, dass wir in seinem Bauch mitgeflogen sind. Vielleicht liegt das Geheimnis darin, durch das Ohr ins Innere des Monsters zu klettern?

Ich grüble darüber nach. Herrchen und Frauchen treten mit mir aus dem Rüssel hinaus. Wir sind wieder in einem großen Raum mit vielen Menschen, die hektisch durch die Gegend laufen. Auch wir machen uns auf den Weg und gehen erneut durch lange Gänge.

Ich bin in Amerika!

Nachdem wir einiges an Strecke zurückgelegt haben, reihen wir uns wieder in eine Menschenschlange ein. Ich sehe in mehreren Metern Entfernung, dass die Menschen vor Schaltern anstehen, an welchen hinter Glas andere Menschen in Uniform sitzen.

Frauchen und Herrchen wirken müde, und das lange Warten in der Schlange scheint den beiden zu schaffen zu machen. Sie waren wohl doch nicht so entspannt im Bauch des Drachens, auch wenn sie sich nach außen so gegeben haben. Oder was sollte sonst der Grund sein, dass sie nicht geschlafen haben? Möglichkeiten gab es schließlich genug. Aber so sind sie nun mal, können ja auch nichts dafür, dass sie zur Gattung Mensch gehören.

Die beiden unterhalten sich und sind froh, dass bisher alles so gut geklappt hat, während mir die Kinnlade herunterklappt und ich mich frage, ob ihnen der Drachenritt etwa noch nicht gereicht hat.

Wir bewegen uns langsam, aber stetig in der Schlange voran. Dann liest Herrchen etwas vor und lächelt dabei – mir fällt allerdings fast ein weiteres Mal mein Auge heraus: „Welcome to Houston International Airport" und ergänzend meint er: „Willkommen in Amerika, Vicky!".

Amerika?

Davon haben mir meine Stiefschwestern immer wieder erzählt. Jedes Mal, wenn meine Untertanen für zwei oder drei Wochen weg waren. Dass sie nach Amerika geflogen sind zum Urlaub machen. Und jetzt bin ich hier? Vor Sprachlosigkeit bringe ich kein einziges Miau heraus.

Schließlich kommen wir beim Mann in Uniform hinter der Glaswand an. Frauchen und Herrchen unterhalten sich kurz mit ihm in einer mir unbekannten Sprache. Dann werde ich mit meiner Transport-Tasche hochgehoben. Der Uniformierte schaut, lächelt, und schon gehen wir weiter. Ich höre, wie sich Frauchen und Herrchen darüber wundern, wie einfach doch die Einreise mit mir war. Dabei haben sie soviel geplant, vorbereitet und sich auf alles mögliche gefasst gemacht.

Mir war das natürlich klar. Meinem verschmusten Blick kann niemand widerstehen. Selbst schuld, fällt mir dazu nur ein. Hätten sie mich in ihre Pläne eingeweiht, hätte ich ihnen von meinem immer wirksamen Trick erzählt.

Wir gehen ein paar Stufen hinunter. Dort sehe ich wieder die sich bewegenden Tische. Nur dass sie diesmal nicht so hoch und es sehr viele sind. Sie sehen nun auch mehr wie Bänder aus. Wir gehen zu einem davon und voller Aufregung sehe ich, dass Gepäckstücke darauf hin und her bewegt werden. Hier kommen also die ganzen Koffer raus, die vor vielen Stunden von der Wand aufgefressen wurden. Ich bin begeistert. Also doch ein sehr langer Verdauungs-Apparat? Wir warten ein paar Minuten, dann rennt Herrchen los und kommt mit einem unserer Koffer wieder zurück. Das Ganze wiederholt sich noch weitere dreimal, und mit einem vollgepackten Gepäckwagen manövrieren wir weiter durch die überall verteilt stehenden Menschen.

Als Herrchen meint, wir sind fast draußen – aus was auch immer – sprechen uns zwei freundliche Männer an. Ich verstehe die fremde Sprache wieder nicht, aber so wie ich es den Gesten entnehme, sind sie an dem Inhalt unserer vier Koffer interessiert. Herrchen erklärt kurz etwas, und wir gehen weiter.

Nach wenigen Augenblicken sind wir im Freien. Frauchen meint zu Herrchen, ob er wisse, wann der Bus kommt. Noch bevor sie Antwort bekommt, fährt ein großes Ungetüm vor. Herrchen übergibt mich an Frauchen, packt der Reihe nach alle vier Koffer und unsere Handgepäckstücke in das Ungetüm hinein und dann trägt er auch mich in meiner Tasche zu einem der Sitzplätze. Kommentarlos füge ich mich meinem Schicksal. Nach dem Flug im Drachenbauch bringt mich so schnell nichts mehr aus der Fassung. Aus meiner Transport-Tasche sehe ich, dass noch weitere Passagiere um uns verteilt sitzen.

Ein kurzer Ruck, und das Ungetüm setzt sich in Bewegung. Wenn ich so darüber nachdenke, erinnert mich die Art der Fortbewegung doch sehr an eine Autofahrt – nur eben in einem sehr großen Auto. Hauptsache kein Drachenbauch mehr.

Die Fahrt dauert nicht lange und Herrchen trägt wieder alle unsere Koffer und anderen Gepäckstücke hinaus und stellt sie auf einen der dort stehenden Gepäckwagen. Wir gehen wieder durch eine große Halle, dann lässt uns Herrchen alleine und reiht sich in eine weitere Schlange ein. Nach wenigen Minuten kehrt er zurück und wir führen unsere Tour durch die Halle fort und gehen am anderen Ende hinaus. Durch mein Sichtgitter sehe ich, dass dort alles voll mit Autos ist.

Wir laufen zu einem der Fahrzeuge. Herrchen öffnet es, befindet es für gut und fängt an, unsere Sachen hineinzuladen. Dann steigt Frauchen ein, ich lande auf ihrem Schoß und nachdem Herrchen auch mit an Bord ist, fahren wir los.

Frauchen meint zu Herrchen, wir müssten erst noch ein neues Katzenklo, Streu, Fress- und Wassernapf und Futter für mich kaufen. Einige Zeit später halten wir vor einem großen Laden an und die beiden kommen mit meinen neuen Sachen zurück.

Weiter geht die Fahrt, diesmal nicht so lange und wir rollen vor eine Doppelgarage, die neben einem hübschen Haus steht. Daneben ist eine schöne Grünfläche mit Bäumen zu sehen. Herrchen und Frauchen steigen aus und werden von einer mir unbekannten, sympathisch wirkenden Frau begrüßt. Herrchen spricht sie an, aber es sieht mir nicht so aus, als wenn meine Untertanen die Dame kennen würden. Seltsam. Dennoch unterhalten sie sich bestens. Herrchen erhält einen Schlüssel und wir gehen durch eine Seitentür in einen Garten und von dort zu einem kleinen blauen Häuschen.

Er sperrt die Tür auf und wir treten ein. Gemütlich sieht es hier aus. Nach langer Zeit wird mir das Stoffgitter meiner Transport-Tasche geöffnet.

Endlich. Ich tapse langsam hinaus, zuerst muss ich mich genüsslich strecken. Und ein kräftiges Gähnen kann ich auch nicht unterdrücken. Dann sehe ich mich um. Dort steht ein türkisfarbenes Sofa, etwas weiter hinten eine kleine weiße Küchenzeile, Kühlschrank und ein großer Tisch, mit Blumen und Keksen darauf. Daneben noch ein weiterer Tisch mit Stühlen. Ich bemerke auch viele Fenster und eine Tür, die in einen Garten führt. Weiter hinten im Haus ist noch mehr. Auf samtigen Pfötchen schleiche ich voran. Weiter geht es ins Badezimmer, das daneben muss das Schlafzimmer sein, mutmaße ich. Ist das unser neues Zuhause?

Ein Gefühl sagt mir, dass dem nicht so ist. Aber was machen wir dann hier?

Ich gehe zurück, irgendetwas riecht hier ... nach ... Hund! Aber weder sehe ich einen, noch höre ich Gebell. Widerlich dieser Gestank. Frauchen und Herrchen scheinen es nicht zu bemerken. Mich wundert immer wieder, dass Menschen trotz ihrer riesigen Nasen solch einen schlechten Geruchssinn haben.

Ich beschließe, die Tür in den Garten genauer zu inspizieren. Wie praktisch, sie hat einen Holzrahmen mit großem Glas in der Mitte. Ich schaue hindurch.

Draußen sehe ich eine weitere schöne Rasenfläche, umgeben von einem hohen Holzzaun, vor dem Blumen und Sträucher wachsen. Das Wetter ist herrlich mit strahlend blauem Himmel. Ganz anders als dort, wo wir noch vor einigen Stunden waren. Den Garten werde ich mir später genauer ansehen.

Jetzt muss ich aber zuerst dringend auf Toilette. Frauchen hat schon alles vorbereitet. Das Katzenklo ist nicht so komfortabel wie das, was ich in meinem alten Paradies hatte. Auch Privatsphäre ist nicht gegeben. Aber in der Not ist mir das egal.

Nachdem ich mein Geschäft erledigt habe, merke ich, welch großen Hunger ich doch verspüre. Auch da haben meine Untertanen schon vorgesorgt und ein voller Fressnapf steht bereit. Genüsslich schlecke ich ihn bis auf den letzten Krümel aus.

Jetzt wird es Zeit, zu schlafen. Warum ist es überhaupt noch hell draußen? Ich bin müde, als wenn tiefste Nacht wäre.

Ich mache mich auf ins Schlafzimmer, krieche unter das Bett, finde dort eine kuschelige Decke und rolle mich zusammen. Herrlich diese Ruhe und der Platz. Nach kurzer Zeit bin ich auch schon eingeschlafen.

Als ich aufwache, ist es stockfinster. Zumindest weiß ich, dass die Menschen das zu den entsprechenden Lichtverhältnissen sagen. Ich, als über ihnen stehendes Wesen im Katzenkörper, kann selbstverständlich im Dunkeln sehen. Ich stehe auf und blicke mich um. Irgendetwas passt mit der Zeit nicht. Es war viel zu lange hell. Und mein inneres Zeitgefühl sagt mir, dass es jetzt eigentlich wieder hell sein müsste.

Da sehe ich, dass auch Herrchen wach ist. Wie kommt das? Und Frauchen räkelt sich auch bereits. Dann sagt Herrchen zu mir, ob ich wohl auch einen Jetlag habe. Einen was, bitte?

Ich höre nicht weiter zu und fange an, durch die Wohnung zu spazieren. Herrchen steht auch auf und folgt mir. Nachts sieht es überall viel interessanter aus. Ich gehe zur Tür, die in den Garten führt und schaue durch das Fensterglas hinaus. Nichts los dort. In der Ferne höre ich Auto-Geräusche. Der Hundegeruch liegt immer noch in der Luft. Langsam gewöhne ich mich daran.

Herrchen ist in der Küche und trinkt etwas. Ich komme zu ihm und er füllt mir meinen Futternapf. Anschließend geht er zum Sofa, nimmt seinen Laptop aus der Tasche und fängt an, irgendetwas daran zu machen. Ich setze mich neben ihn und schaue ihm bei seinen Tätigkeiten zu. Nach einiger Zeit dämmert es draußen. Herrchen gähnt, ich mache es ihm nach und wundere mich erneut, warum ich jetzt schon wieder anfange, müde zu werden.

Wenig später steht auch Frauchen auf und Herrchen macht Kaffee. Ich beschließe, dass ich bereits satt bin, gehe zurück ins Schlafzimmer, springe diesmal auf das Bett und schlummere wieder ein.

Mitten im Traum schrecke ich auf. Ich höre Hundegebell!

Eilig putze ich mir notdürftig mein Fell, hüpfe vom Bett und schleiche in Richtung der Geräusche. Sie kommen eindeutig von draußen. Langsam nähere ich mich geduckt der Gartentür, richte mich vorsichtig auf und spähe, zuerst mit meinen Pinselohren und schließlich mit dem Auge durch das Glas hinaus. Dann sehe ich sie. Zwei durch den Garten tollende Hunde. Das darf doch nicht wahr sein. Soll ich mir den Rasen etwa mit diesen beiden Schlappohren teilen?

Herrchen kommt zu mir. Er meint, wir sind hier nur vorübergehend und bald kann ich wieder unbesorgt in die Natur hinaus. Ich glaube ihm und lasse mich vertrösten. Dann ziehen sich Frauchen und Herrchen ihre Schuhe an, sagen mir noch schnell, dass sie bald wiederkommen und schon sind sie zur Tür hinaus. Ich bin allein.

Erneut fange ich an, in der Wohnung auf und ab zu gehen und alles zu erkunden. Als Katze habe ich die wunderbare Gabe, soviel mehr zu sehen als der gewöhnliche Mensch. Und es gibt auf jeder Erkundungstour durch das kleine Haus neues zu entdecken und zu riechen.

So vergehen die ersten Tage für mich in Amerika. Meine beiden Untertanen sind viel unterwegs. Sie sagen, sie müssten Dinge organisieren. Oftmals kommen sie erst spät abends zurück.

Manchmal darf ich auch in den Garten, zu meinem Erstaunen nur mit Leine. Das ist sehr ungewohnt für mich und anfangs habe ich mich stark geweigert. Da das allerdings die einzige Möglichkeit für mich war, hinaus zu können, habe ich mich dem Ganzen gefügt und konnte so doch schöne Momente im Grünen verbringen.

Wie üblich, habe ich mich schon beinahe an mein neues Leben gewöhnt. Nach zwölf Tagen kam dann aber die nächste große Überraschung auf mich zu.

Raus aus Houston

Ich ertappe Frauchen und Herrchen in der Wohnung, wie sie alle ihre ausgeräumten Sachen wieder in ihre Koffer packen. Diesmal sind auch ein paar Kisten dabei. Ich denke nicht lange darüber nach, renne Richtung Schlafzimmer und unter das Bett. Die Zeichen sind klar, nicht mit mir.

Kurz darauf höre ich, dass Herrchen das Haus mit einem Koffer verlässt – nur um einige Momente später wieder zurück zu sein und mit dem nächsten Koffer zu verschwinden. Das geschieht ein paarmal. Ganz klar, die beiden packen zusammen und wir werden wieder woanders hingehen. Mein Gefühl, welches ich hatte als wir hier ankamen, hat mich nicht getäuscht. Dass es aber nicht einmal zwei Wochen sein werden, damit habe ich wahrlich nicht gerechnet. Ich muss dringend mit meiner Intuition sprechen, sie hat unbedingt zu lernen sich genauer zu informieren!

Dann ist es soweit, ich werde unter dem Bett hervorgeholt und wieder in meine Transport-Tasche gehoben. Anschließend trägt mich Herrchen hinaus und wir gehen zur Hofeinfahrt.

Seltsam, das Auto, mit dem ich hierhergekommen bin, steht gar nicht mehr da. Anstatt dessen ein riesiges weißes Etwas mit grauer Abdeckung über dem hinteren Teil.

Frauchen öffnet die Beifahrertür. Als ich hinein – oder besser, hochgehoben werde, sehe ich, dass viel mehr Platz ist als in allen anderen Autos, mit denen ich gefahren bin. Ich darf sogar vorne in der Mitte sitzen. Dort ist ein ganz normaler Sitz zwischen Frauchen und Herrchen, dessen Rückenlehne nach vorne geklappt wurde. Ich freue mich, einerseits weil ich meine Untertanen so näher bei mir habe, und auch weil ich durch die erhöhte Sitzposition aus den Fenstern sehen kann.

Frauchen und Herrchen stehen noch draußen, sie unterhalten sich gerade mit der netten Dame, welche uns hier empfangen hat. Es sieht aus, als wenn sie sich verabschieden würden. Dann steigen sie ein und machen die Türen zu. Herrchen sagt zu mir, ich soll jetzt nicht erschrecken – er dreht den Zündschlüssel und ich höre ein lautes polterndes Grollen.

Dann fahren wir auch schon los. Herrchen scheint von dem großen Auto begeistert zu sein, er schwärmt über den riesigen kräftigen Motor, den vielen Platz, auch hinten auf der Ladefläche – aha, deswegen ist eine graue Kabine dort – und wie leicht sich der Pickup-Truck doch mit dem Ziehen des

Wohnanhängers tun würde, zu dem wir jetzt fahren. Frauchen verdreht wegen seines Gefasels die Augen und ich zucke innerlich zusammen.

Was sagt er da? Wohnanhänger? Herrchen, wir müssen dringend reden!

Ich fange an, lautstark zu miauen. Frauchen versucht mich zu beruhigen. Natürlich ignoriere ich sie. Dann höre ich Herrchen sagen, er muss sich jetzt auf den Verkehr konzentrieren und dass auf der Autobahn durch Houston wahnsinnig viel los ist. Außerdem ist er das Fahren mit dem großen Truck noch nicht gewohnt. Ich grinse in mich hinein, die Schadenfreude kann ich nur schwer verbergen. Wahrscheinlich kehren wir jeden Moment um und fahren zurück zu dem kleinen Häuschen. Es kann sich wohl lediglich um Minuten handeln, da bin ich mir sicher.

Eine halbe Stunde später werden wir langsamer. Ich schaue aus dem Fenster. Hm, es sieht nicht nach der Gegend aus, wo wir in dem Haus gewohnt haben. Stattdessen sehe ich überall Wohnmobile und Wohnanhänger stehen – von ganz klein bis ganz groß. Oh nein, meine Untertanen machen ernst!

Wir fahren im Schritt-Tempo durch den Hof an langen Reihen vorbei. Schließlich halten wir an, steigen aus und Frauchen trägt mich zu einem Wohnanhänger, den Herrchen gerade aufsperrt.

Hm, ausgerechnet so einen Kleinen. Die Armen.

Als ich drinnen bin, machen mir meine beiden Untergebenen das Stoffgitter auf und ich schlüpfe hinaus. Dann kommt das Unfassbare.

„Willkommen in unserem Wohnanhänger, unserem neuen Zuhause!", höre ich Herrchen und Frauchen voller Freude zu mir sagen. Mir wird ganz anders. Ich bin fassungslos. Die beiden haben endgültig den Verstand verloren. Oder liegt es an mir? Habe ich sie finanziell ruiniert und wir müssen deswegen ab jetzt im Anhänger leben?

Kaum merke ich, wie desorientiert ich in der Gegend herumstehe, ganz eingenommen von meinen Gedanken, erringe ich meine Fassung wieder. Ich wäre nicht Katze, wenn ich nicht außerordentlich gut darin wäre, meine Gedanken und Gefühle unter Kontrolle zu haben! Sieht nicht so aus, als wenn Frauchen und Herrchen bemerkt hätten, dass ich mich habe gehen lassen – wie auch, die beiden armen Kreaturen sind ja immer noch voller Euphorie.

Also fange ich an, mich umzusehen und gehe vorsichtig ein paar Schritte nach vorne.

Eigentlich recht hübsch hier. Sieht modern und hell aus. Ich sehe eine Küchenzeile mit Herd und Backofen. Auf der linken Seite ist viel Stellplatz, rechts davon das Spülbecken. Ober- und unterhalb sind überall Schränke. Und eine Mikrowelle ist auch da. Als wenn die beiden sowas bräuchten ... nur einmal möchte ich, dass sie mich in ihre Planung einbeziehen, dann könnten sie sich diesen Krimskrams sparen.

Hinter mir ist ein weiterer Raum, Herrchen öffnet gerade die Tür. Dahinter verbirgt sich ein Badezimmer. Das sieht ja ganz normal aus! Toilette, Dusche mit Glaswand, Waschbecken, Schränke, alles da! Zwischen Eingangstür und Badezimmer finde ich noch einen großen Schrank.

Ich drehe mich um. Am anderen Ende des Wohnanhängers steht ein großes Bett, links und rechts davon Nachttischchen und Kleiderschränke, dahinter und darüber Bücherregale. Das sieht gemütlich aus, schon laufe ich los und springe auf das Bett.

Nach kurzem darin umherspazieren sehe ich mich weiter um. Gegenüber der Küchenzeile ist ein weiterer, offener Raum. Darin platziert ein Tisch und gepolsterte Sitzbänke. Links davon ist ein Kühlschrank. Ich bin überrascht. Oh, der ist ja genauso groß wie unser Kühlschrank in Deutschland!

Ich merke, dass Herrchen mich beobachtet. Dann meint er zu mir, dass es doch ganz schön hier wäre. Und wir schließlich viel Zeit draußen verbringen würden, in der Natur. Da wäre dann auch mehr Platz.

Ich schaue ihn an. Hat er etwa ein schlechtes Gewissen? Nachdem ich mich umgesehen habe, finde ich den Wohnanhänger gar nicht mehr so schlecht – aber für Herrchen lege ich natürlich meinen Ich-bin-traurig-Blick auf, die Situation mit seinem schlechten Gewissen lasse ich mir nicht entgehen. Klug wie ich bin, weiß ich, dass in solchen Momenten meistens eine Extra-Ration leckeres Futter für mich rausspringt.

Und nach kurzer Zeit ist es auch schon soweit, Herrchen und Frauchen wollen mich nicht traurig sehen und stellen mir einen gut gefüllten Fressnapf hin. So leicht durchschaubar sind sie, die beiden können einem wirklich leidtun.

Ich mache mich schamlos über das Futter her und gehe anschließend zurück zum Bett. Während dessen holt Herrchen Koffer für Koffer aus der Ladefläche des Trucks und Frauchen räumt alles in die verschiedenen Schränke ein.

Die Zeit vergeht und draußen wird es bereits dunkel. Kurz darauf schlummere ich tief und fest.

Am nächsten Morgen sind wir alle zeitig wach. Frauchen und Herrchen stellen mir meinen Futternapf wieder prall gefüllt hin. Danach machen sie sich selbst Frühstück. Das ist ziemlich lustig. Ich merke, dass sie noch nicht so genau wissen, wo sie welche Utensilien hingestellt haben. Oder die Lebensmittel.

Während Frauchen alles durchsucht, probiert Herrchen Kaffee zu machen. Nachdem ich meinen Napf ausgeschleckt habe, sehe ich ihm fasziniert zu. In Deutschland hat er ja immer nur den Knopf an einer Maschine gedrückt und innerhalb von wenigen Sekunden frisch gemahlenen und gebrühten, duftenden Kaffee bekommen. Hier scheint er mit der Situation überfordert. Nach einer gefühlten Ewigkeit hat er den händisch gemachten Kaffee fertig.

Nachdem die beiden ihr Frühstück beendet haben, räumen sie alles weg und ich muss mir meine Leine anlegen lassen.

Wie mir das zuwider ist.

Dann gehen wir hinaus. Zuerst denke ich, es wird ein Spaziergang. Aber Herrchen und Frauchen bringen mich zum Truck. Ganz ohne meine Transport-Box. Sehr seltsam.

Kurz darauf verschwindet Herrchen wieder. Im Rückspiegel sehe ich ihn am Wohnanhänger. Er geht hinein, einen Moment später beobachte ich wie eine Seitenwand nach innen fährt. Gespannt sehe ich zu. Plötzlich wirkt der Hänger noch kleiner!

Dann kommt Herrchen heraus, klappt die Einstiegs-Treppe ein und macht die Tür zu. Anschließend geht er auf die andere Seite des Wohnanhängers, öffnet eine Klappe und drückt ein paar Knöpfe. Ich sehe, wie sich unter dem Anhänger etwas bewegt und nach oben gezogen wird.

Frauchen erzählt mir jetzt, dass Herrchen alles bereit macht für die Abfahrt.

Nicht schon wieder Auto fahren, denke ich mir. Ich mag das doch überhaupt nicht!

Dann kommt Herrchen zurück und Frauchen steigt aus. Herrchen redet irgendetwas von Ankuppeln. Er lässt den Motor des Trucks an, wir fahren nach vorne und dann ganz langsam in einer Kurve zurück. Im Rückspiegel sehe ich, dass Frauchen hektische Gesten macht. Herrchen lässt die Seitenscheiben hinunter und antwortet genauso hektisch zurück. Ich finde die beiden lustig. Wenn sie sich nur selbst sehen könnten.

Nach langer Zeit kommt Frauchen zurück und Herrchen steigt aus. Dann höre ich hinten wieder Geräusche und es rumpelt kurz. Ich sehe Herrchen noch ein paarmal vorbeilaufen, dann steigt er wieder ein und wir sind alle drei im Truck.

Schließlich geht es los. Mit lautem Grollen rollen wir aus dem Hof und hinauf auf den Highway. Ich überlege, ob ich meine beiden Untertanen darauf aufmerksam machen soll, dass sie vergessen haben, mich in die Transport-Tasche zu stecken. Aber ich lasse es bleiben. Die Leine ist mir dann doch lieber.

Ich merke, wie wir beschleunigen. Mir wird das unheimlich. Zeit, Herrchen und Frauchen meine Meinung zu sagen!

Und schon fange ich an, wieder laut zu miauen. Da ich auf Frauchens Schoß sitze, kralle ich mich an ihr fest. Sie versucht immer wieder, mich zu beruhigen und sagt, ich solle meine Klauen einziehen. Wie gewohnt ist mir das egal.

Nach einiger Zeit fängt es an zu regnen. Ich schaue zu Herrchen, er wirkt sehr nervös.

Ich werde wohl mal zu ihm hinüberklettern. Gesagt, getan. Und schon sitze ich auf seinem Schoß. Die Fahrt ist ziemlich ruckelig, also nutze ich meine Krallen, um mir Halt zu verschaffen.

Herrchen zappelt hektisch. Mit lautem Maunzen stehe ich auf und gehe zu seinem Seitenfenster. Er wird jetzt noch hektischer. Auch Frauchen redet auf mich ein, ich solle da weg und zurück zu ihr kommen.

Was haben die beiden bloß?

Ich schaue an Herrchens Beinen entlang nach unten. Er drückt auf merkwürdige Pedale. Das interessiert mich, da muss ich hinunter.

Plötzlich spüre ich einen Ruck an der Leine. Frauchen hält mich zurück und sagt, ich solle jetzt sofort zu ihr kommen. Verwundert sehe ich sie an und frage mich, warum sie so panisch reagiert.

Da ich sowieso nicht weiterkann, klettere ich über Herrchen hinweg zurück auf meinen Mittelsitz. Protestiere ich eben dort weiter. Gar nicht so einfach, bei dem Gewackel zu meinem Platz zu kommen. Ich muss meine Krallen einfach noch besser nutzen. Herrchen verzieht komisch sein Gesicht. Dann bin ich auch schon über ihn hinweg gestiegen und fange an, mich auf meinem Sitz zu putzen.

Nach einer gefühlten Ewigkeit werden wir langsamer und ich sehe, dass wir in einer Kurve vom Highway herunterfahren. Wieder stehen überall Wohnmobile. Nur ist diesmal alles viel grüner und es wirkt wie ein lichter Wald.

Wir fahren vor ein Gebäude. Herrchen steigt aus, geht in das Haus hinein und kommt kurz darauf wieder mit ein paar Papieren zurück. Dann fahren wir weiter durch die vielen Wohnmobile hindurch, immer tiefer in den Wald hinein.

Nach ein paar Minuten sind wir da. Meine beiden Untergebenen steigen zusammen aus und blicken sich um. Im Rückspiegel sehe ich sie gestikulieren und sich unterhalten. Herrchen kommt wieder in den Truck und wir fahren rückwärts zwischen Bäumen auf eine geschotterte und mit Pinien-Nadeln übersäte Fläche. Nach einigem hin und her ist der Anhänger richtig hingestellt, wird abgehängt und Herrchen drückt wieder irgendwelche Knöpfe, woraufhin unter dem Anhänger erneut die Pfosten erscheinen und sich langsam dem Boden nähern. Danach sehe ich, wie sich die Seitenwand wieder aus dem Wohnanhänger herausfährt und wenige Momente später steht Herrchen neben meiner Tür.

Dann gehen wir alle zusammen nach hinten zur Eingangstür des Hängers. Während wir dort hinlaufen, schaue ich mich neugierig um. Ach, ist das schön, endlich wieder richtige Bäume zu sehen. Die sind aber hoch!

Ich weiß anhand der Nadeln und Zapfen, dass es sich um Pinien handeln muss. Und dort daneben stehen gleich Laubbäume! Herrlich. Später muss ich hier unbedingt etwas herumstöbern!

Ich steige die metallenen Stufen hinauf und in den Wohnanhänger hinein. Frauchen nimmt mir meine Leine ab und ich bleibe gleich demonstrativ beim Futternapf stehen. Ich finde es immer wieder toll, wie sehr mir meine Untertanen gehorchen – nur eine Sekunde später füllen sie mir schon den Napf und ich beginne in Seelenruhe zu fressen.

Als ich fertig bin, sehe ich, dass Herrchen bereits wieder draußen ist. Ich will ihm gleich folgen. Wie bekomme ich nur diese Mückennetz-Tür vor mir auf?

Ich versuche es unten durch, klappt nicht. Dann lehne ich mich dagegen. Wieder kein Erfolg. Also nochmal mit Krallen. Herrchen blickt zu mir hoch und schaut mich böse an.

Was ist nun schon wieder los?

Dann sagt er, ich solle gefälligst mit den Krallen aus den feinen Maschen des Netzes heraus, sonst würde ich es noch kaputt machen.

Aber das ist doch genau meine Absicht! Wie sollte ich denn sonst hindurch kommen?

Kurz darauf spüre ich, dass Frauchen mir meine Leine wieder anlegt. Dann geht die Tür auf und ich könnte die Stufen hinunter gehen.

Mit Leine? Schon wieder? Bin ich denn ein Hund?

Ich überlege, ob ich ihnen wieder mit lautem Geheul die Meinung sage, entscheide mich dann aber anders und denke mir einfach, dass ich Frauchen jetzt an der Leine herumführe.

Also die Treppe hinunter und ab zu den Bäumen. Wenn da nur nicht dieses nervige Ziehen der Leine wäre. Wie soll ich so einen Baum hinaufkommen? Und warum rennt Frauchen nicht mit mir mit? So macht das alles keinen Spaß.

Nach unendlich langer Zeit kommen wir am Baum an. Jetzt habe ich keine Lust mehr, um noch hoch zu klettern. Also drehe ich um und gehe zurück. Frauchen seufzt.

Kurz vor der Schotterfläche finde ich ein schönes Plätzchen inmitten des Laubs und der Pinien-Nadeln und lege mich hin. Ich höre Frauchen erneut seufzen und leicht an der Leine zerren.

Selbstverständlich ignoriere ich sie. Schließlich wollte sie ja, dass ich mit ihr spazieren gehe. Soll sie mir doch einfach die Leine abmachen. Ich warte, aber es tut sich nichts.

Nach einiger Zeit am Boden wird mir die Sache dann doch zu ungemütlich, und ich gehe wieder in Richtung der Stufen. Frauchen folgt mir, ich springe hinein und werde von der Leine befreit. Jetzt hüpfe ich erst einmal auf das Bett, die Müdigkeit übermannt mich langsam. Später werde ich einfach einen neuen Versuch starten, vielleicht wenn es dunkel ist.

Ich putze mir noch ein Stückchen Laub und Erde von der Pfote, lege es ordentlich neben mich ins Bett und fange an zu schlummern.

So viel Sand!

Als ich am späten Abend erneut hinaus darf, begleitet mich Herrchen. Leider wieder nur mit Leine. Er erklärt mir, wir wären auf einem Campingplatz, der hier auch RV Park genannt wird, und es gibt nun einmal die Vorschriften, dass Tiere nur an der Leine unterwegs sein dürfen.

Ich denke mir meinen Teil dazu, protestiere kurz, aber sehe die ausweglose Situation. Herrchen meint aber auch, dass wir hoffentlich bald wild campieren können, und dann dürfte ich selbstverständlich wieder frei unterwegs sein, wenn irgendwie möglich.

Das tröstet mich. Ich weiß zwar nicht genau, was er mit wild campieren meint, aber frei zu sein hört sich gut an.

Die Tage vergehen und ich nehme meine Spaziergänge an der Leine zunehmend gelassener. Auch dass ich eine andere schwarze Katze getroffen habe, die ihr Frauchen regelmäßig an der Leine herumführt, hat mir geholfen, die Situation entspannter zu sehen.

Wir sind mittlerweile fast eine Woche auf dem Campingplatz. Frauchen und Herrchen verbringen viel Zeit mit mir und haben mir stolz von ihrem Abenteuer erzählt, als sie hier das erste Mal mit münzbetriebenen Geräten Wäsche gewaschen und getrocknet haben. Ich versuche, meine Mitbewohner ernst zu nehmen, muss aber trotzdem in mich hineinlachen.

Herrchen geht auch recht häufig weg, kommt dann mit Paketen zurück und stellt alle möglichen neuen Dinge bei uns auf, räumt sie in die überdachte Ladefläche des Trucks oder in den Bauch des Wohnanhängers hinein. Er meint, wir brauchen einiges an Ausrüstung für das, was wir vorhaben. Wie so häufig spricht er in seltsamen Rätseln.

An einem Nachmittag haben Frauchen und Herrchen etwas zu feiern. Sie erzählen mir, dass sie ihre deutschen gegen Texas Führerscheine eingetauscht haben und alles wunderbar geklappt hat. Ich lasse sie reden und sich freuen und denke mir, was es denn für einen Sinn hat, ein Stück Papier mit einem anderen Stück Papier auszuwechseln.

Am darauffolgenden Tag geht das Zusammenpacken erneut von vorne los. Gebannt verfolge ich wieder, wie unkoordiniert und planlos alles abläuft. Wenn sie nur mich das alles einfach mal in die Pfoten nehmen lassen würden.

Wir würden eine Menge Zeit sparen. Aber da ich es auch amüsant finde, genieße ich die Show. Vielleicht weise ich sie ein andermal daraufhin, was sie besser machen könnten.

Nach einiger Zeit sitze ich im Truck, Herrchen erledigt die verbleibenden Abbau-Arbeiten und der Wohnanhänger wird wieder angekuppelt. Frauchen steigt aus, kurze Überprüfung der Rücklichter, und los geht's.

Wir rollen langsam zurück auf den Highway. Ich schaue durch die Seitenfenster den kleiner werdenden Bäumen hinterher und dann merke ich auch schon, wie wir wieder beschleunigen. Stunde um Stunde vergehen. Mittlerweile vergesse ich schon ab und zu, dass ich meine Leine trage und nehme auch die Autofahrt gelassener als auf dem Weg hierher. Auch hält mich nicht mehr Frauchen fest, sondern ich bin jetzt, ähnlich wie meine beiden Untertanen mit ihren Sicherheitsgurten, hinten im Truck an der Rücksitzbank angebunden, kann aber jederzeit nach vorne klettern und bei meinen beiden Mitfahrern in der Mitte Platz nehmen.

Herrchen meinte, die Leine hält mich im Falle eines Unfalls davon ab, gegen die Frontscheibe zu fliegen und mir weh zu tun. Wieder weiß ich nicht so genau, was er damit meint, aber ich finde es gut, dass er um meine Sicherheit besorgt ist.

Auf unserer Weiterreise fahren wir nach Westen und durchqueren Texas, ohne uns längere Zeit an einem Ort aufzuhalten. Die Landschaft verändert sich von bewaldeten grünen Hügeln hin zu trockeneren, weitflächigen Gegenden. Ich sehe verschiedene Braun- und Ockertöne, immer wieder unterbrochen von Büschen und anderen Pflanzen, die ich nicht kenne. Auch der jetzt mögliche Blick bis zum Horizont ist mir etwas völlig Unbekanntes. An diese riesigen Weiten muss ich mich erst noch gewöhnen.

Am dritten Tag höre ich Herrchen sagen, wir sind jetzt in New Mexico und gleich an unserem nächsten Ziel. Ich bin gespannt. Kurz darauf, mitten im Nirgendwo, fahren wir vom Highway herunter.

Plötzlich ruckelt und holpert es. Ich muss mich festhalten. Irgendetwas muss schief gegangen sein!

Beim Hinaussehen stelle ich fest, dass es kräftig staubt und der Untergrund nicht mehr asphaltiert, sondern eine steinige Piste ist. Ich miaue Herrchen an. Frauchen tätschelt mich. Besonders beunruhigt sind die beiden ja nicht. Wo fahren wir nur hin?

Wir bewegen uns immer weiter in das Hinterland hinein. Die Sonne strahlt vom blauen Himmel und ich bestaune den Kontrast zur weiten, in verschiedenen braun- und Gelbtönen erscheinenden Landschaft.

Dann taucht Sand am Horizont auf. Und es wird immer mehr.

Riesige Sandhügel!

So etwas habe ich noch nicht gesehen. Herrchen sagt zu uns, das sind die Mescalero Sand Dunes. Und er ergänzt, dass diese klein sind und es durchaus größere Dünen in Amerika gibt, aber die hier für uns recht praktisch liegen, um ein paar Tage zu bleiben. Außerdem soll es ja die erste Wildcamping-Erfahrung sein.

Die Sandberge kommen immer näher und schließlich sind sie auf beiden Seiten von uns. Wir schlängeln uns auf der mittlerweile ebenfalls sandigen Piste durch sie hindurch und kommen am Ende der ausgebauten Strecke an. Dort positionieren wir den Anhänger, kuppeln den Truck davon wieder ab und das Aufbau-Prozedere beginnt von vorne.

Ich springe aus dem Truck und laufe zum Wohnanhänger. Hier ist der Untergrund recht hart und steinig, aber dort, weiter drüben wo die Dünen anfangen, sieht er schön weich aus. Ich freue mich bereits jetzt darauf, die Gegend zu erkunden. Dann springe ich die Stufen hinauf in den Anhänger. Futterzeit!

Ich dränge Frauchen und Herrchen, mich hinauszulassen. Aber was tun sie da? Frauchen kommt mit der Leine und Herrchen legt sie mir an. Das darf doch nicht wahr sein! Ich dachte, beim Wildcampen darf ich frei herumlaufen!

Die beiden erzählen mir was von giftigen Schlangen, Skorpionen und Coyoten.

Als wenn mich das interessieren würde.

Schlangen kenne ich, die sind klein und sollen gut schmecken. Eine bestens informierte Nachbarskatze in Deutschland, die meistens nicht das Haus verlässt, hat mal gemeint, die werden auch Blindschleichen genannt und sind sowas wie Frösche oder Eidechsen. Also wozu die Panik.

Und ich weiß zwar nicht was ein Skorpion oder Coyote ist, aber das sind wohl auch nur irgendwelche Käfer oder kleinen Nagetiere. Im Übertreiben sind meine Untertanen anscheinend recht gut.

Ich protestiere, wieder einmal umsonst. Also doch die Leine, na gut. Wir gehen hinaus und ich schlendere mit ihnen zu den Sanddünen. Frauchen und Herrchen sind ganz begeistert und machen viele Fotos. Ich nehme es gelassen und bleibe natürlich cool. Dann merke ich, wie ich mit meinen Samtpfoten tiefer einsinke.

Ach, ist das toll. Überall Sand. Ein gigantisches Katzenklo!

Ich stürme los und fange an zu buddeln. Frauchen und Herrchen kommen mir kaum hinterher. Wenn ich nur die Leine nicht tragen müsste.

Die beiden bücken sich immer wieder zu mir herunter und machen Fotos von mir.

Unverschämtheit, ich suche mir gerade eine Stelle für den Toiletten-Gang!

Ich sehe, wie viel Freude es ihnen bereitet, mich fotografieren zu dürfen und lasse sie gewähren.

Das erste Loch taugt mir nicht, ich gehe ein paar Schritte weiter und fange erneut an zu buddeln. Wieder nichts. Nach ein paar weiteren Versuchen gebe ich es auf. Ich fühle mich einfach doch zu sehr beobachtet. Also wird der dringende Drang aufgeschoben und ich gehe auf Erkundungstour mit meinen beiden Untergebenen im Schlepptau.

Nun aber nichts wie hinauf auf die Düne. Dort ist dichter dorniger Bewuchs. Herrchen beschwert sich. Er kann da nicht mit, meint er, es gäbe zu viele Stacheln. Ich glaube, er sieht mein breites Grinsen nicht, hoffe es dennoch.

Ich stürme weiter. Dann ist die Leine zu Ende und ich werde mit einem Ruck aufgehalten. Mist. Also wieder hinunter.

Das ist ein Spaß!

Es riecht überall so ganz anders, ungewohnt. Und wie faszinierend die feinen Details der Sandkörner wirken. Auch die trockenen dornigen Pflanzen sind sehr unterschiedlich zu der Vegetation, wie ich sie kenne.

Nach einigen Minuten merke ich aber, dass mir langsam die Puste ausgeht. Frauchen und Herrchen schauen mich an und betätscheln mich wieder. Sie sagen mir, nicht ohne sarkastischen Unterton, dass ich wohl etwas Training nötig habe und mein kleiner Schwabbel-Bauch zu schwer ist.

So eine Frechheit!

Ich schnaufe weiter angestrengt. Dann tapse ich langsam durch den Sand hindurch zurück zum Wohnanhänger. Jeder Schritt fällt mir zunehmend schwerer, noch dazu brennt die Sonne vom Himmel. Und das im Februar. Was für eine Höllengegend.

Endlich sind wir bei unserem Platz und ich springe beschwerlich die Stufen hinauf in den Anhänger hinein. Hier ist es gleich viel kühler.

Ich beuge mich über den Wassernapf und trinke gierig Schluck für Schluck daraus. Dann merke ich, dass ich überall feinen Sand zwischen den Zehen habe. Igitt. Ich schüttele meine Pfoten wie wild, aber der Sand bleibt. Na gut, dann muss ich mich wohl wieder putzen.

Also hinauf aufs Bett und los geht's. Pfote für Pfote kaue ich den Sand zwischen den Zehen heraus und sehe gebannt zu, wie er in das Bettlaken rieselt.

Durch das Ablecken feucht, hinterlassen meine Pfoten jetzt wunderschöne sandig-braune Abdrücke auf dem sonst so langweilig weißen Laken. Frauchen und Herrchen werden begeistert sein von meiner künstlerischen Aktivität.

Da kommen sie auch schon. Aber seltsam, die beiden sehen gar nicht erfreut aus. Im Gegenteil, die Mundwinkel sinken mehr und mehr nach unten. Das ist bei Menschen eigentlich ein Zeichen von Ärger.

Und schon werde ich vom Bett herunter gehoben. Frauchen holt einen nassen Lappen und fängt an, meine Kunstwerke zu verwischen. Jetzt sehen sie allerdings in der Tat furchtbar aus und sind nur noch widerliche große Flecken.

Frauchen und Herrchen schimpfen. Was soll ich dazu erst sagen? Diese Banausen!

Aber ich bin zu müde, um mich zu beschweren und wandere weiter zu der Sitzecke beim Esstisch. Ich höre Frauchen seufzen, darf aber sitzen bleiben. Nach so einem ereignisreichen Tag verspüre ich keine Lust mehr für eine weitere Erkundungstour. Meine tollen, feinen und stark ausgeprägten Katzen-Sinne wurden heute durch die vielen neuen Eindrücke bis aufs Letzte ausgereizt und ich möchte mich nur noch ausruhen.

Während ich die heutigen Erfahrungen in der Wüste Revue passieren lasse, erwische ich mich auch schon dabei, dass ich mittlerweile eingeschlafen und im Traumland angekommen bin.

Mitten in der Nacht werde ich aus meinem Schlaf gerissen. Es piept laut irgendwo her. Außerdem ist es eisig kalt. Seltsam, wir sind doch gar nicht weitergefahren und als ich mich für die Nacht zusammengerollt habe, war es noch so warm.

Herrchen ist auch schon wach und rennt bibbernd zum Kühlschrank. Ich höre ihn schimpfen und sagen, dass die Wohnraum-Batterie leer sei. Wohl durch die Kälte. Und dass er dieses Billig-Ding dringend durch etwas Besseres ersetzen muss.

Typisch Herrchen. Regt sich wieder auf, nur weil es kalt ist und die Elektrik nicht mehr geht.

Ich schlüpfe zu Frauchen ins Bett auf den von Herrchen vorgewärmten Platz. Schön warm hier. Ich bemerke, wie er seine Schuhe anzieht, sich seine Taschenlampe schnappt und zur Tür hinausgeht. Dann höre ich ihn rufen, es sei alles zugeschneit.

Armes Herrchen, es ist wohl Vollmond und der Sand sieht im silbrigen Mondschein nach Schnee aus.

Er kommt wieder zurück. Schneeweiß. Verwundert blicke ich ihn an. Ich wusste gar nicht, dass Mondschein an Kleidung anhaften kann. Kurz darauf verschwindet er wieder und während Herrchen hinausgeht, meint er zu Frauchen, er versucht den Notstrom-Generator zu starten und den Anhänger daran anzustecken, da das Gebläse der Heizung aufgrund der leeren Batterie nicht funktioniert.

Nach wenigen Momenten höre ich ihn wieder, diesmal flucht er, dass er erst Benzin in den Generator nachfüllen müsse. Es rumpelt, er klettert in der Ladefläche des Trucks herum. Ich schnappe Worte von ihm auf, vor lauter Kälte könne er kaum mehr seine Finger spüren.

Hier im Bett bei Frauchen ist es wunderbar warm, ich verstehe immer noch nicht, warum er nicht einfach zu uns kommt.

Einige Zeit später höre ich ein lautes Geräusch, als wenn ein Rasenmäher in der Nähe angelassen wird. Hat Herrchen etwa einen im Truck dabei? Und warum will er bei Vollmond in der Sandwüste Rasen mähen? Ich fange an, mir ernsthaft Sorgen um ihn zu machen.

Dann ertönt plötzlich ein kurzes Piepen. Etwas an der Mikrowelle und am Fernseher beginnt zu leuchten. Und da kommt auch Herrchen wieder zur Tür herein. Er bewegt sich merkwürdig, so steif. Hat das etwas mit dem Vollmond und obskuren Rasenmäher-Zeremonien zu tun?

Anschließend drückt er einen Knopf und kurz darauf höre ich, dass die Heizung angeht und es ein paar Augenblicke später bereits wärmer wird im Wohnanhänger.

So kuschelig es auch unter der Decke ist, mir wird es zu heiß. Ich krieche darunter hervor und gehe auf meinen Platz in der Sitzecke beim Esstisch. Herrchens steife Bewegungen lassen nach und er schwärmt von unserer Heizung. Nach wie vor redet er mit Frauchen über Schnee und Eiseskälte, die draußen momentan herrscht.

Ich beschließe, mir den Unsinn nicht länger anzuhören. Zeit, meinen Schönheitsschlaf fortzusetzen.

Am nächsten Morgen, nur wenige Stunden nach Herrchens seltsamen Vollmond-Abenteuern, stehen wir wieder auf. Mein Untertan öffnet die Tür und sieht hinaus.

Ich freue mich bereits darauf, ins Freie zu dürfen und stelle mich neben ihn.

Aber woher kommt plötzlich der eiskalte Wind? Und die ganze Sanddünen-Landschaft ist mit Schnee bedeckt!

Ich sehe Herrchen an. Hatte er vergangene Nacht etwa doch recht gehabt? Bevor ich meine Gedanken zu Ende denken kann, ist die Tür auch schon wieder zu.

Meine Mitreisenden bereiten gerade ihr Frühstück vor. Da höre ich, wie mein Napf gefüllt wird. Meine Grübeleien darüber, ob der Vollmond sich soeben beim Öffnen der Tür in schneeähnliche Substanz pulverisiert hat und dieser Vorgang auch etwas mit der Kälte zu tun haben kann, rücken in den

Hintergrund. Dann stürze ich mich auf mein Futter und genieße jeden Happen.

Nachdem meine zweibeinigen Mitbewohner mit ihrem Essen fertig sind, geht Herrchen wieder nach draußen. Zuvor habe ich aufgeschnappt, dass wir aufgrund des Temperatursturzes auf keinen Fall länger bleiben werden. Ich beobachte Herrchen durch eines der Fenster. Er geht zum Truck, öffnet die Klappen zur Ladefläche, und holt eine Leiter mitsamt Besen und Handschuhen heraus. Dann stellt er die Leiter neben dem Bereich auf, der immer aus der Wand des Wohnanhängers herausfährt und klettert hinauf.

Frauchen meint, er versucht den ganzen festgefrorenen Schnee vom Dach des sogenannten Slide-Outs herunter zu bekommen, da wir ansonsten alles nachher im Innenraum haben würden, wenn wir weiterfahren.

Die Minuten vergehen, ich höre Schab- und Besengeräusche und ab und zu, wie Herrchen sich beschwert, dass er seine Finger wieder einmal vor Kälte nicht mehr spürt. Dann sehe ich ihn wieder am Boden stehen und die herumstehenden Sachen zurück in das Truck räumen.

Nicht lange danach werde auch ich auf meinen Beifahrersitz gehoben, und nach den restlichen Abbau-Arbeiten und Sicherheits-Checks fahren wir langsam durch den Schnee von unserem Übernachtungsplatz weg. Herrchen meint, er schaltet vorsichtshalber den Allrad-Antrieb ein. Er möchte sich auf keinen Fall auf der zugeschneiten sandigen Piste irgendwo festfahren.

Ganz vorsichtig und gemächlich rollen wir im soeben wiedereinsetzenden Schneegestöber durch die verzauberte weiße Landschaft. Nach einiger Zeit lassen wir die Piste hinter uns und biegen auf den verschneiten Highway ab.

Es schneit und schneit, und wir kommen nur langsam auf der asphaltierten Straße voran. Die Landschaft bleibt größtenteils flach und eben, besonders weit sehen kann ich bei dem Wetter allerdings nicht.

Dann fahren wir in eine Stadt hinein. An einer Ecke bemerke ich merkwürdige Gestalten, mit runzeliger, grünlicher Haut und großen dunklen Augen. Die Kopfform ist sehr seltsam. Sie wirken allerdings nicht lebendig. Dennoch macht mir ihr Aussehen Angst.

Frauchen liest einen Schriftzug vor, der auf einem Gebäude steht: „Ufo Museum". Dann fängt sie an zu lachen und sagt, wir sind gerade in Roswell. Sie fragt mich, ob ich die Aliens vorhin an der Ecke gesehen habe. Ich schaue sie verdutzt an und weiß wieder einmal nicht, was sie meint. Aber das bin ich ja schon gewohnt.

Kurz darauf sind wir aus der Stadt heraus. Nach einiger Zeit wird die Landschaft bergiger und ich bemerke, dass wir höher und höher fahren. Das Schneetreiben wird noch stärker. Draußen sieht es schön aus. Es wird waldiger und ich genieße den Blick auf die weißen Nadelbäume. So einen schneereichen Winter habe ich in Deutschland selten erlebt.

Die Straße wird immer steiler und kurviger und der Truck grollt manchmal lauter und dann wieder leiser. Dann geht es hinaus aus den Bergen und die Landschaft öffnet sich. Der Schnee ist plötzlich weg und die Sonne scheint vom strahlend blauen Himmel. Ich finde es spannend, wie schnell sich hier Temperatur und Wetter ändern können.

Ein paar Meilen später – ich habe von meinen Untergebenen gelernt, dass Entfernungen hier in Meilen gemessen werden – hören wir ein seltsames Piepen im Truck. Herrchen schaut irritiert auf die Instrumenten-Anzeige. Dort leuchtet ein Symbol orangefarben auf. Dann sagt er, nicht ohne einen Anflug von leichter Panik, dass anscheinend etwas mit dem Motor nicht stimmt, und so etwas natürlich immer passiert, wenn man meilenweit von der nächsten Stadt entfernt ist. Typisch Menschen, denke ich mir, immer gleich übertreiben und den Teufel an die Wand malen.

Wir fahren weiter. Stunde um Stunde vergeht. Durch die linken Seitenfenster sehe ich, dass wir lange Zeit an einer Bergkette entlangfahren. Ich bewundere die raue Schönheit der Natur in dieser Gegend. Dann kommt die nächste größere Stadt. Wir fahren durch sie hindurch, biegen an einer Ampel auf einen anderen Highway ab und folgen den Anzeigetafeln zu einem Campingplatz. Ich ahne, dass es wieder nichts wird mit der mir versprochenen Freiheit in der Wildnis Amerikas und bin enttäuscht.

Als wir ankommen, steigt Herrchen aus und erledigt die Anmeldung. Wenige Momente später sind wir bereits auf unserem Platz und Frauchen und Herrchen fangen an, den Anhänger abzukuppeln und alles aufzubauen.

Wie mittlerweile gewohnt, springe ich aus dem Truck und ab geht es in den Wohnanhänger. Auf beiden Seiten von uns sind weitere Wohnmobile – oder RVs, wie man hier auch sagt. Die Luft ist erstaunlich kühl – und dass, obwohl die Sonne doch so wunderbar scheint! In der Ferne sind imposante Berge zu sehen. Sie sehen so ganz anders aus als in Deutschland. Viel karger und schroffer, als wenn sie gerade eben erst aus der Erde gewachsen wären.

Nach nicht allzu langer Zeit fängt es bereits an, dunkel zu werden. Am Ende dieses anstrengenden Fahrtages sind wir froh, endlich zur Ruhe zu kommen und gehen zeitig schlafen. Ich lege mich zu Frauchen und Herrchen und wir schmusen noch etwas. Beim Eindösen mache ich mir Gedanken, wie lange wir wohl hierbleiben werden und wann ich denn nun endlich die große Freiheit schnuppern darf. Ich vertraue fest darauf, dass sich alles zu meinen Gunsten fügen wird und drifte ab in die Welt der Träume.

Der nächste Morgen naht. Ich bin bald wach und starte den Tag mit Fellpflege. Frauchen und Herrchen schlafen noch. Was soll ich nur machen, bis sie endlich aufwachen?

Mir fällt nichts ein, ich springe auf die Sitzbank beim Esstisch und blicke aus dem großen Fenster. Draußen ist nichts Spannendes zu sehen und das nächste Wohnmobil versperrt die Fernsicht. Dann hüpfe ich wieder herunter und zurück auf das Bett. Mal sehen, ob meine beiden Mitbewohner sich schon bewegen.

Ich nähere mich Herrchens Gesicht und blicke ihn an. So sitze ich ein paar Minuten regungslos vor ihm. Wann macht er denn endlich die Augen auf?

Da, ein Zucken!

Ich komme noch näher, meine Schnurhaare berühren jetzt schon seine Nase. Dann drücke ich mein nasskaltes Schnäuzelchen gegen ihn. Er schnellt nach oben, sieht mich verdutzt an und juckt sich die Nase. Daraufhin steht er auf und füllt mir meinen Fressnapf. Ich bin zufrieden, mein Plan ist aufgegangen.

Kurz danach ist auch Frauchen wach und die beiden fangen an, Frühstück vorzubereiten. Ich gehe zurück ins Bett und lege mich auf die Decke.

Während ich achtsam meine Gedanken beobachte, genieße ich die Aussicht aus dem Schlafzimmerfenster. Diese wird nicht von einem anderen Wohnmobil blockiert und ich sehe in der Ferne wieder die tollen Berge. Ich stelle fest, dass es heute stark bewölkt ist. Die Berge erwirken den Eindruck, als wenn sie jeden Moment mit den tiefhängenden Wolken zusammenstoßen würden. Und wie aus dem Nichts beginnt es zu plötzlich zu schneien. Das Gestöber wird immer dichter und die Berge verschwinden. Meine Mitbewohner bemerken ebenfalls den Wetterumschwung und zu dritt genießen wir das Spektakel aus dem gemütlich warmen Wohnanhänger.

Nach einer Stunde ist es auch schon wieder vorbei. Die Bergkette ist weiß gepudert und ich bewundere ihre jetzt noch dramatischer wirkende raue Schönheit. In der kalten klaren Luft wirken die Farben besonders intensiv, insbesondere als die Sonne wieder zum Vorschein kommt. Allerdings wird es auch kurze Zeit später merklich wärmer und Herrchen öffnet die Eingangstür, um frische Luft hereinzulassen.

Am Nachmittag gehe ich mit meinen beiden Untertanen etwas hinaus. Natürlich nur mit Leine. Großen Spaß macht es mir so nicht. Aber zwischen all den vielen RVs habe ich sowieso keine sonderliche Lust, die Gegend zu erkunden. Natur pur sieht anders aus.

Die folgenden Tage wird es immer wärmer und sonniger, doch ich bleibe die meiste Zeit im Wohnanhänger.

Mittlerweile habe ich herausgefunden, dass im wesentlich größeren Nachbars-Anhänger zwei Hunde wohnen. Zusammen mit ihrem Frauchen. Dieses hat sich kürzlich mit Herrchen unterhalten, und er wiederum meinem Frauchen erzählt, dass sie Krankenschwester ist und immer wieder für eine gewisse Zeit bei einem Krankenhaus arbeitet, bevor sie dann zu ihrer nächsten Arbeitsstelle in einer anderen Stadt weiterzieht. So verbindet sie ihren Job mit der Möglichkeit, sich die Vereinigten Staaten anzusehen. Ich finde es interessant zu hören, wie normal hier anscheinend dieses moderne Nomaden-Leben ist.

Herrchen hat mittlerweile unser Truck zu einer Werkstatt gebracht, um das Problem mit dem Warnhinweis begutachten zu lassen. Anfangs sieht es danach aus, als wenn eine Lösung nicht leicht zu finden wäre. Darum müssen wir auch etwas länger an dem Ort bleiben als ursprünglich gedacht.

Am darauffolgenden Wochenende machen wir einen Ausflug. Da das Truck nach wie vor fahrtüchtig ist, machen die Mechaniker mit ihrer Diagnose und Reparatur erst am Montag weiter.

Wir springen alle in das Fahrzeug und los geht die Tour. Ich habe nur gehört, dass es wohl wieder sandig werden soll und insgeheim hoffe ich, dass ich vielleicht ein noch größeres Katzenklo finde als bei den letzten Dünen.

Nach nur wenigen Minuten sind wir auch schon da. Wir fahren vom Highway ab und ich sehe ein großes Schild, auf dem „White Sands National Park" steht. Sand, das wusste ich ja bereits. Was das andere bedeutet, habe ich keine Ahnung.

Wir fahren weiter. Der Himmel ist tiefblau und die Sonne scheint kräftig herunter. Im Truck ist es danke der laufenden Klimaanlage zum Glück schön kühl. Die Landschaft ist, wie mittlerweile gewohnt, weitflächig mit grandiosen Bergen im Hintergrund. Dann sehe ich, dass nach und nach Dünen links und rechts der Straße auftauchen. Aber diesmal sind sie nicht typisch sandfarben, sondern schneeweiß. Das ist ja merkwürdig. Es ist doch so warm draußen, wie kann hier Schnee liegen?

Wir fahren weiter hinein in das Gebiet, und die Straße wechselt von asphaltiert zu hart gepresstem weißen ... ja was eigentlich? Schnee? Sand? Ich bin sprachlos.

Die Dünen beiderseits des Trucks werden höher und höher. Manchmal kann ich darüber hinaussehen und erblicke eine fantastische Landschaft, voll mit diesen weißen Wellen aus mir unbekanntem Etwas bis fast zum Horizont, der durch steil aufragende, spitze Berge begrenzt wird. Dazwischen sind immer wieder vereinzelt große schöne Pflanzen mit scharf gezackten Blättern zu sehen – ich glaube die heißen Yucca. Ihr Grün hebt sich in wunderschönem Kontrast von der strahlend weißen Oberfläche ab. Dann lüftet Herrchen das

Rätsel: Das Etwas ist feiner Gips-Sand und die ganze Gegend eine geologische Besonderheit.

Ein paar Augenblicke später halten wir an. Frauchen öffnet mir die hintere Tür und ich darf hinaus. Natürlich herrscht Leinenpflicht. Schade. Und los geht's, in die weiße Mondlandschaft hinein.

Zuerst ist der Sand noch hart unter meinen Pfoten, dann wird er weicher. Ich erinnere mich, wie anstrengend das Staksen im Sand zuletzt bei den Mescalero Sand Dunes war.

Aufregung und Freude sind jedoch größer als der Gedanke daran, dass es unbequem sein könnte. Schritt für Schritt bewegen wir uns voran. Meine Pfotenabdrücke werden sofort vom nachrieselnden Sand zu unscheinbaren Tupfern in der riesigen Gipswüste verwischt.

Langsam schlendern wir auf die erste Anhöhe. Der Blick ist atemberaubend. Ich halte auch immer wieder nach Mäusen und Eidechsen Ausschau, kann aber keine ausmachen. Dabei sehe ich immer wieder ganz deutlich winzige Abdrücke im Sand. Seltsam, dass diese so klar erkennbar sind, während meine nach jedem Schritt fast verschwinden. Viele der Spuren kann ich keinem mir bekanntem Lebewesen zuordnen. Sind es vielleicht Käfer? Manche sehen nach Vögeln aus. Dann erkenne ich immer wieder leicht wellige Linien, die versetzt nebeneinander in den Sand gezeichnet sind. Was mag das wohl gewesen sein?

Ich lasse meinen Blick schweifen.

Da! Vierbeinige Wesen, auf denen Menschen sitzen! Welch unterwürfige Geschöpfe es doch gibt. Sie kommen in unsere Richtung. Herrchen und Frauchen haben sie auch erspäht. Frauchen meint, das wären Pferde, die durch den Sand spazieren. Gebannt sehe ich ihren anmutigen Bewegungen zu. Natürlich nicht so anmutig wie die meinen, aber es könnte schlimmer sein. Fällt mir spontan die Spezies meiner Mitbewohner ein.

Ich muss über meinen eigenen Humor laut lachen. Frauchen und Herrchen sehen mich verwundert an.

Wir gehen noch etwas weiter durch die weiße Dünen-Landschaft und kommen zu einer der exotischen Yucca. Die wundersamen Pflanzen faszinieren mich. Vorsichtig versuche ich, daran zu schnuppern.

Autsch!

Ich war zu nahe dran. Ich wusste nicht, dass die spitzen Blätter hart sind. Aus sicherer Entfernung betrachte ich die Yucca. Aber es ist auch noch anderes interessantes Gewächs zu sehen, das ich nicht kenne.

Ich höre Herrchen, wie er sagt, dass es an der Zeit ist, zurück zu gehen. Ich spüre, wie ich von dem langen Spaziergang erschöpft bin. Bereitwillig lasse ich mich von Herrchen ein Stückchen tragen, dann setzt er mich wieder ab und ich tapse durch den Sand zurück zum Truck.

Wir fahren noch ein Stück weiter durch die Landschaft, und ich fühle mich wie auf einem anderen Planeten. Meine beiden Untertanen steigen zwischenzeitlich immer wieder kurz aus, ich bleibe zurück im Truck und genieße die kühle Luft.

Am späten Nachmittag geht es zurück zu unserem Wohnanhänger. Während wir unterwegs sind, fällt mir ein, dass ich die Gips-Dünen gar nicht auf ihre Tauglichkeit als Katzenklo getestet habe. Schade. Wie viele meiner Bekannten in Deutschland hätten mir wohl geglaubt, dass meine Toilette bis zum Horizont reicht und nur durch schroffe Wüstenberge begrenzt ist?

Ich überlege weiter und stelle mir vor, was sie dazu sagen würden, wenn ich ihnen von meinem heutigen Erlebnis berichten könnte. Würden sie mir auch nur ein Wort glauben? Oder würden sie mich in das Katzen-Irrenhaus einweisen? Bis vor Kurzem habe schließlich ich selbst nicht einmal ansatzweise geahnt, dass es mehr gibt als mein kleines Paradies mit dem Komposthaufen.

Ich bemerke, dass mir mein ehemaliger Garten gar nicht mehr so sehr fehlt und die Neugierde auf neue Abenteuer mehr und mehr in den Vordergrund rückt. Was werde ich wohl noch Spannendes erleben mit meinen scharfen Katzensinnen?

Wir sind zurück beim Campingplatz. Es ist kühl geworden und als wir hineingehen, macht Herrchen die Heizung an.

Ich höre, wie die Nachbarshunde mir zubellen, was ich heute so erlebt habe. Ich miaue zurück, dass ich bei White Sands gewesen wäre, erwarte allerdings nicht, dass sie wissen, wovon ich spreche. Sie meinen, da waren sie auch schon und es hat ihnen sehr gut gefallen. Sie freuen sich für mich, dass ich herumkomme und wünschen mir eine gute Nacht. Ich bin erstaunt, dass Hunde dorthin dürfen. Noch mehr wundert mich allerdings, dass wir uns unterhalten können. Ich dachte, Tiere reden hier anders als in Deutschland. Anscheinend ist unsere Sprache universal, nur die Menschen sprechen uns unterschiedlich an.

Ich höre das Knacken meiner Feuchtfutterdose, die Herrchen gerade für mich öffnet. Wieder beende ich abrupt den Lauf meiner Gedanken und fange genüsslich an zu fressen. Dann wird es höchste Zeit für mich, den nachmittäglichen Schlaf nachzuholen und ich schlummere bis in die frühen Morgenstunden hinein.

Im Land der Kakteen

Nach dem Wochenende fährt Herrchen in aller Früh zur Werkstatt, kommt aber nach zwei Stunden bereits freudestrahlend zurück. Das Problem sei behoben und wir könnten weiter, erzählt er uns.

Wir packen alles zusammen. Der Abbau- und Anhänge-Vorgang geht mittlerweile wesentlich schneller als zu Anfang unserer Reise und gegen Mittag sind wir bereits auf dem Highway.

Später am Tag wird es stürmisch und wir werden kräftig durchgeschüttelt. Ich beobachte, wie immer wieder kleine rundliche Sträucher über die Fahrbahn peitschen. Die einzelnen Büsche und Gräser am Straßenrand werden hin- und her geweht.

Als wir für eine Pause auf einen Parkplatz fahren, bekommt Frauchen kaum ihre Seitentür auf und in dem Moment, in dem sie aussteigt, merke ich, wie mir von einem Windstoß das ganze Fell zerzaust wird. Zum Glück bin ich zu diesem Zeitpunkt auf der Rückbank, wie würde ich erst aussehen, wenn ich auf meinem Vordersitz gesessen wäre. Eilig fange ich an, alles wieder in Ordnung zu bringen und putze mich geschäftig.

Wir fahren weiter durch unendlich wirkende Gegenden. Ab und zu nicke ich ein, dann klettere ich wieder von vorne nach hinten und zurück. Gelegentlich sehe ich mich auch unter der Rücksitzbank um. Die meiste Zeit verbringe ich allerdings damit, die faszinierende vorbeiziehende Landschaft durch das Seitenfenster zu betrachten.

Am frühen Abend haben wir unseren Übernachtungsplatz erreicht. Dieser ist auf einer Anhöhe gelegen hinter einer kleinen Ortschaft. Der Ausblick ist herrlich, unter uns liegt das weite, zig Meilen durchmessende Tal, dahinter sind steile Wüstenberge zu sehen. Später kommen noch zwei weitere Wohnmobile hinzu, bleiben allerdings in einiger Entfernung stehen. Platz ist hier genug.

Die Sonne geht bereits hinter den Bergen unter, wir schauen aus dem großen Fenster in der Essecke und genießen den wunderschönen Farbenzauber. Dann wird es merklich kühler und Herrchen schaltet wieder die Heizung an. Wir essen zu Abend, ich lasse mich nach dem Fahrtag noch mit Streicheleinheiten verwöhnen und schließlich ist es Zeit, ins warme Bett zu schlüpfen. Ich rolle mich neben meinen Untertanen auf meinem kleinen kuscheligen Katzenbaum zusammen und schlafe schnell ein.

Nachdem die Sonne am nächsten Tag wieder aufgegangen ist, tauchen draußen wie aus dem Nichts überall Vögel auf. Ich erkenne leider nicht anhand ihres Gezwitschers, zu welcher Art sie gehören. Aber da Vögel nun mal alle irgendwie seltsam sind, ignoriere ich sie und widme mich meiner Morgenmahlzeit.

Nach einem gemütlichen Frühstück wird wieder zusammengepackt. Der Wohnanhänger blieb über Nacht am Truck angekuppelt und so sind wir nach kurzer Zeit bereits wieder zurück auf der Autobahn, um unsere Reise fortzusetzen.

Ich bin schon gespannt, was dieser Tag alles bringen wird.

Wieder verändert sich nach und nach die Landschaft. Schließlich fahren wir an einem großen Schild vorbei, auf dem „Welcome to Arizona" steht.

Ich denke kurz nach. Wir sind in Texas losgefahren, dann waren wir bereits in New Mexico, und jetzt also Arizona. Na, hoffentlich schneit es nicht wieder zur Begrüßung!

Aber meine Sorgen sind unbegründet. Herrchen meint, es würde immer wärmer draußen. Das hört sich gut an! Ich sehe, dass es noch wüstenhafter wird, mit vielen Braun- und Ockertönen. Aber auch grüne Pflanzen sind zu erkennen. Felsiges Terrain wechselt sich mit flachem Land ab. Und immer wieder schroffe Bergketten, teilweise in atemberaubender Distanz und faszinierenden Silhouetten. Je nach Sonnenstand leuchten die Farben von sehr grell bis hin zu wunderschönen warmen Tönen.

Dann kommen wir wieder in eine Stadt. Der Verkehr nimmt zu und es wird hektischer. Meine Untertanen sind mittlerweile versierte Fahrer und wesentlich ruhiger als vor ein paar Wochen noch. Ich habe mir auch alle Mühe gegeben, dass meine angeborene Katzengelassenheit auf die beiden übergeht. Ich höre von ihnen, dass wir jetzt in Tucson sind. Wir verlassen allerdings den Highway nicht und fahren weiter Richtung Norden.

Kurz nach der Stadt ist es dann soweit, wir biegen ab und sind auf einer schmalen, holprigen Landstraße. Diese führt in die mittlerweile sanft rötlich gefärbten Wüstenberge hinein. Ich sehe, dass überall hochgewachsene, grüne rundliche Pflanzen aus der Erde ragen und schätze ihre Höhe auf viele Meter. Und sie haben oftmals große Arme. Mehrere davon. Diese sind krumm, gebogen oder auch einfach nur gerade. Solch seltsame Botanik habe ich noch nie gesehen. Verwundert überlege ich, was das sein könnte.

Frauchen und Herrchen haben sie auch schon bemerkt und ich höre sie begeistert sagen, dass hier überall Saguaro-Kakteen sind. Ganze Wälder davon.

Ich muss zugeben, sie sehen interessant aus und faszinieren mich. Sie besitzen fast eine königlich anmutende Eleganz, ähnlich der meinen. Ob ich wohl mal auf einen der Saguaros hochklettern kann?

Sie haben kleine Stifte herausstehen, die sehen wie gemacht aus für Katzen. Sind das etwa spezielle Katzenleitern?

Ich komme zu dem Gedanken, dass die anmutigen Pflanzen sehr wahrscheinlich für die führende Spezies des Planeten gewachsen sind - uns Katzen. Gerade sehe ich, dass ganz oben gelbe Blüten aus den riesigen grünen Säulen herauswachsen. Das bestätigt mich in meiner Theorie.

Die Straße wird immer holpriger. Dann biegen wir von ihr ab und sind auf einer nicht asphaltierten Piste. Während wir diese entlangfahren, bemerke ich, dass links und rechts davon vermehrt Anwesen mit Häusern sind. Und nach wie vor viele Saguaros. Daneben noch andere, mir schon wieder unbekannte Pflanzen. Arizona finde ich bereits jetzt spannend, und wenn die Vegetation schon so faszinierend ist, wie vielfältig mögen dann erst die kleinen Nager sein? Ich freue mich darauf, auch diese Welt zu erkunden und wie ein Gourmet zu schlemmen.

Nach einigen Minuten über die rumplige und wellige Piste scheinen wir angekommen zu sein. Wir fahren durch ein breites, offenstehendes Gitter-Tor hindurch. Überall wachsen Saguaros.

Frauchen sagt voller Begeisterung, dass hier viele unterschiedliche Kakteen-Arten sind. Einige sehen aus wie behängte Weihnachtsbäume mit ihren farbigen Früchten. Dazwischen verteilt sehe ich Wohnmobile stehen. Ich ahne es – wir sind auf einem RV Park. Es scheint hier zwar wesentlich weiträumiger zu sein, aber die Regeln für Campingplätze sind mir mittlerweile wohl bekannt. Und eine davon heißt: Haustiere an die Leine, wenn sie außerhalb des Wohnanhängers sind.

Ich beginne traurig dreinzublicken. Wann werden wir denn endlich in der Wildnis sein, in der Freiheit?

Herrchen muss wohl ahnen, was in mir vorgeht und blickt mich einfühlsam an. Dabei tätschelt er mich. Nach wie vor habe ich großes Vertrauen in Frauchen und Herrchen und bin mir sicher, dass die leinenfreie Zeit immer näher rückt.

Wir rangieren unseren Anhänger in unseren Platz hinein und parken ein. Mit „wir" meine ich mich und Herrchen, Frauchen steht nur außen und macht hektische Wink-Bewegungen, wenn wir zu nahe an einen Kaktus kommen. Wenn ich es mir genau überlege – eigentlich bin es nur ich, die einparkt. Herrchen führt zwar aus, aber ich sitze auf meinem mittleren Vordersitz und mit geschäftigem Maunzen dirigiere ich ihn in die jeweils richtige Richtung.

Dann schaue ich in den Rückspiegel. Irgendetwas passt mit Frauchen nicht mehr. Ihr laufen Tränen über die Wangen. Herrchen hat es auch schon bemerkt und springt aus dem Truck. Ich höre die beiden reden und Frauchen sagt, sie hat einen großen Kaktus übersehen und ist mit ihm zusammengestoßen. Danach ist sie vor Schreck noch gegen ein kleineres Exemplar gerannt.

Herrchen schaut an ihr herunter. Von der Schulter abwärts bis zum Fuß, alles voll mit langen Kaktus-Stacheln. Frauchen meint, es schmerzt auch unter der Kleidung, wo keine Stacheln herausragen.

Mein Untertan sieht nach und meint, da sind überall diese kleinen grässlichen Dinger, die Widerhaken haben und ganz fein sind und tief in die Haut hineinragen.

Mir wird dabei schwindelig und fühle mich kurz vor der Ohnmacht, ich kann das gar nicht mit anhören.

Verwundert bin ich dennoch.

Sind denn die kleinen Katzen-Stufen so spitz, dass sie Frauchen Schmerzen bereiten? Meine Erklimm-den-Saguaro-Pläne werde ich noch einmal überdenken müssen.

Ohne den Hänger vom Truck abzukuppeln, gehen meine Mitbewohner in den Wohnanhänger hinein und ins Badezimmer. Frauchen stellt sich in die Dusche und langsam, ganz langsam zieht sie ihre enganliegende Jeans-Hose herunter, nicht ohne immer wieder laut aufzuschreien, wenn ein Stachel sich dabei bewegt hat. Dann beobachte ich, wie Herrchen, teils mit Pinzette, Stachel um Stachel aus Frauchens Haut herauszieht. An den Beinen und Füßen hat es sie anscheinend am schlimmsten getroffen.

Gebannt sehe ich den beiden zu. Viele Stachel und Aufschreie später wiederholt sich das Spektakel an Arm, Schulter und Hüfte. Ich muss zugeben, die Stacheln sind wirklich lang – ich wünschte, meine Krallen hätten ähnliche Ausmaße.

Frauchen tut mir in dem Moment sehr leid. Nachdem alle Kakteen-Rückstände entfernt wurden, sehe ich mir Frauchen an – und muss in mich hineinlachen. Sie erinnert mich von oben bis unten an einen Streuselkuchen. Überall sind rote Tupfer und Punkte zu sehen.

Die beiden kommen wieder aus dem Badezimmer. Frauchen sieht ziemlich mitgenommen aus. Herrchen geht nach draußen und erledigt die verbleibenden Aufbau-Arbeiten. Dann kommt er wieder herein. Die Sonne geht bereits unter und durch das große Fenster beim Esstisch sehen wir sie zwischen den Kakteen hinter einem Berg am Horizont verschwinden. Die Temperaturen sind hier wesentlich angenehmer als noch in New Mexico. Herrchen meint, das liegt daran, dass wir nicht mehr in so großer Höhe sind.

Für den nächsten Tag nehme ich mir vor, die Kakteen näher zu inspizieren. Diese interessanten Pflanzen haben mich bereits in ihren Bann gezogen, und ob ohne oder mit Leine, ich möchte sie mir genauer ansehen und beschnüffeln.

Früh am nächsten Morgen bin ich bereits wieder wach. Die Vorfreude lässt mich nicht länger schlafen. Aber wie bekomme ich jetzt meine beiden Mitbewohner aus ihren Träumen?

Ich springe zu ihnen hinüber und beobachte sie eine Zeit lang. Soll ich den Schnurhaar-Trick anwenden? Oder einfach ständig über ihre Köpfe und die Kissen springen? Vielleicht scharre ich auch einfach vorne an der Eingangstür.

Ich entscheide mich für die Über-die-Köpfe-und-Kissen-springen Variante. Nach ein paar Momenten stehen die beiden auch schon auf, leicht genervt, wie mir scheint. Aber das ist mir egal, ich kann nicht ständig auf ihre Befindlichkeiten Rücksicht nehmen. Ich will hinaus. Wie ich bereits ahnte, geht das nur mit Leine. Tapfer lasse ich das Prozedere über mich ergehen und dann bin ich bereit, die Welt der Kakteen zu erobern.

Herrchen öffnet die Tür, ich stürme mit windschnittig angelegten Pinselohren hinaus. Ich merke, dass Herrchen wieder etwas länger braucht und nicht hinterherkommt – die Leine spannt. Viel zu langsam gehen wir zum ersten Kaktus.

Wahnsinn, wie der aussieht. Ich begutachte seine faszinierenden Strukturen und die Stacheln. Die Pflanzenhaut fühlt sich ganz anders an als alles, was ich aus Deutschland kenne. Sie ist glatt und wirkt sehr weich, ist in Wahrheit jedoch extrem hart.

Ich blicke nach oben. Die Ausmaße des Saguaros sind die eines mittelgroßen Baumes. Was sich die Natur wohl dabei gedacht hat, so etwas zu schaffen? Ich habe gehört, Saguaros werden weit über 100 Jahre alt.

Dann zerre ich Herrchen weiter zur nächsten Stachelpflanze. Herrchen sagt zu mir, dass wäre ein Teddybär-Cholla. Und in der Tat, das Gewächs sieht zum Knuddeln aus – zumindest solange man nicht näher hinsieht. Denn dann entpuppt sich die so kuschelig aussehende Oberfläche als eine dichte Ansammlung von Stacheln. Ich erinnere mich, dass Frauchen mit so einem Kumpan ja bereits Bekanntschaft gemacht hat.

Dann gehe ich einen Schritt auf den Kaktus zu. Autsch!

Am Boden liegen kleine längliche Ärmchen der Pflanze, durch und durch übersät mit Stacheln. Ich schüttle mein Pfötchen, und das Kaktus-Stück fällt nach einigen Versuchen ab. Herrchen erzählt, dass diese Kakteen-Art sich auf diese Weise verbreitet – die kleinen Ärmchen werden vom Wind oder Tieren weitergetragen und fangen dann an, Wurzeln zu schlagen. Für mich heißt das, dass hier wohl noch mehrere davon herumliegen und ich besser aufpassen muss.

Gleich neben dem piksenden Teddybären steht eine weitere imposante Pflanze. Diese hat – wie könnte es anders sein – ebenfalls lange spitze Dornen.

Jedoch ist das Gewächs nicht kompakt, sondern aus dem Boden sprießen viele lange Stiele heraus, die meterweit nach oben ragen. Daran hängen wunderschöne rote Blüten, welche wie Fähnchen aussehen.

Weiter vorne sehe ich ein weiteres Exemplar, das allerdings verdorrt wirkt und umgefallen ist. So auf dem Boden liegend erinnert es an ein krakenartiges Ungeheuer. Ich sehe Herrchen fragend an, der erklärt mir, dass es sich hier um Ocotillos handelt.

Woher weiß er das alles nur? Herrchen ist ein Freak.

Wir spazieren weiter durch das Areal und ich finde immer wieder neue Kakteen, welche meistens irgendwelche Chollas sind. Viele davon fangen bereits an zu blühen und haben mal größere, mal kleinere hübsche Krönchen. Stachelig sind sie leider alle, und ich hüte mich, ihnen zu nahe zu kommen. Meine Kletterträume werde ich wohl vorerst unterlassen müssen.

Wie aus dem Nichts höre ich ein sich schnell bewegendes brummendes Geräusch. Ich schaue auf und sehe einen winzigen Vogel mit langem Schnabel zwischen den Kakteen auf und ab fliegen. Was ist das nun wieder für ein Geschöpf?

Ich beobachte das gefiederte, hummelartige Wesen voller Interesse. Es hat ein wunderschönes, grünlich diamant-glänzendes Federkleid. Und wie schnell es mit den Flügeln schlägt. Eben wie eine Hummel. Nichtsdestotrotz sieht es aus wie ein Miniatur-Vogel. Teilweise sind die Bewegungen so spontan und schnell, dass mein Blick ihm gar nicht folgen kann. Es wirkt, als wenn es irgendetwas aus den Blüten der Kakteen holen möchte. Und dann sehe ich, wie eine lange Zunge aus dem strohhalmgeformten Schnabel in die Blüte hineinsaust und etwas daraus schlürft.

Gebannt sehe ich dem Geschöpf dabei zu. Da es mir als Zwischen-Snack zu klein wirkt, verschwende ich keinen Gedanken daran, ob es denn genießbar wäre. Dann höre ich Herrchens Stimme. Er zeigt auf das kleine brummende Lebewesen und sagt, da wäre ein Kolibri und ob ich ihn schon gesehen hätte.

Warum denkt er nur immer, ich hätte eine genauso langsame Auffassungsgabe wie er als Mensch? Wie immer verzeihe ich ihm seine Naivität.

Er meint noch, dass diese kleinen Vögel hier Hummingbirds genannt werden und durch ihren extrem schnellen Flügelschlag auf der gleichen Stelle schweben könnten. Daher käme auch das brummende Geräusch.

Jetzt drehe ich mich doch zu Herrchen um und sehe ihn leicht verärgert an. Als wenn ich das nicht schon alles beobachtet hätte!

Einen Moment später werde ich aus meinem Groll gerissen, ich höre Hunde. Eilig drehe ich mich nach links und rechts, kann aber nichts sehen. Wo mögen die nur sein?

Ich beschließe, dass es wohl besser ist zum Wohnanhänger zurück zu gehen und fange an zu rennen. Wieder ist es Herrchen, der meinen Sprint an der Leine zu einem Schildkrötenspaziergang verkommen lässt und so schleichen wir zurück.

Als wir angekommen sind, gibt es Frühstück. Frauchen wartet bereits auf uns, mein Futternapf ist auch schon gefüllt. Das war ein spannender Morgen!

Anschließend lassen die beiden mich alleine im Wohnanhänger zurück und fahren davon. Soviel ich verstanden habe, wollen sie in die Stadt Tucson und dort alle möglichen Dinge besorgen. So verbringe ich die Zeit bis zum frühen Nachmittag mit Fellpflege und schlafe mich richtig aus.

Dann höre ich die Motor- und Fahrgeräusche des Trucks, springe von meinem Platz und eile zur Eingangstür. Kurz darauf sperrt Herrchen diese auf und ich schaue die beiden durch das Mückennetz an.

Ich bin gut erholt und möchte meine Kakteen-Tour fortsetzen. Leider darf ich nicht raus, und meine beiden Untergebenen tragen Tüte um Tüte und Karton um Karton herein. Neugierig beschnuppere ich alle mitgebrachten Dinge. Riecht nach Gemüse. Und irgendwo schwappt auch der Geruch von Katzentrockenfutter heraus. Ich springe zurück auf meinen Platz und beobachte die beiden beim Auspacken.

Sobald alle Dinge aufgeräumt sind, komme ich zu ihnen herüber und dränge sie, mit mir hinauszugehen. Aber nun müssen sie erst Mittagessen. Ich verdrehe das Auge. Immerhin bekomme ich auch etwas. Ob sie mich wohl einfach nur ruhigstellen wollten?

Dann ist es soweit und wir gehen zu dritt hinaus. Diesmal setzen sie sich allerdings nur auf die Campingstühle und Frauchen und Herrchen genießen die Sonne. Ich lege mich in den Schatten eines nahegelegenen Buschs dazu. Meine Untertanen haben meine Leine mit einem Seil verlängert, so dass ich etwas mehr Bewegungs-Radius habe.

Nach einigen Minuten sehe ich etwas Interessantes und will hin spazieren. Ich spüre einen Ruck. Mist, die Leine. Sie ist immer noch zu kurz.

Als ich mich zufällig rückwärts bewege, merke ich, dass das Halsband ganz leicht vorne über den Kopf rutscht, sobald ich etwas nachhelfe. Ich probiere weiter, und tatsächlich, nach wenigen Versuchen bin ich es los. Aus dem noch um mich geschnallten Brustgurt steige ich ohne Probleme heraus. Ich bin ja so wunderbar gelenkig als Katze.

Stolz auf mich selbst, klopfe ich mir auf die Schulter. Dann überlege ich, was ich mit meiner gerade gewonnenen Freiheit anfangen könnte. Ich bummele zu einem nicht weit entfernten Kaktus und schaue hinauf.

Dann höre ich Frauchen schreien. Sie hat entdeckt, dass ich mich befreit habe. Schon ist sie bei mir und hebt mich hoch.

Aber Frauchen, siehst du denn nicht, dass ich gar nicht davon laufe? Ich will einfach nur nicht dieses nervige Geschirr mitsamt Leine an mir haben!

Frauchen ist das egal, sie meint Vorschrift ist Vorschrift und ich muss hier nun mal eine Leine tragen. Ich grunze in mich hinein, die Vorschriften interessieren mich herzlich wenig. Kurz darauf bin ich wieder angeleint. Immerhin darf ich noch unter dem schönen Busch liegen und aus dem Schatten heraus alles beobachten.

Der Tag neigt sich langsam dem Ende zu und wieder bestaune ich einen wunderschönen Sonnenuntergang. Währenddessen machen Frauchen und Herrchen vor dem Wohnanhänger auf einem kleinen Gaskocher ihr Abendessen in ihrer aus Deutschland mitgebrachten Eisenpfanne. Auf mein verdutztes Dreinschauen, warum nicht innen gekocht wird, höre ich sie sagen, dass es heute in Öl und Salz angebratene Shishito-Peppers gibt und so die ganzen Gerüche nicht im Wohnanhänger tagelang zu riechen sind.

Hm, verstehe, und ist mir nur recht. Das heißt nämlich, ich darf auch noch etwas mit draußen sitzen bleiben.

Es wird mittlerweile dunkel und zum Essen selbst gehen wir dann doch hinein.

Die nächsten Tage verbringe ich hier zwischen den Kakteen auf dem Campingplatz. Täglich gehe ich mit meinen Untertanen spazieren und bestaune die ungewohnte Pflanzenwelt.

Herrchen geht am frühen Abend oft alleine weg, dann trägt er seine Jogging-Klamotten. Er meint, dass nur wenige hundert Meter entfernt bereits der Saguaro National Park ist und dort die perfekten Pfade sind, um ein paar Meilen zu rennen.

Zusammen waren die beiden auch schon in dem Park zum Wandern und haben mir erzählt, dass die Landschaft dort noch viel spektakulärer ist als hier. Ganze Wälder voller Saguaros ziehen sich bis zum Horizont über die Berghänge. Da ich hier schon genug zu tun habe mit dem Studieren der Kakteen, bin ich ihnen nicht böse, dass ich sie auf den Fahrten und Wanderungen durch die Wildnis nicht begleiten muss. Das würde bestimmt nur wieder furchtbar holpern.

Ab und an fahren die beiden auch nach Tucson in die Stadt. Einmal kamen sie mit riesigen Kartons zurück. Ich habe Herrchen mit großem Auge angesehen und mich gefragt, was da wohl drin sein könnte. Insgeheim habe ich gehofft, es wäre etwas für mich.

Als er es ausgepackt hat, wusste ich nicht, was das für Gegenstände waren. Ich sah nur ein türkis-bläuliches Etwas, das Räder hatte und auf der Oberseite eine große Kappe auf einer Art kurzem Rohr. Am Ende war noch ein großer Griff. Herrchen erklärte mir, das wäre ein Blue Boy und damit kann man die Abwasser-Kapazität des Wohnanhängers vergrößern. Dann gab es noch einen weiteren Karton, der sehr flach, aber lang und breit war. Nach Herrchens Aussage, sollen darin Photovoltaik-Panels sein, um mit den Sonnenstrahlen Strom zu gewinnen. Als er mir erklären will, was im dritten Karton sei, winke ich ab und gehe woanders hin. Das ist mir alles zu langweilig.

Ich betrachte wieder die wunderbaren Kakteen-Pflanzen und weiß, dass das wahre Kunst und unübertroffene Genialität ist.

Wir sind mittlerweile seit fast zwei Wochen im Land der Kakteen. Ich bin bereits Experte für diese dornigen Pflanzen und erzähle jeden Abend meinen beiden Mitbewohnern von meinen Studien. Sie sehen mich dann seltsam mit einem schiefen Blick an, und fragen sich, warum ich soviel maunze und miaue.

Meistens stellen sie mir dann noch eine Ration Fressen hin – dabei will ich ihnen doch etwas ganz anderes sagen!

Dann, eines sonnigen Morgens, ist es soweit und an der Zeit, dass wir weiterziehen. Ich hatte bereits seit einigen Tagen das Gefühl, dass dieser Moment bald kommen würde und so bin ich seelisch gut darauf vorbereitet.

Einpacken, Abbauen und Anhängen sind schnell erledigt und Herrchen und Frauchen verabschieden sich noch von ein paar Menschen auf dem Campingplatz. Anschließend steigen sie zu mir in den Truck, der Motor wird angeschmissen und wir rollen aus dem RV Park hinaus auf die staubige Piste.

Ich werde zur Wüstenkatze

Es ist wieder eine holprige Fahrt, bis wir auf die nächste asphaltierte Straße gelangen. Dann fahren wir aus den Bergen hinaus und sind nach einigen Meilen auf dem Highway.

Obwohl ich mich von all den Kakteen verabschiedet habe, tut es mir leid, dass wir sie verlassen. Ich durfte zwar nur mit Leine unterwegs sein, aber es hat mir gut gefallen auf diesem RV Park. Als Katze weiß ich jedoch, dass es keinen Sinn macht über die Vergangenheit zu sinnieren und daran anzuhaften, also freue ich mich auf das Neue, das auf mich zukommt. Und bis jetzt war es jedes Mal spannend, egal wo wir gelandet sind.

Die Stunden vergehen und wir fahren Meile um Meile auf dem Highway dahin. Irgendwann durchqueren wir für längere Zeit eine riesige Stadt, nur um anschließend weiter durch endlose Landschaften zu fahren. Mittlerweile ist es zur Gewohnheit geworden, dass die Sonne jeden Tag vom blauen wolkenlosen Himmel scheint und die Umgebung mit grellem Licht überflutet. Berge wechseln sich mit kleinen Canyons und weiten Ebenen ab.

Dann, am Nachmittag, fahren wir von der großen Autobahn herunter und biegen auf einen kleineren Highway. Frauchen sagt, das wäre also das berühmte Quartzsite. Ich sehe nach draußen und erkenne, dass wir durch ein kleines Städtchen fahren. Warum es berühmt sein soll, erschließt sich mir nicht.

Nachdem wir es nach Norden durchquert haben, spüre ich, wie wir erneut abbiegen und eine Rechtskurve machen. Durch die Seitenfenster sehe ich am Horizont Berge stehen, die rasch näherkommen. Die Straße schlängelt sich durch die Wüstenlandschaft und gewinnt an Höhe. Dann, kurz nachdem es wieder leicht bergabwärts geht, fahren wir ab auf eine steinige Piste.

Ich halte mich fest, es wackelt wie wild und immer langsamer werdend bewegen wir uns vorwärts. Gespannt sehe ich aus dem Fenster, nicht ohne immer wieder abzurutschen durch das viele Holpern.

Ich habe gelernt, dass wir bald da sind, sobald es zu ruckeln anfängt. Im Nu springe auf meinen mittleren Vordersitz und fange an, mich lautstark zu freuen. Frauchen und Herrchen scheinen das falsch aufzufassen und schauen mich besorgt an. Frauchen streichelt mich und meint, dass gleich alles gut werden würde.

Aber das weiß ich doch, das will ich euch doch sagen!

Wenige weitere Minuten vergehen und wir durchqueren auf losem Geröll ein ausgetrocknetes Flussbett. Dann passieren wir mitten im Nirgendwo einen anderen Truck mit großem Wohnanhänger, und ein paar hundert Meter später sind wir anscheinend da.

Frauchen und Herrchen steigen aus und sehen sich die Gegend an. Sie diskutieren und beratschlagen, wo und wie sie am besten den Wohnanhänger platzieren. Ich nutze die Gelegenheit, um mich bereits durch die Seitenfenster umzusehen.

Es sind einige Kakteen zu erkenne, auch Saguaros und Ocotillos. Und da, auf der anderen Seite Teddybär-Chollas. Nur, dass diesmal alles weitflächiger und es wesentlich weniger grün zwischen den stacheligen Pflanzen ist als bei Tucson auf dem Campingplatz.

Und wir sind ganz alleine. Das ist wohl kein RV Park. Mir steigen die Tränen in die Augen, sind wir etwa diesmal beim Wildcampen?

Herrchen ist zurück, Frauchen steht draußen. Dann fangen die beiden an, den Anhänger nach ihren Vorstellungen auszurichten. Anscheinend orientieren sie sich an der Sonne, dass sie so gut wie nie frontal in das Slide-Out hineinscheint. Nach nicht allzu langer Zeit ist das Werk vollbracht, Herrchen hängt ab und baut auf, und anschließend werde ich aus dem Truck geholt und darf – nach wie vor an der Leine – zur Eingangstür tapsen.

In etwas weiterer Entfernung sehe ich eine Bergkette in den Himmel ragen. Dazwischen sind trockene, steinige Hügel mit Wüstenvegetation, immer wieder getrennt durch kleine Canyons und einem Flussbett, in dem anscheinend kein Wasser fließt. Ich finde die Landschaft sehr ansprechend.

Im nächsten Moment hüpfe ich die Stufen hinauf in den Wohnanhänger und bekomme nach der langen Fahrt frisches Wasser und etwas zu Fressen. Nun aber nichts wie auf das Katzenklo. Und dann möchte ich die Gegend entdecken. Ich habe große Hoffnung, dass ich diesmal ohne Leine unterwegs sein darf.

Ich springe zur Tür und verkünde inbrünstig, dass ich nun hinaus möchte. Beide meine Untertanen sehen mich an, dann kommt Herrchen und – das darf nicht wahr sein – nimmt die Leine von der Halterung. Er sieht mich erneut an, öffnet die Tür, und legt die Leine beiseite.

Ich bin gerührt. Freiheit, ich komme!

Ganz vorsichtig steige ich Stufe für Stufe hinunter. Es ist ein seltsames Gefühl. So viele Wochen habe ich auf diesen Moment gewartet, doch nun als er da ist, fühle ich mich unsicher. Bisher war immer Frauchen oder Herrchen nur eine Leine entfernt neben mir, und falls etwas passiert wäre, hätten sie mich jederzeit hochheben und zurücktragen können.

Nun stehe ich hier außerhalb des Wohnanhängers und vor mir liegt diese riesige trockene Wüstengegend. Mir wird urplötzlich bewusst, dass es vielleicht auch Gefahren für eine schwarze Katze geben könnte, die ich noch nicht kenne.

Panik macht sich breit. Aber halt! Was sind das für Gedanken? Ich verbringe wohl zu viel Zeit mit Menschen, und deren Gehirnaktivitäten stecken an.

Schon habe ich mich wieder gefasst und lebe weiter im Augenblick. Wunderschön ist es hier. Den tollen grünen Strauch rechts neben mir habe ich noch gar nicht bemerkt.

Ich gehe hinüber und schnuppere daran. Wahnsinn, wie der riecht! Ich bemerke, dass Herrchen zu mir kommt und sagt, dass der Mesquite-Busch mir wohl gefallen würde.

Mesquite, so heißt das Gewächs also.

Darunter sehe ich einen kleinen Saguaro hervorspitzen. Der ist wohl noch sehr jung und nutzt den großen Busch als schattigen und geschützten Platz, bis er größer ist.

Ich spaziere weiter in Richtung eines ausgetrockneten Bachlaufs. Dort habe ich gerade ein Geräusch gehört, dass mein Interesse geweckt hat. Als ich näherkomme, sehe ich etwas davonrennen. Ich zucke zurück. Es hat lange große Ohren und sieht mich an. Dann ergreift es die Flucht. Ich erschrecke ebenfalls und sprinte zurück zum Wohnanhänger.

Was war das? Es sah aus wie ein kleiner Hase. Seit wann habe ich Angst vor Hasen? Die lange Zeit an der sicheren Leine hat mich wohl überängstlich werden lassen.

Während ich auf der obersten Treppenstufe stehe und überlege, ob ich besser nach drinnen gehen oder doch meine Exkursion fortsetzen soll, kommt Herrchen zu mir hinzu und öffnet die Moskitoschutz-Tür. Ich springe hinein und lasse die Sache auf sich beruhen.

Mittlerweile hat auch schon die Dämmerung eingesetzt und ich fühle, dass ich immer müder werde. Bald ist es ganz dunkel und Herrchen macht die Eingangstür zu. Ich fand den Tag sehr aufregend und gehe zeitig in mein Bettchen. Während des Einschlafens frage ich mich, wie lange wir wohl an diesem schönen Ort bleiben werden.

Sobald der nächste Tag anbricht, stehe ich an der Eingangstür bereit. Die Freiheit wartet!

Schlaftrunken öffnet mir Herrchen die Tür und ich stürme hinaus.

Bis zur mittleren Stufe – dann schaue ich mich vorsichtig um. Irgendwelches wilde Getier? Hasen? Nichts zu sehen, weiter geht's.

Ich tapse los.

Diesmal nehme ich eine Ocotillo-Pflanze ins Visier und laufe schnurstracks auf sie zu. Wunderschön, wie sie da steht mit ihren vielen Stängeln, die hoch in den Himmel hinauf ragen. Sie trägt für eine Wüstenpflanze dichtes Blätterwerk. Zwischen den kleinen Blättern sind die langen hölzernen Stacheln zu sehen. An den oberen Enden hängen – genau wie auf dem Campingplatz bei Tucson – die Blüten wie rosa-rote Fähnlein im Wind. So bizarr wie diese Pflanzen aussehen, so faszinierend sind sie. Hier in der offenen wilden Wüste liegen auch wesentlich mehr umgefallene Ocotillos. Die Ähnlichkeit der abgestorbenen Gewächse mit riesigen Kraken ist erneut verblüffend. Ich starre noch eine Zeit lang den Strauch an.

Dann sehe ich mich weiter um. Ich entdecke auch viele kleine Blumen, die hier in diesem trockenen Gebiet in den tollsten Farben blühen. Überall summt es, und alle möglichen Insekten tummeln sich dort.

Natürlich vergesse ich auch nicht meinen Katzendrang, Mäuse zu fangen. Allerdings entdecke ich keine einzige. Ich finde zwar hier und da ein Loch und fasse auch gleich hinein, aber eine Maus bleibt nicht in meinen Pfoten hängen.

Als Herrchen mich so sieht, sagt er sorgenvoll, ich muss aufpassen mit den Löchern, dort können auch große Vogelspinnen und Giftschlangen drin sein. Das erinnert mich einerseits an meine Gedanken von gestern, andererseits an die Aussage der Hauskatze aus Deutschland, welche meinte, dass das alles kleine ungefährliche Tiere wären. Dennoch, ich beschließe Vorsicht walten zu lassen.

Während ich so vor mich hinschlendere, merke ich immer wieder, dass mich etwas in die Pfote pikst. Ich sehe genauer hin und stelle fest, dass der ganze Boden mit winzigen rot-braunen Mini-Kakteen übersät ist. Die Stacheln sind relativ weich und brechen nicht ab. Dennoch, auf diese Erfahrung kann ich gerne verzichten.

Ich passe ab jetzt besser auf und stelle fest, dass ich schon bald ganz allgemein im Wüstenwandern viel besser werde. Den kleinen Kakteen und anderem herumliegenden Dornenzeugs weiche ich mittlerweile ganz automatisch gekonnt aus. Katzen sind schon faszinierende Wesen. Und ich bin eine Katze!

Nach meiner Morgentour gehe ich zurück zum Wohnanhänger. Ich hatte ja schließlich noch gar kein Frühstück. Herrchen übrigens auch nicht. Er war die ganze Zeit bei mir. Alleine lässt er mich dann doch nicht, auch wenn er mir nicht auf Schritt und Tritt folgt und mich oft nur aus der Entfernung beobachtet. Finde ich auch gut so, ich fühle mich dabei sicherer.

Zusammen steigen wir die Stufen hinauf, ich werde verköstigt und meine beiden Mitbewohner setzen sich an ihren Frühstückstisch.

Als ich nach meiner Mahlzeit wieder durch das Mückennetz hinaussehe, stelle ich fest, dass die Sonne intensiver und greller geworden ist. Ich bin überrascht, wie schnell das hier geht. Schnell beschließe ich, mich der Fellpflege und der inneren Entwicklung zu widmen, springe auf das Bett und beginne meine Arbeit. Hinausgehen kann ich ja auch noch später, wenn die Sonne wieder tiefer steht.

Abbildung 1: Ich gehe auf Entdeckungstour.

Am späten Nachmittag ist es wieder soweit und ich mache mich auf, weiter die Gegend zu erkunden.

Diesmal gehe ich auf die andere Seite des Wohnanhängers. Dort sehe ich ein paar Saguaros und Teddybär-Chollas stehen. Insbesondere die Chollas haben es mir angetan und so nehme ich sie genauer unter die Lupe.

Welch bizarre Formen diese Gewächse doch haben. Und ihre Strategie, Ärmchen abzuwerfen, um sich durch den Wind weiter entfernt auszusäen, finde ich sehr spannend. Nur zu Nahe komme ich nach meiner Erfahrung bei Tucson den Kakteen nicht mehr. Brauche ich auch nicht. Mein scharfes Katzenauge sieht alles bis ins kleinste Detail, auch mit sicherem Abstand.

Dann höre ich über mir etwas kreischen. Ich blicke hinauf und sehe einen großen Vogel.

Mir wird unwohl bei der Sache.

Es gibt hier nichts, wo ich mich verstecken könnte, dass er mich von oben nicht sieht. Nicht dass ich Angst vor Vögeln hätte, aber seit der Reise im Bauch des Monstervogels habe ich gehörigen Respekt vor diesem Federvieh.

Ich überlege was ich tun soll. Ich nehme die Pfoten in die Hand und sprinte so schnell wie möglich unter den Wohnanhänger. Herrchen sieht mich und muss lachen.

Was ist daran so lustig?

Er meint, ich wäre fast über mein kleines Schwabbel-Bäuchlein gestolpert. Ich bin empört. Was fällt ihm ein? Außerdem bin ich ja schon dabei, abzunehmen!

Ein weiterer Vogelschrei bringt mich aus meinen Gedanken zurück ins Hier und Jetzt. Dann höre ich ein Zischen, als wenn ein Pfeil an uns vorbeifliegen würde. Und ich sehe den Vogel wie einen Stein vom Himmel fallen, mit stark angewinkelten Flügeln.

So verschwindet er hinter dem nächsten Hügel. Ich beobachte das Szenario und Herrchen sagt, er hat sich dort wohl eine Beute geholt, die er von oben überrascht hat. Mir läuft es kalt den Katzenrücken hinunter. Ich hätte mir niemals träumen lassen, dass ich darauf achten muss, ob ein großer Vogel über mir dahingleitet. So nehme ich auch diese Erfahrung in meine geistige Aufpassen-Liste mit auf.

Das Erlebnis ist beinahe vergessen und ich erkunde weiter – und mit mehr Vorsicht – die Gegend. Die Sonne ist schon fast hinter den Bergen im Westen verschwunden. Dann höre ich vor mir im Gebüsch etwas rascheln. Dieses Geräusch kenne ich nur zu gut – das muss eine Maus sein.

Langsam schleiche ich mich heran. Noch sehe ich sie nicht. Ich komme dem Gebüsch näher und näher. Dabei verschmelze ich perfekt mit der Umgebung und praktiziere die bis zur Vollendung entwickelten Tarnkünste einer Katze.

Plötzlich werde ich angestupst. Herrchen ist es. Er fragt, was ich vorhabe. Warum schafft er es immer wieder, mich zu sehen, wenn ich doch so gut getarnt bin? Es ist mir ein Rätsel.

Ich versuche ihn zu ignorieren und fahre mit meiner Taktik fort. Dann sehe ich etwas davonhuschen. Es ist eine Maus – aber eine sehr seltsame. Sie hat einen langen Schwanz, der am Ende recht buschig ist. Und sie ist auch ein Stück größer als die Mäuse, die ich so kenne. Egal. Hauptsache eine Maus. Ich schleiche ihr hinterher, dann dreht sie um und kommt direkt auf mich zu gerannt. Meine Tarnung funktioniert, sie kann mich nicht sehen. Ich fange an, mein Mäulchen zu öffnen – vielleicht rennt sie ja einfach hinein. Das hat beim Komposthaufen auch immer wieder geklappt.

Aber was macht sie da?

Einen Meter vor mir dreht sie nach links ab und hüpft in das Gebüsch und dort in ein Loch.

Zu schade. Das war wohl nichts. Sie muss Herrchen gewittert haben. Man kann ihn einfach nicht auf die Jagd mitnehmen, er vermasselt es jedes Mal.

Enttäuscht drehe ich mich um und gehe zurück zum Wohnanhänger. In der Ferne höre ich ein Geräusch. Es ist ähnlich wie das Bellen von Hunden. Nein, eher wie Wolfsheulen. Hm, das ist es auch nicht – außer es wären sehr kleine Wölfe.

Schon höre ich meine Untertanen, wie sie sich gegenseitig fragen, ob sie das Coyoten-Geheul gehört hätten.

Oh, das sind Coyoten? Auch hier hat mir die Hauskatze in Deutschland erzählt, das wären kleine niedliche Tierchen, die ich fressen könnte. Nicht andersherum! Mir wird immer mehr klar, wie wenig Ahnung diese Katze doch hatte. Hauptsache klug daherreden, aber das Haus nicht verlassen! Ich beschließe, ab jetzt insbesondere abends vorsichtiger zu sein.

Und schon zieht mich wieder das Geraschel einer Maus vollständig in seinen Bann. Diesmal werde ich allerdings, noch bevor ich davonrennen kann, von Frauchen hochgehoben und zurück in den Wohnanhänger getragen.

Ich darf mir anhören, es wäre genug für heute und Herrchen macht hinter uns die Eingangstüre zu. Ich kann den beiden nicht böse sein und bin dankbar für diesen schönen Tag. Morgen gibt es bestimmt auch noch einiges zu erleben.

Abbildung 2: Ich bei einer Wüstenwanderung, immer in sicherem Abstand zu den Teddybär-Kakteen.

Wieder bin ich das erste höhere Wesen im Wohnanhänger, das wach ist. Da fällt mir ein, außer mir gibt es ja nur noch Menschen darin.

Ich muss selbst laut über meinen gelungenen Witz lachen. Dadurch werden meine Mitbewohner wach. Ich dränge auf meinen Morgenspaziergang und gehe mit Herrchen hinaus.

Als ich losschlendere, merke ich, dass er gar nicht hinter mir ist. Ich drehe mich zu ihm um und sehe, dass er aus dem Truck flache, aber lange und breite Glasplatten mit schwarzem Rahmen herausholt. Die Platten sind zwar aus Glas, aber mit vielen tiefblauen Quadraten durchzogen. Von diesen Platten hängen Kabel herunter. Außerdem verbirgt sich dahinter ein Gestell, an denen Herrchen sie jetzt mit der Vorderseite gegen die Sonne gedreht aufstellt.

Er bemerkt, dass ich ihm interessiert zusehe. Dann erklärt er mir, das wären Photovoltaik-Panels. Ich erinnere mich, dass er das bereits in Tucson gesagt hat und dass daraus mittels der Sonnenstrahlen Energie erzeugt wird. So sieht das ganze also aus.

Herrchen fängt an zu schwärmen, wie toll es doch ist, mithilfe der Sonne Strom zu bekommen und dass es viel mehr ist, als er erwartet hat. Er erzählt weiter, dass er unbedingt bei der nächsten Gelegenheit das ganze Elektrik-System des Wohnanhängers verbessern will, so dass wir auch normale Geräte betreiben können, während wir beim Wildcampen sind.

Da ich mich bereits desinteressiert umgedreht habe, höre ich die letzten Worte nur noch mit einem Ohr.

Dann spaziere ich davon. Herrchen redet manchmal ein Zeugs, da kann ich nur noch die Flucht ergreifen. Er nimmt es mir auch nie übel und versteht wahrscheinlich selbst sehr gut, dass sein technisches Geschwafel stinklangweilig ist.

Ich streife wieder durch die nähere Umgebung und brauche gar nicht weit zu gehen, denn ich finde immer wieder etwas spannendes Neues, dass ich zuvor noch nicht gesehen habe.

Diesmal entdecke ich eine kleine Eidechse, die sich in der höher steigenden Sonne wärmt. Die Gelegenheit darf ich mir nicht entgehen lassen. Also schleiche ich mich wieder an sie heran. Fast bin ich bei ihr. Ich mache mich zum Sprung bereit und bin bereits angespannt wie eine Feder. Gleich ist der richtige Moment, und - ich höre neben mir Schritte. Die Eidechse verschwindet.

Ich seufze, Herrchen steht neben mir. Er fragt mich, ob es mir gefällt und ich Spaß habe.

Wenn er nur wüsste.

Ich versuche, die Eidechse wieder zu finden. Doch sie bleibt verschwunden. Dann gehe ich mit Herrchen zurück zum Wohnanhänger und erwarte dort mein Frühstück. Frauchen bereitet es auch schon für mich vor. Nachdem ich satt bin, ziehe ich mich auf einen meiner Plätze zurück und leite das Pflegeprogramm ein. Und erneut vergeht ein weiterer entspannter Tag in der Wüste Arizonas.

Abends sind wir wieder alle draußen. Herrchen und Frauchen haben sich auf dem kleinen Gaskocher etwas zu essen gemacht. Es stinkt erbärmlich, ich glaube es sind pflanzliche Bohnen-Frikadellen. Die Armen. Ich würde ihnen so gerne etwas von meinem Katzenfutter abgeben, aber dazu fühlen sie sich ja nicht erhaben genug.

Wir beobachten, wie die Sonne den Bergen im Westen näherkommt und warten auf das allabendliche Naturschauspiel. Die Sonnenuntergänge hier im Süden in der Wüste Arizonas sind wunderschön. Wir beobachten diese nun schon seit etwa einer Woche, und dennoch ist jeder anders und es wird nie langweilig.

Die gegenüberliegenden rauen, schroffen und fast vegetationslosen Berge im Osten werden dabei in fantastischen warmen Rottönen angestrahlt, die nach und nach zu violett und dann ins bläuliche Farbenspektrum wechseln.

Die Wolken glühen noch von der untergegangenen Sonne. Kurz darauf sind bereits die ersten Sterne und auch der Mond zu sehen. Dann ist es schon wieder Zeit, um in den Wohnanhänger zu gehen und sich bettfertig zu machen.

Der darauffolgende Morgen fängt seltsam an. Herrchen ist tatsächlich vor mir wach und geht hinaus. Es riecht auch recht seltsam im Wohnanhänger. Ich höre ihn und Frauchen reden und schnappe auf, wie sie sagen, der Abwassertank für die Toilette wäre wohl voll.

Das hört sich ganz nach einem Abenteuer an und schon springe ich über die Stufen hinunter. Die Sonne wärmt mir bereits spürbar das Fall. Frauchen kommt auch hinter mir aus dem Anhänger heraus. Sie und ich gehen auf die Rückseite, während Herrchen den Blue Boy vom Truck holt. Als er das türkisbläuliche Behältnis auf den daran befestigten Rädern heranrollt, macht er eine der Seitenklappen des Wohnanhängers auf und holt Gummihandschuhe heraus, welche er anzieht. Ich beobachte ihn gespannt.

Dann löst er eine Kappe an der Stoßstange des Anhängers und zieht daraus ein flexibles Rohr hervor. Dieses lässt sich offensichtlich auch in die Länge ziehen, was Herrchen zu einem kleinen Teil nun macht. Anschließend steckt er ein Ende des Rohres an ein weiteres Rohr am Wohnanhänger, das andere Endstück in die Öffnung des Blue Boys. Schließlich öffnet er noch eine kleinere Kappe am Blue Boy und zieht dann am Wohnanhänger neben dem Rohr einen Hebel.

Kurz darauf höre ich es gurgeln und blubbern. Und es stinkt. So sehr, dass mir fast das Schnäuzelchen abfällt.

Ich mache einige Schritte zurück. Jetzt ist es besser. Ich sehe, dass auch Herrchen die Nase rümpft, zurück kann er allerdings nicht, er muss das Rohr festhalten.

Herrchen überprüft immer wieder den Füllstand des Blue Boys. Nach wenigen Sekunden schließt er den ersten Hebel, nur um kurz darauf an einem weiteren zu ziehen. Er sagt zu Frauchen, er lässt noch etwas Duschwasser aus dem anderen Abwassertank in den Blue Boy hineinfließen, wodurch die beiden Rohre gereinigt werden bevor er alles absteckt. Dann wird auch der zweite Hebel wieder zugeschoben und Herrchen fängt an, das restliche Duschwasser durch Anheben des Rohrs in den Blue Boy zu bekommen.

Nach einigen Momenten sind die Rohre leer. Herrchen nimmt sie wieder auseinander, schraubt den Blue Boy zu und meint, das war es auch schon. Jetzt muss er nur noch den prall gefüllten und nun etwa sechzig Kilogramm schweren Blue Boy irgendwie auf die Ladefläche des Trucks bekommen.

Kaum sind die Gummihandschuhe wieder ausgezogen, zerrt er das Plastikbehältnis hinter sich her und hievt es mit aller Anstrengung hinauf auf den Truck.

So läuft das also ab, ich bin begeistert. Wir können somit beliebig lange irgendwo bleiben, solange wir nur immer wieder vom Wohnanhänger in den Blue Boy umfüllen und diesen in der nächsten Ortschaft entleeren. Das gefällt mir.

Nun ist es aber wirklich Zeit für ein ordentliches Mahl, um den Tag gesättigt zu starten.

Nach dem Frühstück sehe ich, dass Frauchen und Herrchen wieder hinaus gehen und sich beide in ihre Campingstühle setzen.

Dann höre ich plötzlich Ramonas Stimme draußen. Das verwundert mich sehr. Ich springe wieder hinaus und sehe mich um. Kann sie aber nicht finden. Dennoch, die Stimme ist auch weiterhin da. Frauchen hält ihr Telefon in der Hand, ist sie etwa dort drin?

Ich zähle eins und eins zusammen und komme zu dem Entschluss, dass es wohl genauso wie bei Herrchens Computer ist, aus dem ich auch immer Stimmen fremder Menschen gehört habe. Ich komme näher und sehe sogar Ramonas Gesicht in dem Telefon. Neugierig schaue ich meinen Untertanen zu. Anscheinend geht in Deutschland etwas vor, ich höre, dass ein Virus ausgebrochen ist und alle zuhause bleiben müssen. Das Wort Corona fällt recht häufig.

Mir wird langweilig und ich beschließe, mich wieder etwas umzusehen, wenn ich sowieso schon außerhalb meines mobilen Königinnen-Schlosses bin.

Ich entferne mich ein paar Meter von meinen Mitbewohnern, dann höre ich wieder das bereits bekannte Brummen in der Luft. Ein Kolibri fliegt direkt an mir vorbei und lässt sich auf einem nicht weit entfernten Strauch nieder. Gebannt sehe ich dem kleinen Lebewesen zu. Der Vogel sitzt einfach nur da und es sieht so aus, als wenn er auch mich beobachten würde. Ich versuche, mit ihm Kontakt aufzunehmen und miaue ihn an. Er dreht den Kopf nach links und nach rechts, dann sieht er wieder her. Anscheinend kann er nicht sprechen. Anschließend hebt er ab und schwebt davon.

Aus einer anderen Richtung nehme ich Gekreische wahr. Ich richte meine Pinselohren danach aus und stelle fest, dass es von einem Vogel kommen muss – zum Glück mit normaler Größe. Als ich näherkomme, sehe ich ihn. Auch so einen Vogel habe ich noch nie gesehen. Stechende Augen und ein geschecktes Federkleid. Er springt ständig von seinem Ast auf und landet wieder darauf. Das Gekreische verwandelt sich in Vogelgesang, der viele Minuten andauert und aus immer neuen Kompositionen besteht. Erst danach wiederholt er sich.

Warum tut der Vogel das? Hat er einfach nur Spaß daran? Oder steckt mehr dahinter?

Ich versuche, die Frage zu lösen, indem ich ihn weiter beobachte. Schade, jetzt fliegt er davon. Ich höre ihn aber noch aus der Ferne, jedoch zu weit weg, um dorthin zu gehen.

Die Sonne wird immer kräftiger und mein schwarzes Fell ordentlich aufgeheizt. Ich beschließe, dass es Zeit ist zurück zu gehen in den Wohnanhänger. Frauchen und Herrchen haben auch bereits ihr Gespräch mit Ramona beendet und ich vernehme, wie sie weiter über das Virus sprechen.

Ohne in die Diskussion verwickelt zu werden, versuche ich an ihnen vorbei zu kommen. Mist. Die Moskitoschutz-Tür ist geschlossen.

Da eilt Herrchen auch schon heran und macht sie mir auf. Ich springe hinein und auf meinen Platz. Es gibt viel aufzuholen bei der Fellpflege aufgrund meiner späten Rückkehr in den Hänger, und so lege ich auch gleich damit los.

Es vergeht fast eine weitere Woche, dann kommt das unausweichliche: Wir machen uns bereit für die Weiterfahrt.

Ich versuche mit meinen Mitbewohnern darüber zu sprechen, ihnen klar zu machen, dass es hier doch so schön ist. Viele Debatten folgen, aber sie verstehen mich einfach nicht. Ich probiere es mit lautem Miau, leisem Maunzen, Schmuse-Attacken und vielem mehr, jedoch ohne Erfolg.

Warum haben wir denn den Blue Boy, wenn wir trotzdem wieder weiterreisen?

Herrchen erklärt, dass wir auf öffentlichem Land stehen. Das ist zwar kostenlos, aber dort darf man nur zwei Wochen am Stück bleiben, dann muss man für mindestens vierzehn Tage einige Meilen entfernt sein, falls man zurückkommen möchte. Das ist unter anderem, um die Natur zu schonen. Achso, denke ich mir, es gibt also eine Regel, die das festlegt. Nun verstehe ich Frauchen und Herrchen.

Traurigen Herzens packen wir zusammen. Ich stelle fest, dass es nicht nur mir schwerfällt, zu gehen. Die magischen Berge, die fantastischen Pflanzen, die wunderbaren Sonnenuntergänge, das angenehme Wetter, es wird mir alles fehlen.

Frauchen meint aber, weise wie sie ist, wenn wir hier für immer bleiben würden, hätten wir keine Möglichkeit, die vielen anderen schönen Ecken in den USA anzusehen. Ich gebe ihr recht und fange an, mich schon darauf zu freuen, was als nächstes kommt.

Hätte ich gewusst, dass wir vorhaben, uns für ein paar Tage wieder auf einen RV Park einzuquartieren, hätte ich erneut lauthals protestiert. Aber in diesem Fall ist die Unwissenheit ein Segen.

Dann fahren wir weiter. Über die holprige Piste durch die Wüste und das ausgetrocknete Flussbett geht es zurück auf die befestigte Straße und anschließend auf den Highway. Wir reisen für mehrere Stunden nach Nordosten und als wir bei unserem Ziel ankommen, sehe ich aus der Ferne bereits die vielen Wohnmobile stehen.

Es folgt wieder der gewohnte Vorgang, Herrchen registriert uns und wir fahren zu unserem zugewiesenen Platz. Dort wird alles aufgebaut und ich finde mich im Anhänger wieder.

Was das doch für ein Unterschied ist zum wilden Camping. Daran muss ich mich erst wieder gewöhnen. Ich sehe meinem Herrchen an, dass es nicht nur mir so geht. Auch er ist in Gedanken noch bei unserem letzten tollen Platz in der Wüste.

Die folgenden Tage verbringt Herrchen viel Zeit an seinem Laptop. Irgendetwas plant er. Dazwischen fahren er und Frauchen immer mal wieder weg und kommen mit Einkäufen wieder.

Dann, nach mittlerweile drei Tagen auf dem RV Park, kommt Herrchen mit vielen Paketen zurück. Als er sie auspackt, ist bei uns alles voll mit irgendwelchen Elektrogeräten, Kabeln, Steckern und anderen Dingen, die ich nicht kenne. Herrchen skizziert auch häufig etwas auf Papier.

Ohne gefragt zu haben, erklärt er mir, dass er unsere Elektrik jetzt endlich verbessern möchte. Dann können wir beim nächsten Wildcampen den Wohnanhänger genauso nutzen, als wenn wir einen Stromanschluss hätten. Und wieder fängt er an, über Sonnenenergie zu reden. Diesmal höre ich geduldig zu, in der Hoffnung, es sei dafür das letzte Mal.

Den nächsten Tag möchte Herrchen damit verbringen, alles einzubauen. Daraus wird jedoch nichts. Es regnet in Strömen. Auch den Tag darauf bleibt das Wetter gleich. So sitzen wir oft im Wohnanhänger und jeder geht seiner Beschäftigung nach.

Dann ist es doch endlich soweit, das Wetter wird besser und Herrchen schraubt, sägt und hämmert den ganzen Tag am Wohnanhänger herum.

Vor lauter Krimskrams kann ich kaum treten, aber je weiter der Tag voranschreitet, umso mehr verschwinden die Dinge und werden von Herrchen verbaut. Stunden später ist er fertig, es wird alles getestet und mein Untertan ist zufrieden.

Am nächsten Tag werden noch ein paar weitere Arbeiten erledigt und ich höre, wie sich Frauchen und Herrchen beratschlagen, wo wir denn als nächstes hinfahren. Geplant war, weiter nach Norden zu reisen, aber dort ist es anscheinend noch zu kalt. Freudig vernehme ich, dass wir zurück in die Wüste fahren werden und dort warten, bis auch in nördlicheren Gefilden das Wetter campingfreundlicher wird.

Ich bin ganz aufgeregt und kann die darauffolgende Nacht kaum schlafen.

Es ist soweit, wir machen uns wieder auf den Weg nach Süden. Ich bin schon seit Stunden bereit, in den Truck zu springen. Frauchen und Herrchen lassen jedoch noch auf sich warten.

Schließlich sind die Abbau-Arbeiten beendet und wir fahren aus dem RV Park hinaus. Keinen Moment vermisse ich hier, nur mit Leine durfte ich wieder draußen unterwegs sein. Er ist zwar schön gelegen, aber ich bin einfach zu freiheitsliebend, als dass ich mich mit so einem Leben anfreunden könnte.

Wir rollen wieder Richtung Süden, die gleiche Strecke, die wir hierhergekommen sind. Manch einen Ort erkenne ich wieder. Dann fahren wir wieder durch Quartzsite hindurch.

Ich bemerke, dass Herrchen falsch abbiegt und mache ihn darauf aufmerksam, er hört mir jedoch nicht zu. Wir verlassen Quartzsite und fahren noch weiter südlich. Links und rechts des relativ schmalen Highways ragen Wüstenberge in den Himmel.

Dann kommt wieder der Moment, in dem wir langsamer werden, abbiegen und auf eine unbefestigte Piste fahren. Die ist aber dieses Mal holprig, denke ich mir. Wir kriechen im Schneckentempo dahin. Nach einer Stunde sieht es aus, als wenn wir da wären und parken mit dem Hänger ein.

Herrchen klärt mich auf und sagt, wir wären im Kofa Wildlife Refuge und es gäbe hier tolle Wanderwege hinauf in den Palm Canyon. Hier würden wir eine Woche wildcampieren und dann neu entscheiden, wohin es weiter geht. Ich sehe mich um, es sieht ähnlich aus wie auf unserem letzten Platz in der Wildnis, nur die Schotterpiste ist näher.

Da es ganz ansehnlich ist, beschließe ich, nicht zu protestieren und genieße ein paar weitere Tage in der Wüste.

Die Woche ist fast vorüber und im Norden muss es laut Wettervorhersage immer noch zu kalt sein für meine wärmeliebenden Mitbewohner.

Also fahren wir zurück nach Quartzsite, entleeren dort an einer speziellen Anlage unsere Abwassertanks und füllen das Frischwasser auf. Da mittlerweile vierzehn Tage vergangen sind, können wir zurück auf meinen heißgeliebten Platz in den magischen Wüstenbergen. Wir sind diesmal alle einer Meinung und kurz darauf kommen wir dort bereits an.

Es ist, als wenn wir den Ort niemals verlassen hätten. Ich begrüße alle Kakteen, Sträucher und andere Pflanzen, die ich in der Zeit zuvor kennen gelernt habe. Frauchen und Herrchen sehen mir mit Freuden zu. Mir geht es richtig gut.

Über die nächsten Tage wird es merklich wärmer. Herrchens Sonnenstrom-Sammelanlage – hieß das so? – funktioniert bestens und Frauchen genießt es, sich jetzt auch beim Wildcamping Brot im Elektro-Toaster knusprig-cross machen zu können. Außerdem erhöht das Föhnen der Haare nach dem abendlichen Duschen sowie die Nutzung des elektrischen Dampfkochtopfes erheblich die Camping-Qualität, erzählt sie.

So ganz verstehe ich nicht, was sie damit meint. Hauptsache, es geht ihr gut, denke ich mir.

Dann springt doch noch ein erkennbarer Vorteil für mich heraus – wir können einen Ventilator betreiben! Nachmittags heizt sich der Wohnanhänger immer öfter auf und draußen fängt ab der Mittagszeit häufig ein starker Wind zu wehen an, so dass ich dann in den Anhänger flüchte. Dank der zirkulierenden Luft bleiben die Temperaturen jedoch angenehm.

Dennoch ist Herrchen hier oft stundenlang unterwegs und erkundet die Gegend und kommt immer voller Begeisterung zurück – zu schade, dass ich ihm unter diesen Umständen keine Gesellschaft leisten kann.

Abbildung 3: Zurück in meiner geliebten Wüste.

Die Tage vergehen und ich stelle mich bereits darauf ein, mir hier irgendwo eine kleine Katzen-Lodge bauen zu lassen, um sesshaft zu werden.

Allerdings kommt es mir so vor, dass die Sonne mit jedem Tag stärker vom Himmel scheint. Auch der Ventilator kommt mehr und mehr an seine Grenzen, selbst wenn er auf stärkster Stufe bläst und ich beim Vorbeigehen fast davon geweht werde. Durch tägliche Bewegung Gewicht zu verlieren ist somit ein klarer Nachteil. Zu schade aber auch, dass ich hier immer noch keine Maus erwischt habe. Und Nachbarn gibt es auch keine, bei denen ich vorbeischauen könnte, ob sie Futter hinausstellen.

Eine halbe Woche später werden die Nachmittagsstunden unerträglich heiß.

Es macht keinen Unterschied ob ich im oder unter dem Wohnanhänger im Schatten bin. Wenn ein Wind bläst, dann fühlt es sich an, als würde ich in einen heißen Fön hineinschauen. Im inneren erzeugt der Ventilator auch keinerlei Abkühlung mehr.

Nachts dauert es weit in die frühen Morgenstunden hinein, bis der von der Sonne aufgeheizte Wohnanhänger endlich kühler wird – und das trotz geöffneter Tür und Fenster. Die Außentemperatur sinkt erst kurz vor dem Morgengrauen auf 26 Grad, um anschließend bei Tagesanbruch wieder rasend schnell anzusteigen. Nervige Wüsteninsekten finden immer einen Weg herein und versammeln sich unter dem noch so funzeligsten Licht, dass sie finden können. Nur um bei Dunkelheit dann ständig um meine Ohren zu surren und mir durch das Fell zu krabbeln.

Herrchen hat sogar den Notstrom-Generator aus dem hintersten Winkel des Trucks hervorgeholt, um zu probieren, ob die energiehungrige Klimaanlage damit betrieben werden kann. Mit einem Höllenlärm ging sie dann auch an, aber dieses Geräusch und auch der nervtötende Generator waren noch schlimmer als die Hitze und ich habe vor lauter Panik angefangen, kräftig zu hecheln. Daraufhin haben meine Mitbewohner beschlossen, dass das keine Option ist und beides wieder ausgeschaltet.

So kann es nicht weiter gehen. Frauchen und Herrchen sagen, dass es noch viel heißer wird, weit über 40 Grad, und wir deswegen bald hier wegmüssen. Schweren Herzens stimme ich ihnen zu, und so packen wir am nächsten Tag alles zusammen und verlassen meinen Lieblingsort.

Am Morgen verabschiede ich mich ein weiteres Mal von der wunderbaren Wüste und ihren tierischen und pflanzlichen Bewohnern. Werde ich wohl jemals hierher zurückkommen?

Rotes und schwarzes Land

Wieder rollen wir über die mir bereits bekannte Wüstenpiste zurück auf befestigte Straßen. Dann fahren wir eine lange Zeit nach Nordosten, auf teilweise sehr kurvigen und engen Highways durch faszinierende Berglandschaften. Riesige, rundlich geformte, ockerfarbene Felsen liegen neben und aufeinander, als wenn ein Riese sie zurechtgelegt hätte.

Ich bemerke, dass die Vegetation zunimmt und die Bäume und Sträucher höher werden. Pinien-Wälder treten vermehrt auf.

Nach einigen Stunden schließlich öffnet sich die Landschaft und ich sehe durch die Fenster fantastische rote Felsklippen- und Türme in der Ferne, die rasch näherkommen. Meine Mitfahrer erzählen, wir sind bald in den Red Rocks bei Sedona.

Ich genieße die tolle Fernsicht, während wir uns unserem Ziel nähern. Schließlich bringt uns Herrchen von dem Highway auf eine staubige Piste.

Wie das ruckelt. So eine furchtbare Fahrbahn hatten wir noch nie. Der Staub ist überall im Truck – und rot!

Wir werden immer langsamer, doch es hilft nichts. Tiefe Schlaglöcher, heftige wellblechartige Abschnitte und sehr viel Verkehr für eine nicht asphaltierte Straße. Immer wieder biegen wir ab und fahren noch schlechtere und sehr enge Seitenstraßen über Stock und Stein bis zum Ende. Wir sind auf der Suche nach einem schönen Stellplatz, auf dem wir ein paar Tage bleiben können. Herrchen hofft jedes Mal, dass uns kein anderes Fahrzeug mit Anhänger entgegenkommt.

Wir haben Glück. Das Wenden mit unserem Wohnanhänger am Ende der Straßen klappt haarscharf, und einmal auch nur nachdem Herrchen unser Truck an einem Busch entlang schrammen lies. Wie das quietscht und knarzt! Ich bekomme Gänsehaut.

Nach zwei Stunden voller rotem Staub und Geruckel beschließen wir, uns zu anderen Wohnmobilen auf einer großen Fläche zu stellen und die Gegend weiter ohne Anhänger zu erkunden.

Gesagt, getan, der Hänger wird eingeparkt und abgehängt. Frauchen und Herrchen beschließen, dass ich für heute genug Auto gefahren bin und darf zuhause bleiben. Also öffnet mir Herrchen die Hintertür des Trucks und ich springe hinaus. Als wir an der Eingangstür zum Wohnanhänger stehen, sperrt Herrchen auf und – das Schloss klemmt.

Er kann den Schlüssel nicht herumdrehen. Wie sollen wir so in den Wohnanhänger hineinkommen?

Herrchen probiert es immer wieder aufs Neue, mit Rütteln, mit Ziehen, mit Drücken.

Nichts hilft.

Wir werden zunehmend ratloser. Frauchen erwähnt, dass wir hier absolut keinen Mobilfunk-Empfang haben und somit keinen Techniker anrufen können. Wie ermutigend!

Herrchen klettert in die Ladefläche des Trucks hinein und kommt mit einem Spezial-Spray zurück. Er sprüht es in das Schloss hinein. Dann probiert er es erneut.

Gleiches Resultat, die Tür bleibt zu.

Wir sind der Verzweiflung nahe. Mittlerweile ist über eine halbe Stunde vergangen und bereits später Nachmittag. Die ersten Theorien werden aufgestellt. Ist es der rote Staub, der alles verklemmt? Oder vielleicht etwas, das im inneren auf den Tür-Riegel gefallen ist und er sich deswegen von außen nicht mehr bewegen lässt?

Ich halte mich aus der Diskussion heraus, möchte nicht neunmalklug wirken. Außerdem würde das meine psychologische Studie verzerren, die ich gerne in solchen Stress-Momenten an meinen Untertanen durchführe.

Herrchen wagt einen neuen Versuch. Ganz vorsichtig dreht er den Schlüssel gegen den Widerstand. Dann immer kräftiger, und in der Hoffnung, den Schlüssel nicht abzubrechen.

Nochmal etwas mehr Spezial-Spray.

Ich höre ein Quietschen aus dem Innenbereich der Tür – und das Schloss ist offen.

Als wir die Tür inspizieren, stellen wir fest, dass sich der Wohnanhänger-Bereich anscheinend durch die Fahrt und die warmen Temperaturen leicht verzogen hat. Dadurch wurde der Riegel des Schlosses an dem gegenüberliegenden Metall eingeklemmt und mit dem geringen Drehmoment des kleinen Schlüssels hatten wir keine Chance, hineinzukommen. Und ohne das reibungsreduzierende Spezial-Spray würden wir wohl immer noch vor verschlossener Tür stehen.

Woher ich das alles weiß? Ich bin nun einmal sehr klug, das ist einer Katze angeboren. Und Herrchen hat es mir erzählt – während er auf den Hersteller des Wohnanhängers und die miserable Qualität geschimpft hat.

Mittlerweile ist es zu spät für Frauchen und Herrchen, um die Gegend nach besseren Stellplätzen zu erkunden. Wir essen zu Abend und lassen es gut sein für heute.

Am Morgen darauf sind Frauchen und Herrchen früh unterwegs. Ich bleibe im Wohnanhänger zurück. Als sie zurückkommen, sehe ich ihnen an, dass sie etwas gefunden haben.

Wir packen alles schnell zusammen und kuppeln den Anhänger wieder an den Truck. Dann fahren wir los und hoffen, dass in der Zwischenzeit sich niemand unseren neuen Platz geschnappt hat. Das ist der Nachteil beim Wildcampen auf öffentlichem Land. Insbesondere dann, wenn es so eine populäre Gegend ist wie rund um Sedona. Jeder hat die gleichen Rechte und wer zuerst dort steht, der malt zuerst.

Ich finde das natürlich ungerecht. Als Katze sollte ich darüber bestimmen und mehr Rechte haben. Das wäre nur fair.

Nach gut dreißig Minuten sind wir dort und der Platz ist nach wie vor frei. Wir parken ein und ich stelle fest, dass hier die Aussicht wieder atemberaubend ist. Hinter einer mit roter Erde bedeckten, hügeligen und bewachsenen Fläche ragen die wunderschönen Klippen der Red Rocks von Sedona in den Himmel. Bis zur Hälfte herrliches Karminrot, ändert sich danach die Farbe des Gesteins ins Zitronengelbe hin zu Beige-Weiß.

Der Boden vor mir ist bedeckt mit lila Pflanzen. Dazwischen wächst Gras, kleine grüne Kakteen und ein paar Büsche.

Der Staub der roten Erde bleibt an meinen Pfoten hängen und ich hinterlasse meine künstlerischen Abdrücke auf den Eingangsstufen und im inneren des Wohnanhängers. Bevor ich ins Bett springen kann, fängt mich Frauchen ab. Ich muss mir die Pfoten waschen lassen. Wie praktisch, jetzt übernehmen meine Untertanen auch schon meine Körperpflege. Ich recke ihr anschließend mein Hinterteil entgegen, doch ich bekomme nur einen sanften Klapps. Dennoch, den Versuch war es wert, denke ich mir.

Ich merke, dass es Zeit wird für meinen Mittagsschlaf und darf nun doch endlich auf das Bett springen. Nachdem ich mich auf meiner Kuscheldecke ausgebreitet habe, fange ich an zu schlummern.

Es ist Nachmittag und ich blinzele noch schlaftrunken in das schöne Sonnenlicht hinein. Noch während ich aufwache, beschließe ich, mir nun die Gegend etwas genauer anzusehen.

Ich springe zur Tür und höre, dass Frauchen und Herrchen bereits draußen sind. Durch den Mückenschutz blicke ich sie an und gebe ein leises Miau von mir, gerade laut genug, dass die beiden es wahrnehmen müssen. Frauchen dreht sich auch gleich zu mir um und fängt an, mich darüber auszufragen, wie ich denn geschlafen habe. Ich beschließe, dass sie das nichts angeht und miaue erneut. Sie soll endlich die Tür öffnen!

Da ist sie auch schon, die Tür wird aufgemacht und ich stolziere in die bezaubernde Landschaft hinaus.

Mal sehen, wohin gehe ich zuerst? Dort drüben sieht es interessant aus, bei dem einzelnstehenden Baum.

Ich laufe los und bemerke, dass es sich um ein Juniper-Gewächs handelt. Diese Pflanze aus der Familie der Zypressen hat ein interessantes Holz. Der Stamm und die Äste sehen oft aus, als wenn ein wildes Katzen-Tier sich daran die Klauen gerieben hätte. Dabei scheint das der normale Wuchs zu sein und im Laufe des Alters der Juniper einfach zu passieren. Ich komme näher und überlege mir, ob ich auf einen der Äste springen soll. Lasse es dann aber doch bleiben, denn ich habe etwas Spannenderes entdeckt.

Unter der Zypresse liegen überall verteilt große, flache braune Haufen. Die riechen aber interessant. Ich fange an, daran zu schnuppern. Wo könnten die Dinger nur herkommen? Auf der einen Seite kommt mir der Geruch bekannt vor, andrerseits aber auch sehr exotisch. Ich komme einfach zu keinem Entschluss. Dann steht Frauchen neben mir und hebt mich hoch.

Voller Entrüstung frage ich sie, was sie da tut.

Ich darf mir im Gegenzug anhören, dass ich gefälligst meine Nase nicht in diese Kuhfladen zu stecken habe.

Mich durchfährt der Gedanke wie ein Blitz – Kuhfladen!

Das war es, woran es mich erinnert hat. Jedoch waren auch noch andere exotischere Nuancen darin zu riechen. Ich habe gehört, dass es hier viele große Wildtiere gibt, über Rehe und Hirsche bis hin zu Pronghorns, welche in Amerika auch als Antilopen bezeichnet werden. Vielleicht sind das ja deren Erzeugnisse? Doch Frauchen trägt mich davon. Schade. Aber ich werde einfach später zurückkommen.

Als sie mich beim Wohnanhänger abgesetzt hat, beschließe ich, in die andere Richtung auf einen kleinen Hügel zu gehen. Dort angekommen, bemerke ich, dass unter mir ein kleiner See ist. Umgeben von roter Erde, Gras, grünen Sträuchern und ein paar großeren Opuntien-Kakteen, spiegeln sich auf der glatten Oberfläche die weiter hinten stehenden roten Klippen und ein paar Wolken.

Ich verfalle in tiefe Demut, der Anblick ist wunderschön. Für ein paar Minuten bleibe ich einfach bewegungslos sitzen und genieße die Aussicht. Ich liebe solch magische Momente.

Danach bummele ich langsam wieder zu meinen beiden Untertanen zurück. Herrchen hält gerade nach mir Ausschau und freut sich riesig, als ich wieder bei ihm bin. Ich streiche ihm um seine Beine und zusammen gehen wir in den Wohnanhänger.

Abbildung 4: Unser Wildcamping-Platz in den Red Rocks bei Sedona.

Die kommenden Tage verbringe ich damit, die Landschaft zu genießen und immer wieder auf Entdeckungstour zu gehen. Einen richtig tollen Kletterbaum konnte ich bis jetzt hier leider noch nicht finden.

Frauchen und Herrchen sind immer mal wieder unterwegs, um Wanderungen zu unternehmen und die wunderschönen Red Rocks aus anderen Perspektiven zu betrachten. Ich bleibe dann meistens zuhause. Auf die vielen Meilen Ruckelpiste bin ich nicht allzu scharf.

An einigen Vor- und Nachmittagen ist das Wetter sehr schlecht. Es regnet wie aus Kübeln, stürmt und die Pisten werden für eine Zeit lang unpassierbar. Ich beobachte, wie sich ein Allrad-Fahrzeug durch den jetzt sehr lehmigen Untergrund nicht weit von unserem Stellplatz entfernt vorbei kämpft. Es sieht so aus, als wenn der Geländewagen jeden Moment stecken bleiben wird. Doch er schafft es und verschwindet langsam aus meinem Blickfeld.

Die Temperaturen sind auch spürbar kühler geworden und wir machen nachts regelmäßig die Heizung an.

Dann werden die Tage wieder sonniger und die verbleibende Feuchtigkeit in der Erdoberfläche verdunstet recht schnell. Wir haben auch bereits unseren Blue Boy aufgefüllt und so verwundert es mich nicht, dass Herrchen nach ein paar Tagen sagt, wir würden morgen weiter fahren. Er flüstert mir zu, dass es an unserem Ziel vielleicht ein paar schöne Bäume für mich zum Klettern geben würde. Ich spitze meine Pinselohren und bin voller Vorfreude auf das, was kommt.

Am Abend dürfen wir dann noch ein Naturschauspiel erleben. Der Mond, glutrot und riesengroß, geht in der Dämmerung hinter den roten Klippen, Felsnadeln und Bergen auf. Ich genieße das Spektakel, während er höher und höher steigt. Kann es etwas Schöneres zum Abschied hier geben?

Abbildung 5: Ich höre interessante Geräusche im Gras vor mir. Die roten Felsen im Hintergrund sind in diesem Moment nicht mehr so spannend.

Am Vormittag des darauffolgenden Tages ist es schließlich soweit. Alles ist eingepackt, der Anhänger am Truck und wir rollen über die rumplige Piste zurück auf den Highway. Nach wenigen Minuten fahren wir durch die sehr hübsche Ortschaft Sedona hindurch.

Ich bin begeistert, wie toll doch die schönen Häuser in die Felsenlandschaft eingebettet sind. Dann lassen wir das Städtchen hinter uns und die Straße schlängelt sich für lange Zeit durch eine Schlucht. Neben uns fließt ein kleiner Fluss, umgeben von Laub- und Nadelbäumen. So ein lauschiges Plätzchen!

Meinen Mitfahrern gefällt es auch sehr gut und sie machen eifrig Fotos. Danach geht es in Serpentinen aus der Schlucht hinaus und immer weiter hinauf in die Berge. Gelegentlich verspüre ich einen Druck auf meinen Ohren und muss kräftig gähnen. Herrchen sagt, wir sind mittlerweile auf über 2.000 Meter Höhe angekommen und dass es draußen spürbar kälter wird.

Abbildung 6: Der Mond geht auf über den Red Rocks bei Sedona.

Nach und nach werden die Kurven weniger. Dennoch fahren wir immer noch höher. Dann sehe ich in der Ferne schneebedeckte Berge und davor Häuser einer Stadt. Die Landschaft hat sich sehr verändert, seitdem wir losgefahren sind. Dabei sind wir doch noch gar nicht solange unterwegs!

Wir fahren in die Stadt hinein und hindurch. Frauchen sagt, wir wären jetzt in Flagstaff und es dürfte nicht mehr lange dauern, bis wir an unserem Ziel ankommen. Und recht hat sie.

Kurz nachdem wir Flagstaff verlassen haben, biegen wir vom Highway ab und das Holpern geht wieder los. Ein Blick aus dem Fenster verrät mir, dass wir in einen lichten Wald hineinfahren, welcher voll ist mit riesigen, hochgewachsenen Pinien! Dazwischen stehen andere, niedrigere Bäume mit mehr Ästen im unteren Bereich. Ich spüre, wie die Vorfreude in mir hochsteigt. Der Boden sieht allerdings merkwürdig aus. Er ist grau-schwarz. Aber es ist keine Erde. Sehr seltsam.

Nach wenigen staubigen und ruckeligen Meilen halten wir an und Frauchen und Herrchen steigen aus. Sie inspizieren einen Platz links der Piste und überlegen, ob wir hierbleiben. Dann steigt Herrchen wieder ein und fährt auf den Platz zu. Es geht einen kleinen Abhang hinunter.

Vorsichtig fährt Herrchen hinein. Dann ein Schlag. Herrchen drückt etwas stärker aufs Gaspedal, aber es tut sich nichts. Er versucht es rückwärts, ohne Erfolg. Dann steigt er aus. Ich sehe durch das offene Seitenfenster, wie er die Hände über dem Kopf zusammenschlägt und flucht. Anscheinend ist der Untergrund so weich, dass die Hinterräder des Trucks eingesunken sind. In dem Moment ist die Anhängerkupplung unter der schwarz-grauen Masse begraben worden und der Wohnanhänger sitzt nun an der Deichsel auf dem Boden aus.

So wie sich Herrchen anhört, ist die Lage aussichtslos und wir sind alle verloren. Typisch Menschlein. Immer gleich panisch werden.

Dann fällt mir ein, dass ich eigentlich hier raus will und Hunger habe. Also fange ich laut zu maunzen an. Meine Untertanen müssen mich durch das offene Fenster gut hören können. Ich schreie mir förmlich die Kehle heraus.

Herrchen und Frauchen werden noch nervöser. Schaufel und Handschuhe werden aus der Ladefläche des Trucks herausgeholt. Dann legt Herrchen los und versucht, die Anhängerkupplung freizulegen. Als sie langsam sichtbar wird, gräbt er den Rest mit den Händen aus. Anscheinend haben sich die Sicherheitsketten darunter verklemmt und Herrchen kann sie nicht lösen.

Er buddelt weiter. Ich beschließe, die Lautstärke meines Miauens noch einmal zu verdoppeln. Frauchen kommt zu mir und will mich beruhigen. Sie erklärt mir die Situation. Dass ich das alles schon weiß, versteht sie nicht. Ich versuche ihr klar zu machen, dass ich großen Hunger habe. Dann höre ich, dass Herrchen zu ihr sagt, die Ketten sind jetzt endlich vom Truck gelöst und er versucht, den vorderen Standfuß des Anhängers auszufahren, so dass er abgekuppelt werden kann.

Ich höre es quietschen und knarzen, dass es in den Ohren schmerzt. Dann spüre ich ein Rumpeln. Es scheint geklappt zu haben. Herrchen springt zu mir in den Truck, schaltet die Allrad-Funktion ein und wir bewegen uns vorwärts.

Aber was soll nun mit dem Wohnanhänger passieren? Er steht noch immer schief am Abhang!

Herrchen und ich fahren weiter, um einen großen Baum herum und auf der anderen Seite aus unserem geplanten Übernachtungsplatz wieder heraus. Dann nähern wir uns Rückwärts am Abhang entlang dem schräg stehenden Anhänger. Ganz langsam und vorsichtig.

In der Zwischenzeit haben ein paar Menschen bei uns angehalten, die die brenzlige Situation gesehen haben. Sie sind in merkwürdigen Geländefahrzeugen unterwegs, die wie aus einem Science-Fiction Film aussehen. Sie helfen Herrchen und Frauchen beim Navigieren, um rückwärts an den Wohnanhänger millimetergenau anzudocken. Einer der hinzugekommenen Menschen schaufelt derweil weiter, um den Anhänger noch mehr freizulegen. Anschließend wird der Standfuß wieder eingezogen und langsam nähern sich Anhängerkupplung und Deichsel. Es sieht gut aus, ich werde wohl doch noch mein Fressen heute bekommen.

Ein paar Augenblicke später spüre ich, dass wir angekuppelt haben. Wieder sehr vorsichtig fährt Herrchen vorwärts. Stück für Stück geht es weiter und in einem großen Bogen ziehen wir den Anhänger, diesmal von der anderen Seite und mit sehr langsamer Geschwindigkeit, in den von Frauchen und Herrchen gewählten Platz hinein.

Alles geht gut. Es ist bereits dunkel geworden und Herrchen baut noch schnell auf, bevor wir dann endlich hinein können in unser Zuhause.

Raus darf ich heute leider nicht mehr, aber mein Fressen zu bekommen ist mir momentan sowieso wichtiger. Und da der Fahrtag sich trotz der kurzen Strecke wieder sehr in die Länge gezogen hat, lege ich mich bald aufs Bett und beginne einzuschlafen.

Kurz bevor ich in die Welt der Träume abdrifte, gehen mir Gedanken durch den Kopf, was ich doch mittlerweile für ein abenteuerliches Leben führe. Kein Tag ist wie der andere, und ich weiß im Grunde nie, wo ich morgen bin und was mich erwartet. Dabei heißt es doch, Katzen sind so verliebt in Gewohnheiten und bevorzugen immer die gleiche Umgebung. Ich kann das nicht bestätigen und möchte all meine tollen Erfahrungen nicht missen.

Trotz der großen Aufregung, was ich hier wohl die nächsten Tage erleben werde, bin ich dann doch irgendwann eingeschlafen.

In der Nacht wache ich bibbernd auf. Es ist eiskalt. Nichts wie zu Frauchen unter die Decke. Herrchen, durch mich aus seinen Träumen gerissen, steht auf und macht die Heizung an.

Wenige Augenblicke später wird es auch schon wieder mollig warm. Ich krieche unter der Decke hervor und schlendere etwas im Wohnanhänger umher.

Wann wird es denn endlich hell draußen? Ich kann es kaum erwarten, die Gegend zu erkunden. Durch das große Fenster im Slide-Out an der Sitzecke habe ich bereits im Dunkeln die in der Nähe stehenden Bäume untersucht. Einige wirken durchaus tauglich, um auf sie hinaufzuklettern.

Zwei lange Stunde später ist es soweit. Herrchen öffnet die Eingangstür und ich sprinte hinaus. Nach wenigen Metern fange ich an zu keuchen.

Was ist mit mir los? Ich bekomme weniger Luft als gewohnt. Ich hechele und gehe langsam zurück zum Wohnanhänger. Es ist nach wie vor kalt, von Hitze kann es also nicht kommen. Herrchen sieht mich und meint, ich leide wohl etwas unter der Höhenluft. Wir sind auf ungefähr 2.400 Meter über Meereshöhe.

So hoch, denke ich mir. Darum also auch diese Kälte heute Nacht.

Langsam und tief atmend gehe ich um den Wohnanhänger herum. Wieder sehe ich in der Ferne die verschneiten Berg-Gipfel. Sie heben sich aus der grün-grauen Landschaft ab.

Ich sehe mir nun den Boden genauer an. Es sind, soweit mein Auge sehen kann, überall kleine schwarze und graue Klümpchen. Mal rundlich, dann eckig, andere wieder zackig und bröckelig.

Ich fange an zu scharren. Wie weit mag das wohl hinunter gehen, bis der Untergrund erdig wird? Es staubt und auch mein Fell wechselt mit jedem Zentimeter, den ich tiefer komme, von schwarz zu grau.

Nach einiger Zeit höre ich auf, es ist kein Ende in Sicht. Herrchen sieht mich und sagt, wir sind auf vulkanischem Gebiet. Alles unter uns sind Asche- und Lavaklümpchen, die vor langer Zeit von dem nur wenige Meilen entfernten Vulkan hierher ausgeworfen wurden. Ich sehe mich um. Und tatsächlich, riesige schwarze Hügel – teils bewachsen – steigen nur wenige hundert Meter von mir entfernt in den Himmel. Ihre Beschaffenheit ist die gleiche, wie der Boden unter mir.

Es wirkt surreal, so weitflächig ist das ganze Areal. Und dennoch, das Leben hat hier Einzug gehalten und viele wunderschöne und duftende, hoch gewachsene Pinien stehen um uns herum. Und Juniper und ein paar andere mir unbekannte Bäume. Ich erinnere mich, dass ich gestern eingangs schon etwas von der Landschaft gesehen habe. Aber jetzt, als ich mitten darinstehe, wirkt es noch wesentlich beeindruckender auf mich.

Immer wieder liegen umgefallene Pinien auf dem dunklen Untergrund. Ihre Rinde hat sich zum Großteil bereits abgelöst und das blanke Holz ist sichtbar. Die verschiedenen Kontraste der Umgebung nehmen mich in ihren Bann und ich vergesse vollkommen meine Atemlosigkeit in der großen Höhe.

Dann gehe ich weiter und – Höhenluft hin oder her - mache mich daran, einen Baum zu finden, der meiner Erwartungshaltung zum Klettern gerecht wird.

Ich muss nicht lange suchen und sehe mir den ausgewählten Kandidaten genauer an. Ich umrunde ihn von links nach rechts und wieder zurück. Der Ast über mir sieht stabil aus und ist auch nicht besonders hoch. Das sollte ich wohl mit einem Sprung schaffen. Ich bereite mich vor, stoße mich vom Boden ab und bin an dem Ast. Zumindest mit den Vorderpfoten.

So ein Mist! Da hänge ich nun und zappele herum. Die Schwerkraft muss in den Bergen höher sein!

Ich versuche, mit meinen Hinterbeinen den Ast zu erreichen und sobald meine Krallen Halt haben, drücke ich mich nach oben. Hoffentlich hat das Dilemma niemand gesehen. Ich sehe Frauchen neben mir stehen, sie filmt mich mit ihrem Smartphone.

Oh nein, wie peinlich!

In Gedanken notiere ich mir, dass ich später noch ihr Telefon zerstören muss.

Dann renne ich den Ast rauf und runter und suche nach einem Weg, höher zu kommen. Ich springe zum nächsten Ast. Diesmal klappt es wunderbar. Ach, das ist ja so ein herrliches Gefühl, die Krallen in der Rinde des Baumes zu spüren.

Lautstark maunze ich meine Freude heraus. Dann springe ich wieder auf den tiefer gelegenen Ast und von dort zurück auf den Boden.

Abbildung 7: Endlich wieder auf einem Baum.

So ein Spaß!

Voller Elan sprinte ich mit eng angelegten Pinselohren wie ein Pfeil hinüber zum nächsten Baum. Hinter mir staubt es nur so. Frauchen und Herrchen sind ganz begeistert.

Dann geht mir die Luft aus. Und wieder hechle ich. Hoffentlich gewöhne ich mich bald an die dünne Luft. Was mein Schwabbelbäuchlein angeht, merke ich schon, wie die Pfunde schmelzen. Ein gutes Zeichen!

Ich schleppe mich vor den Wohnanhänger und lasse mich in den Staub fallen. Zeit für eine Ruhepause. Oder doch nicht?

Es ist ein ganz besonderes Gefühl, inmitten dieser Gegend zu liegen. Ich wälze mich von links nach rechts und wieder zurück. Jetzt sieht mich Frauchen ganz entsetzt an. Von ihrem freudestrahlenden Gesichtsausdruck ist nur noch wenig übrig.

Ich schaue an mir herunter und stelle fest, dass mein Fell ganz grau ist. Ich verschmelze schon fast mit dem Untergrund. Perfekt! Auf zum nächsten Mäuseloch!

In dem Moment werde ich hochgehoben und auf die unterste Treppenstufe gestellt. Herrchen klopft und bläst mich ab.

Igitt, ist das unangenehm.

Ganz bekommt er den Staub nicht heraus. Ich gehe dennoch hinein in den Anhänger und beschließe, mich dort auszuruhen. Meinen Plan für die Mäuse habe ich ja bereits geschmiedet. Später muss ich sie nur noch finden. Nach einem Besuch bei meinem Futternapf schlummere ich ein und träume von den leckeren Nagern.

Später am Tag mache ich mich auf die Suche nach besagten Mäusen. Ich inspiziere jeden Winkel im näheren Umkreis, werde jedoch nicht fündig. Nur ein paar Vögel und Eidechsen sind unterwegs. Schade, aber da kann man nichts machen. Also beschließe ich, wieder einen Baum zu erklimmen. Gesagt, getan. Anlauf, Sprung, und ich bin oben. Diesmal ging alles viel einfacher.

Am Abend, als es bereits wieder merklich abgekühlt hat, verwandelt sich der Himmel nach dem Sonnenuntergang in ein spektakuläres rotes Farbenspiel. Die eisigen Gipfel in der Ferne leuchten im restlichen Tageslicht und zusammen mit dem glutroten Himmel und den grünen Bäumen auf dem schwarzen Boden bietet sich uns ein atemberaubendes Schauspiel während der Dämmerung.

Die Tage vergehen, meine Untertanen machen ab und an Ausflüge in die nahegelegene Stadt und wir verbringen Zeit damit, die vulkanische Landschaft zu genießen.

Herrchen erzählt mir eines Nachmittags, dass nicht weit von hier zwei Nationalmonumente sind – diese seien eine Art Nationalpark, nur etwas kleiner. Leider haben beide aufgrund der Situation mit der Virus-Pandemie momentan geschlossen. Er meint, wenn das alles wieder für Besucher öffnet, schauen wir es uns vielleicht später im Jahr an, wenn wir wieder auf dem Weg nach Süden sind.

Da ich es nicht gewohnt bin, soweit voraus zu planen, halte ich nichts von seiner Idee. Solange ich bei jedem Stopp meine Freiheit habe, finde ich so oder so etwas Spannendes zu Entdecken. Ob das nun ein Nationalpark ist oder ein Wald, im Detail liegt die Würze – erinnere ich mich richtig an die Phrase?

Abbildung 8: Wanderung vor schneebedeckten Gipfeln auf vulkanischem Boden.

Wieder kommt der Zeitpunkt, an dem es heißt, Abschied zu nehmen. Nur eine Woche sind wir an diesem Ort geblieben. Meine Mitbewohner zieht es weiter.

Ich führe mein Ritual durch und sage in bestem Englisch „Good bye my Friends" zu all meinen Baum-Kumpels, den Bergen und Aschehügeln, und natürlich der Landschaft an sich.

Beim Herausfahren aus unserem Platz muss Herrchen den Allrad-Antrieb anschalten. Langsam und vorsichtig ziehen wir den Hänger über den weichen Untergrund und in einem kleingehaltenen Winkel den Abhang hinauf, um ein Fiasko wie bei unserer Ankunft zu vermeiden. Es klappt alles reibungslos und wir poltern die holprige Piste hinunter zum Highway.

Utah ist der Hammer!

Auf der asphaltierten Straße fahren wir für Stunden nach Norden und lassen die Höhenlagen rund um Flagstaff schnell hinter uns. Mit jedem Meter weniger über dem Meeresspiegel steigen die Außentemperaturen an.

Die Gegend wird merklich trockener. Zuerst dominieren Juniper-Bäume die Landschaft, dann wechselt die Vegetation hin zu niedrigen Büschen und Kakteen. Später verschwinden auch diese und es folgt eine offene und karge Steinwüste, in der nur noch vereinzelt niedrige Pflanzen stehen.

Ich verbringe die meiste Zeit dösend auf dem vorderen Mittelsitz und wache nur kurz auf, als wir einen Zwischenstopp an einer Tankstelle einlegen, um die Abwassertanks zu entleeren und Frischwasser aufzufüllen.

Herrchen krault mir immer wieder die Ohren während der Fahrt. Frauchen scheint eingeschlafen zu sein. Dann wird Herrchen ganz aufgeregt und stößt Frauchen an. Er sagt zu ihr, wir passieren gleich die Grenze zu Utah. Ein seltsamer Name. Ich frage mich, ob wir wohl auf einem anderen Planeten herauskommen werden.

Im nächsten Moment sehe ich ein rasch näherkommendes Schild an der Straße. Frauchen liest es laut vor „Welcome to Utah! Life elevated". Ich sehe hinaus, scheint noch der gleiche Planet zu sein.

Die Landschaft ist mittlerweile von rötlichen, hohen Plateaus zu beiden Seiten geprägt. Als wir weiterfahren, wird die Aussicht immer dramatischer. Die Straße schlängelt sich an einem steilen Abhang durch den roten Fels nach oben. Dann halten wir an. Herrchen und Frauchen steigen aus.

Sind wir etwa schon da? Sieht nicht danach aus. Die beiden machen Fotos und kommen dann zurück. Ich kann es ihnen nicht übelnehmen. Die Aussicht ist herrlich, wir blicken von einem der Plateaus hinunter in eine riesige Ebene, welche am Horizont durch ein weiteres Plateau begrenzt wird. Dazwischen sieht es so aus, als wenn ein großer Spalt wäre. Herrchen sagt, dort sei ein Canyon – eine vom Wasser ausgewaschene Schlucht. Ich bin wieder einmal überwältigt von der Schönheit unseres Planeten, und froh darüber, dass wir ihn soeben nicht verlassen haben.

Als wir weiterfahren, überqueren wir wenig später eine Brücke und ich sehe links und rechts von unserem Gespann erneut tiefe Schluchten. Diesmal ist grünlich-blau aussehendes Wasser darin.

Wir überqueren den Fluss Colorado über den Glen Canyon Damm, welcher wiederum den Lake Powell – einen riesigen menschengemachten See in besagtem Canyon – aufstaut. Es ist atemberaubend. Ich fange an, an Utah gefallen zu finden. Ob es wohl so weitergeht?

Etwa eine halbe Stunde später fahren wir vom Highway ab und – wie könnte es anders sein – folgen einer staubigen Piste für mehrere Meilen. Wir durchqueren einen noch nicht ganz ausgetrockneten Fluss, fahren auf eine Anhöhe hinauf und – sind auf dem Mond?

Die Landschaft hat sich von einem Moment auf den nächsten stark verändert. Hohe Plateaus mit ockerfarbenen Felswänden erscheinen in der Ferne, davor in weiteren Ocker- und salzigen Weißtönen eine spärlich bewachsene Ebene, welche leicht hügelig und durchzogen von ausgetrockneten Flüssen ist. Je näher wir an das Plateau kommen, umso mehr sichtbar werden die Hänge voll schwarzem Geröll. Darauf thronen riesige hellbraune Gesteinsbrocken – als wenn ein Riese sie hierher geworfen hätte.

Und wieder sind es die farblichen Kontraste, die mich faszinieren. Mittlerweile habe ich mir schon mehrmals gedacht, dass ich doch alles gesehen haben müsste. Und jedes Mal stelle ich fest, wie sehr ich mich täusche.

Es sieht aus, als wenn wir ankommen. Wir fahren langsam an den Rand der Piste und Herrchen parkt unter vielen Anweisungen und Handzeichen von Frauchen den Wohnanhänger ein. Nachdem alles vorbereitet ist, werde ich abgeholt.

Ich habe dazugelernt und warte bereits eifrig an der hinteren Tür auf der Rücksitzbank, dass Herrchen meine Leine aus dem Haken nimmt, an dem ich zur Sicherheit während der Fahrt befestigt bin. Kaum höre ich das wohlvertraute Klick-Geräusch, springe ich auch schon von meiner hohen Sitzposition hinunter auf den staubigen Boden.

Noch bevor ich mich aufmache zum Wohnanhänger, sehe ich mich um. Nur wenige Meter entfernt liegen die ersten großen Felsen. Und die schwarz-ockerfarbenen Lehmhügel sehen aus, als wenn ich dort kräftig buddeln könnte.

Soll ich gleich dort hin? Frauchen nimmt mir die Entscheidung ab und drängt mich dazu, in den Wohnanhänger zu gehen. Ich solle zuerst etwas trinken, meint sie. Immer diese Bevormundung! Also fange ich an, aus meiner Wasserschale ein paar Schlucke zu nehmen. Nun will ich aber raus!

Mir wird die Tür geöffnet und ich springe alle Stufen auslassend direkt hinunter. Die Sonne steht mittlerweile tief und wird nicht mehr lange warten, hinter dem Plateau vor uns zu verschwinden. Ich laufe los, hin zum nächstgelegenen Felsen.

Zuerst beschnuppere ich ihn. Riecht nach Sandstein. Nichts wie hinauf! Mit einem Satz bin ich auf dem schief stehenden Brocken und tapse darauf herum. Dann springe ich voller Tatendrang hinunter in den trockenen, weichen Boden. Was für ein Gefühl! Ich mache einen kurzen Sprint den Hügel hinauf. Abrupt bleibe ich stehen.

Das ist die perfekte Stelle für ein Loch und schon fange ich an zu buddeln. Meine Untertanen sehen mir gebannt zu, wie gekonnt ich grabe. Der Staub und die Lehmstücke fliegen hinter mir wie wild heraus und ich werde wieder von Herrchen gefilmt. Ich genieße die Aufmerksamkeit, und als ich keine Lust mehr zum Spielen im Dreck habe, renne ich weiter.

Die nächsten Felsbrocken sind nicht weit. Allerdings sind sie viel zu steil und überhängend, um hinaufzuklettern. Ich entdecke dazwischen einen Spalt. Da muss ich hinein!

Kaum gedacht, bin ich auch schon darin verschwunden. Frauchen ruft besorgt nach mir, während ich auf der anderen Seite der Felsen wieder herauskrieche. Ich lasse sie rufen und gehe weiter.

Vor mir ist ein weiterer, diesmal steilerer Hang, der zu der riesigen Wand des Hochplateaus hinaufführt. Nach oben hin wird es noch viel felsiger. Da kann ich nicht widerstehen. Ich muss hinauf. Im Geiste sehe ich mich bereits von Felsen zu Felsen springen, mit viel Luft unter mir während des Sprungs. Ich bekomme feuchte Pfoten und klettere los.

Frauchen hat mittlerweile herausgefunden, dass ich längst weiter bin und sieht mir jetzt fassungslos beim Klettern zu. Macht sie sich etwa schon wieder Sorgen? Ich drehe meine Pinselohren nach vorne und höre sie nur noch dumpf meinen Namen schreien.

Ganz auf das Jetzt fokussiert, mit höchster Konzentration, erklimme ich den nächsten Felsen. Dazwischen geht es kurz über etwas losen Lehm. Dann auf einen Stein. Ich drehe mich um und merke, dass ich schon gut an Höhe gewonnen habe.

Es geht weiter. Wie komme ich nur auf den Felsen dort drüben? Ohne groß darüber nachzudenken, nehme ich Anlauf und springe hinüber. Welch herrliches Gefühl! Meine Pfoten und Krallen finden Halt, und immer höher geht die spaßige Kletterei.

Nach einem weiteren Anstieg beschließe ich, dass es nun an der Zeit wäre, den Ausblick zu genießen. Gesagt, getan. Ich lege mich auf die Felsplatte, auf welcher ich gerade angekommen bin, und lasse die Beine baumeln. Die Fernsicht ist spektakulär. Wir parken anscheinend nicht weit vom Rand eines Canyons entfernt, nur getrennt durch einen länglich verlaufenden Hügel. Von hier oben kann ich in den Canyon mit seinen vielen Abstufungen hineinsehen. Die Farben verändern sich alle zig Meter, von den verschiedensten Ockerfarben über rot zu dunkleren Tönen.

Nach einer Minute höre ich unter mir Geräusche von nachgebendem Fels und herabrollenden Steinen. Kommt da ein Bulldozer herauf?

Nein, es ist nur Herrchen, er taucht rechts von mir auf und klettert herüber. Was er wohl will? Ich genieße hier doch nur den tollen Ausblick. Herrchen setzt sich neben mich und schweigsam bewundern wir die Landschaft.

Der Sonnenuntergang ist fast vorüber und das abendliche Glühen der Felswände und kleiner Wölkchen beginnt. Nun fordert mich Herrchen jedoch auf, dass wir wieder hinuntersteigen, da es bald dunkel sein wird. Dankbar für diese tollen Momente hier, lasse ich mich nicht lange überreden und Schritt für Schritt klettern wir über Geröll und Stein zurück.

Frauchen erwartet uns bereits. Mittlerweile doch etwas müde von dem Tag, springe ich in den Wohnanhänger hinein. Ich finde es schön, dass wir unser Zuhause zu solch tollen Plätzen ziehen können, um dort zu wohnen.

Die Dunkelheit legt sich über die Landschaft. Kein Geräusch ist draußen zu hören. Innerhalb weniger Minuten bin ich auf meinem Bettchen eingeschlafen.

Abbildung 9: Ich genieße den Ausblick hoch droben in der tollen Felsenlandschaft.

Den folgenden Tag wandern Herrchen und Frauchen in den nahegelegenen Canyon hinunter. Nach ein paar Stunden kommen sie, ziemlich geschafft, wieder zurück. Ich dachte mir bereits, dass es anstrengend wird und wenig Schatten zu erwarten sei, also bin ich hier im Wohnanhänger geblieben.

Die beiden zeigen mir ihre Fotos. Herrchen ist wieder sehr begeistert. Ich habe gelernt, dass er solche Umgebungen liebt und jegliches Zeitgefühl verliert, wenn er darin herumwandern und -klettern kann. Frauchen scheint nicht so begeistert zu sein, ich höre sie zu Herrchen sagen, dass er immer übertreiben muss bei jeder Wanderung.

Auf den Fotos sehe ich schöne Felstürme, die eine Art Steinkappe oben draufhaben. Herrchen sagt, das nennt man hier Hoodoos. Außerdem sei der Canyon atemberaubend, und es geht immer wieder viele Ebenen nach unten. Je nachdem, in welcher man ist, verändern sich die Farben als auch die Zusammensetzung der Gesteinsschichten. Allerdings gab es keinen markierten Wanderweg hinein, und so sind sie einfach den am leichtesten machbar wirkenden Abstieg gefolgt – was anscheinend ein paar Mal Kletterei auf abschüssigen Felsplatten zur Folge hatte.

Jetzt wird mir einiges klarer, darum ist Frauchen also leicht verärgert. Aber ich verstehe Herrchen nur zu gut. Beim nächsten Mal werde ich ihn einfach begleiten und Frauchen darf den Wohnanhänger hüten.

Später, nachdem die Sonne etwas nachgelassen hat, gehe ich wieder hinaus spazieren. Erneut erkunde ich die Spalten zwischen den Felsen und übe mich im Klettern. Es gibt hier noch soviel zu entdecken!

Diesmal muss mich Herrchen nicht auf den Sandsteinbrocken suchen, wir haben gemeinsam unseren Spaß und ich rücke ihm nicht allzu weit von der Seite. Als die Sonne hinter dem Felsplateau verschwindet, merke ich, welch großen Hunger ich doch habe und gehe bereitwillig mit Frauchen in den Anhänger hinein, um mein leckeres Feuchtfutter zu bekommen. Zwar darf ich danach nicht mehr hinaus, da es bereits dunkel ist, aber das macht mir nichts aus. Ich bin hier so glücklich, und das, obwohl ich immer noch keine Maus gefunden habe. Nur ein paar Eidechsen treiben sich hin und wieder zwischen den Steinen herum.

Ich begebe mich nach einem weiteren erlebnisreichen Tag auf einen meiner Schlafplätze und habe beim Einschlafen immer noch das Gefühl, dass ich über Felsen springen würde.

Nach kurzer Zeit bemerke ich, dass ich bereits träume und erlebe die nächsten fantastischen Abenteuer in anderen Welten.

Abbildung 10: Auf Erkundungstour bei unserem Stellplatz.

Der Morgen naht und ich bin schon gespannt, was wir drei wohl heute erleben werden. Auch meine beiden Mitbewohner sind für ihre Verhältnisse bald wach und kurz darauf sind wir alle beim Frühstück.

Ich habe mir angewöhnt, dass ich zwischen Frauchen und Herrchen auf der hinteren Sitzbank vor dem großen Fenster sitze, sobald sie eine Mahlzeit zu sich nehmen. Außer natürlich, es gibt etwas wichtigeres zu tun – wie zum Beispiel die Gegend erkunden oder frische Bio-Snacks aus umliegenden Mäuselöchern zu sammeln.

Frauchen und Herrchen beratschlagen, ob sie mit mir zusammen heute auf einer schmalen Piste durch eine Schlucht in das Herz des Canyons, zum Lake Powell fahren. Wenig später sitzen wir im Truck und fahren für ein paar Meilen die staubige Piste entlang durch die Mondlandschaft.

Dann biegen wir rechts ab, auf beiden Seiten sind hohe Felswände. Manchmal ist auch direkt über uns ein Felsendach, nur wenige Meter entfernt. Die Strecke ist sehr kurvig und steinig, aber toll anzusehen. Schließlich fahren wir aus der engen Schlucht hinaus und vor uns sind überall Sanddünen.

Meine Untertanen wissen nicht so recht in welche Richtung sie fahren sollen, es führen mehrere Pisten durch den Sand. Herrchen steigt aus und läuft ein Stück voraus, um sicherzustellen, dass wir nicht in tiefen Sand hineinfahren. So kommen wir nur langsam voran, aber dafür fahren wir uns nirgendwo fest.

Nach einiger Zeit lassen wir die Sanddünen hinter uns und sind wieder auf einer steinigen Piste. Nur noch ein kurzer Abschnitt über weichen Untergrund, dann sind wir am Ziel.

Vor uns liegt türkisblau und in der Sonne glitzernd der Lake Powell. Die Piste führt hinaus auf eine Landzunge und wir sind links und rechts von dem See umgeben.

Welch ein bizarres Gefühl, hier mitten in diesem staubtrockenen Canyon plötzlich auf einen großen See zu treffen. Es ist eine Landschaft wie gemalt. Der türkisfarbene See ist eingerahmt von weißen Stein- und Sandstränden, dahinter steigen die strahlend roten Felswände in die Höhe und die Farben verändern sich erneut hin zu Ocker- und Grautönen. Die Luft ist auch merklich kühler als bei unserem Übernachtungsplatz.

Doch wir sind nicht die einzigen, welche es hier heruntergeschafft haben. Etwa 300 Meter entfernt steht ein großer Fifth-Wheel Wohnanhänger mitsamt Truck. Im Gegensatz zu unserem Anhänger wird dieser auf der Ladefläche des Trucks eingehängt und hat dadurch eine bessere Gewichtsverteilung. In diesem Gelände ein Vorteil, da die Anhängekupplung nicht auf dem Boden schleifen und blockieren kann. Dennoch fragen sich Frauchen und Herrchen, wie der Eigentümer das große RV durch den engen Canyon und die Sanddünen gebracht hat.

Wir sehen im Wasser ein paar Menschen in ihren Kajaks sitzen und genüsslich durch das kühle Nass paddeln. Herrchen meint, irgendwann müssten wir uns auch mal Paddelboote besorgen.

Während ich mich weiter umsehe, bemerke ich die vielen unterschiedlichen Vogelarten, die sich hier tummeln. Kleine und große gefiederte Kumpel sind unterwegs. Auch riesige Pelikane schwimmen auf dem Wasser. Hinter uns sieht es so aus, als wenn dort ebenfalls vor einigen Jahren noch Wasser gewesen wäre. Es sind flache Ebenen aus hartem, sprödem Lehm, daraus ragen viele buschartige Pflanzen empor. Der Boden ist übersät mit Schalen von Süßwasser-Muscheln. Ich bilde mir ein, noch die ehemalige Wasserlinie an den Felsen zu erkennen.

Wir verbringen einige Zeit an diesem traumhaften Ort. Schade, dass wir unser Zuhause hier nicht aufgestellt haben. Frauchen und Herrchen meinen allerdings auch, dass sie es nicht riskieren wollen, den Anhänger hierher zu ziehen. Dann fahren wir zurück durch die Schlucht hinaus und sind nach einer knappen Stunde wieder bei unserem Wohnanhänger.

Ich erkunde eine Zeit lang erneut die Gegend, bevor wir zusammen den restlichen Abend drinnen verbringen.

Am nächsten Tag ist es sehr heiß. Frauchen überprüft die Wettervorhersage und meint, es soll morgen und übermorgen noch wärmer werden. Auch entpuppt sich nach und nach, dass die Piste, neben der wir parken, zum Wochenende hin wohl tagsüber stark befahren ist und sehr viel Staub aufgewirbelt wird. Schon jetzt müssen wir häufig die Fenster schließen, wenn der Wind in unsere Richtung weht.

Wenn es noch heißer wird, entwickelt sich der geschlossene Wohnanhänger wieder zum Backofen. So fällen wir eine Entscheidung und werden morgen die Gegend um den Glen Canyon verlassen. Ich nutze den letzten Tag und verbringe viel Zeit mit Rumklettern auf den Felsen. Allerdings merke ich schon deutlich, dass mir schnell warm wird und ich immer wieder Pausen im Schatten unter den Felsblöcken einlegen muss. Wirklich sehr schade.

Am kühlen Stein meines Kletterfelsens lehnend, fange ich an darüber zu sinnieren, was für ein doch außergewöhnliches Katzenleben ich führe.

Wieder muss ich an meine Artgenossen in Deutschland denken. Wenn ich ihnen doch nur davon erzählen könnte, dass es soviel mehr gibt als das bekannte Umfeld in den Gärten. Und dann kommt mir der Gedanke, wie ungewöhnlich das Leben meiner Artgenossen wohl in den Augen von Wildtieren erscheinen muss, die noch nie das sichere, aber unaufgeregte Dasein eines Haustieres erlebt haben.

Wie ich so meinen Gedanken nachhänge, höre ich Frauchen nach mir rufen. Natürlich immer im ungeeignetsten Moment, wenn ich kurz davor bin, den Durchbruch in meinen Grübeleien zu erringen. Meine nächste Überlegung ist, dass sie mir vielleicht meinen Fressnapf gefüllt hat und mir das nur mitteilen will.

Ich springe auf und galoppiere zum Wohnanhänger. Ein Blick über die Schulter zeigt mir, dass ich gelernt habe, gekonnt den Staub hinter mir aufzuwirbeln. Ein wilder Mustang könnte es nicht besser.

Kaum bin ich zurück, bekomme ich tatsächlich eine leckere Zwischenmahlzeit. Ich kann mich nicht mehr daran erinnern, an welcher Stelle meines Ideen-Durchbruchs ich gestört wurde, und so lege ich mich erstmal für ein Verdauungsschläfchen hin.

Als ich von Herrchen geweckt werde – er kitzelt mir die Pfoten ganz frech – ist es draußen bereits dunkel. Schade. Ich genieße durch das große Fenster den Anblick von Abermillionen von Sternen. Selbst die Milchstraße zieht sich hier wie ein helles Band über den Himmel.

Zum Glück wird es abends immer noch angenehm kühl, und einer erholsamen Nacht steht nichts im Wege.

Und wieder einmal verabschiede ich mich als Teil meines Rituals am Morgen von der Landschaft. Dann steigen wir in den Truck und fahren auch schon los.

Herrchen sagt zu uns, unsere grobe Reiseroute für Utah die nächsten Wochen besteht darin, in S-Form durch den Staat zu reisen.

Also kreuz und quer, planlos, denke ich mir.

Wir fahren nach Westen. Dabei durchqueren wir Teile der Vermilion Cliffs. Eine atemberaubende Landschaft. Immer wieder begeistern mich die zinnoberroten Farben des Gesteins.

Es geht hoch und runter auf dem Highway. Meine Mitfahrer versprechen mir, dass die Fahrt heute relativ kurz sein wird. Ich warte erst einmal ab, bevor ich mich darüber freue. Wie bereits gesagt, ich kenne ihre Kunst der Reiseplanung.

Nicht lange, und wir kommen durch ein Städtchen Namens Kanab hindurch. Es ist wunderschön gelegen in den Ausläufern der Vermilion Cliffs. Als Kontrast zu dem roten Gestein sehe ich saftig grüne Wiesen mit weidenden Kühen. Dann verlassen wir auch schon Kanab und der Highway führt uns in die Höhe.

Die Straße ist von Felsen gesäumt und wirkt – wie gefühlt alles in Utah – wunderschön. Nach wenigen Meilen biegen wir ab. Herrchen meint, wir wären bald da und müssten uns nur noch einen Wildcamping-Platz suchen. Ich bleibe skeptisch.

Kurz darauf fahren wir auf einen Parkplatz hinaus. Der Hänger wird abgekuppelt und wir erkunden die Gegend nur mit dem Truck. Eine Seitenstraße nach der anderen steuern wir an. Relativ dichter Juniper-Wald lässt uns von der Hauptstraße aus nicht sehen, ob sich auf den Pisten Möglichkeiten zum Campen verbergen. Herrchen wirkt frustriert. Die meisten Nebenstraßen sind sehr sandig und haben enge Kurven und tiefhängende Äste. Einige würden mit unserem Wohnanhanger befahrbar sein, aber alle infrage kommenden sind bereits besetzt.

Wieder vergehen die Stunden und aus dem geplanten kurzen Fahrtag wird ein normaler Fahrtag. Ich wusste es und lasse mir den Moment nicht nehmen, Frauchen und Herrchen mit lautem Maunzen mitzuteilen, dass ich Recht hatte.

Wir geben auf, fahren zurück nach Kanab und quartieren uns für ein paar Tage auf einem RV Park ein, um die Stadt und nähere Umgebung zu erkunden. Meine Untertanen wirken nicht besonders glücklich über diese Entscheidung, mit einem Miau-Seufzer schließe ich mich ihnen an.

Ich bin die meiste Zeit im Wohnanhänger und gehe nur ab und zu – an der nervigen Leine – mit Herrchen und Frauchen hinaus. Meine beiden

Mitbewohner verbringen nur einen Tag in der Stadt und einen weiteren beim Wandern, dann fahren wir auch bereits weiter.

Erneut geht unsere Reise nach Westen. Die mittlerweile zur Gewohnheit gewordene fantastische Landschaft Utahs zieht an uns vorbei, während wir auf einem mittelgroßen Highway dahinfahren.

Heute sind wir tatsächlich nicht besonders lange unterwegs. Nach etwas mehr als zwei Stunden fahren wir über eine schmale und staubige Nebenstraße in Berge aus rotem Sandstein hinein.

Es ist überraschend grün hier, mit vielen Bäumen und Sträuchern. Die Piste zieht sich an einem Abhang entlang, welcher mal mehr, mal weniger steil nach unten geht. Auf der anderen Seite sind immer wieder Stellplätze, jedoch bereits alle besetzt.

Dann wird die Straße enger. Frauchen und Herrchen fangen bereits an, sich Gedanken zu machen, ob es eine gute Idee war, die Gegend zu erkunden, ohne den Anhänger zuvor abzustellen. Plötzlich, ohne jede Vorwarnung, verengt sich die Piste noch weiter, auf der rechten Seite geht es steil hinunter und es gibt keine Absicherung. Links davon ist eine leicht überhängende Felswand. Herrchen fährt jetzt langsamer als Schritttempo. Hoffentlich kommt uns niemand entgegen!

Frauchen beobachtet gebannt im Rückspiegel, dass die Räder des Wohnanhängers nicht zu nahe an den Abgrund kommen. Gleichzeitig versucht Herrchen, dass wir auf der anderen Seite nicht die Felswand streifen. Zum Glück sind es nur wenige hundert Meter, dann verbreitert sich die kurvige Piste wieder. Kurz darauf ist eine große geschotterte Fläche. Wir nutzen die Chance und parken den Wohnanhänger.

Die anschließende Fahrt ist dadurch wesentlich entspannter. Und als die Straße abermals enger wird und zusätzlich tiefhängende Äste die staubige Piste für höhere Fahrzeuge unbefahrbar machen, sind wir froh, nur noch mit dem Truck unterwegs zu sein. Wir fahren dennoch weiter, wohlwissend dass wir ab hier nichts mehr zum Übernachten ansteuern können.

Immer weiter und weiter geht es in die Berge hinein und wir machen viele Höhenmeter. Es wird zunehmend kühler und die Vegetation verändert sich und wird spärlicher. Auch die Berge sind jetzt nicht mehr aus rotem Sandstein, sondern wieder typische graue und ockerfarbene Felsstrukturen.

Die Piste wird immer schlechter und wir beschließen, dass es genug ist. Selbst ohne Anhänger ist es hier schwierig, den fast sieben Meter langen Truck zu wenden.

Nach etwas hin und her rangieren sind wir wieder auf dem Weg zurück zu unserem Wohnanhänger. Momentan sieht es nicht so aus, als wenn wir hierbleiben könnten. Ich sehe mich schon viele weitere Stunden im Truck sitzen, bis wir einen potentiellen Übernachtungsplatz gefunden haben.

Als wir beim Wohnanhänger sind und ihn wieder angehängt haben, fahren wir erneut vorsichtig die steile und abschüssige Passage. Was für ein Nervenkitzel!

Dann, kurz darauf, finden wir trotz aller meiner Schwarzseherei einen geeigneten Platz neben der staubigen Piste, um zumindest die Nacht hier verbringen zu können. Wir fragen uns für einen Moment, warum wohl die Person, welche hier vorhin noch stand, weitergefahren ist.

Herrchen und Frauchen steigen aus und inspizieren die Umgebung. Sieht soweit gut aus. Der Hänger wird eingeparkt und ausgerichtet und ich darf hinaus.

Im Wohnanhänger angekommen, will ich natürlich sofort los und die Gegend erkunden. Ich stelle mich an die Eingangstür und miaue erst kurz und leise, dann lauter. Mein Untertan eilt herbei.

Aber was soll das denn nun? Er greift zur Leine und legt sie mir an. Herrchen, siehst du denn nicht, dass wir hier nicht auf einem Campingplatz sind? Das ist doch alles öffentliches Land. Nationalwald, um genau zu sein, kläre ich ihn auf. Also, was soll die Leine?

Anscheinend kann Herrchen meine Gedanken lesen und erklärt mir, dass wir nahe an der staubigen Piste stehen und ich doch gesehen habe, dass hier immer wieder Autos vorbeifahren. Deshalb die Leine.

Ich schüttele verwundert meinen Kopf. Als wenn ich nicht auf mich aufpassen könnte. Aber Herrchen gibt nicht nach, und so gehen wir beide hinaus.

Ich nehme mir Zeit, um noch einmal die Eindrücke der Landschaft in mich aufzusaugen. Wunderschön, die roten Berge und Hügel sehen aus, als wenn sie Schicht um Schicht aus dünnen roten Platten aufgestapelt worden wären. Überall wachsen grüne Büsche zwischen den Spalten heraus. Auf dem roten Boden gedeihen außer den Bäumen alle möglichen in voller Blüte stehende Blumen. Auch Kakteen sehe ich.

Als ich etwas weiter über die roten Platten den Berg hinaufklettere – Herrchen muss mir natürlich unfreiwillig folgen und ich muss hämisch lachen – erkenne ich, dass anscheinend in der Ferne ein Unwetter vorbeizieht.

Wie beeindruckend das wirkt! Der Himmel ist dort rabenschwarz, riesige Regenschleier reichen bis zum Boden, es donnert und Blitze zucken immer wieder aus den Wolken auf die Erde herab. Und all das, während es bei uns nur leicht bewölkt ist. Die Distanzen und die Fernsicht in Amerika sind unglaublich.

Dann packt mich Herrchen sanft und trägt mich wieder die Felsen hinunter. Bevor ich protestieren kann, sagt er, es reicht jetzt und er möchte die morgige Weiterfahrt planen. Oh, wir bleiben nicht mehrere Tage hier? Als ich anfange, traurig zu werden, denke ich mir, dass es mit Leine sowieso keinen großen Spaß macht. Außerdem sagt Herrchen, dass es auch hier heißer werden soll. Also akzeptiere ich mein Schicksal und versuche, die verbleibende Zeit die Gegend soviel wie möglich zu genießen.

Als wir wieder unten sind, fährt ein ums andere Auto auf der Piste in schnellem Tempo an unserem Wohnanhänger vorbei. Wie das staubt! Der Wind bläst alles zu uns. Herrchen fängt sofort an, den roten Sand von den Solar-Panels zu putzen. Ich kann einen leichten Huster nicht unterdrücken. Wenn das hier morgen so weitergeht, fällt mir der Abschied nicht besonders schwer. Herrchen meint auch, dass es vielleicht im Herbst besser ist, noch einmal zurückzukommen und hoffentlich einen besseren Platz zum Wildcampen zu finden.

Anschließend begeben wir uns in den Wohnanhänger. Ein schöner Tag, wenn auch an der Leine, neigt sich seinem Ende zu. Zeit zu schlafen, morgen ist schließlich wieder Fahrtag.

Strandleben

Wir sind heute gleich nach dem Frühstück weitergefahren und unterwegs nach Norden. Meine Untertanen sagen, es ist Zeit, auch mal wieder Gewässer zu sehen. Ich frage mich, was das zu bedeuten hat und ob ich dann wohl anstatt Maus auf Fisch umsteigen muss. Nur wie bekomme ich den aus dem Wasser heraus, ohne mir die Pfoten nass zu machen? Und gibt es Bäume?

Ich beobachte wieder einmal aus dem Seitenfenster die Landschaft. In der Ferne sehe ich eine Bergkette, die schneebedeckt ist. Es wird langsam grüner und ich spüre, dass wir wieder höher kommen.

Noch sind wir auf einem großen Interstate-Highway unterwegs. Aber bald schon biegen wir davon ab und die Straße, welche immer steiler wird, führt uns durch die Berge hinauf auf eine Hochebene. Und wieder sieht die Umgebung ganz anders aus als noch vor einer Stunde. Ich höre von Herrchen, dass wir uns jetzt in einer typischen Hochwüsten-Gegend befinden. Überall ist sogenannter Sagebrush und ähnliche Gewächse. Der Wind scheint durch die Landschaft zu peitschen, immer wieder rollen kleine trockene Pflanzen über die Straße. Auch merke ich manchmal, wie der Truck wackelt, wenn uns eine Böe seitlich trifft.

Dann wird es wieder ruhiger und die uns umgebenden Berge rücken näher an den schmalen Highway heran. Wir fahren durch eine Art Schlucht erneut auf eine Anhöhe. Die Außentemperaturen fallen und fallen, ganz anders noch als heute morgen.

Geraume Zeit später geht es über eine gut befahrbare Piste zu einem länglichen See, welcher unten im Tal auftaucht. Ich schaue interessiert aus dem Fenster. Die Gegend ist recht schön, hinter dem See erheben sich majestätische Berge. Wir kommen langsam näher. Wieder geht die Suche nach einem Übernachtungsplatz los.

Als wir fast an dem großen Gewässer sind, merken wir, dass es teils weit über die Ufer getreten ist. Einige Straßen führen dadurch direkt ins tiefe Wasser.

Herrchen steigt aus und erkundet einige Wege zuerst zu Fuß. Nach einigen Minuten kommt er zurück und meint, er hätte etwas für uns gefunden.

Wir rollen eine Seitenpiste hinunter und achten darauf, nicht in eines der tiefen Schlaglöcher zu fahren. Als wir ankommen, sehe ich, dass der Boden teilweise noch feucht und matschig ist. Auch Herrchen ist das nicht entgangen, und wir versuchen geflissentlich, soweit wie möglich von dem weichen Untergrund weg zu bleiben.

Rückwärts wird der Hänger eingeparkt, allerdings nicht abgehängt. Das macht mich stutzig. So etwas kommt eigentlich nur dann vor, wenn wir am nächsten Tag wieder weiterfahren. Sehr merkwürdig.

Frauchen und Herrchen sagen zu mir, wir müssen erst einmal abwarten, wie sich das Wetter hier entwickelt. Es ist selbst tagsüber kalt und stürmisch, außerdem haben sie Sorge, dass das Wasser eventuell näherkommt und wir schnell wegfahren müssen. Das macht Sinn für mich und erklärt, warum der Wohnanhänger am Truck bleibt.

Nachdem wir ausgestiegen sind, merke ich als erstes, dass die Luft erfüllt ist von lautem Surren. Ich sehe genauer hin. Überall sind riesige Schwärme von großen, länglichen schwarzen Fliegen. Sie sehen aus wie eine Kreuzung von kleinen Libellen und Stubenfliegen. Solche Tierchen habe ich in Deutschland nie entdeckt. Anscheinend stechen sie nicht, wenngleich sie auch ziemlich nerven. Innerhalb kurzer Zeit ist unser Anhänger außen von ihnen bedeckt. Die grau-weiße Farbe scheint ihnen zu gefallen.

Dann blicke ich zum Wasser. Es ist nur wenige Meter entfernt und Wellen rollen im Sturm immer wieder über die Uferböschung hinaus. Trotz des starken Windes schwimmen viele Vögel darauf. Enten, Taucher, Pelikane und andere, die ich noch nie gesehen habe. Eigentlich ist es recht schön hier, nur das Wetter lässt zu wünschen übrig.

Als ich meinen Blick weiter schweifen lasse, entdecke ich außerdem dichtes Schilfgras neben dem offenen Ufer. Darin zwitschern ganze Vogelscharen und flattern wie wild umher. Etwas weiter daneben ist der Boden übersät mit Kuhfladen. Ich rieche die duftenden kleinen Küchlein und versuche Herrchen, dort hinzuzerren. Noch bin ich an der Leine, da ich ja gerade erst aus dem Truck gesprungen bin. Aber er mag einfach nicht mit mir dorthin gehen. Schade, dabei ist das Gute doch fast zum Greifen nah!

Das Geräusch der Wellen, die über das Ufer hinaus rollen, ist sehr beruhigend. Wie aus dem Nichts sehne ich mich danach, ein bisschen zu schlafen und gehe mit Frauchen in den Wohnanhänger hinein. Herrchen bleibt noch etwas draußen und sieht sich um. Als er am Ufer weiter entlang geht, verschwindet er aus meinem Blickfeld.

Bald darauf kommt er auch zu uns herein und es gibt etwas zu essen. Ich liege derweilen schon im Bett auf meiner Kuscheldecke und döse kurz darauf ein.

Als ich wieder aufwache, ist es bereits dämmrig. Und sehr frisch! Mein Schnäuzelchen und meine Ohren sind kalt. Zum Glück macht Herrchen gerade die Heizung an. Ich höre wie das laute Gebläse startet und kurz darauf der Brenner für das Gas zündet. Dann wird es innerhalb weniger Minuten gemütlich warm.

Da ich bei Einbruch der Dunkelheit sowieso nie hinausdarf, mache ich mir auch heute keine Hoffnung und verbringe den restlichen Abend damit, mich geschäftig zu putzen. Die kühle, feuchte Luft hinterlässt ein klammes Gefühl im Pelz, das gefällt mir nicht besonders. Aber jetzt, mit der trockenen Heizungsluft und meiner Fellpflege, wird es bereits besser.

Die Nacht bricht herein und das entspannende Rauschen der Wellen lässt uns schnell einschlafen.

Der nächste Tag beginnt, wie der vorhergehende aufgehört hat: kalt und windig. Es ist zwar nur leicht bewölkt, aber in dieser Höhe bleibt es trotz der strahlenden Sonne recht frisch.

Von außen sehen mich durch die geschlossenen Fenster schon wieder viele Fliegenaugen an. Ich fühle mich beobachtet und springe in mein Katzenklo. Zeit für die Morgentoilette. Als ich herauskomme, sind es nur noch mehr Fliegen.

Herrchen kommt gerade von draußen herein und zieht eilig die Mückenschutz-Tür hinter sich zu. Trotzdem haben es ein paar der Fliegen hereingeschafft. Frauchen versucht, sie wieder hinaus zu jagen, was ihr nach einiger Zeit auch gelingt. Mein Herrchen erzählt, die Wohnwagenwände sind bereits mehr schwarz als weiß von all den Insekten. Selbst der Wind macht ihnen nichts aus.

Kälte, starker Wind, schwarze große Fliegen mit seltsamen Fühler-Antennen. Mir wird klar, dass wir hier nicht länger bleiben werden. Kaum habe ich den Gedanken beendet, sprechen es meine Untertanen auch schon laut aus.

Ich finde es jedes Mal toll, wie sehr ich sie doch in Sekundenbruchteilen durch meine telepathischen Fähigkeiten beeinflussen kann. Ich versuche es erneut und suggeriere ihnen, dass ich Futter möchte. Und tatsächlich, Herrchen öffnet mir eine neue Dose Feuchtfutter und serviert mir den Inhalt in meinem Napf.

Ich bin wirklich gut! Dann frühstücken die beiden und ich lasse mir mein Futter schmecken.

Während ich mir weiter überlege, was ich ihnen als nächstes per Gedankenübertragung übermittle, sind die beiden bereits fertig und stehen auf. Schnell ist alles zusammengepackt, ich bekomme mein Geschirr und Leine angehängt und dann gehen wir auch schon wieder in Richtung Truck.

Frauchen hebt mich hinein und Herrchen fährt das Slide-Out ein. Schon sind wir startklar und gemächlich fahren wir durch den immer noch feuchten

Untergrund wieder hinauf auf die gute Piste. Kurz darauf biegen wir auf die befestigte Straße ab.

Als wir weiter nach Norden fahren, gebe ich die Hoffnung nicht auf, dass wir an unserem nächsten Stellplatz wieder etwas länger campieren können. Ich kann meinen Mitbewohnern auch nicht böse sein, dass wir die letzten Tage immer nur für eine Nacht geblieben sind. Ich weiß ja, dass sie das tägliche Fahren vermeiden wollen. Herrchen meint, zu viele Meilen in kurzer Zeit wird mittelfristig zu Stress – und man sieht und erlebt auch viel mehr, wenn man für mehrere Tage an ein und demselben Ort ist und in Ruhe die Umgebung erkunden kann. Ich gebe ihm in Gedanken recht – oder habe ich das als erstes gedacht und er hat wieder nur meine Gedanken laut ausgesprochen? Manchmal überfordert mich die Telepathie, man muss dabei wirklich sehr aufpassen!

Wenige Stunden später sind wir erneut auf einer Nebenstraße. Am Horizont taucht etwas Bläuliches auf, das Wasser sein könnte. Kurz darauf, nach einer Kurve, wird die befestigte Straße zur Piste. Aus dem Fenster sehe ich einen türkisfarbenen See. Auch dieser ist von Bergen umsäumt. Auf der einen Seite grenzt ein toller Sandstrand an das Wasser, der Rest sieht mir nach Kies und festem, leicht feuchtem Lehm aus.

Herrchen steigt aus. Als er zurückkommt, sagt er, wir fahren in Richtung des steinigeren Strandes, denn der Wind wehe zu sehr. Im selben Moment beobachte ich, wie eine große Staubwolke über den herrlich sandigen Strand dahinpeitscht. Das überzeugt mich.

Wir rollen die Piste hinab. Es sind nur wenige Wohnmobile zu sehen, welche weit auseinander stehen. Als wir bei einer Gruppe aus einladenden Laubbäumen ankommen, positionieren wir den Anhänger und kuppeln ab.

Ich kann es kaum erwarten, endlich hinaus zu dürfen. Dann ist es soweit und ich werde von meinem Sitzplatz abgeholt. Mittlerweile tiefenentspannt, springe ich von der hohen Rücksitzbank in einem Satz auf den Lehm- und Kiesboden herab.

Die Luft riecht gut und würzig. Etwa hundert Meter von mir entfernt tummeln sich Graugänse am Ufer. In der gegenüberliegenden Richtung stehen die Laubbäume, einige Stämme wachsen schief aus der Erde. Wären es Palmen, könnte ich meinen, wir sind in der Karibik angekommen. Vögel zwitschern in den Baumkronen und fliegen immer wieder zum Boden herunter und dann wieder hinauf. An einem der Äste hängt tatsächlich eine Schaukel aus Holz an hellbraunen Seilen! Die muss wohl jemand vergessen haben.

Nur der immer wieder stark wehende Wind stört mich etwas. Frauchen meint aber, dass die Wettervorhersage für die nächsten Tage besser wird.

Ich beschließe, nun sei die Zeit gekommen, dass Frauchen mir einen prall gefüllten Futternapf vor die Nase stellt. Mit einem Maunzen weise ich sie daraufhin und springe die Stufen hinauf in den Wohnanhänger hinein. Mir wird die Leine abgemacht und sogleich Feuchtfutter eingefüllt. Das schmeckt! Aus dem Augenwinkel beobachte ich, dass auch meine Wasserschale bereits voll ist. Auf meine Untertanen ist eben Verlass. Mit gesättigtem Magen schlendere ich hinüber zum Bett und springe hinauf. Ich beschließe, den windigen Tag mit erholsamem Schlafen zu verbringen.

Die folgenden Tage vergehen und ich genieße eine gemütliche Zeit. Es ist schön hier, auch wenn erneut Mäusemangel herrscht. Wo mögen sich die Nager nur verstecken?

Oft liege ich einfach faul am Strand. Dann spaziere ich immer wieder auf und ab, sehe mir die umstehenden Laubbäume an und blicke in die Ferne. Mit den großen Gänsen, welche unbeeindruckt von uns immer nur hundert Meter oder weniger entfernt sind, bin ich sehr vorsichtig. Sie sehen aus, als wenn sie mich an meinem Schwanz packen und mit mir davonfliegen könnten. Und ich möchte wirklich nicht riskieren, aus der Mitte des Sees zurückschwimmen zu müssen.

Aber im Laufe der Zeit wird mir doch immer öfter langweilig. Das ist ein seltsames Gefühl, das ich bisher so gar nicht kannte. Muss wohl mit der Umgebung zusammenhängen. Viel zu erforschen gibt es hier nicht, und die Wildgänse stellen für mich eine natürliche Grenze dar.

Ich bemerke auch, dass meine Mitbewohner Anstalten machen, bald weiter zu fahren. Herrchen sitzt wieder öfters über seinen Landkarten und am Laptop – ich habe gelernt, dass diese Kombination bedeutet, dass wir in der Planungsphase für ein neues Abenteuer sind.

Und schon am nächsten Morgen packen wir zusammen. Ich helfe eifrig mit und hinterlasse mein Katzenklo in einem ordentlichen Zustand. Nach wenigen Minuten sitze ich bereits im Truck und mit einem lauten grollenden Geräusch ziehen wir den Wohnanhänger die Piste hinauf und zurück zur befestigten Straße.

Nach wenigen Meilen sagt Herrchen zu mir, wir sind unterwegs zur Karibik der Rocky Mountains. Auf meinem Mittelsitz, zwischen meinen Untertanen thronend, frage ich mich, was das bedeuten soll.

Rocky Mountains hört sich nach toller Kletterei an, aber wo soll dort die Karibik herkommen? Mir erschließt sich der Sinn seiner Aussage nicht, jedoch spricht Herrchen auch nicht weiter darüber. Ich beschließe, abzuwarten und sehe weiter aus dem Fenster.

Wieder einmal verändert sich die Landschaft nach einiger Zeit und es wird erneut grüner um uns herum. Dann kommt Hektik im Verkehr auf. Wir fahren anscheinend in eine große Stadt hinein. Auf der rechten Seite sind wieder schöne Berge zu sehen, und die Häuser ragen bis an den Fuß der Bergkette heran.

Wir fahren Meile um Meile und die Stadt scheint kein Ende zu nehmen. Herrchen meint zu Frauchen, die Metropol-Region rund um Salt Lake City ist viel größer, als er es sich vorgestellt hat. Er dachte, es wären mehrere einzelnstehende Städte, aber anscheinend gehen sie alle fließend ineinander über.

Aha, das erklärt warum wir bereits solange durch dichten Verkehr fahren. Einmal mussten wir sogar komplett anhalten und warten, bis die Fahrzeuge vor uns wieder weiterfahren. Das habe ich nicht mehr erlebt, seit wir Houston verlassen haben.

Viele Meilen später ist es soweit und wir fahren von der großen Autobahn ab. Der Highway schlängelt sich bald durch einen wunderschönen, mit grünen Nadel- und Laubbäumen bewachsenen Canyon hindurch. Die Landschaft erinnert mich an meine Heimat, die Fränkische Schweiz in Deutschland. Überall stehen Felstürme links und rechts der Fahrbahn.

Dann fahren wir wieder in die Höhe und ich sehe Schneereste neben der Fahrbahn. Der Himmel ist voller dichter, grauer Wolken.

Im nächsten Moment öffnet sich die Landschaft und wir haben einen atemberaubenden Blick ins Tal. Und dort ist sie, die Karibik der Rocky Mountains.

Jetzt verstehe ich. Ein riesiger See mit fantastisch türkisfarbenem Wasser und umgeben von hohen Bergen zu jeder Seite.

Frauchen und Herrchen fahren bei einem Aussichtspunkt von der kurvenreichen Straße ab und steigen aus. Anscheinend ist draußen starker Wind und kühle Temperaturen. Sie machen ein paar Fotos, dann sind sie auch schon wieder zurück im Truck und drehen die Heizung etwas auf.

Wir setzen unsere Fahrt fort, über Kurven geht es hinunter in Richtung des Sees. Dort scheint eine kleine Ortschaft zu sein. Die Häuser liegen malerisch an den Berghängen, manche sind direkt am Ufer des Sees gebaut. Als wir im Tal ankommen, biegen wir nach Süden ab und machen uns daran, an die andere Seite des wunderschönen Gewässers zu fahren. Wir sind einige Zeit unterwegs und die Straße schlängelt sich direkt am Ufer des Sees entlang. Immer wieder halten wir an Aussichtspunkten an und genießen das Panorama.

Schließlich haben wir es geschafft und fahren auf der Ostseite in einen einfachen Campingplatz hinein. Die Stellplätze sind riesig und wir haben ein großes Areal nur für uns. Ein weiterer Wohnanhänger steht in etwa zweihundert Metern Entfernung. Wir parken unser Vehikel so nahe wie nur möglich am Ufer. Diesmal sind wir auf einer Anhöhe und ein kleiner Pfad schlängelt sich hinunter zum Wasser. Von hier oben haben wir eine tolle Aussicht über die türkisfarbene Oberfläche des Sees und den sich dahinter abhebenden, teils schneebedeckten Bergen.

Herrchen verrät nun auch, dass wir am Bear Lake sind und die eine Hälfte in Utah, die andere bereits in Idaho liegt.

Ich mache keinerlei Anstrengungen, in den Wohnanhänger hinein zu gehen. Zu sehr interessiert mich die Umgebung. Schließlich lockt mich Frauchen mit Futter doch noch hinein.

Mir wird die Leine abgemacht und ich lasse es mir schmecken. Dann bin ich auch schon startklar und möchte unbedingt hinaus, den See erkunden. Zu schade, dass wir immer noch kein Boot haben – wie gerne würde ich dort mit trockenen Pfoten herumpaddeln. Ich stelle mir vor, wie Menschen in ihrem Kajak wohl darauf reagieren würden, wenn eine einäugige Katze an ihnen vorbeirudert und lache in mich hinein. Sollte ich mir eine Augenklappe besorgen?

Herrchen macht mir die Tür auf und ich werde aus meinen Tagträumen gerissen. Schnell bin ich wieder im Hier und Jetzt und mit einem eleganten Sprung draußen.

Die Vegetation riecht berauschend. Ich sehe Sagebrush und andere Sträucher. Nach langer Zeit in staubigen Landschaften haben wir wieder Gras unter uns, welches durchzogen ist von einem Teppich aus blühenden Blumen. An jeder einzelnen zu schnuppern scheint mir für eine Katze übertrieben, also konzentriere ich mich auf die unterschiedlichen Farben.

Dann spaziere ich vor zu der Kante des kleinen sanften Abhangs und blicke in das bezaubernde Türkis hinaus. In nicht allzu großer Entfernung schwimmen wieder einmal Pelikane vorbei. Sie haben merkwürdige Höcker auf ihren Schnäbeln. Aus dem Augenwickel bemerke ich, dass gerade ein Exemplar im Landeanflug ist. Majestätisch segelt der große, weiße Vogel zuerst über den See hinweg, streift dann mit den Schwimmfüßen das Wasser und mit einem gekonnten Bremsmanöver landet der Pelikan, anschließend auf dem türkisfarbenen Nass ruhig dahin gleitend.

Ich entdecke immer wieder neue Dinge, je länger ich meinen Blick schweifen lasse. Es ist so traumhaft schön hier, Idylle pur.

Irgendwann neigt sich jedoch der tollste Tag dem Ende zu und – bei laufender Gasheizung – verbringen wir die verbleibenden Stunden bis es Zeit ist, schlafen zu gehen.

Es dämmert bereits der nächste Morgen. Ich springe auf, wecke meine treuen Untertanen und renne hinaus in meinen neuen paradiesischen Garten. Was wird es heute wohl für unbekannte Gerüche geben?

Ich nehme eine Fährte auf. Sie führt in den Busch vor mir. Eilig folge ich ihr, dann bewegt sich etwas und rennt schnell davon.

Huch, das war aber groß! Ich mache einen Sprung zurück und sehe, wie ein kräftig gebauter Hase mit riesigen Ohren hakenschlagend davon sprintet. Ich verspüre nicht den Hauch einer Lust, ihm hinterher zu jagen – er ist mir mehrere Nummern zu groß.

Da schnuppere ich schon den nächsten reizvollen Duft. Ihm folgend, stehe ich vor einem Loch im Boden. Meine innere Stimme sagt mir, es wäre zu groß für einen Mäusebau. Ich fasse mit einer meiner Vorderpfoten hinein. Dann erinnere ich mich an das, was Herrchen mir mit den Spinnen und Schlangen gesagt hat.

Eilig ziehe ich die Pfote wieder heraus. Ich beschließe, mich einfach in sicherem Abstand vor das Loch zu setzen und zu warten. Darin bin ich sehr begabt. Ich genieße jeden Moment der Spannung, bin vollständig im Jetzt, wirke äußerlich dennoch ganz ruhig. Einer der vielen Gründe, warum ich oft als Zen-Meister angesprochen werde.

Während ich so dasitze und warte, beobachte ich meine Gedanken. Einer dreht sich darum, dass ich vielleicht eines Tages ein Buch schreiben sollte, um die Menschen am wunderbaren Leben einer Katze teilhaben zu lassen. Idealerweise vermittelt es viele Weisheiten, die den Menschen helfen, immer mehr zu ihrem inneren, erhabenen und dadurch katzengleichem Selbst zu finden. Natürlich könnten sie einer Katze nur ähnlich werden, es ist ausgeschlossen, dass ein Mensch je die Entwicklungsstufe einer Katze erreicht, solange er nicht selbst zu einer wird.

Die Zeit vergeht, ich habe großen Spaß beim unbeweglichen Dasitzen und Warten vor dem Loch.

Dann sehe ich, wie sich etwas rührt. Zuerst taucht ein Ohr unbekannter Form auf. Wenig später der ganze Kopf und schließlich der restliche Körper.

Ich frage mich, welch seltsames Wesen das wohl sein mag. Noch erscheint es mir zu gefährlich, ihm näher zu kommen. Das vierbeinige, pelzige Tier kommt ganz aus seinem Loch heraus und macht sich in der Umgebung daran, Samen von den Gräsern zu zupfen. Dann hält es einen ganzen Halm im Mund und kaut darauf herum.

Wie aus dem Nichts steht Herrchen neben mir. Ich bin verdutzt – normalerweise höre ich ihn doch lange bevor ich ihn auch nur sehen kann. Ich muss wohl ziemlich abgelenkt gewesen sein. Dann hebt er mich hoch.

Im selben Moment stürmt das Tier vor mir zurück in sein Loch. Herrchen sagt, ich solle das Erdhörnchen in Ruhe lassen. Dabei habe ich doch gar nichts gemacht!

Er setzt mich in einiger Entfernung des Baus ab. Schnurstracks gehe ich zurück und nehme wieder meine Position ein. Diesmal packt mich Frauchen und trägt mich in den Wohnanhänger hinein. Ich will flüchten, doch die Moskitoschutz-Tür ist bereits geschlossen. Durch das Mückennetz sehe ich hinaus. Mist. Dabei hatte ich doch gar keine unlauteren Absichten!

Zumindest noch nicht. Ich kann mir durchaus vorstellen, dass so ein Erdhörnchen einen leckeren Geschmack hat, da es anscheinend viel frisches Gras und Samen frisst. Vielleicht komme ich eines Tages dazu, davon zu kosten.

Um mich auf andere Gedanken zu bringen, stellt mir Frauchen einen vollen Futternapf hin. Es wirkt und ich habe das Erdhörnchen kurze Zeit später vergessen. So gesättigt merke ich, dass ich müde werde. Nichts wie zu meiner Kuscheldecke. Ich rolle mich darauf zusammen und schlummere ein.

Weitere wundervolle Tage in meinem persönlichen Garten Eden vergehen. Interessanterweise heißt der nördlich von uns gelegene Ort genauso – Eden.

Zufälle gibt es!

Ich beobachte immer wieder Pelikane, wie sie majestätisch vor den weißen verschneiten Bergen ihre Kreise ziehen, nur um kurz darauf auf dem See zu landen. Auch der Start aus dem Wasser ist mindestens genauso anmutig. Dabei nehmen sie viel Anlauf, schlagen mit den Flügeln und paddeln eifrig mit ihren Füßen. Dann heben sie sich aus dem See heraus und gewinnen rasch an Höhe. Sie sind wahre Meister des Fliegens.

Wenn abends die Sonne zwischen den Gipfeln untergeht, verfärben sich der See als auch die Wolken darüber in eine feurig anmutende Landschaft. Dann wird es schnell kalt und wir verbringen die restliche Zeit des Tages im Inneren des Wohnanhängers.

Erneut stelle ich fest, welch großen Vorteil es doch hat, zu den schönsten Flecken des Kontinents mit seinem eigenen Zuhause reisen zu dürfen und immer wieder einen neuen Garten entdecken zu können.

Viel zu schnell erfahre ich dann, dass unser Abenteuer weitergehen wird und wir am nächsten Tag mein kleines Paradies verlassen werden. Aber so ist das nun einmal als weltenbummelnde Katze, und die Aufregung auf etwas Neues überwiegt den Abschiedsschmerz.

Tags darauf verabschiede ich mich von Vicky's Eden – so habe ich den Platz getauft – und wir fahren weiter.

Grimmige Goblins

Unser nächstes Ziel liegt mehr als einen für mich entspannt erträglichen Fahrtag entfernt. Herrchen plant dann extra einen Übernachtungsstopp ein, um die Strapazen der Reise für mich möglichst niedrig zu halten.

Diesmal ist insbesondere Frauchen aufgeregt. Sie scheint sich sehr auf den neuen Ort zu freuen.

Wir verlassen den Norden Utahs und fahren gen Süden. Erneut geht es durch Gebirgslandschaften mit Schnee in den höheren Lagen. Im Laufe des Tages werden die Wolken weniger und die Temperatur steigt. Ein Blick durch die Scheibe verrät mir, dass die Umgebung trockener wird und verschiedene Brauntöne dominieren nun die Farbgebung. Dennoch ist weiterhin viel Grün dazwischen.

Aus den hohen Bergen werden nach und nach halbwüstenartige Hügel. Schließlich kommen wir auf dem breit ausgebauten Interstate-Highway an und folgen diesem in Richtung Osten. Bald darauf haben wir unseren Übernachtungsplatz erreicht. Wie geplant bleiben wir hier lediglich, um uns auszuruhen.

Am nächsten Morgen geht es weiter. Nach etlichen Meilen sind wir wieder in der typisch spektakulären Felsenlandschaft Utahs. Die Aussicht ist grandios. Als wir auf einen Rastplatz anhalten, sehe ich rechts von mir in einen großen Canyon hinein. Die aus meinen früheren Süd-Utah Touren bekannte typisch rötliche Felsfärbung ist weniger geworden, dafür zeigen sich wunderschön ineinander übergehende sandige Farben und Ockertöne. Trotz der steil abfallenden Wände des Canyons wachsen erstaunlich viele Pflanzen und kleine Bäume daran und auch oben auf dem steinigen Plateau. Ich fühle mich erneut wie auf einem anderen Planeten.

Dann fahren wir weiter, die Landschaft bleibt durchgängig atemberaubend schön. Ich kann mich kaum satt sehen, werde aber dennoch irgendwann müde und mir drückt es das Auge zu.

Nach einem Nickerchen auf der Rücksitzbank scheinen wir bald da zu sein. Zumindest sagt Herrchen das. Die Gegend sieht nun wesentlich weniger spektakulär aus als vorhin. Ich frage mich, ob ich etwas verpasst habe.

Kurz darauf fahren wir eine asphaltierte Seitenstraße entlang und nach einem die Sicht blockierenden Hügel werden vor uns wieder tolle Gesteinsverwerfungen erkennbar. Ich bin beruhigt und fange sogleich an, mich zu freuen. Vielleicht finde ich ein paar tolle Möglichkeiten zum Klettern.

Wir folgen weiter der befestigten Straße. Nun sind auch wieder hohe rote Klippen direkt neben uns. Ich wusste einfach, dass es in Utah keinen Platz gibt, der mich enttäuschen kann. So ein wunderbarer Bundesstaat!

Nach etwa einer Meile ist es dann soweit und es geht wieder einmal über staubigen Untergrund in ein Areal, wo wir den Wohnanhänger abstellen wollen. Doch diesmal ist die Piste richtig schlecht. Tiefe Furchen und Löcher lassen uns nur langsam vorankommen. Da wir, wie immer beim Wildcampen, auch zuerst einen Platz finden müssen, stelle ich mich auf eine lange holprige Fahrt ein. Zu früh habe ich mit dem Schlimmsten gerechnet, nach nur wenigen hundert Metern ergibt sich ein schönes Fleckchen und wir positionieren unser Zuhause.

Aus dem Fenster habe ich bereits voller Aufregung bemerkt, dass wir zwischen schönen Klippen parken, welche in zwei Mini-Canyons abzweigen. Im unteren Bereich der Wände ist herrlich roter Sandstein, welcher ab der Mitte beinahe in weiß gefärbte Lagen übergeht. Aber das Beste daran ist, dass überall kleine Felstürmchen und -absätze sind. Die Prognose steht fest, es stehen mir spaßige Zeiten bevor!

Herrchen macht die Tür auf und ich springe heraus.

Hoppla, vor lauter Eifer habe ich vergessen, dass meine Leine noch nicht von der Sicherung ausgehängt wurde.

Mein braver Untertan korrigiert das Schlamassel und los geht's auf angenehm sandigen Boden zum Wohnanhänger. Da ich natürlich überhaupt keine Lust habe, hinein zu gehen, spaziere ich einfach daran vorbei. Frauchen sieht mich etwas fassungslos an. Ich würde am liebsten gleich zu den Felsen, kann aber mit der Leine nicht weiter, ohne Frauchen hinter mir herzuziehen. Also springe ich doch wieder die Stufen in den Wohnanhänger und warte geduldig darauf, dass mir Geschirr und Leine abgenommen werden.

Kaum geschehen, renne ich schon wieder hinaus. Die Moskitoschutz-Tür wurde gar nicht erst zugemacht.

Ich genieße sofort meine Freiheit und sprinte mit aerodynamisch angelegten Pinselohren zu den Felsen. Und gleich hinauf auf die erste Sandstein-Stufe.

Welch ein Gefühl!

Ich springe von Absatz zu Absatz, zwischendurch geht es über feste, steile, nur kurze Abhänge. Dann stehe ich bereits einige Meter über Frauchen, die mir sorgenvoll hinterhersieht. Zum Glück kann sie mir hier nicht nach, und so kann ich tun und lassen, was ich will. Und das bedeutet in diesem Fall, ich gehe noch weiter nach oben.

Frauchen sieht mich in Gedanken anscheinend herunterstürzen, so panisch wirkt sie. Wahrscheinlich hat sie vergessen, dass ich als Katze perfekt klettern kann. Außerdem habe ich neun Leben. Und soviel ich weiß, noch keines davon aufgebraucht.

Meinen Schwanz geschickt nutzend, um bei wegbröselndem Gestein das Gleichgewicht zu halten, balanciere ich über Felskanten und -türmchen.

Dann komme ich an einer leicht überhängenden Wand an. Über mir würde es weitergehen, aber ich sehe ein, dass ich auf den nächsten, zu weit nach vorne reichenden Absatz nicht springen kann. Also suche ich mir einen anderen Weg, um wieder hinunter zu klettern.

Gar nicht so leicht, stelle ich fest. Wie bin ich nur hier hochgekommen? Ich gehe erst nach links, finde aber keine Möglichkeit. Also weiter nach rechts. Sieht auch nicht besonders toll aus. Aber immer noch am machbarsten.

Also springe ich vorsichtig auf einen rundlichen Felsen, den nur ein kleiner, nicht einmal halben Meter breiter Abgrund von mir trennt. Wie weit es nach unten geht, ist mir egal. Warum soll ich mir darüber auch Gedanken machen, ich springe ja hinüber, und nicht hinunter.

Drüben angekommen, muss ich einen bröckeligen Abhang für ein paar Meter absteigen. Bei jedem Tritt gibt der Untergrund nach. Auf beiden Seiten rollen sandig-lehmige Klumpen an mir vorbei. Um nicht ganz abzurutschen, muss ich den Abhang hinunterrennen.

Geschafft. Dann stehe ich wieder auf solidem Fels und hüpfe gekonnt Stück um Stück hinunter zu Frauchen. Sie wirkt aufgelöst und schimpft mit mir, dass ich viel zu leichtsinnig sei.

Sie ignorierend, trabe ich entspannt zurück zum Anhänger. Nach all dem Sport habe ich großen Hunger. Als Belohnung, weil ich doch noch von meiner Klettertour zurückgekommen bin, bekomme ich eine üppige Portion Feuchtfutter. Ich wusste doch, dass mir Frauchen nicht böse sein kann. Dann ruhe ich mich bis zum Abend aus.

Abbildung 11: Auf Klettertour in lehmig-sandigem Gelände.

Kurz vor Einbruch der Dämmerung bin ich wieder unterwegs. Es ist ungewöhnlich, dass mich meine Mitbewohner so spät noch herauslassen. Sie meinten diesmal, durch die Felsklippen um uns herum sei die Umgebung überschaubar, was Coyoten und größere Katzen betrifft. Während ich ersteres mittlerweile verstanden habe, weiß ich nicht, was sie mit den größeren Katzen meinen, da ich schließlich die einzige Katze weit und breit bin.

Ich schlendere diesmal in den anderen Mini-Canyon hinein und gehe bis zum Ende. Von dort kann ich immer noch unseren Wohnanhänger sehen, aber weiter geht es nun einmal nicht. Also suche ich mir die nächstbeste Stelle, um wieder nach oben zu klettern.

Es dauert nicht lange, und ich bin erneut einige Meter über dem Boden. Ich bemerke, dass mir Herrchen zusieht. Aber anstatt, dass er panisch schreit wie Frauchen vor ein paar Stunden, fotografiert er mich einfach nur und sieht begeistert zu.

Die Sonne ist bereits hinter den Felsen verschwunden und es herrscht eine magische Stimmung. Ich springe weiter etwas zwischen den Sandstein-Formationen hin und her. Dann reicht es mir und ich gehe zu Herrchen hinunter. Nach einer mehrminütigen Streicheleinheit schlendern wir beide zurück nach Hause. Was für ein toller Tag!

Während ich nach einem sättigenden Abendessen alle viere von mir Strecke, sehe ich beim Einschlummern noch einmal innere Bilder meiner Klettererlebnisse. Rundum zufrieden schlafe ich erschöpft ein.

Abbildung 12: Ich bin unterwegs zu meinem nächsten Kletterabenteuer.

Als ich am Morgen mit Herrchen und Frauchen beim Frühstückstisch sitze, erzählen sie mir, dass ich wohl im Schlaf wilde Träume hatte. Ich soll Maunz-Geräusche von mir gegeben und immer wieder mit den Beinen gezuckt, für ein paar Sekunden sogar gestrampelt haben. Ich verstehe gar nicht, was daran so ungewöhnlich sein soll. Als wenn ihnen das noch nie passiert wäre. Fast jede zweite Nacht höre ich den beiden zu, wie sie abstruse Geschichten erzählen, während sie tief schlafen. Verrückte Menschen!

Bald darauf eröffnen mir die beiden, dass wir zusammen heute etwas Auto fahren. Wir sind nahe des Goblin Valley State Parks, und den möchten sie sich mit mir ansehen. Anscheinend merkt Frauchen mir an, dass ich nicht allzu sehr begeistert bin. Wie könnte ich auch, hier ist es doch so toll und ich habe noch sehr viele Kletter-Routen zu erkunden.

Zwanzig Minuten später sitzen wir im Truck und fahren los. Im Rückspiegel beobachte ich den immer kleiner werdenden Wohnanhänger.

Wir rollen die holprige Piste zurück auf die asphaltierte Straße und von dort sind wir in wenigen Minuten beim Parkeingang. Anschließend führt die Straße in Kurven erst durch ein Tal, um anschließend auf einer Anhöhe bei einem großen Parkplatz zu enden.

Wir stellen den Truck etwas abseits ab. Ich darf hier anscheinend nur mit Leine unterwegs sein.

Herrchen hebt mich diesmal heraus. In einigen Metern Entfernung sehe ich Menschen und weitere Autos. Ganz wohl ist mir dabei nicht.

Dann sitze ich auf einem Stück Mauer und während ich meinen Blick schweifen lasse, entdecke ich in einem breiten Tal unter mir überall kleine Kobolde, welche aus dem lehmigen Boden wachsen. Zuerst leicht irritiert über den seltsamen Anblick, fange ich an, daran Gefallen zu finden.

Jedes dieser Steinwesen hat andere Züge. Einige wirken ziemlich grimmig, bei anderen denke ich an Gespenster und mich gruselt. Die nächsten sehen dann eher aus wie Enten und haben einen Schnabel. Manche erinnern an braune Fliegenpilze.

Wir gehen ein kurzes Stück hinunter. Am Ende des Tals entdecke ich mit meinem scharfen Auge, dass die begrenzenden Felswände eigentlich aus hartem, lehmähnlichem Material sind. Teilweise mit Strukturen, die wie natürliche Kathedralen aussehen. Immer wieder sind kleine Schluchten in diesen Wänden, die man nach hinten gehen und bestimmt interessante Dinge entdecken könnte. Und was das alles für Klettermöglichkeiten sind! Wenn nur nicht diese vielen Menschen überall zwischen den Goblins umherrennen würden.

Ich genieße noch eine Zeit lang den Anblick der Landschaft, welche mit etwas Fantasie noch unendlich weitere Gestalten hervorbringt.

Dann bringen mich Herrchen und Frauchen zurück in den Truck. Ich warte hier bei leicht heruntergelassenem Fenster auf sie, während meine Untertanen noch die Gegend erkunden. Durch die Scheiben beobachte ich den Trubel unten im Tal, dann kommen meine beiden Mitbewohner auch bereits zurück. Selbst ihnen ist hier heute zu viel los.

Nach dem kurzen Ausflug geht es zurück zu unserem Stellplatz und ich mache mich wieder an die Arbeit, Kletterrouten zu erschließen und auf meiner persönlichen Skala zu bewerten. Vielleicht bringe ich in naher Zukunft einen Kletterführer für dieses Gebiet heraus. Insgeheim bezweifle ich jedoch, dass dieser ein Erfolg werden würde.

Abbildung 13: Ein kleiner Bereich des Goblin Valley State Parks.

Am nächsten Tag sitze ich erneut im Auto für einen Ausflug. Diesmal geht es zu einem Ort, der zig Meilen entfernt liegt. Luftlinie wäre er eigentlich gar nicht so weit weg, aber es gibt keine Möglichkeit für uns, einen direkten Weg zu wählen.

Zuerst fahren wir auf einem Highway ein Stück nach Süden und kommen durch einen Ort namens Hanksville. Von dort geht es nach Westen weiter, nur um dann über eine lange, gut ausgebaute Piste, wieder nach Norden zu fahren. Links der Fahrbahn steht ein faszinierend aussehender grau-schwarzer und freistehender Tafelberg. Er erinnert an eine große Industriefabrik.

Nach einigen Meilen raschen Vorankommens geht es dann rechts von der Piste ab auf einer ausgefahrenen Spur quer über ein Plateau. Ich habe erwartet, dass wir zu der Fabrik fahren, anstatt dessen wird die Landschaft immer eintöniger und karger.

Dann fahren wir einen kleinen Hang hinauf, und als wir oben ankommen traue ich meinem Auge kaum.

Die schlechte Piste führt geradewegs zur Abbruch-Kante eines Hochplateaus, auf dem wir uns anscheinend befinden. Wir steigen aus und laufen auf dem hellen Felsenuntergrund nach vorne. Kaum Vegetation, nur ein paar niedrige Sträucher wachsen hier.

Ich wähne mich bereits in einer anderen Dimension, so fantastisch und spektakulär ist der Anblick der Landschaft, die vor uns liegt. Zu unseren Füßen geht es kerzengerade hunderte von Metern hinunter. Ganze Bergketten sind unter uns zu sehen, die Farben variieren von gelblich-grau-schwarz hin zu karminroten Strukturen und Canyons in der Ferne.

Bis zum Horizont zieht sich die wie gemalt wirkende Szenerie. Immer wieder winden sich ausgetrocknete Bachläufe, Adern gleich, durch die Umgebung. Von hier oben verschwimmen die einzelnen Berge und Täler zu einer gewaltigen Komposition eines perfekten, gigantischen Gemäldes. Mir wird wieder einmal klar, dass es keinen größeren Meister der Kunst als die Natur selbst gibt.

Während ich feststelle, dass mein Mäulchen vor Staunen offensteht, sehe ich, dass auch Frauchen und Herrchen demütig den Anblick auf sich wirken lassen. Nun habe ich bereits soviel von Amerika gesehen, aber diese Aussicht habe ich in meinen kühnsten Träumen nicht erwartet. Wir blicken noch fast eine Stunde hinab in diese so bizarr anmutende Welt.

Dann wird Herrchen ganz aufgeregt, wir haben denselben Gedanken: Wir müssen da runter und die Gegend erkunden, koste es was es wolle. Frauchen bringt uns wieder zurück auf den Boden der Tatsachen und meint, wir können dieses Vorhaben getrost vergessen.

Ich sehe zu Herrchen und weise ihn telepathisch dazu an, auf keinen Fall nachzugeben. Einen Augenblick später machen wir kehrt und gehen zurück zum Truck.

So ein Mist!

Vor meinem inneren Auge habe ich mich schon bei nervenzerreißenden Kletterszenen gesehen und wie ich an nur einer Kralle mit letzter Kraft an einem Felsendach über dem Abgrund hänge.

Herrchen hebt mich in den Truck und ich bin wieder zurück aus meiner Abenteuerwelt.

Wir fahren langsam auf dem schlechten Weg zurück und hängen unseren Gedanken nach. Die eingeprägten Bilder dieser gewaltigen Landschaft gehen mir nicht mehr aus dem Kopf.

Nachdem wir auf der guten Piste angekommen sind, meint Herrchen, all diese tolle Gegend liege im Gebiet des San Rafael Swell. Jenes sei eine geologische Besonderheit, welche vor vielen Millionen Jahren entstanden wäre und zusammen mit nachfolgender Erosion die heute sichtbare spektakuläre Landschaft geformt habe.

Abbildung 14: Spektakuläre Landschaften sind in Utah eher Regel als Ausnahme.

Nach einiger Zeit kommen wir wieder bei unserem Wohnanhänger an. Ich beschließe, die Eindrücke des Tages bei ausgedehnter Fellpflege zu verarbeiten und lege auf dem Bett los.

Am Abend bin immer noch müde von den heutigen Erlebnissen. Zu mehr als genussvollem im Staub wälzen und entspanntem Herumliegen, während Frauchen und Herrchen vor dem Wohnanhänger sitzen, habe ich keine Lust mehr.

Langsam naht die Dämmerung und kurz nach Einbruch der Dunkelheit begeben wir uns wieder in unser kleines gemütliches Zuhause hinein.

Für ein paar weitere Tage trainiere ich meine Fähigkeiten im Felsklettern. Immer wieder darf ich mir von meinen Untertanen anhören, ich solle es nur nicht übertreiben.

Ich werde laufend besser und entwickle ständig neue Techniken, so dass mein Kletterstil von Mal zu Mal eleganter wirkt. Schade, dass hier keine anderen Katzen sind, die mich beneiden und bewundern können.

Aber ich habe natürlich auch so eine Riesenfreude an meinen Aktivitäten und bin froh, dass ich jeden Moment genossen habe, denn eines Tages ist wieder der Zeitpunkt gekommen, um weiterzureisen.

Im Tal der Götter

Als wir alles zusammenpacken, höre ich Herrchen draußen nach uns rufen.

Was hat er nur?

Gespannt eilen wir hinaus und sehen, dass er die Plane in den Händen hält, mit welchem der Reifengummi auf den Rädern vor den Sonnenstrahlen geschützt wird, solange der Hänger geparkt ist. Er zeigt uns die Innenseite der Abdeckung, aber mehr als eine dort hängende Spinne kann ich nicht entdecken.

Ich schaue ihn an, um herauszufinden, was er uns denn zeigen will. Dann deutet er auf die Spinne und sagt, das wäre eine Schwarze Witwe, eine berühmt-berüchtigte Giftspinne hier in den USA. Immer noch unbeeindruckt von seiner übertriebenen Aufregung, sehe ich mir erneut die Spinne an und kann nur feststellen, dass ich diese Art schon mehrmals auf meinen Erkundungstouren durch Felsspalten und dichtes Buschwerk angetroffen habe.

Herrchen meint, diese giftigen Tiere sind genau der Grund, warum ich nicht immer einfach in uneinsehbare Löcher hineinfassen soll mit meinen Pfoten. Innerlich fange ich an, über seine Unwissenheit zu lachen und gehe zurück zum Wohnwagen, um mich für die Abfahrt vorzubereiten.

Wir schleichen die wenigen hundert Meter schlechte Piste zurück zur befestigten Straße und verlassen die Gegend der Goblins.

Unsere Fahrt führt weiterhin durch die beeindruckende Landschaft des südöstlichen Utahs. Canyons und bizarre Felsformationen wechseln sich ab. Die Straße ist kurvig und Stunde um Stunde vergeht, aber langweilig wird mir beim Blick aus dem Fenster nie.

Wir durchqueren anscheinend auch wieder das Gebiet des Glen Canyons und Lake Powells, nur diesmal auf der anderen Seite. Erneut bieten sich uns spektakuläre und atemberaubende Aussichten und wir halten entsprechend oft an.

Nachdem wir ein schönes kleines Örtchen durchquert haben, werden wir langsamer und biegen – ich ahne es bereits – auf eine Piste ab. Diese ist zum Glück recht gut ausgebaut mit nur wenigen schlechten Abschnitten.

Wir sind mittlerweile in einer offenen Wüstenlandschaft angekommen, einem riesigen Tal gleich. In der Ferne sehe ich ringsum steile, rötliche

Felswände aufragen. Dazwischen stehen Tafelberge und riesige Felsmonumente.

Weiter und weiter geht es auf der Piste in das Tal hinein, um schließlich nach ein paar hundert Metern auf einem roten staubigen Pfad einen schön gelegenen Stellplatz zu finden. Der Wohnanhänger wird wie gewohnt abgestellt, waagerecht ausgerichtet und kurz darauf stehe ich auch schon auf dem roten Boden.

Teils aus hartem Lehm bestehend, teils sandig, jedoch immer staubig, mache ich ein paar Schritte darauf in Richtung unseres mobilen Zuhauses. Meine Pfoten hinterlassen hübsche Abdrücke auf dem Untergrund und ich versuche, ganz besonders sorgfältig und zugleich kräftig aufzutreten.

Als ich mich kurz vor dem Wohnanhänger noch einmal umdrehe, sehe ich, nicht ohne leicht verärgert zu sein, dass Frauchen den gleichen Weg gegangen ist und meine hinterlassenen Kunstwerke einfach vernichtet hat. Ich beschließe, bei der nächsten Möglichkeit in sicherer Entfernung zu ihr ein weiteres Gemälde im Sand mit meinen bezaubernden Pfoten zu schaffen.

Etwas grummelig steige ich die Stufen in den Anhänger hinauf, bekomme mein Futter und leere schnell den Napf. Jetzt aber nichts wie hinaus.

Abbildung 15: Beim Wildcampen im Tal der Götter.

Wie im Flug bin ich die Stufen hinunter gesaust und sehe mich um. Die roten Felswände sind nun ein ganzes Stück näher und ich erkenne, dass sie viel höher sind als vorhin angenommen. Auch die freistehenden Tafelberge sowie die wunderbaren natürlichen Felsmonumente, welche sich über das ganze Tal erstrecken, sind riesig in ihren Ausmaßen.

Herrchen steht neben mir und sagt, wir sind im Tal der Götter und nicht weit vom Monument Valley entfernt, welches landschaftlich sehr ähnlich ist. Allerdings sei das auf dem Land der indianischen Ureinwohner, daher darf man dort nicht wildcampieren.

Ich entferne mich von unserem Anhänger und stoße kurz darauf auf einen ausgetrockneten Flusslauf. Zu meinen Pfoten geht es mehrere Meter senkrecht nach unten, hier kann ich auf keinen Fall hinunter. Etwa hundert Meter weiter rechts von mir weichen die schroffen Felsen jedoch sandigem Terrain, welches sich in kleinen Dünen zum Flussbett hinunterzieht.

Und schon spaziere ich dort hin und komme so, mühsam durch den Sand staksend, in der felsigen Senke des ausgetrockneten Flusses an. Hier entdecke ich herrliche, hoch gewachsene Bäume mit grünem Laub – ich glaube man nennt sie Cottonwood Bäume oder auch Amerikanische Pappel. Außerdem sind die unterschiedlichsten Arten von Busch und Sagebrush zu sehen. Ein paar der Pflanzen blühen gerade und Insekten surren davor auf und ab. Die rötlichen Felsen der Umgebung ergeben einen wunderschönen Kontrast zu dem saftigen Grün der Vegetation.

Vor mir huscht eine interessant aussehende rot-graue, mit dornigen Schuppen übersäte Echse davon. Ihre abschreckende Färbung hält mich davon ab, ihr hinterher zu jagen.

Als ich weitergehe, liegt vor mir in einem sandigen Abschnitt an der Böschung ein duftender hellbrauner Fladen. Ich rieche daran, komme jedoch zu keinem Entschluss, von welchem Tier er stammen könnte. Leider ist er bereits staubtrocken und ich kann mich nicht darin wälzen.

Ich schlendere den Flusslauf entlang, welcher weiter vorne eine Biegung nach rechts macht. Herrchen folgt mir auf Schritt und Tritt. In der Kurve ist viel stacheliges Buschwerk. Danach weitet sich das Bett des Flusses und der Untergrund ist teils sandig, teils mit vielen kleinen Steinchen bedeckt. Immer wieder zweigen kleine, ebenfalls ausgetrocknete Bachläufe in den großen Fluss.

Über mir höre ich ein lautes Vogelgeräusch. Ich blicke nach oben und erkenne zwei Raben, die soeben auf einem großen Baumstamm ein paar Meter entfernt landen. Ein ganzes Stück größer als die mir bekannten Raben aus Deutschland, spüre ich kein Bedürfnis, ihnen zu nahe zu kommen und halte gebührenden Abstand.

Schließlich steige ich über die steile, mit Felsen durchzogene, rechte Böschung des Flusses hinauf und möchte zurück zum Wohnanhänger gehen. Vor lauter Sträuchern kann ich ihn nicht sehen und springe auf einen großen Stein. In der Ferne sehe ich das weiße Dach aus der Wüstenlandschaft herausragen.

Etwas verwundert, dass er so weit weg ist, sehe ich mich um, ob Herrchen noch bei mir ist. Zuerst finde ich ihn nicht, doch dann steigt er aus dem Flussbett heraus und kommt in meine Richtung. Wie langsam Menschen doch im Gelände sind, ich schäme mich immer wieder fremd für sie.

Mein Untertan meint, es wäre wohl einfacher, wir würden dem Flusslauf zurück folgen, anstatt uns hier durch das Gestrüpp zu quälen mit all den Dornen.

Ich stimme ihm zu und springe mit ein paar Sätzen wieder hinunter in das ausgetrocknete Bett. Ich warte eine gefühlte Ewigkeit, bis Herrchen unbeholfen über die Felsen steigt und bei mir ist.

Kurz bevor wir bei den kleinen Sanddünen ankommen, flitzt etwas zu meiner Linken davon und verschwindet hinter Steinen. Ich erschrecke im ersten Moment sehr, dann meint Herrchen aber, das wäre nur ein Kaninchen gewesen.

Überzeugt, dass man mir den Schreck nicht angesehen hat, schreite ich selbstbewusst weiter voran und wenig später sehe ich Truck und Anhänger bereits wieder hinter dem nächsten kleinen Hügel auftauchen.

Mittlerweile fühlen sich meine vier Beine schwer wie Blei an von der langen Wanderung. Ich schleppe mich den restlichen Weg zurück und die Stufen hinauf in unser Zuhause. Frauchen eilt bereits mit meinem Feuchtfutter heran und füllt meinen Napf. Hungrig wie ein kleiner Bär stürze ich mich darauf.

Nachdem ich meinen Futternapf bis auf den letzten Krümel ausgeschleckt habe, springe ich wenig elegant auf das Bett und noch während der Fellpflege schlafe ich bereits ein.

Abbildung 16: Ich bin müde von meiner langen Wanderung mit Herrchen.

Ich schrecke aus meinem Schlaf auf. Im Traum habe ich einen lauten Schlag gehört und alles hat sich bewegt.

Da ist es wieder! Dabei bin ich doch mittlerweile hellwach!

Ich springe hinüber zur Sitzecke und sehe aus dem großen Fenster. Am Rand des Horizonts ist der Himmel finster wie die Nacht. Ich werde jedoch leicht von der tiefstehenden Sonne geblendet. Wie kann das sein?

Lautes Getöse, dann wirbelt Staub und loses Buschwerk vor mir durch die Landschaft. Der Anhänger wackelt erneut. Am Rande meines Blickfeldes sehe ich Herrchen draußen stehen mit der Kamera in der Hand. Frauchen schreit ihm zu, er solle nun langsam hereinkommen.

Jetzt verstehe ich, ein gewaltiges Unwetter zieht auf. In diesen Weiten der Wüste und den Felsmonumenten wirken die Gewitterwolken besonders spektakulär, insbesondere wenn sie meilenweit entfernt sind und bei uns selbst noch heiteres, wenn auch stürmisches Wetter herrscht.

Ich sehe immer wieder Blitze vom Himmel zucken. Welch ein Schauspiel. Dann fängt es weiter entfernt zu regnen an, dichte Schleier fallen aus den dunklen Wolken. Ich bin mir jedoch nicht sicher, ob all die Wassermassen tatsächlich den Boden berühren oder zuvor auf ihrem Weg nach unten in der trockenen Luft zum Großteil verdunsten.

Ich springe zur Eingangstür, welche nach wie vor geöffnet ist, und blicke durch den Mückenschutz hinaus. Auf der anderen Seite sehe ich ebenfalls Regen, wenn auch wesentlich weniger stark. Und einen wunderschönen Regenbogen, welcher sich in satten Farben über den Himmel spannt. Ich bin zutiefst beeindruckt. Hinter mir die rabenschwarzen Wolken des Unwetters und vor mir dieses bunte Spektakel, welches das ganze Tal überbrückt. Was für ein Tag!

Eine Zeit später wird der Wind weniger, wir wurden zum Glück von dem Gewitter verschont, es ist in einiger Entfernung vorbeigezogen. Ich möchte nun wieder hinaus und Frauchen öffnet mir die Mückenschutz-Tür.

Die Luft duftet herrlich, die Wüstenpflanzen sondern, sobald sie nass werden, einen ganz besonderen Geruch ab, den ich sonst noch nirgendwo geschnuppert habe. Der Boden ist auch bei uns leicht feucht, anscheinend haben wir etwas vom Regen abbekommen, während ich noch geschlafen habe.

Kunstvolle Spuren im rötlichen Staub hinter mir herziehend, tapse ich hinaus in die Wüste und rieche interessiert an den Sträuchern. Ich liebe diesen speziellen aromatischen und teils hölzernen Duft! Dann setze ich mich hin und genieße einfach den Ausblick.

Welch wunderschönes Leben ich doch habe. Dabei wurde meinen Untertanen damals, als sie mich aus dem Tierheim geholt haben, gesagt, ich dürfe aufgrund meiner einäugigen, eingeschränkten Sicht niemals aus dem Haus gelassen werden, es sei viel zu gefährlich und ich würde nicht lange leben. Zum Glück musste ich mich nicht daranhalten. Was wäre das nur für ein langweiliges Katzendasein geworden, wenn ich nie das überschaubare Risiko eingegangen wäre und mich in das Abenteuer Leben gestürzt hätte.

Ich fange an, mit mir selbst über philosophische Themen zu sprechen und starre derweilen, ganz auf den inneren Dialog fokussiert, vor mich hin. Nach einigen Momenten in der höheren Dimension der Katzenphilosophen tätschelt mich Frauchen und ich bin wieder zurück im Jetzt.

Der Tag neigt sich langsam seinem Ende zu und die Sonne verschwindet endgültig hinter den Felswänden und Tafelbergen. Wir bleiben noch für einige Zeit vor dem Wohnanhänger sitzen. Es ist immer noch lauschig warm. Grillen haben bereits mit ihrem Zirp-Konzert angefangen und steigern ihre Lautstärke minütlich.

Die Dämmerung ist mittlerweile der Nacht gewichen und die Sterne funkeln am Himmel wie Millionen und Abermillionen von Diamanten. Dieses Ausmaß habe ich in Deutschland nie gesehen. Und wieder zieht sich die Milchstraße quer über den Nachthimmel wie ein weißes Band.

Etwa eine Stunde später ist auch der Mond aufgegangen, der anscheinend kurz davorsteht, in vollem Umfang zu leuchten. Auf der einen Seite schade, dass dadurch der Sternenhimmel nicht mehr so gut sichtbar ist, genießen wir dennoch den Anblick der nun von einem durchsichtigen, silbernen Schleier überzogenen Landschaft.

Es ist beinahe taghell und Herrchen fragt mich, ob ich bereits den Nachtsichtmodus in meinem Auge wieder abgeschaltet hätte. Irritiert sehe ich ihn an. Weiß der Arme denn nicht, dass sich mein Auge komplett von selbst reguliert?

Dann verstehe ich, dass er Spaß gemacht hat und aus Freundlichkeit lache ich mit einem kurzen Miau zurück, kann aber einen gewissen sarkastischen Ton nicht unterdrücken.

Abbildung 17: Ich sitze im Tal der Götter und sinniere mit starrem Blick vor mich hin.

Plötzlich raschelt es nicht weit entfernt von mir im Gebüsch. Ich erkenne sofort das typische Geräusch von Mäusen und eile hinüber. Leider ist bereits Frauchen neben mir, hebt mich hoch und trägt mich in den Wohnanhänger hinein.

Frauchen meint, jetzt käme wieder meine Zeit, in der ich vom süßen Kätzchen zur Bestie werde. Insgeheim habe ich mich sowieso schon gewundert, warum ich nicht schon bei Einbruch der Dämmerung hineinmusste, aber bei dem Gedanken daran klug geschwiegen.

Die Tür wird hinter mir geschlossen und wir verbringen den restlichen Abend in unserem Zuhause.

Tags darauf beschließen meine Mitbewohner, dass wir heute die Piste durchs Tal der Götter fahren. Sie soll bis in den hintersten Winkel führen und auf der anderen Seite des Tals wieder zurück auf den Highway, von dem wir gekommen sind.

Mir ist es recht, so komme ich vielleicht endlich etwas näher an die riesigen Monumente und Tafelberge. Ich bin bereits sehr gespannt darauf und lasse mir bereitwillig meine Leine anlegen, bevor ich in den Truck gehoben werde.

Wir fahren los. Die Piste ist großteils ohne holprige Abschnitte und führt immer weiter hinein in das Tal. Wir kommen zwischen mehreren Tafelbergen hindurch, jeder ist etwas anders geformt und die Namensgebung erfolgte aufgrund der Form, kombiniert mit etwas Fantasie.

Dann erreichen wir die erste Sandsteinformation, welche aussieht wie ein gigantischer Schild. Ich wundere mich, wie diese natürlichen Strukturen wohl entstanden sind. Und warum sie so stabil und noch nicht umgefallen sind. Wir halten an und Frauchen und Herrchen steigen aus, um bessere Fotos zu machen.

Abbildung 18: Der Abend bringt Wolken und vorerst noch etwas Abkühlung.

Anschließend setzen wir unsere Tour fort und wir passieren viele weitere Monumente. Ich würde am liebsten auf jedes einzelne hinaufklettern, werde aber leider nicht aus dem Truck gelassen. So ein Jammer, ich wäre bestimmt die erste Katze, die auf so einem wohl 100 Meter hohen Sandsteingebilde stehen würde.

Nach über einer Stunde sind wir wieder zurück bei unserem Wohnanhänger. Diesmal nimmt mir

Frauchen meine Leine bereits ab, noch während ich im Truck auf der Rücksitzbank warte.

Danach springe ich wie gewohnt herunter und schlendere umher. Im Truck war es dank der Klimaanlage schön kühl, hier außen ist es jedoch merklich wärmer. Die Sonne sticht kräftig vom Himmel, und so beschließe ich, mich unter den Anhänger in den Schatten zu legen. Der Boden ist hier kühler geblieben von der vorhergehenden Nacht.

Ich frage mich jedoch, wie lange wir hier wohl noch bleiben können, bevor es heißer wird.

Noch zwei weitere Tage genieße ich meine Exkursionen in den Morgen- und späten Nachmittagsstunden hinunter in das ausgetrocknete Flussbett. Dann ist es soweit, und selbst die Nacht bringt nicht mehr genug Abkühlung im Wohnanhänger.

Wir beschließen weiterzufahren. Meine Untertanen meinen, dass es momentan im östlichen Utah überall so heiß ist und wir bei unserem nächsten Ziel wohl für ein paar Tage auf einen Campingplatz gehen werden, um Stromanschluss für die Klimaanlage im Wohnanhänger zu haben.

Ich unterdrücke einen Seufzer und versuche, es gelassen zu nehmen.

Am nächsten Morgen sind wir mit unserem Gespann wieder auf der Straße, unterwegs zu neuen Abenteuern.

Portale in eine andere Welt

Unsere Fahrt dauert heute nur wenige Stunden. Wie gewohnt vertreibe ich mir die Zeit damit aus dem Fenster zu sehen und ab und zu zwischen meinem Sitz vorne und der Rücksitzbank hin und her zu springen. So arbeite ich auch während der Fahrtage an meinem Fitnessprogramm. Frauchen meint dann zwar immer, ich solle mich doch endlich setzen, aber da sie anscheinend den Sinn meiner Aktionen nicht versteht, habe ich beschlossen, sie wieder einmal einfach zu ignorieren.

Dann sind wir da, am Rande des Städtchens Moab und rollen in einen RV Park hinein. Herrchen hat gemeint, er hat sich trotzdem über Wildcamping-Möglichkeiten hier in der Umgebung informiert und wenn wider Erwarten die Temperaturen für mich nicht zu heiß sind, können wir einfach weiter in die Wildnis fahren. Leider zeigt das Außenthermometer weit über 30 Grad im Schatten an und erfahrungsgemäß gibt es hier keinen Schatten – heißt, der Wohnanhänger heizt sich ab den Mittagsstunden schnell auf.

Ich nehme es, wie es ist und freue mich bereits auf die Zeit, wenn wir wieder in der freien Natur sein werden.

Die Formalitäten der Registrierung auf dem Campingplatz sind schnell geklärt und wir fahren zu unserer Parzelle, parken ein und gehen in den Anhänger.

Anscheinend möchten meine Mitbewohner den restlichen Tag noch mit Wäsche waschen und Nahrungsmittel einkaufen verbringen. Die Klimaanlage läuft bereits und kühlt den Wohnanhänger auf angenehme Temperaturen herunter.

Kurz darauf verabschieden sich Frauchen und Herrchen und ich sehe sie erst einige Stunden später wieder, als sie mit vollgepackten Stofftaschen zurückkommen.

Am nächsten Tag sagen meine Untergebenen zu mir, dass wir heute in den nahegelegenen Arches National Park fahren. Auf meinen fragenden Blick, was das nun wieder wäre, antworten sie mir, dass dort tolle Felsbögen und -formationen zu sehen wären. Als Herrchen ergänzt, dass wir nicht wandern, sondern alles vom Truck aus ansehen werden, stimme ich zu. Bei der intensiven Sonneneinstrahlung würde nur mein wunderschönes schwarzes Fell seinen Glanz verlieren und ausbleichen.

Nach kurzer Fahrt sind wir auch bereits am Eingang des Parks. Anscheinend ist der Eintritt momentan kostenlos, da aufgrund der Virus-

Pandemie die Informationszentren für Besucher geschlossen haben. Dabei haben meine Mitreisenden doch extra schon vor Monaten einen Jahrespass gekauft, der für alle Nationalparks in den USA gilt. Na, hoffentlich war das keine Geldverschwendung, was sie besser in mein Futter investiert hätten.

Im Park selbst sind kaum Besucher und wir haben die einzelnen Aussichtspunkte so gut wie für uns selbst. Immer wenn wir anhalten und Frauchen und Herrchen für ein paar Minuten aussteigen, sehe ich mir die Landschaft genauestens durch das offene Fenster an.

Die Felsformationen sind wieder einmal nur schwer in menschliche Worte zu fassen. In Katzensprache würde es durchaus Bezeichnungen geben, aber das wäre problematisch an dieser Stelle.

Ich sehe bis in den Himmel ragende rote Sandstein-Türme, welche die unterschiedlichsten Formen aufweisen. Teils sehen sie aus, als wenn sich Giganten nebeneinandergestellt hätten und dabei zu Stein geworden wären.

Dann fahren wir durch eine Szenerie, die aussieht wie versteinerte Sanddünen. In weiter Ferne sind riesige Felswände zu sehen, welche Fenster zu haben scheinen. Davor stehen seltsam aussehende, ebenfalls beeindruckend große Türme aus Gestein. Und dahinter, am Horizont, hohe Berge mit schneebedeckten Gipfeln – obwohl es hier bei uns so heiß ist. Die Vegetation besteht aus trockenem Buschland, welches sich über den roten hügeligen Boden ausbreitet.

Wir zweigen auf der guten, asphaltierten Straße auf eine andere ab, welche uns direkt zu den Felswänden und Türmen führt.

Aus der Nähe betrachtet, wirken die riesigen Felsenfenster noch wesentlich imposanter. Ein anderes entpuppt sich als gigantischer Steinbogen, welcher sich über den felsigen Untergrund spannt. Herrchen sagt, er hat gelesen, dass die Ureinwohner, welche früher hier gelebt haben, die Bögen und Fenster als Portale zu anderen Welten gesehen haben.

Ich höre interessiert zu und frage mich, was passiert, wenn ich durch solch eine Gesteinsformation hindurch spazieren würde. Wohl wissend, dass ich hier nicht herumlaufen darf, stelle ich mir in meiner Fantasie die aufregendsten Orte vor, an denen ich herauskommen könnte. Vielleicht würde mich eines direkt auf einen Planeten bringen, der dicht mit Mäusen besiedelt ist, welche es als Ehre ansehen, von mir verschlungen zu werden.

Frauchen weckt mich aus meiner Tagträumerei und ich merke, dass meine Pfote nass ist. Meine beiden Untertanen lachen und meinen, ich hätte mich gerade eben voll gesabbert.

Eilig schlecke ich meine Pfote ab, während wir weiterfahren.

Wie peinlich.

Ich betrachte noch einen hohen Felsenturm, auf welchem ein anderer rundlicher Fels von der Größe eines Hauses wie ausbalanciert liegt. Ob er wohl irgendwann herunterfällt?

Abbildung 19: Felsenfenster im Arches National Park.

So geht unsere Tour immer weiter von einem Aussichtspunkt zum Nächsten und gebannt beobachte ich die Umgebung. Wie gerne würde ich hier zwischen all den Türmen und Wänden umherklettern. Aber da ich sehe, dass die wenigen Menschen, die hier unterwegs sind, immer nur auf den angelegten Wegen gehen, verstehe ich, dass in einem Nationalpark nicht einfach wild drauflos geklettert werden darf – auch nicht von einer schwarzen knuddeligen Katze.

Herrchen erzählt dann später noch, dass es hier durchaus Pumas und andere große Katzen gibt, die es lieben, auf und zwischen den Felsen herum zu klettern und von dort ihre Beute zu beobachten.

Nun werde ich doch hellhörig. Wenn denen das erlaubt ist, gilt das selbstverständlich auch für mich. Ich beschließe, bei unserem nächsten Wildcamping-Platz nach einem Portal Ausschau zu halten, welches mich wieder hierher bringt – ganz ohne Herrchen und Frauchen natürlich.

Schließlich sind wir am Ende unserer Rundfahrt durch den Nationalpark angekommen und machen kehrt, zurück zum RV Park. Es ist bereits Nachmittag und ich habe großen Hunger.

Kaum im Wohnanhänger, frage ich auch schon nach meiner Ration Feuchtfutter. Mein markdurchdringendes Miauen veranlasst Frauchen, schnell meinen Napf zu füllen und ich genieße mein Mahl.

Danach gehen meine Mitbewohner erneut nach draußen, während ich in der kühlen klimatisierten Luft die Zeit bis zum Abend entspannt verschlafe.

Als die beiden zurückkommen, erzählen sie mir, sie hätten sich einen State Park in der Nähe angesehen und wollten mir die Fahrerei ersparen.

Wie zuvorkommend von ihnen. Ich hätte es aber dennoch gerne gesehen! Immerhin zeigen sie mir Fotos. Erneut sind fantastische Landschaften zu sehen, diesmal aus großer Höhe in einen Canyon hinein. Dort fließt ein Fluss in Hufeisenform hindurch, welcher anscheinend die spektakulären Einschnitte in den Fels zu verantworten hat. Ich nehme diesen Ort ebenso mit auf meine Liste, welche ich zukünftig mithilfe von Portalen entdecken möchte.

Auch den folgenden Tag verbringen wir noch rund um Moab. Herrchen und Frauchen brechen zu einer Wanderung auf, welche sie zu einem weiteren Arch bringt.

Da ich gelernt habe, dass Arch gleichbedeutend für Steinbogen ist, hoffe ich, dass meine beiden mich versorgenden Mitbewohner baldmöglichst munter und heil zurückkommen, falls sie aus Versehen durch das Portal etwas weiter weg verreisen sollten.

Zum Glück sind sie nach wenigen Stunden unversehrt wieder da und zeigen mir beeindruckende Fotos.

Die Wanderung hat sie durch atemberaubende Felsformationen geführt, unter anderem zu einem mehrstufigen – momentan trockenen - Wasserfall, welcher durch ein von Wasser ausgewaschenes Felsenloch herabstürzt. Das Ende der Tour markiert ein riesiges Felsbogen namens Corona Arch, durch welchen man tatsächlich hindurchgeht.

Auf meine Frage, ob sie daraufhin zu einem anderen Ort gereist sind, schauen sie mich entgeistert an. Dann verstehen sie aber und meinen, das wären nur Legenden.

Abbildung 20: Das sogenannte Corona Arch in der Nähe von Moab, zu welchem meine Untertanen gewandert sind.

Leicht enttäuscht beschließe ich, ihnen nicht zu glauben und bin weiterhin davon überzeugt, einen der Felsbögen in Zukunft zumindest für meine Mission zum Mäuseplaneten nutzen zu können.

Abbildung 21: Eine der bizarren Felslandschaften im südöstlichen Utah. Rechts im Bild das Corona Arch.

Es ist der letzte Tag am RV Park und Herrchen lässt mittags bei mir anfragen, ob ich Lust hätte ihn auf einer Fahrt in die Berge zu begleiten. Da kann ich natürlich schwer verneinen.

So machen wir beide uns auf den Weg. Frauchen bleibt zurück. Ich bilde mir ein, sie ist auf mich eifersüchtig, weil ich heute meinen Untertan ganz für mich alleine habe.

Wir fahren aus der kleinen Stadt heraus und einige Meilen später biegen wir auf eine schmale Nebenstraße ab. Diese führt uns in Kurven und Serpentinen immer höher in die Berglandschaft hinein. Dann geht es schließlich auf einer Piste weiter und wir machen ordentlich Höhenmeter.

Die Vegetation wird zunehmend grüner. Saftige Wiesen mit gelben Blumen prägen die Landschaft. Schließlich sind wir auf über 3.000 Meter Höhe angelangt. Zu unser beider erstaunen fahren wir durch einen dichten Laubwald. Damit haben wir in diesen Lagen wahrlich nicht gerechnet. Die Umgebung erinnert mich sehr an Deutschlands Wälder, nur dass wir hoch droben in den Bergen sind.

Wir passieren ein Schneefeld rechts der Piste. Ab und zu fahren wir schmale Wege in den Wald hinein, um uns dort eine Lichtung anzusehen, welche als Wildcamping-Platz für uns taugen würde. Wenn wir aussteigen, bin ich jedes Mal sofort begeistert von all den Bäumen und dem herrlichen Gras. Hier ist es auch wesentlich kühler als unten in Moab.

Dann wird die Strecke merklich schlechter und wir beschließen umzukehren. Mit dem Wohnanhänger würden wir ab hier sowieso nicht mehr weiterkommen.

Auf dem Rückweg halten wir für ein paar Minuten an und genießen die Aussicht. Die wenigen am Himmel hängenden Wolken wirken hier oben zum Greifen nahe. Während wir in dichtem Laubwald stehen, blicken wir über Baumwipfel hinweg einen Abhang hinunter und sehen viele Meilen entfernt und etwa 1.500 Meter tiefer die wunderschöne rote Felsenlandschaft unter uns. Ich finde es beeindruckend, wie sich innerhalb von relativ kurzer Distanz die Landschaft verändert, lediglich aufgrund des schieren Höhenunterschiedes.

Schließlich setzen wir unsere Fahrt fort und bewegen uns vorsichtig, Serpentine um Serpentine, wieder ins Tal zurück zum Campingplatz.

Abbildung 22: Blick von etwa 3.000 Meter über Meeresspiegel hinab in die rote Felsenlandschaft Utahs.

Am nächsten Tag ist es erneut soweit und wir verlassen Moab. Nach einer halben Woche habe ich sowieso genug vom Leben in einem RV Park und freue mich bereits riesig, dass wir unser Camp hoffentlich bald wieder in wilder Natur aufschlagen.

Welch betörender Duft

Wir verbringen einige Stunden damit, nach Norden zu fahren. Schließlich verlassen wir Utah und sind im Staate Colorado. Herrchen meint, es sei noch kein endgültiger Abschied, wir würden nach unserem nächsten Ziel wieder nach Utah zurückkommen.

Ich bin beruhigt und genieße den Blick aus dem Fenster. Mittlerweile ist die Landschaft nicht mehr ganz so spektakulär, jedoch immer noch bergig und mal mehr, mal weniger grün.

Dann geht es durch ein kleines Örtchen hindurch und kurz darauf biegen wir vom Highway auf eine schmale Straße ab, welche uns immer weiter hinauf in die Berge führt. Die Vegetation besteht meistens aus Sagebrush und anderen, mir nicht bekannten Sträuchern. Für Bäume fällt hier anscheinend nicht genug Niederschlag.

Fast schon traurig gestimmt, entdecke ich, dass dafür überall größere Felsen herumliegen. Meine Laune hebt sich wieder und ich kann es kaum erwarten, dass wir endlich ankommen.

Schließlich spüre ich, dass wir langsamer fahren und es wieder holpriger wird. Normalerweise ein gutes Zeichen, wir dürften bald da sein. Und kurz darauf ist es auch bereits soweit. Wir halten an, Herrchen steigt aus und begutachtet eine Stellfläche, die nicht weit von der Piste entfernt ist.

Anschließend geht es los mit dem Einpark-Manöver. Ich mache mich bereit, putze mir noch ein weiteres Mal das Fell und springe auf die Rücksitzbank. Jeden Moment sollte es soweit sein.

Die Minuten vergehen, aber mein Untertan rangiert den Wohnanhänger immer noch hin und her. Ich werde ungeduldig und fange an zu miauen. Erst leise, dann immer lauter werdend. Herrchen ignoriert mich einfach und springt aus dem Truck, um sich draußen umzusehen. Irgendetwas scheint nicht zu passen. Dann ist er wieder zurück und es wird weiter der Anhänger in eine anscheinend sehr spezielle Position manövriert. Frauchen steht derweilen draußen und winkt ihm eifrig zu. Ich habe mir schon lustige Begleiter ausgesucht, denke ich mir.

Kurz darauf bleiben wir stehen und der Truck wird endlich vom Hänger abgekoppelt.

Jetzt kann es sich wohl nur noch um wenige Augenblicke handeln. Wieder warte ich an der hinteren Tür darauf, dass ich hinausdarf. Dann öffnet mir Frauchen und ich springe auf den grasig-erdigen Boden.

Mein Blick schweift zuerst zu unserem Zuhause. Sieht alles ganz normal aus, ich kann keine Hindernisse erkennen, die das Einparken besonders schwierig gemacht haben könnten.

Danach sehe ich mir die Gegend an, während ich zur Treppe gehe. Mir fällt sofort der duftende Sagebrush auf. Auch höre ich Geräusche in den umliegenden Büschen, welche ich leckeren Nagetieren zuordne. Hier wird es mir bestimmt sehr gut gehen. Voller Vorfreude steige ich in den Wohnanhänger hinein und bekomme meine Futterschüssel serviert.

Nun aber nichts wie hinaus. Schon bin ich wieder vor der Tür und beschließe, an einem Sagebrush zu schnuppern und mich zu reiben.

Wie gut das riecht!

Weiter geht es zum nächsten Busch, in dem es raschelt. Angestrengt spähe ich mit meinem Auge hinein. Die Sonne blendet mich etwas. Aber ich kann bereits eine Bewegung ausmachen.

Von meiner jetzigen Position aus komme ich leider nicht weiter hinein in den Busch. Also gehe ich ein paar Schritte weiter und versuche es erneut. Diesmal kann ich tiefer hineinschleichen. Vor mir hebt sich etwas vom Boden ab. Dann erkenne ich die Maus.

Ach, sieht die lecker aus! Wie komme ich nur an sie heran? An dieser Stelle ist der Busch ebenfalls zu dicht und ich kann dem Leckerbissen nur zusehen, komme aber nicht nahegenug, um zuzupacken.

Verzweifelt wandere ich auf und ab, finde aber keine Möglichkeit. So ein Mist! Dann sehe ich die Maus in einem Loch verschwinden. Ich gebe auf und beschließe, mir einen anderen Strauch zu suchen.

Dann höre ich Frauchen nach mir rufen und vergesse, was ich soeben vorhatte.

Beim Zurückschlendern springe ich auf einen kleinen Felsen, der mir im Weg liegt, und sehe mich um. Von hier kann ich die Gegend besser überblicken.

Direkt vor mir geht es sanft einen Hang hinab, welcher übersät ist mit stacheligen Sträuchern und viel Sagebrush, dazwischen immer wieder Felsen. Zig Meilen in der Ferne liegt ein weitflächiges Tal, von dem aus wir hierher hochgefahren sind. Zu meiner rechten Seite zieht sich die Bergkette bis hin zum Horizont. Und überall die gleiche baumlose Vegetation.

Ich springe vom Stein herunter und beschließe, einen spontanen Sprint zurück zum Wohnanhänger zu machen. Wieder geht mir recht schnell die Luft aus und ich komme hechelnd bei Frauchen an. Ich ahne es, wir sind in dünnluftigen Höhenlagen.

Herrchen stößt zu uns, sieht mich hecheln und bestätigt meine Theorie – einmal mehr ist unser Wildcamping-Platz in etwa 2.500 Meter über dem Meeresspiegel.

Abbildung 23: Ich beim Erkunden der Gegend.

Ob ich bei meiner miserablen Kondition wohl jemals eine Chance habe, eine durchtrainierte Bergmaus zu fangen? Ich habe meine Zweifel, nehme mir jedoch vor, es bei der nächstbesten Gelegenheit herauszufinden.

Der Abend beginnt und es wird merklich kühler im Anhänger. Die Eingangstür wird abgeschlossen und Herrchen macht die Heizung an. Ich beschließe, heute bald zu schlafen, um morgen fit zu sein für die große Mäusejagd.

Der nächste Tag naht und ich genieße durch das Fenster die Morgendämmerung. In der kalten Luft wirken die vom Blauen ins Rötliche übergehenden Farben am Horizont noch viel intensiver. Ich liebe diese magischen Momente und sie sind Teil meiner allmorgendlichen Meditation.

Als langsam der obere Rand der Sonne auftaucht, beschließe ich, es sei Zeit meine Mitbewohner zu wecken. Mit der Gesicht-Abschleck-Methode sind sie bald wach und ich bekomme zuerst mein Feuchtfutter und frisches Wasser aus unserem Gravitations-Filter.

Dann will ich raus und die Gunst der frühen Stunde nutzen, um mir eine Maus zu angeln.

Herrchen öffnet mir die Türe und in einem großen Sprung fetze ich davon. Mein äußerst genialer Plan ist, zwischen zwei Büschen hinter einem Sagebrush-Strauch darauf zu warten, dass einer der Leckerbissen an mir vorbeischlendert und ich nur noch zupacken muss.

Mich immer wieder umsehend, platziere ich mich hinter der Pflanze. Geduldig harre ich aus, Minute um Minute vergeht. Ab und zu höre ich es in dem Busch neben mir rascheln, aber kein Nager lässt sich blicken. Ich bleibe in meiner lauernden Position und versinke in absoluter Bewegungslosigkeit.

Eine lange Zeit vergeht, dann vernehme ich hinter mir Geräusche. Definitiv nicht von einer Maus stammend, drehe ich mich rasch um. Nicht weit von mir steht ein großes vierbeiniges Wesen und wedelt mit den Ohren.

Ich erschrecke zutiefst und renne so schnell ich kann zurück zum Wohnanhänger. Die Stufen hochspringend, stelle ich fest, dass die Mückenschutz-Tür geschlossen ist.

Ich miaue aus vollem Hals, hoffentlich hört mich jemand!

Dann kommt Herrchen schon heraus und sieht mich lachend an. Ich schreie ihm entgegen, er soll mir endlich die Tür öffnen!

Mit aller Ruhe lässt er mich herein. Er meint, ob ich, die berüchtigte Mäusejägerin, etwa vor dem Rehlein dort draußen erschrocken bin und lacht – ich höre ganz klar einen hämischen Unterton dabei heraus! Anscheinend hat er mich die ganze Zeit aus dem Fenster beobachtet und keinerlei Anstalten gemacht, mich vor dem hochbeinigen Ungetüm zu warnen.

Der Schreck steckt mir noch in den Knochen und wackelig begebe ich mich auf das Bett.

Wie konnte sich das riesige Reh nur so unbemerkt an mich heranschleichen? Es muss an dem Gegenwind gelegen sein, der es mich nicht hat bemerken lassen. Ich beschließe, beim nächsten Mal besser aufzupassen. Jetzt muss ich mich bei einer Pause von dem Schock erholen und döse bald darauf ein.

Als ich aus meinen Traumreisen zurückkehre ist es früher Nachmittag. Seltsam, dass es bereits so dunkel ist, denke ich mir.

In der Ferne höre ich ein grollen. Ich gehe zur Eingangstür und sehe, dass diese und auch die Moskitoschutz-Tür geöffnet sind. Meine beiden Mitbewohner stehen draußen, ich schlendere zu ihnen hinüber.

Voller Freude begrüßen sie mich und ich werde gestreichelt. Dann meinen sie, dass ein Gewitter aufzieht und man es bereits unter uns im Tal sehen kann.

Ich blicke hinab und erkenne tiefdunkle Wolken. Ab und zu blitzt es in ihnen. Erneut fällt mir auf, wie weit das Land doch sein muss, dass man ein vor sich hin wütendes Unwetter beobachten kann, ohne davon betroffen zu sein. Dichte Regenschleier reichen aus den Wolken bis hinab zum Boden.

Dann merke ich, dass rechts von uns in den Bergen ein weiteres Gewitter aufzieht und mindestens genauso spektakulär von unserem Standort betrachtet aussieht. Mittlerweile ist es auch ein ganzes Stück windiger geworden.

Ich hoffe, dass beide Unwetter an uns vorbeiziehen. Unser Stellplatz ist diesmal ziemlich exponiert an einem Hang.

Schließlich gehen wir wieder hinein in den Wohnanhänger, der Wind wird immer stärker und die Außentemperatur kühlt ab. Herrchen befestigt noch die Solar-Panels, dass sie nicht umfallen, dann kommt er ebenfalls herein und schließt die Tür.

Ich gehe zu meinem Platz am großen Fenster im Slide-Out und schaue hinaus. Ab und an merke ich, dass sich unser Zuhause bewegt, wenn der Wind etwas heftiger wird.

Als ich meinen Blick schweifen lasse, falle ich vor Schreck fast von der Sitzbank. Eine gigantische grau-weiße Wand bewegt sich in raschem Tempo auf uns zu. Herrchen scheint es auch zu bemerken und stürmt mit der Kamera heran.

Plötzlich, ohne jegliche Vorwarnung, höre ich ein gewaltiges Tosen. Der Wohnanhänger wird hin und her geschmissen, als wenn er jeden Moment umfallen würde. Ich bekomme Angst und springe zu Frauchen auf das Bett. Selbst meine Mitbewohner sind in dem Moment besorgt und schauen mit ernsten Mienen hinaus.

Dann kommt Hagel dazu. Körner, so groß wie Walnüsse, fallen vom Himmel und schmettern auf den Wohnanhänger herab. Herrchen sagt zu uns, hoffentlich werden die Dachfenster des Hängers und die Scheiben des Trucks nicht durchschlagen. Ich verstehe ihn kaum wegen des Lärms.

Der Anhänger wird weiterhin von heftigen Windböen getroffen. Zum Glück bläst er von hinten und nicht gegen die breiten Seitenflächen, sonst würde unser Zuhause wohl schon umgekippt sein. Zu alldem kommt, dass das Gewitter direkt über uns ist.

Im selben Moment als es blitzt, ertönt der laute Schlag des in unmittelbarer Nähe entstehenden Donners. Kein gutes Gefühl, wenn man weiß, dass es keinen höheren Punkt als den Wohnanhänger in näherem Umkreis gibt. Herrchen versucht immer wieder, das Unwetter zu filmen, aber mehr als eine weiße Gischt ist nicht zu sehen.

Nach bangen Minuten des Wartens ist der schlimmste Teil des Sturms überwunden und es regnet nur noch heftig. Die Landschaft sieht aus, als wenn ein Schneesturm hindurch gezogen wäre mit all den herumliegenden Hagelkörnern.

Schließlich lässt auch der Regen nach und Herrchen stürmt hinaus, um nachzusehen, ob etwas kaputt gegangen ist. Ich bin mindestens genauso gespannt und renne ihm hinterher.

Als ich auf der Stufe ankomme, wundere ich mich, wo denn unsere Stühle und der Tisch abgeblieben sind. Dann sehe ich einen der Stühle in etwa hundert Metern Entfernung an einem Busch hängen. Der Tisch liegt kurz davor. Vom zweiten Stuhl ist weit und breit keine Spur.

Ich treffe Herrchen bei den Solar-Panels, sie sind unversehrt, wenn auch unter Hagel und Schlamm begraben.

Der ganze Boden ist durchweicht und Herrchen bleibt immer wieder darin stecken. Mit einem Schmatz-Geräusch zieht er dann seinen Schuh heraus und macht den nächsten Schritt. Als ich ihn so durch den Schlamm staksen sehe, denke ich mir, wie viel eleganter ich doch dahinschreite – ach was, ich schwebe über die klitschnasse Erde. Katze eben.

Schließlich sind wir beim Truck, bis auf ein paar wenige zusätzliche Dellen auf der Motorhaube scheint alles gut gegangen zu sein – und ganz sicher ist sich Herrchen nicht, ob diese vielleicht schon vorher dort waren.

Viele Meilen entfernt sehen wir immer noch das Unwetter dahinziehen. Dazwischen spitzt bereits etwas die Sonne hervor. Die Piste, auf welcher wir hergekommen sind, steht zu großen Teilen unter Wasser und ist unbefahrbar. Darin spiegeln sich die dahinterliegenden Berge zusammen mit ein paar Sonnenstrahlen.

So schlimm wie die letzte Stunde auch war, der jetzige Moment lässt mich alle ausgestandenen Ängste vergessen und ich genieße den wunderschönen Anblick der verzauberten Szenerie. Dabei atme ich tief die noch feuchte, kühle und reine Bergluft ein.

Schließlich höre ich meinen Untertan begeistert rufen, er habe jetzt auch den zweiten Stuhl gefunden. Dieser sei etwas weiter entfernt den Abhang hinunter gelegen. Nachdem Herrchen zurückgekommen ist meint er zu mir, jetzt bleibt nur noch übrig, das Dach zu kontrollieren, sobald es abgetrocknet ist.

Anschließend gehen wir wieder hinein und sind froh, dass alles gut ausgegangen ist. Nicht auszudenken, was wir gemacht hätten, wenn es uns den Anhänger umgeschmissen hätte.

Der nächste Morgen beginnt kühl, aber der Boden ist bereits wesentlich trockener und nur noch leicht feucht. Auch die Piste sieht wieder befahrbar aus, wenn auch noch hier und da große tiefe Pfützen darauf sind.

Ich beschließe, den Tag mit einem Spaziergang zu starten und gehe in Richtung einer der Sträucher. Kaum bin ich dahinter angekommen, nehme ich einen wundersamen Duft wahr.

Gemischt mit dem typischen Geruch von Sagebrush, kann ich die würzige Note nichts mir Bekanntem zuordnen. Ich lasse mich von meinem Schnäuzelchen zu der Quelle des wohlriechenden Etwas führen. Langsam verblasst der Sagebrush-Geruch und ich erkenne, wonach es riecht: Herrlichem, frisch durchnässtem Kuhdung!

Ich fühle mich wie im Paradies und stürme darauf zu, immer meiner Nase nach. Dann finde ich einen durch den Regen ausgeschwemmten Kuhfladen und beschließe, mich mit dieser wohlriechenden Substanz von Kopf bis Fuß zu parfümieren.

Kaum bin ich hineingesprungen, wälze ich mich hin und her. Frauchen und Herrchen werden begeistert sein, eine so toll duftende Katze als ihre Gebieterin zu haben. Ich kann gar nicht genug bekommen und rolle mich weiter darin von links nach rechts und zurück. Dann beschließe ich, dass es an der Zeit ist zurückzugehen und meine beiden Untertanen mit meinem Geschenk an sie zu überraschen.

Frauchen begrüßt mich, hebt mich hoch und ist wie aus dem Häuschen. Aber was macht sie da?

Sie verzieht das Gesicht, rümpft die Nase, setzt mich angewidert wieder ab und meint, ich stinke ganz fürchterlich. Ich wundere mich, was sie meint. Erneut versuche ich, mich an ihren Beinen zu reiben.

Hat sie denn mein tolles Parfüm nicht bemerkt?

Dann höre ich sie nach Herrchen schreien und meint, ich wäre wohl aus Versehen in einen Kuhfladen gefallen und müsse dringend gewaschen werden. Ich versuche, den Irrtum aufzuklären und dass es keineswegs ein Versehen war, dass ich so rieche. Aber anscheinend mache ich damit alles nur noch schlimmer und ernte böse Blicke.

Kurz darauf werde ich mehrmals mit einem nassen Handtuch von Kopf bis Hinterpfote gewaschen und abgerubbelt. Schade um mein paradiesisch duftendes Parfüm, aber es macht mir Spaß, von Frauchen mit dem Handtuch verwöhnt zu werden und ich schnurre genüsslich vor mich hin. Zum Glück bekommt sie den Geruch nicht ganz aus meinem Fell und ich beschließe, ihn später wieder neu aufzutragen.

Leider werde ich von diesem Moment an ständig von Frauchen auf Schritt und Tritt überwacht und sobald ich mich einem Kuhfladen nur nähere, sofort von ihm weggetragen. Ich beschließe, die Sache auf sich beruhen zu lassen und schlendere noch etwas auf der anderen Seite des Wohnanhängers durch die Gegend.

Tags darauf packen meine Mitbewohner überraschend alles zusammen und eröffnen mir, dass wir heute weiterfahren.

Ich schaue sie irritiert an. Es ist doch so schön und wir sind erst seit ein paar Tagen hier!

Ich bekomme als Antwort, dass für die nächsten Tage erneut Unwetter gemeldet sind und wir die Chance nutzen müssen, solange die Piste noch befahrbar ist. Außerdem müssen sie in einem Tierzubehörladen dringend Shampoo kaufen.

Ich sehe sie verdutzt an. Warum kaufen sie ihr Shampoo jetzt im Tierladen? Noch während ich darüber nachgrüble, sind wir bereit für die Abfahrt und nach erneut langem Hin und Her Rangieren ist unser Gespann zurück auf der immer noch leicht matschigen Piste.

Mit gelegentlich durchdrehenden Hinterrädern des Trucks – Herrchen meinte beim Losfahren ganz schlau, wir schaffen das locker ohne eingeschaltetes Allrad – fahren wir zurück auf die Asphaltstraße und die Berge hinunter, bis wir wieder beim Highway ankommen.

Nach weniger als einer Stunde sind wir in der nächsten Stadt und zurück in meinem geliebten Utah. Zu meiner Überraschung fahren wir in einen RV Park hinein. Ich finde es sehr seltsam und bin davon überzeugt, dass hier irgendwas vor sich geht, wovon ich keinen Wind bekommen soll.

Zügig wird der Anhänger abgekoppelt und Frauchen und Herrchen fahren ohne mich zurück in die Stadt. Sie sagen zu mir, sie müssen nur kurz besagtes Shampoo besorgen und ein paar andere Sachen.

Für mich stinkt das alles zum Himmel und ich fange an, wilde Theorien aufzustellen, von denen ich allerdings jede einzelne bald wieder verwerfe. Ich komme zu keinem Entschluss und so bleibt mir nichts anderes übrig, als abzuwarten, bis die beiden zurück sind.

Dann sind sie wieder da. Herrchen hat anscheinend eine der Propangas-Flaschen auffüllen lassen und schraubt sie gerade wieder vorne auf dem Wohnanhänger fest. Frauchen kommt derweilen mit einer vollgepackten Tasche zurück.

Sollten sie tatsächlich nur gewöhnliche Einkäufe getätigt haben? Einer meiner Katzensinne sagt etwas anderes.

Dann ist auch Herrchen bei uns und fragt Frauchen, wo das Shampoo sei. Bei mir schrillen alle inneren Alarmglocken, ich kann jedoch nach wie vor den Grund nicht ausmachen.

Meine Untertanin fängt an, mich festzuhalten und Herrchen nimmt das Shampoo und trägt es auf ein feuchtes Handtuch auf. Anschließend beginnt er, mir mein Fell damit einzureiben.

Wie das stinkt! Ich fühle mich überlistet und will gerade beginnen, lautstark zu protestieren. Dann fällt mir wieder das wohlige Gefühl auf, wenn ich mit dem Handtuch abgerubbelt werde und fange vor Begeisterung an zu schnurren. Ich kann den beiden Naivlingen einfach nicht böse sein. Ich weiß ja, dass sie es nur gut mit mir meinen.

Nach und nach lässt auch der Shampoo-Geruch nach und wird erträglicher.

Als ich merke, dass Frauchen immer wieder entzückt an mir riecht, recke ich ihr voller Stolz mein noch leicht nach Kuhdung duftendes Hinterteil entgegen, worauf sie irritiert reagiert und einen Schritt zurücktritt.

So vergeht der – zum Glück einzige – Tag auf dem RV Park und mit vollen Frischwassertanks machen wir uns wieder auf den Weg nach Norden.

Am See in der flammenden Schlucht

Unsere Fahrt führt uns durch eine faszinierende Landschaft, in welcher viele Dinosaurier-Fossilien gefunden wurden. Die Straße windet sich durch die Berge und wir gewinnen langsam an Höhe. Die Erde ist mal rot, dann braun und auch immer wieder in hellem Beige, gespickt mit grünen Büschen und Sträuchern.

Nach einigen Meilen und vielen Höhenmetern verschwinden die Sträucher und dichter werdende Nadelbaumwälder treten an deren Stelle auf. Der Boden ist mit Gras bewachsen und ich genieße durch die Scheiben das satte Grün. Auch etwas Schnee ist zu sehen und einmal steigen wir aus und stapfen darin herum.

Dann geht es wieder leicht hinunter und nach einer Kurve erscheint ein herrlich smaragdgrüner Fluss vor uns, welcher von rotem Sandstein mit darauf wachsenden Nadelbäumen umsäumt ist. Der tiefblaue Himmel bietet einen wunderbaren Kontrast zu der atemberaubenden Landschaft. Wir halten bei einem Aussichtspunkt an und meine beiden Mitreisenden machen eifrig Fotos.

Als wir weiterfahren, überqueren wir eine Brücke, die über den Fluss führt. Anschließend windet sich die Straße an den Bergen entlang und es geht wieder etwas hinauf, die Gegend wird felsig und weitläufiger.

Irgendwann ist es dann soweit und wir biegen von dem Highway ab auf eine staubige Piste. Anfangs noch gut, wird sie immer holpriger je weiter wir hineinfahren. Ich frage mich, wo sie wohl hinführt, denn soweit ich sehen kann, ist hier nichts außer ausgetrocknetem Boden und ein paar niedrigen Sträuchern.

Etwas später fahren wir an Kühen vorbei. Manche von ihnen sind so frech, dass sie noch schnell vor uns über die Piste springen müssen. Sie kommen bis fast zu den Fenstern an den Truck heran und ich beobachte sie voller Neugier.

Welch faszinierende Tiere, kein Wunder, dass sie diese betörend duftenden Fladen ausscheiden. Ich sehe unsere Begegnung mit den Wiederkäuern als ein gutes Zeichen an und kann es kaum erwarten, dass wir endlich da sind. Doch nach wie vor ist nichts in Sicht, was nach einem unserer typischen Übernachtungsziele aussieht.

Schließlich jedoch öffnet sich die Landschaft und nicht allzu weit entfernt sehe ich einen wunderschönen See inmitten der roten Felsenklippen und Berge.

Ich werde zunehmend aufgeregter. Wir kommen immer näher und die Piste wird merklich schlechter. Schließlich scheint sie beinahe zu schmal und ist noch dazu beiderseits von dichten Sträuchern bewachsen.

Wir halten an, Herrchen klettert aus dem Truck und erkundet den Weg vor uns. Dann verschwindet er aus unserem Blickfeld und kommt erst nach zehn Minuten wieder zurück. Er meint vielsagend zu mir – und wie ich bemerke auch zu Frauchen - dass er einen tollen Platz gefunden hat und wir es mit etwas Geschick schaffen könnten, dort hinzukommen. Allerdings müssen wir erst um eine sehr enge Kurve, dann durch eine lange sandige Stelle und anschließend sollten wir hoffen, dass der Wasserstand des Sees nicht die nächsten Tage steigt, da dieser anscheinend durch einen weiter entfernten Staudamm reguliert wird.

Wir rollen los und ich bin gespannt, was Herrchen damit wohl meint. Langsam geht es an den hohen Sträuchern vorbei, ich höre immer wieder ein leichtes Quietschen und Kratzen. Dann kommen wir zur sandigen Stelle und Herrchen schaltet vorsichtshalber den Allrad-Antrieb ein. In großem Bogen fahren wir in den Sand hinein und versuchen mit Schwung, hindurchzukommen.

Alles geht gut und wir rollen über festen weißen Kies weiter, bis wir plötzlich direkt am Strand des Sees stehen.

Herrchen und Frauchen meinen, sie müssen nun überprüfen, wo der Boden fest genug ist, dass wir nicht einsinken. Ich sehe, dass der ganze Strand anscheinend noch vor wenigen Monaten komplett unter Wasser gestanden ist und verstehe nun, warum wir auf den Wasserstand achten sollten. Dann finden die beiden eine felsige und ebene Stelle und wir parken rückwärts ein.

Ich bin bereits startklar und warte darauf, dass mir endlich die Tür geöffnet wird. Schließlich ist es soweit und ich springe hinaus, wieder einmal vergessend, dass ich ja noch an der Leine hänge. Herrchen reagiert schnell und ich kann sanft auf den Boden springen.

Ich sehe mich um und kann immer noch nicht fassen, dass wir so einen tollen Platz gefunden haben.

Ganz für uns alleine haben wir den Strand.

Der Anhänger ist hinter ein paar lichten Büschen geparkt und der Eingangsbereich direkt auf das Wasser ausgerichtet, das nur wenige Meter vor uns sanft an den Kiesstrand schwappt. Obwohl ein See, herrscht dank des starken Windes heute reger Wellengang.

Ich bin wie hypnotisiert durch das Rauschen, reiße mich dann aber aus der Trance. Etwas weiter links sind große Felsen, die in den See hineinragen. Auf der gegenüberliegenden Seite des Gewässers sehe ich – wieder einmal – schneebedeckte Gipfel. Das andere Ufer ist durch wunderschöne rote Klippen begrenzt, welche ebenfalls in Berge übergehen. Überall sind Möwen und andere Wasservögel. Auch die anmutigen Pelikane sind da.

Und wieder denke ich mir, wie schön doch Utah ist. Egal wo wir in diesem Staat bisher waren, es war immer wieder atemberaubend. Ich freue mich riesig, hier sein zu dürfen und schaue voller Glückseligkeit hinüber zu meinen beiden Untertanen. Den beiden scheint es hier auch sehr zu gefallen und es wirkt, als wenn sie es selbst noch nicht fassen könnten, so ein herrliches Fleckchen auf diesem wunderschönen Planeten entdeckt zu haben.

Nach all der Euphorie merke ich, dass mir der Magen knurrt. Ich schlendere hinein in den Wohnanhänger und lasse mich fürstlich bewirten.

Abbildung 24: Unser Wildcamping-Platz für die nächsten Tage.

Dann will ich hinaus, den Strand erkunden. Meine beiden Untertanen sind auch voller Begeisterung und zu dritt legen wir los.

Ich gehe flott über den Kies und zu einer Böschung hinüber, etwa fünfzig Meter von unserem Stellplatz entfernt, welche mehr und mehr in Sand übergeht, bevor sie am Wasser endet. Es gibt hier so viel zu beschnuppern. All die mir unbekannten Sträucher, Gräser und Blumen.

Ich renne immer weiter, bis ich am Rand des Sees stehe und nicht mehr weiterkann.

Was würde ich jetzt für eines dieser Paddelboote geben, die wir früher schon gelegentlich gesehen haben!

Abbildung 25: Unterwegs zum Ufer des Sees in der Flaming Gorge, etwa 50m links von unserem Stellplatz.

Ich mache kehrt und spaziere wieder hinauf auf die Anhöhe. Nichts wie hinein ins Gebüsch, dort gibt es bestimmt einiges zu entdecken.

Zuerst kratze ich mir genüsslich die Krallen an einem der dickeren Stämme. Was für ein tolles Gefühl das ist!

Ich miaue frohlockend, dann sprinte ich weiter und hinein ins Unterholz. Frauchen ruft bereits nach mir, leicht verärgert frage ich mich, was sie denn nun schon wieder von mir wollen könnte. Bereits unterwegs zu einem interessanten Loch, beschließe ich, sie gekonnt zu ignorieren.

Was mag wohl darin sein? Ich fasse zuerst mit der Pfote hinein, wohl wissend, dass Herrchen das gar nicht gerne mag – aber wo kein Herrchen, da kein Kläger.

Nichts zu spüren, ich rieche dennoch, dass hier wohl vor nicht allzu langer Zeit ein leckerer Nager vorbeigekommen sein muss. Dann höre ich es hinter mir im Gebüsch knacken und ich werde hochgehoben. Mit besorgter Stimme trägt mich Frauchen wieder zurück zum Strand und meint, wir wissen doch noch gar nicht, was hier alles für Tiere unterwegs sind.

Ich gebe ihr recht und füge hinzu, dass das genau der Grund ist, warum ich die Gegend entdecken will.

Wenig Verständnis aufzeigend für meine Argumente, meint sie, ich solle vorsichtiger sein und bei ihr bleiben. Ich setze meinen treuesten Blick auf und beschließe, die nächste Möglichkeit zu nutzen, um wieder zurück zum Mäuseloch zu flitzen. Da ich aber nun schon am Strand bin, wälze ich mich genüsslich im Kies hin und her und entspanne beim sanften Rauschen der Wellen.

Ich bemerke, dass die Sonne immer tiefer sinkt und wohl bald hinter den Bergen auf der anderen Seite des Sees in der Flaming Gorge – mir wurde gesagt, so heißt die Talenge, in der dieser tolle See liegt - verschwinden wird.

Kurz darauf genießen wir am Strand einen Sonnenuntergang mit feurigroten Wolken, welche sich im See spiegeln. Die Luft ist noch warm und in den umliegenden Sträuchern beginnt ein berauschendes Zirp-Konzert. Ich sehe, dass bereits eine Fledermaus wild durch die Luft saust auf der Suche nach Insekten.

Dann wird es dunkel und wir gehen zurück in den Wohnanhänger. Heute war wirklich ein toller Tag!

Voller spannender neuer Eindrücke gehe ich schlafen, während draußen beruhigend die Wellen plätschern.

Abbildung 26: Ich genieße den Sonnenuntergang.

Am nächsten Tag beschließe ich, gelegentlich am Strand entlang zu spazieren und die restliche Zeit bei sanftem Wellenrauschen zu dösen. Ab und zu beobachte ich auch die Wasservögel, die vorbeischwimmen. Gerne würde ich mit meinem imaginären Paddelboot näher an sie herankommen, aber das bleibt trotz angestrengtem Konzentrieren nur ein Wunschtraum.

Einmal habe ich einen tieffliegenden Gänsegeier gesehen, welcher dann nicht weit entfernt hinter der nächsten Böschung gelandet ist. Da mir dieser große Vogel mit seinem nackten Hals und den unheimlichen Augen nicht geheuer ist, habe ich mich den verbleibenden Tag davor gehütet, in seine Richtung zu kommen.

Immer wieder kommen auch Frauchen und Herrchen zu mir und meinen, ich wäre heute besonders brav und sie finden es toll, dass sie nicht ständig hinter mir herrennen müssen, um mich von allerlei Schabernack abzuhalten.

Ohne dabei eine Miene zu verziehen, lache ich bei ihrer Naivität jedes Mal in mich hinein. Arme Menschlein, sie haben keine Ahnung von meinen gewieften Plänen.

Schließlich ist es soweit und die Sonne nähert sich immer mehr den Bergen im Westen. Meine Untertanen sitzen bereits in gespannter Erwartung des Sonnenuntergangs in ihren Camping-Stühlen und blicken über den See hinüber zu den Bergen.

Ich blinzele mit meinem Auge verrucht zu ihnen. Ab und zu zücken sie Kamera oder Smartphone und machen Fotos.

Perfekt, sie sind abgelenkt.

In geduckter Haltung schleiche ich mich davon, nicht ohne meine gedankliche Tarnkappe überzuwerfen. Jetzt können sie mich nicht mehr sehen.

Ich sprinte hinüber ins Gebüsch und auf direktem Wege zu dem gestern entdeckten Mäuseloch. Den letzten Meter schleiche ich mich professionell an.

Alles gut gegangen, bis jetzt hat mein Plan prima geklappt.

Mit geübten Bewegungen nehme ich meine Lauerstellung ein. Kurz darauf vernehme ich bereits ein Rascheln vor mir. Etwas bewegt sich, ich erkenne sofort, dass es eine Maus ist – und was für ein saftiger Leckerbissen!

Nur noch einen kurzen Moment, dann schnellt meine Pfote nach vorne und die Maus sitzt fest. Da ich eine sehr hoch entwickelte Katze bin, mache ich kurzen Prozess mit dem Nager – ganz anders als meine Stiefschwestern, welche immer zuerst damit gespielt haben. Dann eile ich geschäftig mit der Maus zurück zum Wohnanhänger, um sie darunter zu verzehren.

Welch ein Schmaus!

Ich bemerke, dass mich meine Mitbewohner suchen. Viel zu früh entdecken sie mich und Frauchen fängt an zu schreien, ich solle die Maus in Ruhe lassen.

Entgeistert blicke ich sie an, was das denn für einen Sinn machen würde.

Als Herrchen zu uns kommt, klärt er Frauchen über die offensichtliche Situation auf. Dann höre ich die beiden sagen, ich dürfe auf keinem Fall mehr ins Bett kommen. Und ich solle doch draußen übernachten – aber das geht ja nicht, denn sonst würde ich nur noch mehr Mäuse fangen.

Was für ein Zirkus, denke ich mir, und beschließe, einfach weiter meine Mahlzeit zu genießen.

Als ich kurz darauf in den Wohnanhänger hinein möchte, ernte ich finstere Blicke. Ich antworte mit meinem verschmustesten und unschuldigsten Gesichtsausdruck, was die Situation leider nicht besser macht.

Ohne jegliches schlechte Gewissen gehe ich in Richtung Bett und möchte darauf springen, um mich zu putzen. Noch bevor ich dort bin, werde ich hochgehoben und zurück zur Eingangstür getragen. Auf meinen fragenden Blick, was das nun wieder soll, bekomme ich keinerlei Antwort. Schließlich nehme ich die Sache einfach, wie sie ist, und lege mich in den vorderen Bereich des Anhängers, um meiner Fellpflege nachzugehen.

Die Stimmung ist den restlichen Abend über eisig und ich darf mir immer wieder anhören, welch schlimme Katze ich doch sei. Da ich meine Mitbewohner bestens kenne, bleibe ich nach wie vor gelassen. Morgen wird das alles vergessen sein und ich bin wieder die brave Vicky, welche den ganzen Tag geknuddelt wird, wenn sie nur möchte.

Erneut denke ich mir: Arme Menschlein.

Tags darauf bewahrheitet sich meine Prophezeiung und es kehrt der normale Alltag am Strand ein. Mittlerweile ist es bereits Nachmittag.

Ich liege im Schatten unter dem Wohnanhänger und philosophiere mit mir selbst vor mich hin.

Plötzlich höre ich ein seltsames Geräusch, das sich nach über den Kies laufenden Pfoten anhört. Eine Katze kann das nicht sein, die würde leise und bedacht auftreten. Ich analysiere weiter jede einzelne Nuance und erkenne Krallen, die hart auf den Stein auftreffen. Definitiv keine Katze. Eher ein – Hund!

Ich schaue auf und tatsächlich, dort drunten am Ufer rennt so ein komisches vierbeiniges Wesen umher. Es hat graue, kurze Haare und wirkt – wie Hunde nun einmal so sind – verwirrt und planlos. Die Zunge aus dem großen Maul heraushängend, kommt der Hund immer näher.

Ich verdrehe mein Auge. Wie mir diese Situationen zuwider sind. Mit Hunden kann man meistens nicht reden, sie sind zu naiv dafür. Anstatt dessen kommen sie einfach her, kläffen einen mit ohrenbetäubendem Lärm an oder möchten Jagen spielen. Oder noch schlimmer, schlecken mich sabbernd mit ihrer Zunge ab!

Ich beschließe, von vorneherein die Fronten zu klären, stolziere mit buschigem Schwanz unter dem Wohnanhänger hervor und setze mich vor die Eingangsstufen.

Schwanz wedelnd kommt das niedere Tier auf mich zu. Ich fauche es an und mache einen fürchterlichen Katzenbuckel. Dann trete ich einen Schritt nach vorne und zeige meine Krallen. Daraufhin höre ich nur noch ein lächerliches Quietschen und der Hund rennt davon. Eigentlich tut er mir ja leid, so arglos wie er vor mir stand.

Aber das ist nun mal das Gesetz der Natur – Katze steht über allem.

Bis auf einen seltsamen Moment, in dem ein Mensch mitsamt Hund nicht weit von uns entfernt im Wasser auf einem merkwürdig aussehenden Schwimmbrett vorbei paddeln, verlaufen die folgenden Tage ohne nennenswerte Zwischenfälle.

Ich versuche immer wieder, mir eine Maus zu fangen, werde allerdings von Frauchen und Herrchen davon abgehalten.

Die Zeit am See in der Flaming Gorge vergeht wie im Fluge und nach insgesamt einer Woche beschließen wir weiterzufahren.

So packen wir am Morgen alles zusammen und hängen den Wohnanhänger an den Truck. Die Sonne strahlt zum Abschied nur so vom wolkenlosen blauen Himmel und wir rollen langsam vom weißen Kiesstrand davon.

Ich werfe einen letzten Blick aus dem Fenster zu all den emsig umherlaufenden und -flatternden Wasservögeln, dann fahren wir in einem Bogen hinter die nächsten Sträucher und der See verschwindet aus meinem Blickfeld.

Schließlich liegt der kurze sandige Abschnitt vor uns und Herrchen schaltet den Allrad-Antrieb ein. So gut es geht, holen wir Schwung und fahren hinein. Es dauert nicht lange und – wir stecken fest.

Herrchen schaut leicht fassungslos und fragt sich, wie das passieren konnte. Er meint, beim Hereinfahren sei ihm gar nicht aufgefallen, dass die wenigen Meter sandige Strecke abschüssig waren und wir nun eine leichte Steigung vor uns hätten.

Wir setzen zurück – was zum Glück wunderbar klappt – und versuchen es erneut. Die Räder drehen für einen Moment durch und fangen kurz darauf an, sich einzugraben. Herrchen steigt aus und sieht sich die Situation genauer an. Beim Einsteigen sagt er, dass das eigentlich unmöglich sei, was ich besonders lustig finde.

Also ein nächster Versuch – gleiches Resultat. Ich freue mich bereits, dass wir wohl noch etwas länger hierbleiben und dränge darauf, aussteigen zu dürfen. Ich denke mir, solange meine beiden Mitfahrer beschäftigt sind, könnte ich prima auf Mäusejagd gehen und würde nicht belangt werden.

Aber ich darf nicht hinaus. Ich protestiere immer heftiger, werde jedoch zunehmend ignoriert.

Herrchen hat mittlerweile die Schaufel aus der Ladefläche des Trucks geholt und versucht, die Hinterräder freizulegen. Er meint auch, es sei seltsam, dass an den vorderen Rädern keinerlei Anzeichen von Traktion zu sehen sind.

Dann starten wir den nächsten Anlauf. Wieder kein Erfolg.

So geht es noch eine halbe Stunde weiter, in der wir uns nur um wenige Zentimeter nach vorne kämpfen. Mein Untertan hat nun auch Steine herangeschleppt und untergelegt, um einen soliden Untergrund zu bekommen. Langsam, aber stetig, kommen wir so dem Ende des Sandfeldes entgegen. Frauchen ist ebenfalls draußen und ich lasse es mir nicht nehmen, mit voller Kraft durch die offenen Seitenfenster meinen Unmut über die Situation hinauszuschreien.

Dann ist es soweit, der Truck ist auf festerem Untergrund und mit viel davonfliegendem Staub zieht er die vier Räder des Anhängers aus dem losen Sand.

Wir sind alle froh, dass die Sache überstanden ist und fahren die restlichen Meilen Piste zurück zum Highway. Herrchen stellt die verschiedensten Theorien auf, warum uns der Allrad-Antrieb hier nichts geholfen hat – über, dass der Anhänger zu sehr auf die hintere Achse gedrückt hat, bis hin zu technischen Problemen, bleibt nichts unerwähnt.

Mir ist es recht egal und ich wundere mich, wohin es wohl als nächstes geht.

Als wenn er Gedanken lesen könnte – oder habe ich es ihm telepathisch suggeriert? – sagt Herrchen, dass wir Utah verlassen und nach Wyoming unterwegs sind. Unser nächstes Ziel sei in den Bergen und er glaubt, dass wir etwas finden mit vielen Bäumen und eventuell sogar Felsen.

Mein Herz fängt an, vor lauter Vorfreude schneller zu schlagen. Ich mache es mir auf dem Mittelsitz bequem und verabschiede mich ein allerletztes Mal von der tollen Landschaft der Flaming Gorge, aus welcher wir soeben auf dem sich in die Höhe schlängelnden Highway hinausfahren.

In den Weiten Wyomings

Es dauert nicht lange, dann sind wir in Wyoming und haben somit das durch und durch atemberaubende Utah hinter uns gelassen. Die Landschaft wird bald weitläufiger und wir fahren stundenlang auf dem Interstate Highway durch offene, hügelige Prärie gen Osten. Der Blick reicht bis zum Horizont und die vereinzelten Wolken am klaren Himmel verleihen der ganzen Szenerie eine beeindruckende Tiefe. Immer wieder sehe ich Kühe und Pferde in der Ferne.

Nach einiger Zeit meint Herrchen, es sei zu weit bis in die Berge für einen einzelnen Fahrtag und wir würden eine Nacht nur wenige Meilen entfernt vom Highway an einem idyllischen Fluss übernachten. Ich finde, das hört sich gut an und freue mich bereits darauf, dort neue Sachen zu entdecken.

Nur eine Stunde später fahren wir bereits von der Autobahn ab und hinter einem Hügel wandelt sich die Landschaft von Prärie zu felsiger Umgebung in einem Canyon, welcher anscheinend durch den Fluss, an welchem unser Übernachtungsplatz liegt, geformt wurde.

Es dauert nicht lange und wir parken den Wohnanhänger rückwärts in einen Stellplatz ein. Da wir vorhaben, tags darauf weiterzufahren, bleibt der Hänger am Truck angehängt und nach wenigen Momenten darf ich hinausspringen und mir die Umgebung ansehen.

Wir sind umgeben von saftigem Gras. Einzelne Sagebrush stehen darin und der Fluss liegt nur wenige Meter entfernt hinter einer Böschung mit dichtem Bewuchs. Auf der anderen Seite des Flusses ragt eine steile Felswand empor.

Ich beschließe, zuerst in das Gras hineinzuspazieren und ein paar der saftigen Halme abzukauen. Das hatte ich schon lange nicht mehr, köstlich!

Dann tapse ich noch etwas umher, um anschließend zurück zum Wohnanhänger zu gehen und mir meine Portion Feuchtfutter abzuholen. Herrchen und Frauchen sind auch draußen, fangen allerdings vermehrt an, wild um sich zu schlagen. Ich sehe genauer hin und stelle fest, dass sie umgeben sind von stechenden Moskitos.

Welch ein Spaß, den beiden dabei zuzusehen. Amüsiert beobachte ich ihr sinnloses Unterfangen, die kleinen Blutsauger zu vertreiben. Dann flüchten sie hinein in unser Zuhause und meinen, ich solle auch rasch kommen. Da ich sowieso auf mein Futter warte, lasse ich mir das nicht zweimal sagen.

Beim Hinaufsteigen der Stufen versuche ich ihnen mitzuteilen, wie gut doch ein dickes Fell gegen Stechmücken hilft, mache mir jedoch keine Illusion, dass sie mich verstehen würden.

Dank der vielen Moskitos verbringen wir den Rest des Tages im Inneren und gehen bald schlafen.

Am nächsten Morgen ist es windig und die sind Mücken verschwunden. Nach einem leckeren Frühstück fahren wir wieder zurück auf den großen Interstate Highway und erneut in Richtung Osten. Der Wind bläst von Minute zu Minute stärker und lässt die Fahrt immer rauer werden.

Im nächsten Moment sehen meine Untertanen eine digitale Verkehrstafel und meinen, aufgrund sehr hoher Windgeschwindigkeiten seien die nächsten hundert Meilen für Wohnanhänger heute gesperrt.

Etwas ratlos biegen wir bei der nächsten Ausfahrt vom Highway ab und halten an einer Raststation, um zu überlegen, wie wir für heute weitermachen. Ein paar weitere Wohnmobile stehen bereits hier und der Wind peitscht den Staub zwischen den Fahrzeugen hin und her. Es pfeift und wackelt und für uns steht fest, auf diesem offenen Stellplatz werden wir nicht den restlichen Tag und die Nacht verbringen. Also beschließen wir kurzerhand, dass wir umkehren und zurück zu der Stelle am Fluss fahren.

Nach einer wackeligen halben Stunde Fahrt sind wir wieder dort, wo wir heute morgen losgefahren sind. Beim Abbiegen stellen wir fest, dass bereits zwei riesige Wohnmobile dort stehen, jedoch mehr als hundert Meter entfernt von unserem vorherigen Stellplatz. Wir parken den Anhänger wieder rückwärts ein, richten ihn diesmal so aus, dass er dem Wind die geringstmögliche Angriffsfläche bietet und ich darf wieder hinaus.

Es sind nach wie vor heute noch keine Moskitos zu sehen, aber bei dem starken Sturm verspüren weder meine Untertanen noch ich große Lust, um außerhalb unseres Zuhauses zu bleiben.

Schließlich meint Herrchen trotzdem, er will den restlichen Tag nutzen, um sich den Allrad-Antrieb des Trucks anzusehen und, falls notwendig, zu reparieren. Zusammengerollt auf meiner Kuscheldecke bemerke ich noch wie er hinausgeht und bin kurz darauf bereits eingeschlafen.

Es müssen mehrere Stunden vergangen sein, als ich wieder aufwache. Der Wind hat nachgelassen und Herrchen kommt gerade zur Tür herein.

Er sagt zu uns, er glaubt das Problem am Truck repariert zu haben. Außerdem sei er mit den anderen Campern ins Gespräch gekommen und wir sind heute Abend zum Lagerfeuer eingeladen. Ich freue mich bereits und schmiede Pläne, mir im Schutz der Dunkelheit ein paar Mäuse zu fangen. Dann wird mir klar: er spricht nur von Frauchen und sich.

Da ich als Katze sowieso über den Dingen stehe, beschließe ich, dass es gut so ist, mich nicht auf das Niveau der Menschen herabzulassen und mich stattdessen wesentlich sinnvoller mit mir selbst beim Philosophieren über die wahren Probleme dieser Welt zu beschäftigen.

Wenig später machen sich meine beiden Mitbewohner bereit, ziehen ihre wärmsten Jacken an und dann bin ich auch schon alleine im Wohnanhänger. Durch das Fenster beobachte ich, wie sie es sich mit unseren neuen Nachbarn am Lagerfeuer gemütlich machen und anscheinend interessante Gespräche führen. Ich versuche, auf die Entfernung hinweg etwas zu verstehen, aber die Sprache ist mir nach wie vor nicht verständlich und ich kann nur ihre Gesten und Gesichtsausdrücke deuten.

Die Minuten vergehen und werden zu Stunden und Herrchen und Frauchen sind immer noch nicht zurück. Mit zunehmendem Neid beobachte ich sie weiterhin gebannt. Wie gerne wäre ich jetzt auch dort draußen bei all den Mäusen!

Schließlich kommen sie zurück und ich höre, dass sie ganz erfreut sind über den tollen Abend. Bevor sie zur Tür hereinspazieren, springe ich schnell aufs Bett und nehme meine Meditationshaltung ein.

Kaum sind sie innen und haben das Licht eingeschaltet, stehe ich erhaben auf und stolziere mit erhobenem Schnäuzelchen auf sie zu, um ihnen den Befehl zu erteilen, mir jetzt sofort Feuchtfutter zu geben – welchem sie als gute Untertanen selbstverständlich umgehend nachkommen.

Noch vor Anbruch des neuen Tages genieße ich bereits eine herrliche Morgendämmerung, welche den Canyon und den Himmel in tollen Farben leuchten lässt.

Nach meinem morgendlichen Ritual beschließe ich, Frauchen und Herrchen zu wecken. Wer spät nach Hause kommt, kann schließlich auch früh aufstehen, denke ich mir.

Ich springe zu ihnen aufs Bett, gehe zuerst zu Frauchen und tätschle ihr Gesicht mit meiner Pfote, hauptsächlich Mund und Nase. Prustend dreht sie sich um und ich springe über ihren Kopf hinweg auf die andere Seite, um das Ganze zu wiederholen.

Kurz darauf ist sie wach und steht auf. Dadurch aus seinem Schlaf gerissen, räkelt sich auch Herrchen und steigt aus dem Bett. Ich führe die beiden zu meinem Futternapf und schon füllen sie ihn mir. Während ich ihn ausschlecke, bin ich wieder einmal begeistert, wie toll ich meine Mitbewohner unter

Kontrolle habe. Dann frühstücken Frauchen und Herrchen und wenig später sind wir bereit, um unsere Fahrt heute hoffentlich fortsetzen zu können.

Wir verlassen erneut den Stellplatz am Fluss und biegen bald darauf auf den Highway ab. Der Tag ist bisher wesentlich weniger windig und guter Dinge setzen wir unsere Reise fort.

Nach einiger Zeit erscheinen hohe Berge am Horizont und ich freue mich, dass wir unserem Ziel näher kommen. Der Highway führt uns höher und höher und schließlich ist es soweit und wir fahren auf eine kleine asphaltierte Nebenstraße ab, welche sich durch die Berglandschaft zieht.

Wir bewegen uns auf und ab, durch das Seitenfenster sehe ich Wald und Grasflächen und mehrere hohe Felsen. Nach einigen Meilen geht es auch von dieser Straße herunter und auf eine Piste, welche zuerst über Bergwiesen und anschließend in lichten Wald hineinführt. Häufig biegen wir auf eine schlechtere Strecke ab, fahren darauf ein paar hundert Meter, bis der Weg nur noch schwer befahrbar wird und schließlich steigt Herrchen aus und erkundet den restlichen Pisten-Abschnitt zu Fuß. Danach fahren wir zurück auf die Hauptpiste und das Spiel beginnt von vorne. Dann endlich sind wir fündig geworden. Der Anhänger ist schnell positioniert und vom Truck abgehängt und ich darf hinaus.

Mittlerweile habe ich ein Gespür dafür, wenn wir in größerer Höhe sind. Herrchen bestätigt, dass wir uns erneut auf über 2.400 Meter über Meeresspiegel befinden.

Als ich mich umsehe, bemerke ich, dass wir auf einer großen Wiese mit grandiosem Ausblick stehen. Vor uns fällt die Landschaft sanft ab und bis zum Horizont wechseln sich Wald und Wiese in einer Hügel-Szenerie ab. Links von uns sind in einigen hundert Metern Entfernung wunderschöne Granitfelsen zu sehen, die anscheinend von Moosen und Flechten überzogen sind – nur so kann ich mir die tollen Gelb- und Grüntöne erklären. Dahinter steht zum Großteil dichter Nadelwald. Ab und zu sind auch ein paar Laubbäume dazwischen eingebettet.

Auf der anderen Seite, direkt neben unserem Wohnanhänger, sind noch ein paar weitere Nadelbäume und kleinere Felsen zu sehen. Das gefällt mir. Ich fange bereits an, mein morgendliches Sportprogramm zu planen. So kann ich mich auch schnell an die luftige Höhe gewöhnen und muss nicht mehr den Bergmäusen hechelnd hinterherjagen.

Zuerst werde ich mir aber nach all der Fahrerei eine kleine Mahlzeit gönnen. Frauchen versteht mich prompt und füllt mir meinen Futternapf auf. Dann wird es höchste Zeit, mir die Bäume in meinem neuen großen Garten genauer anzusehen.

Ich sprinte hinaus und hinüber. Selbst hier wächst noch Sagebrush und gekonnt spaziere ich zwischen einzelnen Sträuchern hindurch. Plötzlich höre ich neben mir ein wohlbekanntes Fiepen.

Mäuse!

In geduckter Haltung schleiche ich mich näher heran. Vor mir rennt einer der saftigen Leckerbissen eifrig umher. Ich schiele nach rechts und sehe zwei oder drei Mäuselöcher aus dem Augenwinkel. Die muss ich mir für später merken. Ich bewege mich noch ein paar Zentimeter auf den arglosen Nager zu, dann drücke ich mich ab und schon spüre ich ihn zwischen meinen kräftigen Pranken. Kurz zugebissen und dann nichts wie zurück unter den Wohnanhänger in mein sicheres Outdoor-Speisezimmer.

Nach einem kurzen, schnellen Trab bin ich dort und lasse mir die Wildspezialität richtig schmecken.

In dem Moment kommt Frauchen aus der Tür und sieht sich nach mir um. Ich höre sie meinen Namen rufen, hüte mich aber mit vollem Maul zu antworten. Dann taucht ihr Kopf vor mir auf, als sie sich unter den Anhänger bückt.

Und es kommt, was kommen musste: Sie fängt an zu schreien. Ich verdrehe mein Auge und kaue genüsslich weiter. Dann höre ich sie noch Dinge sagen, wie, dass man mich nicht einmal drei Minuten alleine lassen kann, ohne dass ich mir eine Maus hole.

Voller Stolz höre ich zu. So ein Kompliment nehme ich natürlich gerne an, insbesondere, da es sich hier schließlich um bestens durchtrainierte und hochathletische Wyoming-Bergmäuse handelt!

Zwischen meinen Bissen sehe ich, wie sie aufgeregt mit mir spricht und hin und her fuchtelt. Mich nicht aus der Ruhe bringen lassend, bin ich schließlich fertig und schlendere gesättigt unter dem Wohnanhänger hervor.

Jetzt möchte ich gerne hinein und mich der Fellpflege widmen. Doch Frauchen macht die Tür nicht auf! Sie steht neben mir an der Treppe und meint, ich solle die nächste Zeit außen bleiben falls ich mich übergeben müsse.

Verdutzt sehe ich sie an.

Dann lege ich mich vor der Treppe in das Gras und beschließe, kurz zu entspannen, bevor ich zurück zu den Mäuselöchern schlendere.

Leider behält mich Frauchen die ganze Zeit im Auge, und als ich erneut in Richtung Mäuse-Stadt schleiche, geht sie mir hinterher und trägt mich sofort zum Anhänger zurück. Schade, gerade jetzt, da ich eine so ausgiebige Futterquelle gefunden habe.

Abbildung 27: Ich sprinte die Stufen hinunter, bereit für neue Abenteuer!

Irgendwann erinnere ich mich daran, dass ich eigentlich die Bäume erkunden wollte und mache mich auf den Weg dorthin.

Kaum angekommen, schnuppere ich an einer Pinie. Toll, wie die riecht! Pinien-Duft ist etwas ganz Besonderes!

Ich stelle mich auf meine Hinterbeine und fange an, genüsslich an der starken Rinde meine Krallen zu reiben. Ist das ein schönes Gefühl! Ich schnurre vor mich hin. Nun ist es aber an der Zeit, hinaufzuspringen.

Gedacht, getan. Und schon sitze ich auf einem der unteren Äste und mache mich daran, höher zu klettern. Was für ein Spaß!

Dann robbe ich den Stamm hinunter und springe aus etwa einem Meter Höhe wieder auf den Boden. Mit einem Sprint bin ich beim nächsten Baum.

Meine Untertanen sind jetzt beide nicht weit von mir entfernt und sehen mir gebannt zu. Kein Wunder, solch Eleganz, Anmut und außergewöhnliche Kletterfähigkeiten können sie bei sich selbst schließlich lange suchen, ohne fündig zu werden. Wieder einmal bin ich froh, dass ich Menschen bei mir aufgenommen habe, um sie im Leben voran zu bringen. Wenngleich es auch ein steiniger Weg für sie ist.

Einige Zeit später bin ich nach all der Kletterei müde und ich bummle zurück zu meinem Zuhause. Es ist bereits früher Abend und die Sonne steht schon tief am Firmament. Mittlerweile darf ich auch wieder hinein in den Wohnanhänger und ich lege mich auf Herrchens Platz in der Essecke. Kurz darauf bin ich eingedöst.

Abbildung 28: Nach einem erfolgreichen Kletter- und Mäusejagdtag schlendere ich nach Hause.

Als ich wieder aufwache, ist es draußen dunkel. Da ich weiß, dass ich nicht mehr hinausdarf, versuche ich es erst gar nicht und kümmere mich stattdessen darum, mein Futter zu bekommen.

Meine Untertanen sind wie gewohnt sehr um mein leibliches Wohl bemüht und wenig später schlecke ich auch bereits meinen Fressnapf aus.

Dann beschließe ich, noch etwas mit Frauchen und Herrchen zu kuscheln und verbringe den restlichen Abend damit, mein schönes Fell noch hübscher zu machen, woraufhin ich mit meiner sorgfältigen Katzenwäsche beginne.

Ich habe früh am nächsten Morgen ausgeschlafen und springe auf meinen Platz beim großen Fenster in der Essecke, um in den anbrechenden Tag hinauszublicken.

Plötzlich nehme ich in einem der Nadelbäume eine Bewegung wahr. Ich sehe genauer hin. Und tatsächlich, ein kleines Eichhörnchen mit rotem Fell springt dort herum und schnüffelt in ein Vogelnest hinein. Was kann es nur suchen? Ich habe keinerlei Federvieh darin gesehen, seit wir hier sind und gehe davon aus, dass das Nest leer ist.

Einen Augenblick später ist das Eichhörnchen auch schon wieder weitergehopst und bewegt sich hektisch den Baum hinauf. Gebannt sehe ich ihm zu, wie es gekonnt und anmutig auf selbst wackeligen dünnen Ästchen mühelos sicheren Halt findet. Könnte ich mich so bewegen, würde ich - nun ja, es liegt auf der Pfote, mir wohl auch mal ab und zu ein Eichhörnchen als Mahlzeit gönnen. Wie diese flauschigen Tierchen wohl schmecken würden? Nach Nüssen und Kernen? Ist unter dem vielen Fell überhaupt noch etwas Genießbares dran?

Während ich weiter über die Geschmacksrichtung nachdenke, sehe ich, dass das rothaarige Wesen mit einem Zapfen im Maul voller Eile den Baum hinunterrennt und am Boden mit schnellen Sprüngen davon flitzt, um im Unterholz zu verschwinden.

Kurz darauf räkelt sich Herrchen im Bett und ich kümmere mich nicht weiter um das Eichhörnchen. Es wird Zeit, meine Untertanen zu wecken. Eifrig schreite ich zur Tat und fange an, ihnen über ihre Gesichter zu lecken. Die beiden stehen auch schon bald darauf auf und servieren mir mit einem noch müde klingenden „Guten Appetit" mein Frühstück. Meine raue, leicht angefeuchtete Katzenzunge wirkt einfach jedes Mal am besten – insbesondere am Morgen.

Anschließend will ich wieder hinaus. Diesmal eile ich zu den Felsen. Beim Davongehen beschließe ich, mir später auf dem Rückweg in der Mäuse-Stadt noch einen Zwischen-Snack mitzunehmen – ich muss nur darauf achten, dass Frauchen und Herrchen davon nicht Wind bekommen.

Abbildung 29: Unterwegs zu den Felsen auf der anderen Seite der Wiese. Der Weg ist weiter als gedacht.

Während ich über die Wiese gehe, merke ich erst, wie weit es eigentlich hinüber zu den Felstürmen ist. Bis auf ein paar wenige kleine Bäume und größere Steine habe ich keinerlei Möglichkeit, mich unterwegs zu verstecken und fühle mich in der offenen Landschaft nicht besonders wohl.

Nach einigen weiteren Metern wird mir die Sache zu heikel und ich bleibe unter einem der Bäume sitzen. Zu den Felsen hinüberspähend denke ich mir, wie toll es wohl wäre, darin herum zu klettern. Noch dazu, weil sie umsäumt sind von vielen schönen Bäumen. Aber es hilft alles nichts. Ich beschließe kehrt zu machen und renne schnell zurück in Richtung des Wohnanhängers.

Als ich bereits wieder etwas langsamer werde – die dünne Höhenluft bringt mich dazu zu hecheln - höre ich von irgendwoher plötzlich ein Geräusch. Ich erschrecke sehr und sprinte, noch schneller als zuvor, die restliche Strecke zurück zu den Stufen des Anhängers und springe hinein. Vorsichtig recke ich meinen Kopf hinaus und versuche zu erkennen, woher das Geräusch kam, kann jedoch nichts erspähen.

Etwas durcheinander und geschafft von der Anstrengung klettere ich unbeholfen auf das Bett und ruhe mich auf meiner Kuscheldecke aus. Dieses Abenteuer muss ich erst einmal verarbeiten.

Am Abend zeigt mir Herrchen ein Foto der Granitfelsen, zu welchen ich es heute nicht geschafft habe. Er war anscheinend nach meinem kurzen Ausflug alleine dort.

So eine Unverschämtheit! Nicht ohne sich über mein hasenfüßiges Benehmen lustig zu machen, erzählt er wie schön es dort doch ist und welch tolle Aussicht man hat. Hinter den von unserem Wohnanhänger aus sichtbaren Felstürmen sind noch viele weitere zu sehen, getrennt durch dicht bewaldete kleine Täler. Erstaunt höre ich ihm zu. Ich sehe allerdings auch ein, dass ich nicht alles entdecken kann und beschließe, mich die nächsten Tage daher einfach wieder der Mäusejagd und dem Klettern bei den nahegelegenen Bäumen zu widmen.

Abbildung 30: So sieht es bei den Granitfelsen aus. Ich hätte bestimmt viel Spaß gehabt.

So vergeht die Zeit bei unserem Stellplatz und ich habe mir mittlerweile Namen für jeden von mir erklommenen Baum ausgedacht.

Eines späten Nachmittags sammelt Herrchen ringsum trockene, lose liegende Äste vom Boden auf und häuft sie neben einem Steinkreis an. Gerade als ich anfange, mich zu fragen was er wohl damit vorhat, kommt Frauchen dazu und Herrchen zündet das gesammelte Holz an. Zusammen sitzen die beiden an ihrem Lagerfeuer und genießen den Abend.

Als sie bemerken, dass ich mich in Richtung der Mäuse-Stadt aufmache, kommt Frauchen zu mir und ich muss in den Anhänger hinein. Leicht enttäuscht über meine eigene Unachtsamkeit mache ich es mir auf dem Bett gemütlich.

Während ich mir mein Fell putze, überlege ich mir, was wohl der Anlass für das Lagerfeuer sein kann, allzu häufig ist das bisher noch nicht vorgekommen. Dann fällt mir ein, dass wir bereits über eine Woche hier campieren und vielleicht bald weiterfahren werden. Auf der einen Seite fände ich das sehr schade, fühle ich mich hier doch so wohl. Andrerseits gehen mir langsam die Namen für die Bäume aus und es gibt noch viele weitere, auf die ich klettern könnte.

Daher nehme ich es gelassen und bereite mich innerlich darauf vor, bald wieder neue Abenteuer zu erleben.

Büffel, Felsenköpfe und Badlands

Am nächsten Tag bewahrheitet sich meine Vermutung und wir packen alles zusammen. Als Frauchen mir meine Leine anlegt, sagt Herrchen, dass wir Wyoming vorerst verlassen und weiter nach Nordosten in Richtung South Dakota fahren werden. Unser Ziel wären die Black Hills und dass es mir dort gefallen könnte, wir es jedoch nicht an einem Tag dorthin schaffen und wahrscheinlich eine Zwischenübernachtung in Nebraska einlegen.

Interessiert höre ich ihm zu und versuche in Gedanken die soeben erwähnten Gegenden auf einer Landkarte einzuordnen. Als ich es fast visualisiert habe, werde ich aus meinen Überlegungen gerissen und in den Truck gehoben.

Während meine Leine an dem Haken festgemacht wird, versuche ich mich daran zu erinnern, an welcher Stelle ich mit meinen Gedanken unterbrochen wurde. Beinahe habe ich es, da bemerke ich das Eichhörnchen wieder in einem der Bäume, welches ich vor ein paar Tagen gesehen habe und werde erneut von meinen Landkarten-Visualisierungen abgelenkt.

Dann spüre ich, dass wir losfahren und langsam entfernen wir uns von dem Platz, an dem ich über eine Woche lang viel Spaß hatte. Schließlich rollen wir davon, ich blicke aus dem hinteren Seitenfenster und sage ein letztes Mal Lebewohl zu einem meiner vielen riesigen Gärten, die ich im Laufe der Reise bewohnte. Worüber habe ich vorhin nochmal nachgedacht?

Langsam bewegen wir uns über die Piste zurück zu der asphaltierten Straße und von dort für eine weitere viertel Stunde in Richtung der großen Autobahn. Kaum kommen wir dort an, fahren wir auf den Interstate Highway auf und verlassen nach und nach die bergige Landschaft.

Die Gegend wird im Verlauf der Fahrt immer flacher mit wenigen Hügeln, dafür jedoch auch grüner. Saftige Graslandschaften reichen bis zum Horizont, ab und zu sehe ich Kühe in der Ferne darauf weiden. Welch ein glückliches und freies Leben diese Tiere hier doch genießen, denke ich mir.

Mittlerweile haben wir auch die dünnluftigen Höhenlagen verlassen und ich merke, dass die Luftfeuchtigkeit ebenso steigt.

Stunde um Stunde vergeht und ich betrachte immer wieder gebannt das weite Land. Soviel grünes Gras habe ich noch nie gesehen. Tage, ach was, monatelang könnte ich darin umherspazieren und eine Mäusehochburg nach der anderen entdecken und übernehmen.

Abbildung 31: Ich blicke aus dem Fenster in die weiten Graslandschaften.

Während ich vor mich hin tagträume, werde ich schläfriger und rolle mich schließlich auf der Rücksitzbank zusammen. Das sonore Brummen des Trucks wirkt auf mich sehr entspannend und wenig später bin ich bereits eingeschlummert.

Starkes Ruckeln weckt mich aus meinem Schlaf. Noch leicht benommen, räkele ich mich zuerst und springe dann nach vorne auf den Mittelsitz zwischen Herrchen und Frauchen. Ein Blick aus dem Fenster zeigt mir, dass um uns herum noch immer überall grüne Graslandschaft ist. Am Horizont sehe ich lehmig-sandige Klippen aus Hügeln emporragen.

Vorsichtig fahren wir auf einer holprigen Piste entlang, die in diese Gegend hineinführt. Dahinter steigen dichte Wolken auf und ich bilde mir ein, bereits Regenschleier zu erkennen.

Meine Mitbewohner bemerken, dass ich wieder wach bin und Herrchen sagt, es wäre gut, wenn wir noch vor Beginn des Regens von der Piste herunter wären und bei unserem Übernachtungsplatz ankommen würden. Dennoch lassen die beiden es sich nicht nehmen, hin und wieder anzuhalten und Fotos zu machen. Menschen, mit ihren in starkem Widerspruch zur Aussage stehenden Handlungen sind sie mir immer wieder ein Rätsel.

Nach vielen holprigen Pistenmeilen biegen wir links ab, überqueren Bahngleise, die durch die endlos wirkende Landschaft führen, und fahren auf eine schmale Nebenpiste, welche erstaunlicherweise in sehr gutem Zustand ist.

Wenige Minuten später kommen wir in einer Gegend an, in der sich niedrige Tafelberge aus den saftigen Graslandschaften erheben. Eingebettet in dieses Tal ist ein kleiner Campingplatz mit wenigen, aber dafür relativ weit voneinander entfernten Stellplätzen. Es sind bereits ein paar weitere Reisende mit ihren Wohnmobilen hier. Schließlich finden wir den letzten für unser Gespann geeigneten Platz und parken den Wohnanhänger rückwärts ein.

Dann darf ich endlich hinaus. Beim Sprung aus dem Truck auf den Boden bemerke ich als erstes, dass ich auf frisch gemähtem Gras stehe. So ein herrliches Gefühl, und wie das duftet!

Kurz frage ich mich, warum hier mitten im Nirgendwo jemand den Rasen gemäht hat, dann fällt mir aber ein, dass es ja eine Art Campingplatz ist – wenngleich auch kein RV Park.

Als nächstes sehe ich mich um und stelle fest, dass die Szenerie wieder einmal wie gemalt aussieht. In der bereits tiefstehenden Sonne leuchten die Tafelberge in kräftigen Ockertönen aus dem sie umgebenden, saftig grünen und hochstehendem Gras heraus. Dazwischen fließt ein kleiner vor sich hinplätschernder Bach.

Die Luft ist durch und durch erfüllt von den verschiedensten Gerüchen und angenehm feucht, ganz anders als in den Bergen oder der Wüste. Der mittlerweile vom herannahenden Unwetter rabenschwarz gefärbte Himmel bietet einen faszinierenden Kontrast zu den intensiven Farben der Landschaft.

Eifrig beginne ich, in der direkten Umgebung unseres Wohnanhängers herum zu schnuppern. Mein Schnäuzelchen riecht alle möglichen spannenden Gerüche, die ich irgendwelchen mir unbekannten Pflanzen zuordne.

Nach ein paar Minuten muss ich allerdings in unser Zuhause, denn Herrchen und Frauchen möchten noch kurz eine kleine Wanderung unternehmen in die sogenannten Badlands – so wird diese spezielle Erosionslandschaft hier bezeichnet. Da sich das Unwetter rasch nähert, drängen sie mich hinein, schließen hinter mir ab und schon sind sie weg.

Nach nicht einmal dreißig Minuten kommen sie bereits wieder zurück. Das Grollen des Gewitters ist mittlerweile so nahe, dass die beiden eilig angerannt kamen. Kaum haben sie die Tür hinter sich geschlossen, beginnt es schon zu regnen und wir genießen das Spektakel aus dem gemütlichen Wohnanhänger heraus.

Zum Glück ist das Unwetter schnell vorübergezogen und Herrchen öffnet bald wieder die Eingangstür. Wir gehen zusammen hinaus und saugen die frische, vom Regen gereinigte und nun noch intensiver duftende Luft in uns auf. Ich finde es hier wunderschön und das Licht der untergehenden Sonne zaubert einen warmen rötlichen Schimmer über den Horizont, welcher sich langsam purpurn und blau färbt.

Es dauert noch eine ganze Weile, bis endlich die Nacht anbricht. Und solange sitzen wir noch vor dem Wohnanhänger im Gras und verbringen die Zeit damit, andächtig die uns umgebende Natur zu bewundern.

Kaum ist es dunkel, übermannt uns nach dem langen Fahrtag die Müdigkeit. Geschwind essen wir zu Abend und als ich meinen Napf geleert habe, springe ich auf meinen kleinen Katzenbaum, um mich für die Nacht zu betten.

Nur wenige Augenblicke später schlafe ich ein und erwische mich dabei, wie ich von den heute erlebten Graslandschaften träume und dass ich darin als Königin über unendlich viele Mäuseuntertanen herrsche.

Abbildung 32: Meine Aussicht aus dem Wohnanhänger in die Badlands, welche inmitten eines Meeres aus grünem Gras stehen. Ein herannahendes Unwetter verfinstert den Himmel.

Als der nächste Morgen dämmert, bin ich bereits wach und blicke aus dem Fenster. Interessiert sehe ich den vielen Vögeln zu, die wild umherfliegen und Insekten aus dem Gras und der Luft picken.

Wenig später ist auch Herrchen munter und wir gehen hinaus. Die Sonne ist mittlerweile aufgegangen und die Temperaturen steigen rasch an. Mir wird es außerhalb des Schattens bereits zu warm und ich flüchte zurück in den Wohnanhänger. Auch die Luftfeuchtigkeit fühlt sich zunehmend schwüler an.

Innen ist es zum Glück noch erträglicher. Ausnahmsweise beeilen wir uns mit unserem Frühstück und schaffen es rechtzeitig loszufahren, bevor sich auch der Anhänger aufgeheizt hat.

Wir fahren erneut viele Meilen auf einer Piste entlang, welche dank des ergiebigen Regens von gestern Abend immer wieder große Wasserpfützen aufweist. Meistens umfahren wir sie, doch manchmal gibt es keinen anderen Weg und dann spritzt das Wasser und der Matsch nur so, dass es mir eine helle Freude ist, dabei zuzusehen. Meine Untertanen sind weniger begeistert, als der Wohnanhänger nach und nach seine Außenfarbe bis fast unter das Dach verändert.

Schließlich erreichen wir wieder einen asphaltierten Untergrund und fahren auf einem schmalen Highway weiter nach Norden. Nur wenige Meilen später beginnt Frauchen hektisch ihr Smartphone zu suchen. Dann passieren wir ein großes farbiges Straßenschild, auf dem „Welcome to South Dakota" steht und mehrere seltsame Köpfe in Fels gemeißelt abgebildet sind. Frauchen schafft es nicht rechtzeitig, ein Foto zu machen und lange Mienen ziehend vergehen die nächsten Minuten, während ich belustigt Herrchens und Frauchens Gesichter studiere.

Dass die beiden sich aber auch immer so gehen lassen müssen, und das alles nur wegen einem Foto von irgendeinem Straßenschild, denke ich mir.

Wir setzen unsere Fahrt fort und nach einiger Zeit beobachte ich, wie die Gegend hügeliger und bewaldeter wird. Das saftige Gras ist nach wie vor überall präsent und vermehrt stehen hohe schwarze Felsen in der Landschaft.

Mir gefällt das alles äußerst gut und ich bereite mich schon darauf vor, endlich auszusteigen. Voller Anstrengung erteile ich Herrchen und Frauchen telepathisch den Befehl, dass wir hier anhalten und unser Lager aufschlagen. Doch aus irgendeinem Grund klappt es nicht und wir schlängeln uns auf kurvigen Straßen Meile um Meile weiter durch die Black Hills, wie die Gegend laut meinen Mitreisenden heißt. Erfolglos versuche ich es immer wieder und wundere mich, was ich dieses Mal verkehrt mache.

Schließlich fahren wir durch ein Städtchen und, kurz nachdem wir es verlassen haben, in einen RV Park hinein.

Ich rolle mit meinem Auge und denke mir, dass das doch nicht wahr sein darf. So viele Plätze habe ich gesehen, wo ich herumtollen hätte können – und meine unfähigen Untertanen bringen uns auf einen Campingplatz, wo ich bestimmt nur mit Leine hinausdarf. Ganz abgesehen davon, dass dort weit und breit keine Felsen zu sehen sind.

Ich jammere und beschwere mich lautstark, werde jedoch unverschämterweise ignoriert. Zumindest sind hier überall Bäume – jedoch ist das nur ein schwacher Trost, denn mit Leine kann ich nicht darauf hochklettern.

Die Registrierungs-Formalitäten beim RV Park sind rasch erledigt und Frauchen und Herrchen parken unser Zuhause rückwärts in dem ihnen zugewiesenen Stellplatz ein.

Als sie fertig sind, springe ich grummelig aus dem Truck und schreite beleidigt zu den Stufen des Wohnanhängers, um hineinzuspringen. Dann miaue ich ihnen gereizt entgegen, sie sollen mir umgehend mein Futter servieren, dem sie auch eiligst nachkommen. In Ruhe leere ich meinen Napf aus und beschließe, dass ich sie nun genug meinen fürchterlichen Zorn habe spüren lassen.

Vielleicht sollte ich manchmal einfach nachsichtiger mit den beiden sein, sie können ja schließlich nichts dafür, einer niederen Spezies anzugehören.

Aber wie will ich sie denn sonst erziehen?

Gelegentlich sind alle anderen Maßnahmen wirkungslos und nur ein rabiates Zurechtweisen bringt sie wieder auf den richtigen Weg zurück. Ich beschließe, bei der nächsten Gelegenheit die Technik der unauffälligen psychologischen Manipulation noch energischer an ihnen auszuprobieren, um unser harmonisches Zusammenleben nicht zu gefährden.

Um meine Gedanken fortzusetzen und zu konkretisieren, springe ich auf das Bett und versinke in meiner Meditationshaltung. Irgendwie muss ich dabei eingedöst sein, denn als ich wieder aufwache, ist es bereits früher Abend.

Frauchen und Herrchen gehen noch etwas mit mir hinaus, wie erwartet muss ich dazu an die Leine. Ich entdecke ein Streifenhörnchen, aber als ich ihm nachrennen will, hält mich Herrchen an der nervigen Leine zurück. Ich seufze und lege mich in das Gras.

Dann überlege ich mir, dass ich Herrchen etwas ärgern könnte und dirigiere ihn mal nach links, dann wieder nach rechts, und schließlich im Kreis herum. Leider findet er es nicht annähernd so lustig wie ich und wir gehen zurück in den Wohnanhänger.

Frauchen hat mittlerweile gekocht und auch mir wird erneut Feuchtfutter in den Fressnapf gefüllt. Bald sind wir alle drei gesättigt und während meine Mitbewohner ihren restlichen Abend mit unsinnigen Tätigkeiten verbringen, widme ich mich der Fellpflege.

Tags darauf erfahre ich recht spontan, dass meine Untertanen heute etwas unternehmen und mit dem Truck durch einen State Park fahren werden. Da ich keine Lust darauf habe, alleine viele Stunden im Wohnanhänger zu verbringen, entscheide ich mich ihnen anzuschließen.

Wenig später sind wir auch bereits unterwegs. Noch habe ich keine Ahnung, was es auf unserem Ausflug alles zu sehen geben wird. Ich stehe mit meinen Hinterbeinen auf der Rücksitzbank und blicke aus dem Fenster hinaus in die grüne bergige Landschaft.

Wir fahren eine kurvenreiche Straße entlang durch einen lichten Mischwald, welcher mit hochstehenden Gräsern durchzogen ist. Immer wieder liegen große Felsbrocken herum und vor mir erscheinen in Gedanken Bilder, welch tolle Abenteuer ich hier erleben könnte.

Nach einigen Meilen fahren wir aus den Bergen hinaus in eine großflächige Graslandschaft. Dann werden wir mit einem Ruck langsamer und ich wundere mich, was der Grund dafür sein könnte.

Leicht genervt, da ich fast von meiner Rücksitzbank heruntergefallen bin, stolpere ich nach vorne, um nachzusehen und mich zu beschweren. Zufällig sehe ich dabei durch die Windschutzscheibe und purzele vor Überraschung fast erneut vom Sitz.

Auf und neben der Straße stehen überall großköpfige Tiere mit Hörnern. Es sind keine Rinder, soviel ist mir klar. Das Haupt wirkt massiv und auch der restliche Körperbau ist sehr kompakt und muskulös.

Ich sehe noch genauer hin, kann aber nur erneut feststellen, dass ich solche Wesen noch nie gesehen habe. Es scheint, als wenn einige davon Kälber wären, die anderen Mütter, die auf sie aufpassen. Und, wie ich vermute, sind auch Bullen dabei.

Keines der Tiere macht Anstalten, sich von der Straße zu bewegen – warum auch, selbst in unserem großen Truck wirken sie durch ihre schiere Größe und Masse furchteinflößend. Dann löst Herrchen das Rätsel: Es handelt sich hier um Bisons, auch bekannt als amerikanische Büffel.

Ich bin fasziniert von dem Anblick. Solch eine Eleganz, gepaart mit purer Kraft.

Nach ein paar Minuten fängt die ganze Herde an, in schnellem Schritt davon zu eilen. Anders als man erwarten könnte, wirken die behaarten Kreaturen sehr anmutig in ihren Bewegungen.

Wir fahren weiter. Schon hinter der nächsten Kurve liegt und wälzt sich die nächste Bison-Herde in der Erde. Auch hier bleiben wir teils stehen, teils rollen wir im Schritt-Tempo vorbei. Meine Mitfahrer schießen eifrig Fotos und sind hin und weg von dem Anblick der Giganten. Kurz danach überqueren wir einen Fluss und selbst darin stehen überall die massigen Tiere und stillen ihren Durst.

Abbildung 33: Bisons ziehen mit ihrem Nachwuchs durch die Graslandschaften der Black Hills.

Nach dieser Begegnung der besonderen Art geht die Reise weiter durch eine herrlich saftig grüne Landschaft. Auf den kleinen, mit langen Grashalmen bedeckten Hügel, stehen vereinzelt Nadelbäume und gelegentlich ist ein kleiner See dazwischen eingebettet.

Schließlich wird die Straße wieder kurviger und führt erneut in eine bergige Gegend hinein. Die Wiesen verschwinden und an deren Stelle tritt Nadelwald, welcher sich auf den immer steiler werdenden Hängen in die Berge hineinzieht.

Die Fahrbahn verengt sich mehr und mehr und die Kurven werden zu Serpentinen. Herrchen muss teilweise stark das Lenkrad einschlagen, um nicht zu sehr auf die Gegenfahrbahn zu kommen. Dann erreichen wir einen Aussichtspunkt und halten an.

Noch bevor wir stehen bleiben, sehe ich, dass die Bergkämme mit zackigen Felsnadeln übersät sind. Ich genieße den Anblick und drifte erneut in meine Tagträume ab, in denen ich mich todesmutig in dem steilen Gelände umherklettern sehe. Leider darf ich hier nicht aussteigen und auch Frauchen und Herrchen machen nur ein paar Fotos. Kurz darauf setzen wir unsere Fahrt fort.

Die Straße führt schließlich in weiteren, noch engeren Kurven zu einem einbahnigen Tunnel, welcher in den massiven Fels geschlagen wurde. Dort müssen wir hindurch, es führt kein Weg außen herum.

Wir nähern uns vorsichtig, dann bleiben wir abrupt stehen. Uns kommt ein Auto entgegen. Nachdem wir es durchgelassen haben, unternehmen wir den nächsten Anlauf. Ganz vorsichtig versuchen wir, so gerade wie nur möglich mit dem breiten Truck in den Tunnel zu fahren. Im Schneckentempo bewegen wir uns vorwärts, nur wenige Zentimeter sind auf beiden Seiten zwischen den Außenspiegeln und der Felswand. Dann erreichen wir das andere Ende und fahren ins Freie.

Und wieder ist der Ausblick wunderschön. Die spitzen Granit-Felszacken sind in rundlichere Türme übergegangen, welche sich aus dem grünen Bergwald erheben.

Anschließend führt uns die Straße in sanften Kurven wieder nach unten, bis wir an einem herrlich gelegenen See vorbeikommen, welcher eingebettet ist in die Landschaft aus Granit-Felsen, hohem Gras und Nadelbäumen. Die vereinzelten, tiefhängenden Wolken verleihen dem Anblick eine gewisse Dramaturgie.

Einige Menschen paddeln in Kajaks auf dem Gewässer und scheinen dabei großen Spaß zu haben. Etwas neidisch blicke ich zu ihnen hinüber, so gerne hätte ich auch endlich mal ein Paddelboot. Aber immer, wenn ich versuche, Herrchen davon zu überzeugen, endet die Diskussion – meistens rein telepathisch, versteht sich – darin, dass wir einfach keinen Stauraum dafür hätten. Mein Einwand, auf dem Dach des Trucks wäre noch genug Platz, lässt er nicht gelten. Dabei haben wir schon mehrere Camper gesehen, die genauso reisen. Ich beherrsche mich und genieße weiter den Anblick des wunderschön gelegenen Sees.

Schließlich verlassen wir die Berglandschaft im State Park und sind bald darauf wieder zurück in dem RV Park. Nach der langen Fahrt und den vielen neuen Eindrücken bin ich völlig geschafft und springe auf das Bett, um mich in meiner Kuscheldecke zusammenzurollen.

Während ich einschlafe, lasse ich den tollen Ausflug noch einmal Revue passieren. Ich bin froh, dass ich mitgefahren bin und jetzt auch weiß, was Bisons sind. Ob ich diese beeindruckenden Tiere wohl noch öfters sehen werde?

Pünktlich zum Abendessen bin ich wieder munter und genieße mein herzhaftes Mahl. Die restliche Zeit bis zum Einbruch der Dunkelheit verbringen wir vor dem Wohnanhänger und ich gehe mit Herrchen an der Leine etwas spazieren. Leider denken alle Menschen und Hunde um uns herum – und wohl auch das Streifenhörnchen – dass ich ausgeführt werde, dabei ist es bei genauerem Hinsehen andersherum.

Abbildung 34: Bevor wir den State Park verlassen, kommen wir noch an diesem herrlichen See vorbei.

Der nächste Tag naht und ich frage mich, was wir wohl unternehmen werden. Enttäuscht erfahre ich von meinen Untertanen, dass ich heute hier im Wohnanhänger bleiben müsse, da sie erst zu Mount Rushmore fahren und anschließend noch etwas wandern gehen möchten. Nichts davon ist für mich geeignet, aber sie würden mir Bilder zeigen.

Wieder einmal verbringe ich den Tag in tiefer Meditation, bis Frauchen und Herrchen von ihrem Ausflug zurückkommen. Als sie die Tür öffnen, sehe ich ihnen bereits an, dass sie wohl nicht so viel Spaß hatten, wie erhofft. Wundert mich natürlich überhaupt nicht. Ich war schließlich nicht mit dabei. Dass sie immer noch nicht verstanden haben, dass ohne mich nichts geht.

Dann erzählen sie, dass Mount Rushmore zum Großteil abgesperrt gewesen wäre, wohl, um für den Feiertag des 4. Juli und dem Präsidentenbesuch alles vorzubereiten.

Ihre Wanderung war zwar recht schön, aber aufgrund der Situation mit der Virus-Pandemie war eine in dem Zusammenhang geplante Höhlenbesichtigung nicht möglich. Ich schmunzele in mich hinein und denke mir, dass ich mich ohne Probleme in die Höhle hätte hineinschleichen können, um ihnen danach die Fotos zu zeigen. Aber sie wollten mich ja nicht dabeihaben.

Ich lasse mir von meinen Untergebenen geschwind die Bilder des Mount Rushmore zeigen und bin empört, dass keine in den Berg gemeißelte Katze über den Männerköpfen thront. Dann wende ich mich von ihnen ab, stolziere zu meinem Fressnapf und stochere demonstrativ mit meiner Pfote darin herum. Frauchen erkennt sofort die Geste und im Nu serviert sie mir eine leckere Mahlzeit.

Für den Rest des Tages hängt jeder seinen Tätigkeiten nach und ich übe mich darin, meine Untertanen besser nach meinem Willen agieren zu lassen, ohne dass sie sich dessen bewusst werden.

Am Morgen darauf sind wir wieder in Aufbruchsstimmung. Nach dem Frühstück wird alles zusammengepackt, was mittlerweile zügig vonstatten geht. Einige Minuten später ist der Wohnanhänger auch schon an den Truck gekoppelt und wir fahren aus dem Campingplatz hinaus.

Ich kann meinen Mitbewohnern entlocken, dass wir zuerst neue Reifen auf den Anhänger bekommen und dann noch etwas nach Osten fahren, um einen weiteren Nationalpark zu besuchen. Mit den neuen Reifen kann ich nicht viel anfangen, aber Nationalparks gehören zu meinen Favoriten und so kann ich es kaum erwarten, dass wir dort ankommen.

Zuerst verbringen wir jedoch einige Zeit im Hof einer Werkstatt, bis die neuen Reifen montiert sind. Dann geht es flugs weiter nach Osten. Unterwegs stellen wir den Wohnanhänger auf einem kleinen Campingplatz ab, wohin wir später zum Übernachten zurückkommen wollen.

Nur mit dem Truck, ohne Anhänger, sind wir ein ganzes Stück flotter auf dem Highway unterwegs und halten kurz darauf beim Nationalpark-Eingang. Frauchen steigt wie gewohnt aus und fotografiert das Schild, auf dem „Badlands National Park“ steht. Da ich mittlerweile von unserem kurzen Abstecher in die Badlands in Nebraska weiß, welche Landschaft ich erwarten kann, bin ich Feuer und Flamme, dass wir endlich weiterfahren und zu den Aussichtspunkten kommen. Und wer weiß, vielleicht darf ich ja etwas herumspazieren?

Als ich zur Fahrerseite aus dem Fenster blicke, sehe ich kleine Präriehunde vergnügt in der Wiese herumtollen. Dann fahren wir in den Park hinein. Schon nach den ersten Minuten weiß ich, dass es mir hier gefällt. Im hohen Gras steht am Fahrbahnrand ein großes gehörntes Schaf, nicht weit entfernt der Nachwuchs.

Nach wenigen Meilen erreichen wir den ersten Aussichtspunkt. Es sind nur ein paar Menschen hier und wir parken ganz vorne am Rand, bevor die Erosionslandschaft abbricht und einen spektakulären Ausblick bietet.

War ich schon von den Badlands in Nebraska begeistert, so wirken sie im Nachhinein winzig, verglichen mit den riesigen Weiten und den dramatischen Klippen hier im Nationalpark. In den verschiedensten Ockerfarben und Rottönen fällt das zerklüftete Plateau ab. Das darauf wachsende, in intensivem Grün leuchtende hohe Gras bietet einen wunderbaren Kontrast zu den Erdfarben. Die Erosionslandschaft zieht sich bis zum Horizont. Welch ein Paradies, um hinabzusteigen und dort herumzuwandern.

In den Tälern der zerklüfteten Landschaft wachsen noch dazu einige kleinere Bäume, die nur darauf warten, von mir erklimmt zu werden. Leider darf ich hier nicht umherlaufen und wir machen uns auf den Weg zum nächsten Haltepunkt.

Die Straße führt von dem Plateau hinunter inmitten der Badlands hinein. Die Szenerie wirkt wieder einmal wie von einem anderen Planeten. Zu den Ockertönen kommt nun gelbliches Sandgestein hinzu, welches in faszinierenden Formen aus dem Boden zu wachsen scheint. Durch den oberen Bereich der zerklüfteten Hügel zieht sich rotes Gestein wie ein Band, welches mit weiß-beigem Lehm, einer Kappe ähnlich, bedeckt ist. Der blaue Himmel mit den vereinzelten Wolken lässt die Umgebung wie ein perfekt vollendetes Gemälde wirken.

Abbildung 35: Im Inneren der Badlands in South Dakota.

Schließlich schlängelt sich die Straße wieder hinauf auf die Hochebene und führt für einige Meilen durch ein Meer aus hohem saftigem Gras. Dann beginnt erneut die Erosionslandschaft und während wir langsam voran rollen, genießen wir den Ausblick in die zerklüfteten Lehm- und Sandberge hinein.

Die Sonne steht mittlerweile schon sehr tief und taucht die Umgebung in ein herrliches Licht. Wie verzaubert wirken die Täler zwischen den Klippen mit den nun besonders langen Schatten.

Immer wieder halten wir an und starren in die Landschaft, welche in ihrer Schönheit schwer in Worte zu fassen ist. Wie ich bemerke, möchten auch meine Mitreisenden nur ungern von hier weg.

Doch leider beginnt die Sonne bereits hinter dem Horizont zu verschwinden und so machen wir uns auf den Weg aus dem Nationalpark hinaus und zurück zu unserem Wohnanhänger. Während wir im Sonnenuntergang auf dem Highway zurückfahren, denke ich mir, wie schön doch South Dakota ist. All diese faszinierende Natur mit dem leuchtenden Grün habe ich hier im Norden so gar nicht erwartet.

Schließlich sind wir wieder zurück bei unserem mobilen Zuhause und lassen uns ein herzhaftes Abendessen schmecken. Wobei ich zum Glück mein duftendes Feuchtfutter bekomme und nicht dieses widerlich riechende Zeugs, dass sich meine Untertanen aufwendig zubereiten.

Abbildung 36: Blick vom Plateau auf die Erosionslandschaft des Badlands National Parks in South Dakota. Der Mond ist auch zu sehen.

Tags darauf setzen wir unsere Reise fort und sind zeitig mit unserem Gespann unterwegs nach Westen.

Zu meiner herben Enttäuschung erfahre ich, dass wir South Dakota bereits nach den wenigen Tagen, die wir in diesem wundervollen Staat waren, wieder verlassen und auf unserem Weg zurück nach Wyoming sind. Dann fällt mir jedoch ein, dass ich im Cowboy State – so nennt sich zu meiner Freude Wyoming mit Beinamen – ebenfalls viel Spaß hatte und freue mich bereits darauf, dort neue Abenteuer zu erleben.

Hilfe, irre Murmeltiere!

Stunde um Stunde vergeht, während wir auf dem großen Interstate Highway dahinfahren. Die Landschaft ist nach wie vor hügelig und grün und saftige Wiesen wechseln sich mit Wäldern ab. Am Nachmittag nähern wir uns unserem Ziel und biegen auf eine asphaltierte Nebenstraße ab, welche sich zu meiner Freude in die Berge hineinschlängelt.

Wir gewinnen rasch an Höhe und nachdem wir aus einem Wald herausfahren, stelle ich fest, dass wir oberhalb der uns umgebenden Landschaft sind. Kurz darauf werden wir langsamer, Herrchen steigt aus und spaziert auf die Wiese neben uns, um zu überprüfen, ob wir dort den Wohnanhänger parken können. Anscheinend entspricht der Platz seinen Vorstellungen und wenige Minuten später ist unser Zuhause abgestellt und vom Truck abgehängt.

Ich warte bereits auf meiner Rücksitzbank darauf, dass meine Untertanen die Seitentür öffnen und ich hinausspringen kann. Dann ist es soweit und ich hüpfe auf den grasbewachsenen Boden.

Da ich keine Eile verspüre zum Anhänger zu gehen, sehe ich mich zuerst um und tapse durch das Gras. Die Aussicht ist wieder einmal atemberaubend und ich kann in jede Richtung bis zum Horizont blicken. Unter uns liegt die Hügel- und Waldlandschaft, durch welche wir vorhin noch gefahren sind. Es sind hier und da einzelne Felsbrocken im hohen Gras zu sehen und neben unserem Zuhause stehen ein paar Bäume.

Ich wundere mich, wie Herrchen und Frauchen nur immer diese tollen Übernachtungsplätze mitten in der Wildnis finden, denke mir aber im nächsten Moment, dass es schließlich ihre Aufgabe ist, mich zufrieden zu stellen und ich mich nicht um alles kümmern kann.

Dann spüre ich, wie mein Magen leicht zu knurren beginnt und ich mache mich auf in Richtung der Eingangstür des Anhängers zu gehen, um meine Zwischenmahlzeit zu erwarten.

Auf dem Weg dorthin merke ich, dass ich verstärkt Luft holen muss und wir wohl auf entsprechender Höhe sind. Anscheinend habe ich einen leicht irritierten Gesichtsausdruck gemacht, denn Herrchen sagt wie aus dem Nichts, dass wir wieder einmal auf etwa 2.500 Meter über dem Meeresspiegel sind und wir so ziemlich am höchsten Punkt in der näheren Umgebung stehen – was den tollen Fernblick erklärt.

Als ich im Inneren unseres Wohnanhängers ankomme, wartet Frauchen bereits auf mich mit einem prall gefüllten Futternapf und ich lasse es mir königlich schmecken.

Nachdem mein kleiner Katzenmagen mir kundtut, dass er satt sei, beschließe ich, es ist an der Zeit meinen Mittagsschlaf nachzuholen und springe auf das Bett. Meine Kuscheldecke liegt schon bereit und ich rolle mich darauf zusammen. Ich genieße, wie gemütlich ich es doch habe und merke kurz darauf, dass ich bereits in einem seichten Traum auf Mäusejagd gehe – was mich sehr verwundert, da ich ja soeben erst gefressen habe. Widerstandslos beobachte ich das Traumgeschehen und genieße eine weitere, imaginäre Mahlzeit.

Nach einiger Zeit werde ich wieder munter und sehe durch das Fenster, dass es draußen bereits dunkel geworden ist. Wundert mich nicht, bei dem tollen Traum bin ich gerne etwas länger liegen geblieben.

Leider darf ich heute nicht mehr hinaus. Also beschließe ich, mich für den restlichen Abend der Fellpflege zu widmen, welche bald durch ein verspätetes Abendessen unterbrochen wird. Herrchen und Frauchen machen sich bereits fertig, um schlafen zu gehen und ich schließe mich ihnen wenig später an. Morgen ist schließlich auch noch ein Tag und ich bin gespannt, was es hier Tolles zu entdecken gibt.

Abbildung 37: Zurück in Wyoming haben wir erneut einen luftigen Platz gefunden mit grandioser Fernsicht.

Noch bevor der Tag zu dämmern beginnt, blicke ich bereits voller Vorfreude aus dem großen Fenster in der Essecke in die Ferne.

Mit meinem scharfen Katzenauge nehme ich seltsame Bewegungen in mehreren hundert Metern Distanz am Hang des Nachbarhügels wahr. Doch so sehr ich mich auch darauf konzentriere, ich kann nicht erkennen was das für Kreaturen sind, die dort immer wieder im Gras auftauchen und kurz darauf wie vom Erdboden verschluckt verschwinden. Sie tauchen jedes Mal plötzlich und unerwartet an unterschiedlichen Stellen auf.

Dann merke ich, dass meine Untertanen sich im Bett umdrehen und ich mache mich daran, sie aufzuwecken.

Geschäftig springe ich über ihre Köpfe hinweg, von links nach rechts und zurück. Als ich kurz davor bin, erneut über Herrchen hinweg zu hüpfen, spüre ich einen unangenehmen Luftzug an meinem zotteligen, haarigen und wohl proportionierten Hinterteil. Erstaunt drehe ich mich um und sehe voller Entrüstung, dass Frauchen mich anpustet. Dabei kichert sie und sagt, das wäre die einzige Möglichkeit, dass ich ihr meinen Hintern nicht ins Gesicht recken würde. Ich meine zu erkennen, dass sie spielen will und fange an, ihre Nase abzuschlecken. Jetzt fängt allerdings auch Herrchen an, mich von hinten anzupusten.

Das wird mir nun wirklich zu viel! Ich trolle mich davon. Aufgeweckt habe ich die beiden ja und somit erreicht, was ich wollte.

Herrchen steht auf und öffnet die Eingangstür des Wohnanhängers, um frische Luft hereinzulassen. Wenige Momente darauf bekomme ich auch schon mein Frühstück und genussvoll schlecke ich den Fressnapf aus.

Plötzlich höre ich neben mir die Trittleiter klappern. Aus dem Augenwinkel sehe ich, dass es nichts zu sehen gibt und denke mir, dass wohl ein Windstoß daran gerüttelt hat.

Einen Augenblick später klappert es erneut. Ich drehe mich zu Herrchen um und versuche ihm klar zu machen, dass er die Tür schließen soll, wenn der Wind weiterhin so weht. Aber er scheint nichts gemerkt zu haben.

Als es wieder klappert, gehe ich näher an die Tür heran und spähe hinaus. Dabei fällt mir fast das Auge heraus und ich blinzele verwirrt.

Kann das wahr sein? Ich muss wohl träumen. Ich drehe mich weg und kurz darauf wieder zur Tür hin.

Nein, das ist kein Traum. Vor mir steht auf der anderen Seite des Moskito-Netzes ein seltsames Tierchen mit hellbraunem rötlichem Fell und buschigem Schwanz. Es ist in etwa so groß wie ich, sieht aber ganz anders aus – eher grob und überhaupt nicht so erhaben und allwissend wie eine Katze. Aber auch irgendwie zum Knuddeln mit der kleinen hervorstehenden stupsigen Schnauze, den knuffigen Ohren und dem freundlichen Gesicht. Nur die unendlich langen Krallen an den Pfoten stören den goldigen Eindruck und erinnern mich eher an einen Schaufelbagger.

Während ich mir noch überlege, ob das wohl ein Spielgefährte oder eine Mahlzeit ist, kommt das seltsame Tier näher und steht nun auf der obersten Stufe der Treppe.

Ich fühle mich in meiner Privatsphäre bedrängt und fange an zu fauchen. Die Kreatur macht jedoch keinerlei Anstände zu gehen und blickt mir direkt in mein Auge.

So etwas ist mir noch nie passiert. Hat dieses Wesen denn überhaupt keine Angst und keinen Respekt vor mir? Ich fauche lauter, nach wie vor ohne Wirkung. Dann fängt es an, an der Mückenschutz-Tür zu kratzen.

Nun wird auch Herrchen darauf aufmerksam und steht neben mir. Als ich zu ihm hochsehe und bemerke, dass ihm die Kinnlade herunter fällt, rolle ich mal wieder mein Auge und denke mir, dass er keine große Hilfe ist – aber ich habe ja auch nichts anderes erwartet.

Erneut blicke ich zu dem Tier hinaus und in dem Moment dreht es sich um und rennt einfach so davon. Ich bin überrascht, wie flink es sich bewegen kann und sehe, dass es mit ein paar wenigen Sätzen auf den nächsten Baum gesprungen ist und von einem der Äste zu uns herüber starrt.

Herrchen öffnet die Tür und geht hinaus. Ich bleibe vorsichtshalber innen – diese Kreaturen sind mir nicht ganz geheuer und ich weiß nach wie vor noch nicht so recht, was ich von ihnen halten soll.

Kurz darauf höre ich ihn schimpfen, dass hier mehrere von den Tieren herumrennen und einer gerade unter den Truck und von dort in den Motorraum geklettert ist. Durch das Moskito-Netz sehe ich, wie er die Haube öffnet und meint, es sitzt hinter dem Motorblock und glotzt ihn an, macht aber keinerlei Anstalten, sich davon zu bewegen.

Er holt einen Holzstecken aus der Ladefläche des Trucks und versucht, die Kreatur damit zu verscheuchen. Anscheinend ist das Tier davon überhaupt nicht beeindruckt und klettert weiter eifrig im Motorraum umher. Herrchen macht sich mittlerweile Sorgen, dass eines der Tiere eventuell Kabel oder Schläuche durchbeißen könnte und lässt nichts unversucht, die merkwürdigen Wesen aus dem Truck zu verjagen.

So wie es aussieht, hat er schließlich Erfolg, denn er kommt sichtlich geschafft zurück und nimmt wieder an seinem Frühstücks-Teller Platz. Dann sagt er zu Frauchen, dass er nie gedacht hätte, dass Murmeltiere so penetrant und aggressiv sein könnten.

Ich höre gebannt zu und überlege mir, was ich alles über Murmeltiere weiß, komme aber zu dem Entschluss, dass mir selbst das Aussprechen des Namens der Tiere noch Probleme bereitet und ich mich vorerst besser nicht mit diesen Kreaturen anlege. Die langen wuchtigen Krallen haben Eindruck bei mir hinterlassen – und auch die unerwartet kraftvollen und flinken Bewegungen lassen mich vermuten, dass diese pelzigen Tiere vor einer einäugigen schwarzen Katze keine Angst haben, geschweige denn sich als Mahlzeit eignen.

Abbildung 38: Eines der Murmeltiere ist so dreist, dass es versucht zu uns in den Wohnanhänger zu kommen.

Den restlichen Morgen verbringen meine Untertanen damit, sich zu überlegen, wie sie die Murmeltiere von Truck und Wohnanhänger fernhalten können. Nach einiger Internet-Recherche beschließen sie, eine Tüte mit benutztem Streu aus meinem Katzenklo offen in den Motorraum zu legen.

Gesagt, getan, und wenig später positioniert Herrchen meine Hinterlassenschaften. Heute fühle ich mich besonders wichtig!

Zusätzlich tränkt Frauchen Papiertücher in einer nach Eukalyptus riechenden Flüssigkeit und mein Untertan legt diese, je mit einem Stein beschwert, auf die vier Reifen des Trucks. Ich bin wirklich gespannt, ob sich die Murmeltiere davon abhalten lassen.

Anschließend verbringen meine Mitbewohner etwas Zeit im Anhänger und ich sehe durch das Fenster hinaus. Zu meinem Erstaunen rennen die flinken pelzigen Biester schon wieder unter dem Truck herum und ich sehe, wie zwei davon über den Reifen hinaufklettern – eines direkt in den Motorraum, das andere unterhalb der Ladefläche.

Die Eukalyptus-Lösung hat wohl nichts gebracht. Und meine duftenden Fäkalien wirken auch alles andere als abschreckend auf die Murmeltiere.

Ich maunze laut, damit Herrchen etwas von dem Dilemma mitbekommt. Er eilt zu mir ans Fenster, grummelt vor sich hin, er wäre besorgt, dass die Bremsleitungen durchgebissen werden und kurz darauf sehe ich ihn wieder draußen, als er erneut mit dem Stock versucht, die Murmeltiere aus dem Truck zu bekommen.

Die knuddeligen Tiere rennen einfach von vorne nach hinten, dann auf die andere Seite und wieder zurück. Es sieht fast so aus, als wenn sie sich mit Herrchen ihren Spaß machen würden. Ich beobachte ihn belustigt, verliere allerdings bald das Interesse daran, nachdem er nur immer wieder im Kreis um unser Fahrzeug rennt, ab und an mit dem Stock in irgendwelche Zwischenräume stochert, nur um danach eine neue Runde zu drehen.

So vergeht unser erster Tag auf diesem wunderschönen Stellplatz mit der herrlichen Aussicht. Immerhin hatte Herrchen heute seinen Auslauf und wir gehen zeitig ins Bett.

Tags darauf beginnt der Spaß mit den Murmeltieren erneut, was mich an den Titel eines Films erinnert, der mir gerade nicht einfällt.

Meine Untertanen beschließen, dass wir heute etwas unternehmen. Herrchen schafft es nach einiger Zeit, das letzte Murmeltier aus dem Motorraum des Trucks zu verjagen und fährt kurz umher, um zu überprüfen, ob die Bremsen noch funktionieren – schließlich haben wir einige Meilen steil abfallender Bergstraße vor uns, bevor wir zurück auf dem nächsten Highway sind.

Dann fahren wir los. Unser Tagesausflugsziel ist der Devils Tower, ein freistehender und riesiger natürlicher Felsenturm, welcher eines der National Monuments im Staate Wyoming ist. Als wir auf dem Highway einige Meilen gefahren sind, können wir das markante Naturgebilde bereits in der Ferne sehen. Bis wir am Eingang des National Monuments ankommen, vergeht allerdings noch einige Zeit.

Kaum sind wir dort, reihen wir uns in die Schlange der Fahrzeuge vor der Kontrollstelle ein und warten darauf, dass wir weiterfahren können. Nur wenige Minuten später sind wir im National Monument und rollen langsam auf einer kurvigen Straße in Richtung des Devils Towers. Schließlich kommen wir dort an und ich blicke durch die Windschutzscheibe ehrfürchtig die steile Felswand hinauf.

Der fast vierhundert Meter hohe Turm sieht von der Nähe betrachtet aus, als wenn er aus vielen kleineren miteinander verwachsenen Säulen bestehen würde. Bei genauerem Hinsehen bemerke ich, dass Menschen dort droben an der Felswand hängen. Herrchen sieht sie auch und erklärt mir, dass die dort Seilklettern und uns beiden das wohl auch gefallen würde.

Entgeistert sehe ich ihn an – was meint er mit Seil?

Die seltsame Struktur des Devils Tower fasziniert mich und eingebettet in grünen Nadelwald wirkt das Gebilde mit der gelb-grünlichen Felswand, als wenn es einfach so aus dem Boden gewachsen wäre.

Meine Untertanen steigen aus und laufen noch etwas am Fuße des Massivs umher, bevor wir uns wieder auf den Weg zurück zu unserem Stellplatz in den Bergen machen. Etwas besorgt, dass die Murmeltiere am Wohnanhänger herumkauen könnten, drängt Herrchen zur Eile und so endet unser Tagesausflug bereits nach wenigen Stunden.

Abbildung 39: Der Devils Tower in Wyoming, ein fast 400 Meter hoher Felsenturm.

Als wir bei unserem Zuhause ankommen, flitzt tatsächlich bereits eines der putzigen Biester davon. Kaum sind wir ausgestiegen und ich im Anhänger, sieht sich Herrchen außen um und sucht nach etwaigen Schäden, kann zum Glück jedoch nichts feststellen.

Interessanterweise lassen die Murmeltiere den Truck für den Rest des Nachmittags in Ruhe und wir verbringen ein paar entspannte Stunden. Dann hören wir in der Ferne ein Grollen und bemerken, dass sich der Himmel verfinstert. Meine Untertanen meinen, das sieht nach einem kräftigen Sommergewitter aus.

Da wir mitten in den Bergen an einem der höchsten Punkte stehen, hoffe ich, dass es vorbeizieht. Doch die dunklen Wolken kommen immer näher und der Donner wird mit jeder Minute lauter. Schließlich sehen wir sogar, wie in der Ferne Blitze zum Boden zucken. Ich bin jedes Mal aufs Neue beeindruckt, wie spektakulär Unwetter in den Weiten des westlichen Nordamerikas aussehen.

Herrchen hat sich mittlerweile draußen positioniert und versucht, einen der Blitze zu Fotografieren. Ich spüre, dass das Gewitter direkt über uns hinwegziehen wird und suche mir derweilen einen sicheren Platz im Wohnanhänger.

Einige Minuten später ist es auch soweit. Es wird finster in unserem mobilen Zuhause und heftige Windböen treffen den Anhänger, so dass er hin und her wackelt. Zum Glück ist es dieses Mal nicht so schlimm, dass wir befürchten müssen umgeschmissen zu werden. Starker Regen hämmert gegen die Scheiben und auf das Dach. Nach etwa zwanzig Minuten ist das Unwetter weitergezogen.

Vorsichtig öffnen meine Untertanen die Tür und wieder strömt die herrliche, frisch gereinigte kühle Luft herein. Mit einem tiefen Atemzug fülle ich meine Katzenlungen und genieße das erquickende Gefühl. Es hat merklich abgekühlt und außerdem ist das Gras noch klitschnass.

Wir beschließen, den restlichen Abend im Wohnanhänger zu bleiben und machen es uns mit laufender Heizung gemütlich. Auch von den Murmeltieren sehen wir heute nichts mehr.

Abbildung 40: In etlichen Meilen Entfernung regnet und blitzt es bereits, während wir noch hoffen, dass das Unwetter an unserem Standort in den Bergen vorbeizieht.

Am nächsten Morgen ist der Wohnanhänger und auch die Umgebung bereits abgetrocknet. Und selbstverständlich sind unsere lieben Freunde, die Murmeltiere wieder zurück und machen die Gegend unsicher.

Frauchen und Herrchen beschließen, dass sie keine Lust mehr darauf haben, zu riskieren, dass Schläuche und Kabel im Truck angekaut werden und wir packen zusammen, um heute weiterzufahren. Wir wollen weiter nach Westen in einen der großen Nationalparks Wyomings. Da es für mich zu viel ist als Tagesreise, werden wir mindestens eine Zwischenübernachtung einlegen, verspricht mir Herrchen.

Wenige Minuten später ist der Wohnanhänger wieder an den Truck gekoppelt. Beim Abbauen hat mein Untertan festgestellt, dass die scharfzahnigen Murmeltiere das Entleerungs-Ventil unseres Frischwassertanks angekaut haben. Dazu mussten sie erst Teile des Unterbodenschutzes als auch Isoliermaterial entfernen, was mit ihren langen Krallen anscheinend kein Problem dargestellt hat. Leider tropft dort nun langsam, aber stetig Wasser heraus und wir planen spontan um, auf einen RV Park zu fahren, damit Herrchen den Schaden reparieren kann.

Insgeheim verfluche ich nun die großen niedlichen Nager, kann ihnen aber nicht lange böse sein – sie wollten ja nur spielen, das verstehe ich zu gut.

Als Herrchen zurück im Truck ist, fahren wir vorsichtig aus der Wiese hinaus. Durch die Seitenscheiben verabschiede ich mich von den Murmeltieren, welche uns in sicherem Abstand hinterherblicken. Ich wette, dass die knuddeligen Kreaturen schon lange nicht mehr soviel Spaß hatten wie mit uns und wünsche ihnen mit einem lauten Miau alles Gute.

Langsam fahren wir die kurvige, schmale Bergstraße hinunter ins Tal und sind wenig später zurück auf dem Highway.

Bergwelten

Um den von den Murmeltieren verursachten Schaden schnellstmöglich zu beheben und entsprechendes Reparatur-Material besorgen zu können, beschließen wir, eine größere Stadt auf dem Weg nach Westen aufzusuchen.

So quartieren wir uns kurzerhand auf einem Campingplatz am Rande von Casper, nach wie vor im Staate Wyoming, ein. Da es auch wieder dringend Zeit ist, Lebensmittel – und viel wichtiger, größere Mengen an Katzenfutter! – zu kaufen, bleiben wir einige Tage hier.

Die Stadt liegt am Fuße von hohen Bergen an einem Fluss, welcher sich wie ein grünes Band durch die Landschaft zieht. Meine Untertanen unternehmen einige Ausflüge in die Berge und zu einem Wasserfall. Ich muss leider zurück im Wohnanhänger bleiben und bekomme lediglich die Fotos von ihren Abenteuern zu sehen. Auch darf ich nur an der Leine hinaus und so sind die Tage für mich weniger ereignisreich.

Dann geht es endlich weiter und wir fahren durch weite Ebenen, welche mehr und mehr zu Hügeln und niedrigen Tafelbergen werden. Schließlich windet sich die Straße weiter in die Höhe und beiderseits von uns entdecke ich überraschend rötlich-graue Felsklippen. Wenige Meilen später öffnet sich links von uns die Landschaft und in der Entfernung sind hohe, schneebedeckte Berge zu sehen.

Kurz darauf biegen wir vom Highway auf eine breite, gut ausgebaute Piste ab, welche uns immer weiter in die Berge hineinführt. Anfangs besteht die Vegetation hauptsächlich aus niedrigen Sträuchern und Gräsern. Doch mit zunehmender Höhe wird die Gegend bewaldeter und als wir über eine Anhöhe hinwegfahren, taucht unter uns eine Reihe von schön gelegenen Seen auf. Umgeben von hohen Bergen, glitzert das kristallklare Wasser in der Sonne und wieder einmal sind wir zutiefst berührt von der Schönheit der Landschaft.

Wir sehen, dass bereits einige Camper an dem Platz stehen, welchen wir für eine Zwischenübernachtung geplant haben und beschließen, die sich nun verengende Piste noch ein Stück weiterzufahren.

Etwa eine Meile später finden wir einen weiteren schön gelegenen Stellplatz, in dem ein einzelner Wohnanhänger mit Truck parkt. Herrchen steigt aus und läuft zu dem anderen Camper hinüber.

Dort trifft er eine Frau an, welche im Schatten vor dem Anhänger sitzt. Ich höre nur, dass sie sich auf Englisch unterhalten und Herrchen anscheinend fragt, ob es der Frau etwas ausmacht, wenn wir uns in ausreichendem Abstand zu ihr stellen.

Anscheinend ist es überhaupt kein Problem und kurz darauf parken wir ein. Da wir nur für eine Nacht bleiben wollen, lassen wir den Truck am Hänger. Dann darf ich auch schon hinausspringen und trabe zur Eingangstür unseres Zuhauses.

Aus dem Augenwinkel sehe ich, dass wir einen herrlichen Blick auf einen der Seen haben. Das Wasser ist tiefblau und, umgeben von Nadelbäumen und Büschen, wirkt die ganze Landschaft sehr harmonisch.

Während ich die Stufen in den Wohnanhänger hinaufspaziere, höre ich ein leichtes Plätschern von der anderen Seite herkommend.

Ich springe auf meinen Aussichtsplatz in der Essecke und sehe, dass ein kleiner Fluss unterhalb des Hangs, auf dem wir stehen, vorbeifließt. Umgeben von dichtem, hohem Gras habe ich ihn zuerst gar nicht erblicken können. Eingebettet in die wunderschöne Berglandschaft wirkt das grüne Tal mit dem vielen Wasser unglaublich erfrischend auf mein Auge.

Herrchen geht wenig später noch etwas am Ufer entlang spazieren und ist begeistert von der uns umgebenden Natur, als er zurückkommt.

Abbildung 41: Blick am Fluss entlang in die Bergwelt.

Dann sehe ich, dass er anfängt, sich erneut mit der Nachbarin und einem dazugekommenen Mann zu unterhalten. Als er wieder bei uns ist, steigt Frauchen zu ihm aus und die beiden lassen mich im Anhänger zurück. Ich höre, wie sie zusammen mit den anderen beiden davon gehen und frage mich, was sie wohl vorhaben.

Erst nach einer Stunde sind sie wieder zurück. Ich stehe bereits vor dem Moskito-Schutz und blicke sie an, in der Erwartung, dass sie mir ausführlich erklären, wo sie waren und was sie erlebt haben – auch wenn es schwer vorstellbar klingt, dass sie ohne mich überhaupt so etwas wie Spaß haben können.

Meine Untertanen fangen an, wie Wasserfälle zu reden. Sie erzählen, dass die beiden so nette Rentner sind, die etwa hundert Meilen entfernt wohnen und oft mit ihrem Wohnanhänger zu Seen oder in die Berge fahren, um das Leben zu genießen.

Dann sagt Herrchen, sie hätten unglaubliche Petroglyphen gesehen. Das sind Felsritzungen, die von den Ureinwohnern erstellt wurden und bis heute überdauert haben. Und dass die Petroglyphen hier so ganz anders sind als alle, die sie bis jetzt gesehen haben. Teils wirken sie wie aus einer anderen Welt, so bizarr sind sie. Sie bilden Gestalten ab, welche nur schwer mit Worten zu beschreiben sind. So haben einige etwas auf dem Kopf, das aussieht wie ein gezackter Feuerschweif. Mal haben sie fünf Finger an einer Hand, dann nur wieder drei. Und viele Augen – meistens mehr als zwei.

Seltsame Symboliken verzieren ihre Körper und der Mund ist oftmals überproportional groß. Eine der Gestalten, welche etwas abgelegen zu finden ist, hat eine Krone auf dem Kopf, die aussieht, als wenn sie aus purer Energie zu bestehen scheint. Aus den fingerähnlichen Zehen ziehen sich Linien, die bis an den Rand der großen Felsen reichen – als wenn die Figur das ganze Universum mit Energie versorgen würde, oder umgekehrt.

Ein paar andere Petroglyphen bilden Schafe, Hirsche und Vögel ab. Weitere erinnern an Kraken oder ähnlich aussehende vielgliedrige Wesen. Ausnahmslos alle Felsritzungen sind in Richtung des Sees ausgerichtet.

Meine Mitbewohner sind hin und weg und ihre Begeisterung steckt mich an. Mit einem auffordernden Blick versuche ich sie dazu zu bringen, mit mir jetzt sofort zu den Felsen zu gehen.

Etwas irritiert sehen sie mich an, dann machen sie mir eine Dose Feuchtfutter auf und ich lasse es mir schmecken. Auch nicht schlecht, denke ich mir, wenngleich ich auch anderes beabsichtigt habe.

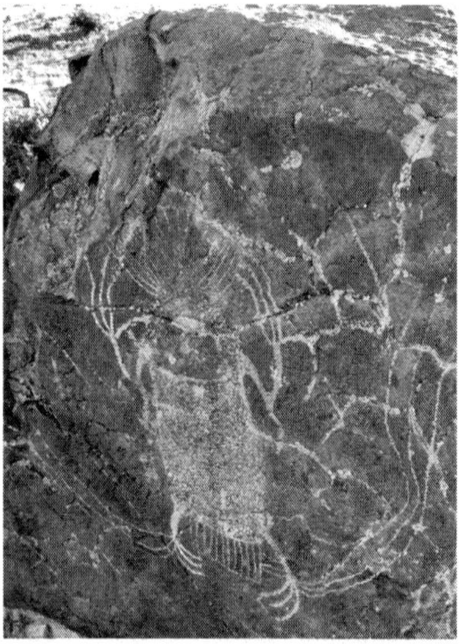

Abbildung 42: Eines der Petroglyphen, die unsere Nachbarn meinen Untertanen gezeigt haben.

Am nächsten Morgen verabschieden sich Frauchen und Herrchen von ihren neuen Freunden und tauschen Kontaktdaten aus. Immer wieder höre ich sie sagen, dass sie so froh darüber sind, die beiden netten Menschen kennen gelernt zu haben und was es doch für Zufälle gibt. Wäre der andere Platz nicht so voll gewesen, wäre man sich niemals über den Weg gelaufen.

Herrchen fährt das Slide-Out ein und wir fahren langsam von unserem Stellplatz davon. Wir kommen genauso entspannt über die Piste zurück zum Highway wie wir hereingekommen sind und führen unsere Fahrt nach Westen fort.

Die Landschaft wird nach einiger Zeit waldiger und bald sehen wir nördlich von uns hohe Bergmassive, wissen jedoch nicht, welchen Namen sie haben. Dann führt uns der Highway in steilen Kurven höher und höher, bis wir schließlich an einem Pass angelangen. Mein Untertan steigt an einem Aussichtspunkt aus und stellt fest, dass die Außentemperaturen merklich kühler sind als noch bei unserer Abfahrt.

Kurz darauf geht es wieder bergabwärts und in der Ferne tauchen bereits die Gipfel unseres Ziels für die nächsten Tage auf: Der Gebirgszug der Grand Tetons. Frauchen macht bereits eifrig Fotos und auch ich muss zugeben, dass dieses Hochgebirge fantastisch aussieht, wie es hinter den grünen, sanften Hügeln steil mit den eingeschneiten Gipfeln in den bewölkten Himmel aufragt.

Es dauert noch eine ganze Weile, bis wir an unserem geplanten Ziel ankommen. Als erstes merke ich, dass wir auf eine extrem schlechte Piste abbiegen. Es wackelt und rummst im Truck und ich versuche mir nicht vorzustellen, wie es wohl erst im Wohnanhänger ist. Doch wir fahren zum Glück nicht weit und kommen an einem Platz an, wo bereits viele weitere Wohnmobile und Anhänger stehen.

Meine Untertanen beschließen, dass sie der Piste in den Wald nicht weiter folgen und unser Zuhause vorerst hier abstellen, um den weiteren Pistenverlauf nur mit dem Truck zu erkunden.

Kaum ist der Wohnanhänger geparkt und abgekoppelt, fahren wir auch schon los. Die Strecke wird nochmals schlechter und enger. Außerdem ist sie recht kurvig und wenig einsehbar und wir sind froh, dass uns niemand entgegenkommt.

Dann kommen wir bei der ersten weiteren Wildcamping-Möglichkeit an. Auch hier ist es sehr voll und alle Plätze belegt. Kein Wunder, die Aussicht ist noch spektakulärer als dort, wo unser Anhänger mit all den anderen parkt.

Für etwa eine weitere Stunde fahren wir durch den Bergwald, finden jedoch keinen besseren Stellplatz und kehren schließlich leicht enttäuscht um. Meine Untertanen und ich sind es gewohnt, so gut wie niemanden um uns herum zu haben, so dass ich jederzeit in der Wildnis bei unserem mobilen Zuhause umherstreifen kann. Mir kommt der Gedanke, dass dieses Mal daraus wohl nichts wird. Schade, dabei sind hier doch so viele Bäume und saftige hohe Wiesen. Aber da uns auch hier die Übernachtung nichts kostet, beschließen wir, diese Themen als Luxusprobleme einzuordnen und freuen uns bereits auf die kommenden Tage, in denen wir den Grand Teton Nationalpark erkunden werden.

Nachdem wir alle eine Kleinigkeit gegessen haben, entscheiden wir spontan, gleich heute noch loszufahren und die heranbrechende Abenddämmerung zu nutzen, um einen ersten Einblick des Parks zu bekommen.

Ich finde es toll, dass meine Untertanen mich als ihre Königin wie selbstverständlich in ihre Planung mit einbeziehen und ich nicht den Abend alleine im Wohnanhänger verbringen muss. Meistens verhält es sich ja so, dass Untergebene sich viel zu nieder vor ihren Katzenköniginnen vorkommen und sich deswegen oftmals nicht trauen, sie zu fragen, ob sie gemeinsame Abenteuer erleben würden. Bei uns ist das zum Glück anders – nicht, dass Frauchen und Herrchen nicht wüssten, dass sie niedere Wesen mir gegenüber sind. Aber sie wissen eben auch, dass ich immer Gnade über sie walten lasse, sollten sie mir meine Laune mit kruden Plänen verderben.

Wir fahren los, schleichen wieder über die extrem holprige Piste zurück und biegen auf den Highway ab. Nach wenigen Minuten ist bereits der erste Stopp erreicht und wir haben eine atemberaubende Aussicht auf die Grand Tetons, hinter welchen gerade eben die Sonne verschwunden ist.

Die Berge heben sich majestätisch aus der grasigen, leicht bewaldeten Landschaft empor und ihre markanten Formen finde ich unglaublich imponierend. Ihr Anblick ist wahrlich dem einer Königin würdig – jemandem wie mir.

Nachdem wir das Panorama mit unseren Augen aufgesaugt haben, fahren wir weiter, immer an der Gebirgskette entlang. Da es Hochsommer ist, bleibt es trotz der untergegangenen Sonne noch einige Zeit lang hell und als wir einen See erreichen, spiegelt sich der rote und mit lichten Wolken behangene Abendhimmel darin wider. Mein Auge kann sich gar nicht satt sehen an diesem Farbenspiel. Auch hier ragen am Rande des Sees die steilen Berge empor. Die Landschaft ist einfach atemberaubend.

Wir steigen wieder in den Truck und machen uns auf den Weg zurück zum Wohnanhänger.

Plötzlich stehen vor uns mehrere Autos am Straßenrand. Im letzten Licht des Tages erkennen wir, dass einige hundert Meter entfernt Elche zu sehen sind. Rundum zufrieden über diesen tollen Tag legen wir die restliche Strecke nun in der Dunkelheit zurück und sind bald darauf wieder in unserem

Zuhause. Dort angekommen, bekomme ich meine Abendmahlzeit und wir legen uns alle schlafen.

Ich gleite heute recht schnell ins Reich der Träume hinüber und fange an, die Gipfel der Grand Tetons zu erklimmen, um mir dort einen Thron einzurichten.

Als der nächste Morgen naht, sitze ich bereits in freudiger Erwartung auf meinem Katzenbaum und luge zu meinen Untertanen hinüber. Kaum erkenne ich eine Bewegung, springe ich los und fange an, die beiden zu wecken.

Da ich heute keine Lust darauf habe, mir den Hintern anpusten zu lassen, setze ich mich direkt neben Frauchen ins Bett und tätschele ihr Gesicht mit meiner Pfote. Meine frisch geputzten Krallen lasse ich dabei ganz leicht ausgefahren, so dass es für meine Untertanin wie ein Peeling wirkt – ich will schließlich nur das Beste für sie, und natürlich, dass sie schnell wach ist.

Es dauert auch gar nicht lange, dann springt sie auf. Aus mir unerfindlichen Gründen ist sie leicht verärgert, aber da ich für diese Sentimentalitäten gerade keine Zeit habe, führe ich sie auf direktem Wege zu meinem Fressnapf und weise sie mit einem Miau daraufhin, dass ich heute zeitig in den Nationalpark möchte.

Frauchen gehorcht und zusammen mit Herrchen sitzen sie kurz darauf ebenfalls beim Frühstück. Dann packen wir uns etwas zu essen und trinken ein und fahren los.

Erneut passieren wir den Abschnitt auf der holprigen Piste, dann einige Meilen auf dem Highway und schon stehen wir wieder beim Eingang in den Nationalpark. Herrchen zeigt unseren Jahrespass vor, der für alle Nationalparks in den USA gilt, und wir fahren mit entspannter Geschwindigkeit hinein und durch die Berglandschaft.

Obwohl wir die Strecke gestern bereits gefahren sind, sieht die Landschaft im Tageslicht doch wieder anders aus. Die Farben sind wesentlich satter und das saftige Grün der Wiesen, Büsche, Laub- und Nadelbäume hebt sich wunderschön von den hoch aufragenden Bergen neben uns ab.

Dann, einige Stopps später, werden wir erneut langsamer und parken bei einem der Aussichtspunkte. Ein paar andere Fahrzeuge stehen bereits dort und meine Untertanen steigen aus. Ich stelle mich auf die Hinterbeine und sehe aus dem Seitenfenster.

Und wieder erlebe ich einen der Momente, in dem ich mich in einem Märchen wiederzufinden glaube. Der Anblick ist so schön, dass ich vergesse, meine Zunge wieder in mein Mäulchen zurückzuziehen. Ein blauer Fluss mäandert vor uns durch die grüne Landschaft. Das Ufer ist gesäumt von Gras, Büschen und Bäumen. Der Fluss ist so ruhig, dass sich die Wolken und das dahinter liegende Gebirgsmassiv darin spiegeln. In der nächsten Biegung sehe ich Gänse, Enten und andere Wasservögel. Ich denke mir, dort durch zu spazieren, das muss sich anfühlen wie im siebten Himmel.

Ich mache Anstalten, aus dem Truck hinauszudürfen, werde jedoch ignoriert. Zu schade, hier könnte ich tagelang umherstreifen und während ich die Schönheit der Natur genieße, würde ich mich mit frischen Mäusen versorgen und das klare Wasser aus dem Fluss trinken. Aber das wird wohl vorerst ein Tagtraum bleiben.

Nachdem meine Mitreisenden ausführlich Fotos gemacht haben, kommen sie zurück und wir setzen unsere Tour fort.

Abbildung 43: Der Snake River fließt durch diese herrliche Landschaft.

Nicht lange, und wir halten erneut an. Ich bin schon ganz gespannt, was es wohl jetzt wieder Tolles zu sehen gibt und strecke meinen Hals, um durch die Windschutzscheibe etwas zu erkennen.

Doch außer dem mittlerweile gewohnten Anblick des Grand Tetons Massivs kann ich nichts erblicken. Aber irgendeinen Grund müssen meine Untertanen wohl haben. Und all die anderen vielen Menschen, die sich hier tummeln, ebenso.

Dann sagt Herrchen, dort vorne auf der Wiese wären Bisons. Ich beschließe, zu den hinteren Seitenscheiben zu springen und spähe hinaus.

Und tatsächlich, eine ganze Herde weidet zu Füßen der Berge.

Welch ein Anblick! Diese wunderbaren, anmutigen Tiere, unmittelbar vor den majestätischen Gipfeln der Grand Tetons.

Was die Tiere sich wohl dabei denken, dass all die Menschen hier stehen und sie beobachten und fotografieren? Für die Bisons ist es schließlich normal, hier zu sein, jeden Tag das Berg-Panorama zu genießen und dabei das saftige Gras zu fressen.

Ob sie sich wohl genauso über die seltsamen Zweibeiner wundern, wie ich das so häufig tue? Am liebsten würde ich mich mit den großen behaarten Wesen darüber unterhalten – ich spreche von den Bisons, versteht sich.

Viel zu schnell sind Frauchen und Herrchen wieder zurück im Truck und reißen mich aus meinen Gedanken. Die beiden sind hin und weg von der Situation und fragen mich allen Ernstes, ob ich die Bisons auch gesehen hätte.

Etwas irritiert starre ich sie mit großem Auge an, drehe mich um und beschließe, lieber auf die Rücksitzbank zu blicken. Meine Untertanen dürfen mit meinem Hinterteil vorliebnehmen – das hört ihnen vielleicht sogar noch zu.

Abbildung 44: Bisons stehen vor dem Massiv der Grand Tetons.

Einen Moment später fahren wir vom Parkplatz weg und machen uns auf den Weg zurück zum Wohnanhänger. Wir sind bereits mehrere Stunden unterwegs und ich merke, dass mein Magen knurrt.

Kaum sind wir auf der holprigen Piste, weiß ich, dass es sich nur noch um Minuten handeln kann und mache mich bereits fertig, um auszusteigen. Herrchen parkt den Truck rückwärts vor unserem Zuhause ein und schließlich darf ich hinaus und flitze zur Eingangstür des Wohnanhängers.

Meine Untertanen brauchen mal wieder viel zu lange, bis sie bei mir sind. Menschen sind wie Schildkröten, was machen die nur die ganze Zeit! Aber dann kommen sie doch noch an und Frauchen macht sich daran, mir meinen Futternapf zu füllen. Das Abenteuerleben als reisende Katze macht wirklich hungrig.

Nachdem ich den Napf bis auf den letzten Krümel ausgeschleckt habe, merke ich, wie meine Glieder immer müder werden und ich springe auf das Bett. Meine braven Untergebenen haben mir bereits meine Kuscheldecke vorbereitet und ich schlummere darauf entspannt ein.

Am nächsten Tag bin ich wieder die erste, die wach ist. Nach unendlich langer Zeit sind auch Frauchen und Herrchen auf den Beinen und frühstücken. Ich sitze neben ihnen und schaue sie gebannt an, in der Hoffnung, dass sie bald fertig sind und wir wieder los können zu unserem nächsten Ausflug. Doch dann kommt die herbe Enttäuschung. Ich soll heute im Wohnanhänger bleiben, denn die beiden möchten eine Wanderung machen.

Schwer beleidigt verziehe ich mich auf das Bett und beginne zu meditieren, um meine innere Mitte wiederherzustellen. Ich höre noch, wie meine Untertanen den Wohnanhänger absperren und schon bin ich alleine.

Nach wenigen Momenten war meine Meditationssitzung erfolgreich, ich bin wieder tiefenentspannt und habe den beiden bereits verziehen. Dann beschließe ich, dass ich mich einfach ins Land der Träume begebe und dort meine Abenteuer erlebe. Mein gemütlicher Katzenbaum macht es mir leicht, schnell einzuschlafen und schon bin ich dabei, in den Hochlagen der Bergwelt umher zu klettern. Einmal denke ich sogar, dass ich Frauchen und Herrchen beim Wandern gesehen habe.

Viele Stunden später höre ich die Geräusche von meinen zurückkehrenden Untertanen und wache davon auf. Mit einem großen Sprung eile ich zur Eingangstür und warte darauf, dass die beiden hereinkommen.

Ich erinnere mich daran, dass die zwei ein schlechtes Gewissen haben könnten und setze mein finsteres Ich-bin-beleidigt-Gesicht auf. Meistens springt dann eine extra große Portion Feuchtfutter heraus. Und wieder geht mein simpler, doch für meine Mitbewohner undurchschaubarer Plan auf.

Ich lasse mir meine Mahlzeit schmecken und pappsatt begebe ich mich zu meinem Aussichtsplatz in der Essecke. Nach einigen Minuten zum Verdauen gehe ich noch etwas mit Herrchen vor die Tür und spaziere herum. Dann neigt sich auch dieser Tag seinem Ende zu und ich lege mich schlafen.

Wir bleiben noch zwei weitere Tage auf unserem Stellplatz und Frauchen und Herrchen sind vormittags meistens nicht da. Die Nachmittage verbringen wir dann entweder zusammen im oder vor dem Wohnanhänger. Manchmal geht Herrchen etwas spazieren.

Einen Abend lassen mich meine Untertanen alleine, sie sind mit einem Bekannten, den sie hier zufällig getroffen haben, zum Essen verabredet. Wieder einer dieser eigentlich unmöglichen Zufälle, denke ich mir. Spät nachts kommen sie wieder.

Dann ist es soweit und wir machen uns daran, die Gegend der Grand Tetons zu verlassen und fahren weiter zu dem nächsten Nationalpark. Meine Mitbewohner meinen, es wäre wohl einer der ultimativen Höhepunkte auf unserer Reise und wir würden uns den Yellowstone Park mit all den heißen Quellen, Geysiren und kunterbunten Pools ansehen. Ich finde, das hört sich sehr spannend an und mache Druck auf meine Untertanen, dass wir endlich dort ankommen.

Anscheinend ist der Nationalpark nicht allzu weit entfernt und nach wenigen Stunden sind wir bereits dort. Wir beschließen, uns zuerst einen Stellplatz zu suchen, dort den Anhänger zu lassen und danach mit dem Truck loszufahren, um alles zu erkunden.

Wir passieren einige Aussichtspunkte, doch mit dem Wohnanhänger im Schlepptau haben wir keine Chance, darauf zu parken. Schließlich sind wir durch den Yellowstone-Park durchgefahren – ich habe sogar einen Geysir von der Straße aus durch die Seitenfenster erspäht – und kommen in dem Bereich an, wo wir einen Übernachtungsplatz finden wollen. Doch zu unserer Enttäuschung ist alles voll. Nach langem Suchen halten wir auf einer großen geschotterten Fläche direkt neben dem Highway und beschließen, dass wir es für heute gut sein lassen. Morgen versuchen wir es einfach erneut.

Gesagt, getan. Wir stehen früh auf und versuchen unser Glück, jedoch wieder ohne Erfolg. Frauchen und Herrchen beratschlagen sich und fragen mich dann, ob wir nicht einfach weiterfahren und Yellowstone später im Jahr besuchen sollten, wenn wir auf unserem Weg nach Süden sind.

Ich gebe ihnen meine Erlaubnis und Frauchen sucht uns ein neues spontanes Ziel heraus. Ich höre nur die Worte „See“ und „Montana“ und befinde es für gut. Dann machen wir uns auf den Weg.

Entspannte Tage am duftenden See

Im Laufe der Fahrt wird die Landschaft wieder weitläufiger. Wir biegen vom Highway ab auf eine asphaltierte Nebenstraße, welche uns durch ein stark bewaldetes Gebiet führt. Meile um Meile vergeht. Plötzlich verschwindet der Asphalt und wir befinden uns auf einer staubigen, aber gut ausgebauten Piste.

Frauchen und Herrchen sehen sich verdutzt an. Dann werfen sie einen Blick in den Kartenatlas. Und tatsächlich, es ist zwar der kürzeste Weg, aber die nächsten dreißig Meilen sind Piste. Wir überlegen, ob wir es riskieren oder zurückfahren und einen großen Umweg machen sollen. Schließlich beschließen wir, der Piste zu folgen. Umkehren können wir immer noch und so haben wir die Möglichkeit, etwas vom Hinterland zu sehen.

Die Piste führt uns für einen kurzen Abschnitt durch Idaho. Wir fahren durch weite Steppenlandschaften, welche von einem Moment auf den nächsten in saftige Weideflächen übergehen. In der Entfernung tauchen Gebirgsmassive auf.

Als wir für eine Pause anhalten, ist die Luft sommerlich und es duftet überall nach Gräsern. Mit dem Anhänger kommen wir auf der Piste nur langsam voran und so vergeht einige Zeit, bis wir die Strecke hinter uns gebracht haben. Aber das Panorama und die ländliche Umgebung waren all die Mühe wert und wir sind froh, dass wir uns von unserem Navigationssystem hierher haben führen lassen.

Dann erreichen wir wieder asphaltierte Straßen, welche uns durch Anbauflächen für Getreide führen. Bald darauf biegen wir auf einen großen Interstate Highway ab und fahren nach Norden.

Wenig später passieren wir ein Straßenschild, welches uns darauf hinweist, dass wir jetzt in Montana sind. Frauchen und Herrchen sehen sich voller Vorfreude an und ich komme zu dem Schluss, dass es anscheinend in diesem Staat einiges zu entdecken geben muss.

Wir sind noch längere Zeit unterwegs. Als neben dem Highway ein See auftaucht, fahren wir ab und ein paar Meilen an dem Gewässer entlang. Die Straße verläuft etwas erhöht und ich blicke durch die Seitenscheiben auf das blaue Nass hinunter. Es ist mittlerweile ziemlich bewölkt und die Sonne kommt nur gelegentlich hervor. Dann biegen wir wieder einmal auf eine Schotterpiste ab, welche uns hinunterführt, direkt an das Ufer des Sees. Als wir ankommen, sehe ich, dass überall Gras ist. Es sieht gemäht aus und auch meine Mitfahrer sind überrascht, dass sich darum jemand kümmert – obwohl campieren an diesem Ort nichts kostet.

Wir finden einen tollen Stellplatz in Nähe des Sees, lediglich getrennt vom Kies- und Lehmstrand durch hohe, weiß und gelb blühende Gräser. Unser Wohnanhänger ist schnell ausgerichtet und ich hüpfe mit einem eleganten Sprung von der Rücksitzbank des Trucks hinaus und lande sanft auf dem Rasen.

Als erstes bemerke ich den herrlichen Duft, der in der Luft liegt. Als wenn der ganze See voller Luxus-Badeseife wäre, denke ich mir. Dann kommt mir der Gedanke, dass ich nicht weiß, wie solch eine Seife denn tatsächlich riecht und muss über mich selbst lachen.

Ich schnuppere wie wild umher, aber der tolle Geruch ist allgegenwärtig. Auch Frauchen und Herrchen sind begeistert und wundern sich, woher diese wundervolle Note kommt. Bei jedem Windhauch wird der Duft noch intensiver und schließlich können wir ihn orten: Es sind die blühenden Gräser vor uns. Sie sind nicht nur an unserem Stellplatz, sondern überall um den See herum. Dort wo das Gras nicht abgemäht ist, sind ganze Bänder dieses wundervollen Gewächses.

Der betörende Geruch zieht meine ganze Aufmerksamkeit auf sich und so beginne ich erst nach einigen Minuten mich weiter umzusehen. Ich stelle fest, dass der See umgeben ist von niedrigen Bergen, die immer wieder kleine Wälder aufweisen.

Auf dem Gewässer sind viele Wasservögel unterwegs. Durch die hohen duftenden Gräser kann ich nur ihre Silhouetten erkennen. Erst nachdem ich auf die oberste Stufe der Treppe der Eingangstür springe und mich umdrehe, erkenne ich, dass einige weiße Pelikane auf dem See schwimmen.

Am Ufer, ein wenig rechts von uns, sitzen und watscheln zig Graugänse mit ihrem Nachwuchs umher. Etwas weiter davon entfernt sind Enten und mehrere hundert Meter dahinter räkeln sich Reiher.

Wenn das Wetter noch etwas besser wird, kann ich mir gut vorstellen, diesen schönen Ort zu meinem neuen kleinen Paradies auszurufen.

Doch zuerst habe ich Hunger und springe in den Anhänger hinein, um Frauchen freundlich den Befehl zu erteilen, mir meine Mahlzeit zu servieren. Nachdem ich mir mein Bäuchlein vollgeschlagen habe, beschließe ich, im Bett auf meiner Kuscheldecke auf besseres Wetter zu warten.

Prompt schlafe ich ein und finde mich wieder in duften Träumen paddelnd in meinem kleinen Piratenboot auf dem See.

Ich wache kurz nach der Abenddämmerung wieder auf, blinzele verschlafen meine beiden Untertanen an und lasse mir mein Abendessen in meinen Napf füllen. Nachdem ich ihn sorgfältig ausgeschleckt habe, springe ich auf meinen Platz in der Essecke, blicke für ein paar Momente aus dem großen Fenster und fange an mich zu putzen.

Meine Mitbewohner gehen kurz darauf ins Bett und ich widme mich voller Hingebung der Fellpflege, ausgeschlafen wie ich nun bin.

Als ich Frauchen bereits im Schlaf entspannt atmen höre, springe ich zu ihr hinüber, um noch etwas zu kuscheln. Ganz ohne Verdruss schreckt sie auf und fängt an, mich zu streicheln. So ist es brav, denke ich mir. Zum Abschluss reibe ich meinen zarten Kopf noch etwas an Herrchens Stirn und Wangen, dann lege ich mich zwischen die beiden und beginne mit meiner Abendmeditation, während der ich kräftig zu schnurren anfange.

Die Stunden vergehen und ich döse immer wieder ein. Zwischendrin wechsle ich gelegentlich meinen Liegeplatz. Mal bin ich auf meinem Katzenbaum, dann auf der Sitzbank beim Esstisch und dann wieder auf einem meiner Untertanen.

Endlich naht der nächste Morgen und ich mache mich daran, meine schlafenden Mitbewohner zu wecken.

Bald darauf darf ich hinaus. Die Sonne ist bereits aufgegangen und der See glitzert unter ihren morgendlichen Strahlen. Überall zwitschern und gackern die Wasservögel. Von den vielen gestrigen Wolken sind nur noch wenige übrig geblieben.

Und da ist er wieder, dieser wunderbare Duft. Mit tiefen Zügen atme ich die Luft ein. Es ist so herrlich.

Ich spaziere etwas auf und ab und beschließe, die nähere Umgebung zu erkunden. Zuerst gehe ich hinüber zu dem wohlriechenden hohen Gras und wandere zwischen den Büscheln umher. Neben dem allgegenwärtigen Duft schnuppere ich noch viele andere Gerüche. Einer davon interessiert mich ganz besonders und ich mache mich auf die Fährte.

Dank meines überirdisch guten Geruchsinns habe ich bald die Quelle gefunden. Und ganz wie erwartet, stehe ich nun direkt vor einem Mäuseloch. Mittlerweile voller Erfahrung mit amerikanischen Nagern, lege ich mich auf die Lauer.

Wenig später spaziert eine kleine Maus ganz geschäftig vorbei. Vollkommen arglos läuft sie vor meine Pfoten, stolpert über eine meiner aus Versehen ausgefahrenen Krallen und verheddert sich in einer anderen. So eine Schande für die Mäusepopulation, denke ich mir, schnappe kurzerhand zu und renne mit dem Nager im Maul unter den Truck, um sie als Zwischensnack vorzubereiten.

Anscheinend hat mich Herrchen beobachtet und beugt sich neugierig zu mir herunter. Als er sieht, dass ich mir einen Snack zubereite, fängt er an, mich anzustoßen und ich lasse die Maus fallen.

Doch Herrchen hört nicht auf und ich beschließe zu flüchten. Dabei entfährt mir ein genervtes Miau und aus ein paar Metern Entfernung beobachte ich ihn, wie er sich zwischen mich und die Maus stellt. Diese ist natürlich noch bei bester Gesundheit, da ich ja unterbrochen wurde, und nachdem Herrchen sie mit einem kleine Ast anstuppst, rennt sie davon und verschwindet im hohen Gras.

Na toll, da geht sie dahin und all meine Mühe war umsonst. Ich mache mich sofort daran, ihr hinterher zu jagen, doch mein Untertan hält mich davon ab, hebt mich hoch und setzt mich vor dem Wohnanhänger wieder ab. Ich überlege, ob ich einen neuen Versuch unternehme, doch dann höre ich bereits wie Frauchen in unserem Zuhause meinen Futternapf füllt. Ich kann nicht widerstehen, springe die Stufen hinauf und lasse mir das Feuchtfutter schmecken. Die Maus habe ich bereits völlig vergessen. Pappsatt gehe ich zum Bett, hüpfe hinauf und mache mich bereit für meinen Mittagsschlaf.

Welch ein gelungener Morgen das war, geht mir durch den Kopf und wenig später bin ich bereits eingeschlummert.

Den Nachmittag verbringe ich damit, abwechselnd faul in der Sonne und im Schatten zu entspannen und einfach nur den betörenden intensiven Duft der Gräser einzuatmen.

Etwas später kommt noch ein Ranger vorbei, mit dem sich Herrchen kurz unterhält. Voller Stolz erzählt er uns danach, dass die duftenden hohen Gräser eine Art Klee sind und anscheinend das normalste der Welt hier in der Gegend. Entsprechend seltsam wurde mein Untertan auch vom Ranger angesehen, als er ihn nach dem Ursprung des Dufts in der Luft gefragt hat.

Zuerst schäme ich mich für Herrchen fremd, dann muss ich über ihn lachen und grunze laut dabei, woraufhin mich meine Untertanen wiederum irritiert ansehen.

Abbildung 45: Ich spaziere an duftendem hohen Gras entlang und erkunde die Gegend.

Die Tage vergehen und ich genieße die Ruhe und das schöne Wetter an dem herrlich gelegenen See.

Der Klee duftet mit jedem Tag intensiver und ich frage mich, ob wir hier jemals wieder wegkönnen – sowohl ich als auch meine Untertanen sind ganz klar süchtig nach dem bezaubernden Geruch, ein Leben ohne ihn scheint schier unvorstellbar. Wir würden wohl alles dafür tun, hier zu bleiben, denke ich mir.

Oft sehe ich einfach nur den Wasservögeln bei ihrem Treiben zu. Insbesondere die eleganten Pelikane finde ich nach wie vor sehr faszinierend.

Eines Morgens habe ich einen großen Fischadler beobachtet. Wir parken in einer Bucht, welche zu unserer linken Seite von einem Hügel mit vorgelagerten Felsen begrenzt wird, worauf der Adler stundenlang seinen Aussichtsplatz hatte.

Herrchen ist oft mit mir draußen unterwegs und hat immer seine Kamera dabei. Ich glaube, er hat hier jeden der vielen Vögel mindestens bereits zweimal fotografiert. Wieder wundere ich mich über ihn und die Menschen im allgemeinen, dass sie nicht einfach den Moment genießen können und ständig alles aufzeichnen müssen, um sich in ferner Zukunft besser zurück erinnern zu können.

Kein Wunder, dass sie nie Ruhe finden, wenn ihre Gedanken immer in irgendeiner Zeit unterwegs sind. Welch arme Kreaturen, überlege ich mir voller Mitgefühl.

Eines schönen Morgens, als ich gerade auf der obersten Stufe im Eingangsbereich des Wohnanhängers stehe und hinausblicke, bemerke ich aus dem Augenwinkel eine Bewegung und stelle bei genauerem Hinsehen fest, das eine Elster in meinem Garten hin und her hüpft. Das muss ich mir unbedingt genauer ansehen.

Kaum gedacht, springe ich bereits die Treppe hinunter und gehe ein paar Schritte auf den Vogel zu. Seine blauen Rückenfedern schimmern hübsch in der Sonne. Neugierig beobachte ich das Tier, wie es immer wieder in den Boden pickt und Insekten daraus hervorzieht.

Der Elster ist es vollkommen egal, dass ich bereits nur noch zwei Meter von ihr entfernt bin. Kein Wunder, ich habe ihr bereits telepathisch mitgeteilt, dass ich nicht vorhabe sie zu fressen. Außerdem weiß ich, wie wehrhaft diese Rabenvögel sind und ich habe keine große Lust, mir von ihr in meinem Auge herumpicken zu lassen.

Ich beschließe, die Elster weiter ihrer Arbeit nachgehen zu lassen und schlendere noch etwas herum, bevor ich mich wieder in das Innere des Wohnanhängers begebe.

Von dem Moment an sehe ich den schönen Vogel jeden Tag in meinem herrlichen Paradies. Häufig kommen auch andere Elstern zu Besuch und landen entweder direkt bei dem Tier oder sie unterhalten sich von den uns umgebenden Büschen herab. Zuerst denke ich, dass die Elster nicht fliegen kann, beobachte sie aber kurz darauf, wie sie einige Meter davonflattert in einen Busch hinein, nur um wenig später wieder bei uns zu sein. Anscheinend gefällt es ihr hier und sie genießt einfach gerne meine Gesellschaft. Ich kann es ihr nicht verdenken.

An einem Nachmittag, als ich mich in den Schatten unter dem Truck zurückgezogen habe und vor mich hindöse, werde ich abrupt aus meinen Träumen geweckt. Neben mir höre ich das typische Geräusch von Vogelfüßen, welche über die Erde hüpfen.

Nach einem herzhaften Gähnen drehe ich mich um und nur wenige Zentimeter neben mir sitzt die Elster und starrt mich an. Ich wundere mich, was mein gefiederter Freund denn so dringliches mit mir zu besprechen hat, bekomme jedoch keine Antwort von ihm. Der Vogel bleibt noch ein paar Sekunden neben mir stehen und wir tauschen vertraute Blicke aus.

Irgendwann wird mir die Situation doch zu seltsam. Verstohlen und mit leicht eingezogenem Schwanz eile ich davon. Mir geht durch den Kopf, dass mich hoffentlich niemand sieht. Falsch interpretiert könnte es aussehen, als ob ich Angst vor der Elster hätte, was natürlich vollkommener Quatsch ist.

Aber etwas unheimlich wirken ihre Augen doch, so aus direkter Nähe. Dann stelle ich mir vor, wie sich wohl ein abergläubiger Mensch gefühlt hätte, wenn er eine einäugige schwarze Katze neben einer Elster sehen würde, und grinse breit in mich hinein.

Abbildung 46: Mein Kumpel, die Elster, weckt mich und ich muss herzhaft gähnen.

Nach vielen weiteren wunderschönen Tagen in meinem duftenden Paradies, erklärt mir Herrchen eines Nachmittags schweren Herzens, dass wir fast die maximal erlaubte Zeit an diesem herrlichen Stellplatz sind und morgen weitermüssen.

Traurig frage ich Herrchen mit einem Maunzen, wie wir denn ohne den betörenden Geruch des Klees weiterleben sollen. Er hat leider keine Antwort für mich und ich sehe ihm an, dass er genauso wenig von hier weg möchte.

Doch schließlich sehe ich ein, dass auch ich als Katze mich gelegentlich an Regeln halten muss und anstatt traurig zu sein, freue ich mich über die traumhafte Zeit, die wir an diesem schönen Fleckchen in Montana hatten.

Ich bin gespannt, zu welchem interessanten Ort mich unser Abenteuer als Nächstes verschlägt.

Büffel aus nächster Nähe

Als wir am nächsten Morgen von unserem Stellplatz am See abfahren, hat sich das Wetter verschlechtert. Es ist kalt geworden und dichte Wolken hängen tief am Himmel. Der Wettergott möchte uns den Abschied anscheinend etwas leichter machen.

Wir fahren die Piste hinauf zu der asphaltierten Straße und nach wenigen Meilen sind wir wieder auf dem Interstate Highway. Von dort setzen wir unsere Reise ostwärts fort.

Die Stunden vergehen und nach und nach verlassen wir die bergigen Regionen. Die Landschaft wird flacher und ich sehe vermehrt üppige Anbauflächen. Bis auf ein paar Meilen, sind wir den Großteil des Tages nur auf der Autobahn gefahren.

Mir fällt ein, dass ich selten so lange wie heute unterwegs war und als ich anfangen will, die Stunden nachzurechnen, fahren wir von der vierspurigen Autobahn ab. Ich eile zum Seitenfenster und blicke hinaus. Ob wir wohl endlich bald da sind?

Ich sehe nichts Besonderes dort draußen, nach wie vor nur Felder, welche vor allem mit Getreide bepflanzt sind. Mit einem seufzenden Maunzen lasse ich mich wieder auf der Rücksitzbank nieder. Dann spüre ich allerdings, dass wir erneut langsamer werden und abbiegen.

Ich springe auf und lasse meinen Blick in die Umgebung schweifen. Als ich hinter einer Baumgruppe mehrere Wohnmobile stehen sehe, weiß ich Bescheid: Wir rollen gerade auf einen RV Park!

Mit einem tadelnden Blick blinzele ich meine Untertanen an und frage sie, ob das wirklich sein muss, nach all den wunderschönen Tagen, die wir an dem duftenden See verbracht haben. Doch die beiden bleiben still und mir bleibt nichts anderes übrig, als Frauchen und Herrchen ebenfalls zu ignorieren – wenngleich sie davon auch nichts mitbekommen.

Herrchen erledigt wieder die Registrierungs-Formalitäten und wenig später ist unser Gespann auf dem uns zugewiesenen Stellplatz. Ich springe mit schlechter Laune aus dem Truck und beeile mich, in den Anhänger zu kommen.

Doch als ich nicht weit entfernt von mir Vogelgezwitscher höre, blicke ich mich dennoch um und stelle fest, dass wir eigentlich ein lauschiges Plätzchen haben. Es sind vereinzelt Laubbäume neben uns und ich erkenne, dass rings um den Campingplatz überall Ackerland ist und ich weit bis zu den Hügeln am Horizont blicken kann.

So schön die Aussicht auch ist, ich habe gelernt, dass ich mich auf einem Wohnmobilstellplatz nicht ohne Leine bewegen darf. Ich springe in unser Zuhause hinein und hoffe, dass wir hier nur für kurze Zeit sind.

Die nächsten zwei Tage verbringen meine Mitbewohner damit, in der nächsten Stadt Lebensmittel einzukaufen und unseren Wohnanhänger im Inneren von vorne bis hinten sauber zu machen. Dann geht es zu meiner Erleichterung auch schon weiter und mit vollen Vorratsschränken und Frischwassertanks verlassen wir den Campingplatz.

Erneut fahren wir in Richtung Osten und zu meinem großen Erstaunen sind wir nur etwas länger als eine Stunde unterwegs. In einer bewaldeten und leicht bergigen Landschaft fahren wir von dem schmalen Highway ab und rollen über eine staubige Piste in den Wald hinein. Dort sind schön angelegte Lichtungen und wir parken rückwärts in eine davon ein. Kaum hat Herrchen alles vorbereitet und den Anhänger abgekuppelt, darf ich bereits hinaus.

Ich springe hinunter auf den weichen Waldboden, dann sehe ich mich um. Wir sind umgeben von schönen Pinien, der Untergrund ist mit vielen, bereits braunen und langen Baumnadeln übersät. Welch herrliches Gefühl es ist, darauf zu laufen. Es raschelt angenehm und ich gehe in Richtung der Eingangstür unseres Zuhauses.

Ganz schön warm heute, denke ich mir. Dadurch, dass wir einen kurzen Fahrtag hatten und zeitig an unserem Ziel angekommen sind, befinden wir uns in der Mittagszeit und die hochsommerliche Sonne sticht vom Himmel. Ich beschließe, mich zuerst einmal hinzulegen und springe auf das Bett. Dort widme ich mich zur Entspannung der Fellpflege und nicke kurz darauf ein.

Als ich wieder aufwache, sitzen Frauchen und Herrchen draußen. Ich mache auf mich aufmerksam und meine Untertanin öffnet mir die Tür. Noch während ich voller Eleganz die Stufen hinabsteige, überlege ich mir, dass ich jetzt, nachdem die heiße Mittagszeit überstanden ist, etwas die Gegend erkunden könnte.

Und schon mache ich mich daran, den Abhang hinter unserem Anhänger hinunter zu spazieren. Durch trockenes Gras schreite ich voran und halte immer wieder an, um interessante Gerüche zu erschnuppern. Hinter mir höre ich das wohlvertraute trampelnde Geräusch von schwerfälligen Wesen und weiß, dass einer meiner Untertanen nicht weit entfernt ist, um auf mich aufzupassen.

Es dauert nicht lange und ich finde eine Pinie, welche ich auserkoren habe, mein Kletterbaum sein zu dürfen. Ich nehme Anlauf, es folgt ein großer Sprung und schon halte ich mich mit ausgestreckten Krallen in der Rinde des

Baumes fest. Mit kraftvollen Zügen lege ich die restliche Strecke zurück und komme an einem für mich perfekten Ast an.

Ich blicke mich kurz um, ob meine Untergebenen mit ihren Smartphones bereitstehen. Als ich merke, dass sie zu filmen beginnen, stolziere ich wie auf dem Cat-Walk hin und her und entschließe mich dann, mit lautem Miau und einem dramatischen Abgang zum Boden zu springen. Wie erwartet sind Frauchen und Herrchen begeistert und loben mich in den Himmel.

Als Gegenleistung fordere ich einen vollgefüllten Futternapf und schlendere zurück zum Wohnanhänger. Meine Mitbewohner machen es mir wirklich einfach, sie sind so leicht zu begeistern und zu manipulieren.

Als der Abend naht und die Sonne bereits hinter den Baumwipfeln zu verschwinden beginnt, breche ich zu einer weiteren Unternehmung auf. Diesmal in die andere Richtung. Ich sehe dort einen tollen Baumstamm liegen, unter dem bestimmt einiges an Mäusen und Eidechsen zu finden ist.

Schneller als der Wind bin ich dort und fange an, nach einem leckeren Snack Ausschau zu halten. Doch zu meinem Unmut sind meine Mitreisenden wenige Augenblicke später bei mir und vermasseln mir jegliches Jagdglück mit ihrem unsagbaren Lärm, den sie beim Auftreten auf dem Waldboden verursachen.

Abbildung 47: Aus purer Freude balanciere ich auf einem Baumstamm auf und ab.

Ich beschließe, stattdessen etwas auf dem Baumstamm auf und ab zu spazieren und genieße es einfach, meine Balance zu üben.

Schließlich bricht die Dämmerung an. Frauchen und Herrchen bestehen darauf, dass ich zurück in den Wohnanhänger gehe. Anfänglich beachte ich sie nicht, doch dann geht mir ihr jammern und auf mich einreden auf die Nerven.

Ich gehorche, lege einen wilden Sprint zurück bis zum Wohnmobil und lasse meine Untertanen in einer Staubwolke hustend hinter mir stehen.

Als sie nach einer gefühlten Ewigkeit endlich neben mir ankommen, öffnen sie mir die Tür und wir gehen hinein. Dort lassen wir den Abend gemütlich mit Abendessen und lesen ausklingen.

Am nächsten Tag wird es erneut recht heiß, doch unter dem Wohnanhänger bleibt der Boden angenehm kühl und so verbringe ich die Mittagszeit entspannt im Schatten. Herrchen sitzt derweilen vor unserem Zuhause unter der ausgefahrenen Markise und liest ein Buch.

Plötzlich höre ich ein Rascheln im Wald. Ich richte mich langsam auf, kann jedoch nichts entdecken.

Dann erneute Geräusche. Ich nehme auch Schritte wahr.

Vorsichtig bewege ich mich ein kleines Stück unter dem Wohnanhänger hervor und luge in den Wald. Doch außer Bäumen und Grasbüscheln ist nichts zu sehen. Ich blicke zu Herrchen, er scheint nichts bemerkt zu haben.

Und wieder das Rascheln, diesmal so laut, dass auch mein Untertan über sein Buch hinaussieht und in den Wald blickt. Dann benimmt er sich wieder einmal sehr merkwürdig.

Herrchen greift mit langsamen und ruhigen Bewegungen zu seiner Kamera, die am Stuhl hängt, schaltet sie ein und nimmt die Schutzkappe des Objektivs ab. Mir wird klar, dass er etwas fotografieren will, aber ich frage mich, was um alles in der Welt er da draußen sieht?

Und noch viel wichtiger, warum kann ich es nicht sehen mit meinen überaus scharfen Katzensinnen? Wenn er mir doch nur erzählen würde, was dort ist.

Es hilft alles nichts, ich bin zu neugierig und nehme meinen ganzen Mut zusammen, um mich ein weiteres Stück nach vorne zu wagen. Das raschelnde Geräusch ist mittlerweile sehr nahe und jetzt erkenne ich auch die Ursache: Vor uns stehen zwei wild aussehende vierbeinige Wesen mit riesigen Ohren, die sie auf uns gerichtet haben. Mit ihrem irren Blick und den schwarzen Nasen blicken sie uns an.

Das wird mir alles zu viel, meine Nerven sind zum Zerreißen gespannt und ich renne die Stufen hinauf und in den Wohnanhänger hinein. Ich höre, wie Herrchen lacht und sagt, durch das laute Klappern der Trittleiter, über die ich Angsthase gerade geflitzt bin, sind die Rehe erschrocken und in den Wald geflüchtet.

Ich bleibe irritiert stehen. Rehe?

Oh, das muss wohl an meiner Bodenperspektive gelegen haben, dass die Tiere so furchtbar auf mich wirkten. Oder etwa deswegen, da diesmal keine schützende Glasscheibe und das Metall des Trucks zwischen ihnen und mir lag? Das möchte ich mir dann doch nicht eingestehen, nicht dass ich mich tatsächlich noch als Angsthase bezeichnen lassen muss. Auch wenn Herrchen mich ja bereits so genannt hat.

Ich komme zu dem Entschluss, die ganze Situation schnell zu vergessen und in Zukunft solch grobem Waldgetier besonnener und heldenhafter entgegen zu treten.

Vorsichtshalber bleibe ich noch eine Zeit lang im Inneren des Anhängers. Man weiß ja nie, was als nächstes hier im Wald in Montana so alles auftaucht. Dann wird es mir jedoch zu heiß und auch zu langweilig, so dass ich wieder hinaus tapse.

Sorgfältig lasse ich meinen Blick erst nach links, dann nach rechts schweifen. Die Situation scheint vorbei zu sein. Ich schlendere vergnügt die restlichen Stufen hinunter und lege mich wieder unter den Wohnanhänger, um den weiteren Nachmittag im kühlen Schatten zu verbringen.

Kaum naht der Abend, gehe ich freiwillig mit meinen Untertanen in unser Zuhause. Ich habe beschlossen, dass es mir hier nachts viel zu unheimlich ist und ich keinerlei Lust verspüre, nach Anbruch der Dunkelheit noch draußen zu sein.

Abbildung 48: Diese beiden Waldbewohner haben mir einen gehörigen Schrecken eingejagt.

Tags darauf habe ich die Begegnung mit den furchteinflößenden Rehen bereits vergessen und mache mich wieder auf Erkundungstour. Mir fällt auf, dass sich heute der Boden zwischen den Grasbüscheln bewegt. Selbstverständlich muss ich mir das genauer ansehen und stelle fest, dass hier sehr viele Heuschrecken unterwegs sind. Jedes Mal, wenn ich ihnen zu nahekomme, springen die Insekten davon und landen mal mehr, mal weniger weit entfernt von mir zwischen den Pinien-Nadeln.

Ich kann einfach nicht widerstehen und fange an, die Tierchen zu jagen. Wahnsinn, wie flink die sind!

Wie ein Wirbelwind springe ich ihnen hinterher, drehe mich im Kreis, dann wieder einen großen Satz nach vorne, nur um festzustellen, dass ich sie erneut nicht erwischt habe.

So verbringe ich einige Minuten, dann geht mir die Puste aus und ich lasse mich auf den staubigen Boden fallen, um mich auszuruhen. Im Eifer des Gefechts habe ich gar nicht gemerkt, dass die Sonne bereits wieder ihre starken Strahlen vom Himmel schickt. Ich raffe mich auf und gehe in den kühlenden Schatten unter den Wohnanhänger. Was für eine Anstrengung.

Gerade als mir bereits mein Äuglein zu fällt, bemerke ich eine Bewegung vor mir. Eine Heuschrecke, in greifbarer Nähe!

Schon bin ich wieder hellwach und hole aus. Mit einer entspannten Wischbewegung meiner rechten Pfote angle ich die Kreatur und lasse mir kurz darauf das Insekt schmecken. Nach all dem Spaß, den ich vorhin hatte, war das ein willkommener Protein-Snack.

Zufrieden lege ich mich wieder hin. Ich merke, dass mich die mit Widerhaken bestückten Beinchen etwas im Hals kratzen, räuspere mich und schlucke sie ebenfalls hinunter. Dann nicke ich ein und während meines leichten Schlafs erlege ich noch viele weitere Grasshüpfer, die ich genüsslich verschlinge.

Als ich wieder aus meinen Träumen erwache, bemerke ich, dass meine Mitbewohner herumspazieren. Ich schließe mich ihnen an und voller Freude begrüßen mich die beiden. Schließlich neigt sich auch dieser Tag seinem Ende zu und ich rolle mich zufrieden auf meiner Kuscheldecke zusammen.

Am nächsten Morgen ist Aufbruchsstimmung. Herrchen und Frauchen packen alles zusammen. Da ich wenig Interesse daran habe, weiterzufahren, verkrieche ich mich in einer Ecke hinter dem Bett. Doch Herrchen schafft es, mich dort aufzuspüren und heraus zu heben.

Ich werde angeleint und kurz darauf bin ich auch schon im Truck auf der Rücksitzbank. Während wir losfahren erzählt Herrchen, dass wir hier nur ein paar Tage über das Wochenende waren und heute zu einem weiteren Nationalpark kommen. Dazu werden wir vorerst Montana verlassen und nach North Dakota reisen. Um mich zu beruhigen erwähnt er noch, ich müsse mir keine Sorgen machen, denn wir würden wieder nach Montana fahren und unsere typische Art des Zick-Zack-Reisens fortsetzen.

Etwas verwundert blinzele ich ihn an. Um mich selbst mache ich mir wahrlich keine Sorgen, denke ich jedoch an meine Untertanen, so sieht die Sache schon ganz anders aus.

Wieder vergehen Meile um Meile und im Verlauf der Fahrt wechselt sich die Szenerie zwischen leicht bergig und offenen Flächen ab. Die Gegend um uns herum wird immer grüner, bis wir schließlich durch die mir bereits wohlvertraute saftige Weidelandschaft fahren. Gelegentlich kann ich aus dem Seitenfenster die blau schimmernde Oberfläche eines Flusses erkennen, welcher seit geraumer Zeit neben dem Interstate Highway dahin mäandert.

Irgendwann fahren wir über eine Brücke und überqueren den breiten Strom. Ich sitze einfach da und genieße den Anblick der an uns vorbeiziehenden schönen Natur. Als wir in eine Stadt kommen, fahren wir erneut über eine große Brücke und lassen den Yellowstone River – so heißt der Fluss, wie ich erfahre – endgültig hinter uns.

Dann dauert es nicht lange und Frauchen liest mir ein Straßenschild vor, auf dem „Welcome to North Dakota" steht. Ich versuche nachzuzählen, wie viele der US-Bundesstaaten ich bereits bereist habe und frage mich, ob es wohl noch andere Katzen gibt, die dieses Privileg genießen dürfen.

Wieder einmal werde ich jedoch aus meiner Konzentration gerissen, als Herrchen freudig zu mir meint, wir wären bald an unserem Ziel. Ich stelle mich auf meine Hinterbeine und blicke aus dem Seitenfenster in eine sich bis zum Horizont ausbreitende wild-romantische Landschaft, welche nur so strotzt vor hohem grünem Gras, Büschen und vereinzelten Bäumen. Häufig sieht man dazwischen Felsen und Abbruchkanten aus den Hügeln ragen. Ich erinnere mich an die Badlands in South Dakota und denke mir, dass eine gewisse Ähnlichkeit besteht - wenngleich es hier nicht so dramatisch aussieht.

Wenig später fahren wir von dem breiten Highway ab und rollen auf einer schmalen Seitenstraße dahin. Nach kurzer Zeit kommen wir auf einem weitläufigen Campingplatz an, welcher durch üppige wildgewachsene Hecken und Bäume die vereinzelten Stellplätze voneinander abtrennt. Da es für mich nicht nach RV Park, sondern eher einem der Plätze der Nationalwald-Verwaltung aussieht, bleibe ich ruhig und hoffe, hier ohne Leine herumspazieren zu können.

Wir finden recht bald einen schön gelegenen Stellplatz und parken rückwärts den Wohnanhänger ein. Nachdem Herrchen alles vorbereitet hat, klettere ich aus dem Truck und gehe langsam über die kurz gemähte Wiese.

Hübsch ist es hier, denke ich mir. Zwischen uns und unserem Camping-Nachbarn stehen mehrere Büsche und Bäume, welche ich nicht kenne. Ich spaziere hinüber und schnuppere genüsslich jede der Pflanzen ab.

Dann merke ich, wie mir mein Magen knurrt und mache mich auf den Weg zurück zu unserem Wohnanhänger. Das wohlvertraute Geräusch, wenn Futter in meinen Fressnapf gefüllt wird, lässt mich im Nu die Stufen hinauf flitzen und ich lasse mir mein verdientes Mahl schmecken. Nachdem Herrchen verkündet, dass wir heute nichts weiter unternehmen werden, begebe ich mich auf das Bett und entspanne mich auf meiner Kuscheldecke.

Am nächsten Morgen gehen wir es gemütlich an und es wird ausgiebig gefrühstückt. Anschließend vertrete ich mir in meinem diesmal etwas kleineren Garten die Beine.

Wieder schnuppere ich an den verschiedenen Bäumen, Büschen und anderen Gewächsen. Nicht weit entfernt höre ich Stimmen und vorsichtig schleiche ich mich an. Durch die Hecke luge ich zu unseren Nachbarn hinüber, die gerade vor ihrem Wohnmobil sitzen und sich unterhalten. Ein kleiner Hund liegt daneben und schaut freundlich vor sich hin.

Obwohl ich mich unsichtbar gemacht habe, beschließe ich, besser nicht näher zu kommen. Ich habe ja gerade erst meine Morgenmahlzeit bekommen und wüsste nicht, was ich mit dem Hund anfangen sollte. Außerdem sieht er so lieb aus, dem will ich nicht weh tun.

Ich drehe mich um und verschwinde wieder ungesehen im Gebüsch. Als ich ein paar Schritte zurück gehe, merke ich, dass mich meine Untertanen wieder einmal die ganze Zeit über beobachtet haben. Warum fällt mir das nur immer erst im Nachhinein auf?

Eine halbe Stunde später meint Herrchen, es wäre an der Zeit, dass wir uns den nahegelegenen Nationalpark ansehen. Ich bin mir nicht sicher, ob ich schon wieder Autofahren möchte, doch bevor ich es mir überlegt habe, bin ich bereits angeleint und im Truck.

Na gut, denke ich mir, dafür bekomme ich heute bestimmt einiges zu sehen. Kurz darauf rollen wir aus dem Stellplatz hinaus und ich beobachte durch das Seitenfenster, wie unser Wohnanhänger nun alleine zurückbleibt. Dann fahren wir wieder auf den breiten Highway, nur um nach ein paar Meilen abzufahren.

Es geht durch eine kleine Stadt, in welcher wir abbiegen und einen Moment später stehen wir am Eingang des Theodore-Roosevelt Nationalparks. So steht es zumindest auf der großen Steintafel, die neben dem Asphalt steht. Und so hat es mir Frauchen vorgelesen.

Gleich von Anfang an windet sich die Straße am Rande eines Plateaus durch ockerfarbenes Gestein in die Höhe. Im Gegensatz zu dem oft nackten Fels, wie ich es häufig in Utah gesehen habe, ist hier relativ viel Bewuchs. Oben angekommen, erkenne ich, dass wir tatsächlich wieder in Badlands unterwegs sind. Diese hier weisen jedoch eine abwechslungsreichere Vegetation auf, verglichen mit der Erosionslandschaft in South Dakota.

Wir fahren durch eine Prärie ähnliche Landschaft und ich blicke gespannt aus dem hinteren Seitenfenster, als wir anhalten.

Dann sehe ich, dass überall, beinahe bis zum Horizont, die Gegend übersät ist mit ausgehobenen Erdlöchern. Dazwischen wuseln flink die mir bereits bekannten und äußerst knuddelig aussehenden Prärie-Hunde umher. Einige halten Wache, andere buddeln und reißen Pflanzen aus dem Boden. Ein paar Weitere tollen einfach nur herum.

Gelegentlich sehe ich eines der Tierchen, wie es zu schreien beginnt und seltsame Bewegungen macht. Dabei steht es auf den Hinterbeinen, schmeißt seine Vorderbeinchen nach oben und lässt sich auf den Boden fallen, als wenn es sich verbeugen würde, nur um gleich wieder von vorne anzufangen. Etwas weiter daneben beobachte ich zwei der lustigen Wesen, wie sie gemeinsam an einem Grashalm knabbern.

Herrchen bemerkt, dass ich voller Faszination hinausblicke und erklärt, Prärie-Hunde seien sehr soziale und auch intelligente Kreaturen. Sie haben außerdem eines der ausführlichsten Vokabulare der Tierwelt. Des Weiteren wurden sie beobachtet, wie sie jeden Morgen zu Sonnenaufgang und jeden Abend zu Sonnenuntergang mehrere Minuten still aufrechtstehend, mit aneinandergelegten Vorderpfoten und geschlossenen Augen in Richtung der Sonne blicken.

Ich bin begeistert, dachte ich doch bis gerade eben noch, wir Katzen seien die einzige höher entwickelte Spezies auf diesem Planeten, die noch dazu meditiert und die magischen Momente des Sonnenverlaufs kennt.

Zu schade, dass ich keinerlei Möglichkeiten habe, ein Gespräch von Meister zu Meister mit den pelzigen Kollegen zu führen.

Abbildung 49: Gesellige Prärie-Hunde.

Schließlich fahren wir weiter und es geht von dem Plateau hinein in die zerklüftete, aber dennoch sehr grüne Landschaft. Das Gestein und die Erde leuchten in den unterschiedlichsten Farben. Ich sehe Ocker-, Beige- und verschiedene Rot-Töne. Zusammen mit dem herrlichen Grün der Pflanzen wirkt die ganze weitläufige Szenerie wie aus einer anderen Welt.

Während wir langsam durch den Nationalpark fahren, sauge ich den wunderschönen Anblick in mich auf.

Plötzlich, hinter einer Kurve, rennen große Vögel über die Straße. Ihr Kopf und Hals schimmert bläulich-grau, unter dem Kinn hängt eine rote Hautfalte herab. Die schwarz-braun-weiß gefiederten Tiere stehen auf kräftigen Beinen und kaum sind sie in der nächsten Wiese, picken sie eifrig in der Erde herum.

Frauchen sagt zu mir, das sind wilde Truthähne und sie kommen hier recht häufig vor. Beiläufig merkt sie an, dass die Vögel mit kleinen schwarzen Kätzchen kurzen Prozess machen würden. Dem habe ich nichts hinzuzufügen und hülle mich in Schweigen.

Die Straße führt uns weiter durch eine atemberaubende Gegend. Die Erosionslandschaft wird ausgeprägter mit teils freistehenden zerklüfteten Hügeln, welche aussehen, als wenn eine zähflüssige Masse von einem Moment auf den nächsten ausgehärtet wäre. Die Formen sind schwer in Worte zu fassen und ich genieße einfach nur den Anblick, anstatt mich auf das Notieren der Details zu konzentrieren.

Abbildung 50: Einer der Ausblicke über die unglaublich abwechslungsreiche und vielfarbige Erosionslandschaft.

Als wir wieder etwas in die Höhe fahren, öffnet sich die Landschaft erneut, und links und rechts von uns erheben sich niedrige Tafelberge.

Beim in die Ferne spähen bemerke ich, dass ein massiger Vierbeiner sich durch die Grasflächen bewegt. Ich blicke genauer hin und meine Vorahnung bestätigt sich – ein großer, muskelbepackter amerikanischer Büffel schreitet auf der Suche nach Futter über den staubigen Untergrund.

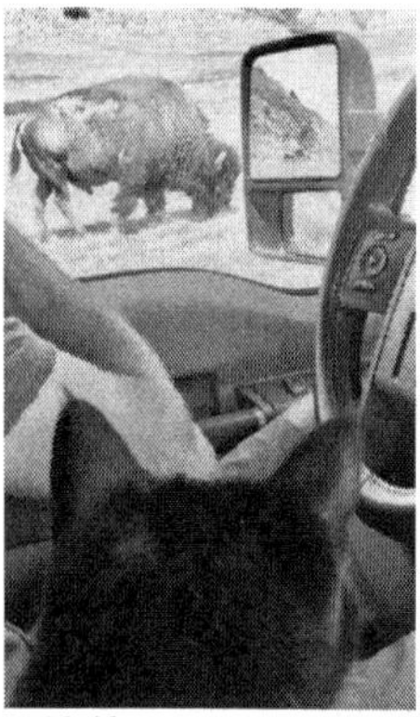

Abbildung 51: Ich beobachte gespannt ein Bison direkt neben unserem Truck.

Er kommt immer näher zu der Straße, auf der wir langsam dahin rollen und sobald wir auf Augenhöhe mit ihm sind, unterbricht er seinen Vorgang des Grasens und blickt uns direkt in die Augen. Dazu schnaubt er kräftig und lässt im Anschluss ein lautes

Grunzen ertönen. Als er schließlich nur noch wenige Meter von unserem Truck entfernt ist, lässt Herrchen schnell die Seitenscheibe hochfahren und wir beobachten gespannt das riesige Säugetier.

Abbildung 52: Der Bison blickt uns direkt an und tut seine Meinung über uns mit einem Schnauben und Grunzen kund.

Ich frage mich, was uns der Gigant wohl sagen wollte, komme aber nur zu dem Entschluss, dass er auf Stunk aus ist, weil wir in seinem Revier unterwegs sind und ihn noch dazu bei seiner Mahlzeit gestört haben. Ich würde mich wohl genauso verhalten, es geht absolut nichts über ein ungestörtes Mittagessen!

Anstatt weiter zu grasen, stolziert der bullige Bison direkt vor uns auf die Straße und blockiert den Weg, so dass wir nicht weiterfahren können. Ohne Zweifel, er zeigt uns gerade auf, wer hier den Ton angibt und wir nichts zu melden haben. Geduldig harren wir aus und nach einigen Momenten kommt das Tier anscheinend zu dem Entschluss, dass wir unsere Lektion gelernt hätten und zieht weiter.

Ich bin zutiefst beeindruckt und hätte den Büffel fast mit meiner Pfote berühren können, so nah kam er uns. Und die faszinierende Demonstration seiner Macht und Stärke muss ich unbedingt anderen Katzen mitteilen, sofern ich mal wieder Artgenossen sehen sollte.

Abbildung 53: Der Bison blockiert uns den Weg und demonstriert, wer hier der Stärkere ist.

Nach diesen spannenden Minuten rollen wir langsam weiter und wieder hinein in die zerklüftete Landschaft. Wir sind immer noch voller Euphorie über die Begegnung mit dem Bison.

Doch der nächste Höhepunkt lässt nicht lange auf sich warten und ich bemerke, dass sich weiter oben rechts von uns in den Bergen etwas bewegt. Auch meine Untertanen sind darauf aufmerksam geworden und wir halten an.

Nachdem wir am Straßenrand stehen geblieben sind, kann ich im ersten Moment nicht mehr ausmachen, wo das sich bewegende Objekt war – doch kurz darauf erkenne ich es und staune nicht schlecht, als ich feststelle, dass dort oben drei Wildpferde herumspazieren. Zwei von ihnen haben hübsch rötlich-braun glänzendes Fell und blonde Mähnen, das andere trägt elegantes Weiß. Die Tiere scheinen dort einfach nur Spaß zu haben und ab und an etwas Gras zu fressen. Kein Wunder, in dieser tollen Landschaft als Pferd unterwegs zu sein ist bestimmt ein Vergnügen.

Der Anblick währt nur für kurze Dauer, dann sind die Pferde hinter dem nächsten Hügel verschwunden.

Beim Weiterfahren fragen wir uns bereits, was wir wohl als nächstes sehen werden. So viele aufregende Momente haben wir uns gar nicht erhofft in diesem eher unbekannteren Nationalpark. Doch die restliche Fahrt verläuft bis auf eine Bisonherde, welche in der Ferne grast und sich im Staub wälzt, ohne weitere Tierbegegnungen.

Die Landschaft ist nichtsdestotrotz äußerst spektakulär und wir halten an vielen Aussichtspunkten an, um die intensiven Farben und dramatischen, durch Erosion entstandenen Felsabbrüche zu bestaunen. Kein Wunder, dass Theodore Roosevelt, ehemaliger Präsident der Vereinigten Staaten von Amerika, von dieser Wildnis so begeistert und zutiefst berührt war.

Schließlich verlassen wir den Nationalpark und fahren zurück zu unserem Wohnanhänger. Als wir dort ankommen, springe ich hinein in unser Zuhause und bemerke erst jetzt, wie müde ich doch mittlerweile bin. Ich lasse mir noch eine leckere Mahlzeit servieren und beschließe danach, dass es für heute genug ist. Mit einem etwas weniger eleganten Sprung lande ich auf dem Bett und lege mich in meine Kuscheldecke.

Schneller als gedacht finde ich mich im Reich der Träume wieder. Dort angekommen, suche ich eines der Wildpferde in den Badlands auf und in einem wilden Ritt galoppieren wir inmitten von Bisonherden durch die atemberaubende Landschaft, nicht ohne einen kurzen Stopp bei der Stadt der Prärie-Hunde einzulegen, um mehr über ihr Sonnen-Ritual zu erfahren.

Abbildung 54: Blick von einem der Aussichtspunkte über die herrlich bewachsenen Badlands des Theodore-Roosevelt Nationalparks in North Dakota.

Wir verbringen noch einen weiteren Tag in der Gegend, ich muss jedoch im Wohnanhänger bleiben. Nach dem wunderschönen, aber anstrengenden Ausflug gestern, bin ich froh darüber, heute alle Viere von mir strecken zu können und auf dem Bett zu entspannen.

Am darauffolgenden Morgen verlassen wir bereits North Dakota. Der Theodore-Roosevelt Nationalpark war vorerst das östlichste Ziel unserer Reise und wir werden uns die nächste Zeit wieder weiter westlich aufhalten, erklärt mir Herrchen.

Im hohen Norden

Erneut passieren wir die Grenze zu Montana und fahren viele Meilen auf demselben Interstate Highway, auf welchem wir hierhergekommen sind. Wieder überqueren wir den schönen Yellowstone River. Diesmal erkenne ich, dass im Fluss sogar Sandbänke sind, die von vielen Vögeln bewohnt werden und mit ihrem weißen Sand wie gemalt aussehen.

Kurz darauf verlassen wir die Autobahn und bewegen uns von nun an auf kleineren Highways durch das Land. Die Landschaft scheint wieder einmal endlos zu sein und ich sehe bis zum Horizont Steppe und Prärie. Nach einiger Zeit beginnen sich erneut Hügel links und rechts der Straße zu erheben und anhand meiner mittlerweile ausgiebigen Erfahrung als weltreisende Katze vermute ich, dass die Gegend dahinter in Badlands übergeht.

Nur wenige Meilen später biegen wir überraschend von der asphaltierten Straße ab und rollen auf einer guten Piste durch die Hügel in das Hinterland. Und tatsächlich, meine Intuition hat mich nicht getrogen. Wir befinden uns wieder in einer Erosionslandschaft, wenngleich auch nicht so spektakulär wie die beiden Nationalparks in den Dakotas.

Als wir weiter hineinfahren, erkenne ich, dass ein See zwischen all den Tafelbergen eingebettet ist. Blau glitzernd bietet er einen schönen Kontrast zu den ockerfarbenen Bergen, die ihn umgeben. An seinen Ufern wächst üppiges Grünzeug und ich erspähe einige Wasservögel darin.

Nach wenigen Minuten haben wir einen Platz gefunden, der sich anbieten würde, um ein paar Tage zu verweilen. Ich freue mich schon darauf, aus dem Truck hinaus springen zu dürfen – wundere mich jedoch, dass Frauchen und Herrchen noch eifrig diskutieren, anstatt alles vorzubereiten. Dann steigt mein Untertan aus, läuft etwas herum, nur um wieder unverrichteter Dinge zurück zu kommen. Ich frage in die Runde, was das Problem ist, aber mein Maunzen nimmt niemand zur Kenntnis.

Schließlich wenden wir und fahren zurück auf die Hauptpiste. Ich sehe irritiert meine Mitreisenden an und höre dann von ihnen, dass es hier sehr heiß ist ohne jeglichen Schatten weit und breit. Zusätzlich schwirren überall Mücken herum, die so klein sind, dass sie wohl durch die Moskito-Netze passen würden, woraufhin wir alle Fenster und Türen geschlossen halten müssten. Bei der Hitze und der stechenden Sonne würde der Wohnanhänger schnell zum Backofen werden.

Das hört sich für mich plausibel an und ich unterlasse es, mich lauthals zu beschweren. Obwohl ich es sehr schade finde, landschaftlich ist der Ort hübsch anzusehen.

Abbildung 55: Hier wären wir gerne geblieben, doch die Hitze und Mücken waren uns zu viel.

Auf der gut ausgebauten Staubstraße legen wir die wenigen Meilen bis zum asphaltierten Highway zügig zurück und fahren anschließend weiter gen Norden, nur um wenig später wieder in westliche Richtung zu fahren. Es geht an einem riesigen blauen See vorbei, welcher, wie ich erfahre, durch den Fluss Missouri gespeist wird. Darauf erkenne ich einige Boote, die mit hoher Geschwindigkeit durch das blaue Nass preschen.

Dann lassen wir die Gegend hinter uns und die Straße führt uns durch endlos wirkende Getreidefelder. In der nächsten Ortschaft halten Herrchen und Frauchen nach einem RV Park Ausschau, um einen Platz für die Nacht zu finden. Mir reicht es auch langsam für heute und ich habe deshalb ausnahmsweise nichts gegen einen Campingplatz einzuwenden.

Wenig später haben meine Untertanen einen hübschen Platz gefunden. Die Registrierung ist schnell erledigt und wir parken den Anhänger unter lauschigen, schattenspendenden Bäumen ein.

Im Anschluss gehe ich noch draußen an der Leine etwas spazieren und treffe dort zwei weitere Katzen, die anscheinend hier wohnen. Wir führen ein kurzes Gespräch, dann verabschieden wir uns und ich springe zurück in den Wohnanhänger. Gerne hätte ich mich etwas länger mit meinen Artgenossen unterhalten, um mehr über ihr Leben in Montana zu erfahren. Doch sie waren zu sehr beschäftigt damit, ihre abendlichen Aufgaben auf dem RV Park zu erledigen, die darin bestanden, die Umgebung frei von Nagern zu halten.

Ich beschließe, dass, sollten meine Mitbewohner sich je in Montana niederlassen, ich mir ebenso solch einen Traumberuf suchen werde.

Abbildung 56: Herrchen fotografiert mich, als wir auf unserer Fahrt durch die endlosen Getreidefelder eine Pause einlegen.

Tags darauf setzen wir unsere Fahrt nach Westen fort. Stunde um Stunde vergeht und immer, wenn ich aus den Seitenfenstern blicke, frage ich mich, ob wir uns im Kreis bewegen. Ich sehe stets nur Getreidefelder, soweit das Auge reicht.

Häufig begleiten uns über meilenweite Abschnitte Myriaden von Heuschrecken. Die Tiere flattern dann über die Fahrbahn und über uns hinweg.

Es ist schon später Nachmittag, als die Landschaft wieder bergiger wird. Dann kommen wir in den nächsten Ort und steuern erneut einen Campingplatz an, welcher sehr schön am Rande eines Canyons gelegen ist. Unterhalb unseres Stellplatzes fließt ein Fluss dahin, zu dem ich anschließend mit Herrchen hinuntergehe.

Der Pfad führt uns über einen mit dichtem Gras und Sträuchern bewachsenen Abhang. Als wir unten ankommen, spazieren wir am Ufer auf und ab und genießen das Plätschern des gemächlich dahinfließenden Gewässers. Ich knabbere etwas an den dort stehenden saftigen Grashalmen, bevor wir uns wieder auf den Weg nach oben machen.

Die bereits tiefstehende Sonne verzaubert die Landschaft mit ihrem Licht. Ich spüre wieder die Magie des Moments und muss an die Prärie-Hunde in North Dakota denken, wo ich noch vor wenigen Tagen war. Ich bin wahrlich eine weit gereiste Katze.

Wir beschließen, hier für ein paar Tage zu bleiben, bevor wir uns zu unserem nächsten Ziel aufmachen – dem berühmten Glacier Nationalpark an der Grenze zu Kanada.

Schließlich rollen wir eines Morgens vom Campingplatz davon und Herrchen meint zu uns, die Fahrt sollte nur wenige Stunden dauern. Ich finde, das hört sich nach einem guten Tag an und freue mich bereits, in die Bergwelten Montanas einzutauchen.

Doch zunächst fahren wir erneut durch eine Gegend mit vielen Getreidefeldern links und rechts der Straße. Zum Glück dauert es heute weniger als eine Stunde, dann wird die Landschaft immer bergiger. Die endlosen Weiten der Prärie verschwinden und dichte Wälder bewachsen die

Berghänge. Der kurvige Highway windet sich Meile um Meile weiter hinein in die Gebirgsregion und ich beobachte gebannt die vorbeiziehende Szenerie. So viele Bäume dort draußen, denke ich mir, und kann es kaum erwarten, dass wir ankommen.

Nach einiger Zeit erreichen wir eine Ortschaft, biegen von dem Highway ab und fahren unter einer Brücke hindurch. Dann überqueren wir einen Fluss, nur um wenig später bereits an der Einfahrt in den Glacier Nationalpark zu stehen.

Meine Untertanen sind ganz aufgeregt. Sie meinen, wir sind nun am nördlichsten Ziel unserer Reise durch die Vereinigten Staaten und der Glacier Park gilt als einer der schönsten überhaupt. Er trägt sogar den dazu passenden Beinamen: Die Krone des Kontinents. Das klingt vielversprechend, denke ich mir, und dränge Herrchen dazu, weiterzufahren. Doch er muss warten, bis wir an dem Eintritts-Häuschen an der Reihe sind. Dann zeigt er der darinsitzenden Dame unseren Jahrespass vor und wir setzen unsere Fahrt fort.

Als ich zufällig in den Rückspiegel blicke, fällt mir auf, dass wir noch unseren Hänger dabeihaben – was sehr ungewöhnlich ist, wenn wir in einem Nationalpark unterwegs sind. Fragend blicke ich Herrchen an und erhalte auch gleich die Antwort: Wir müssen ein kleines Stück durch den Park fahren, bis wir in dem umliegenden Wald nach einem Wildcamping-Platz suchen können. Ich bin beruhigt, springe wieder auf die Rücksitzbank und spähe hinaus in die herrliche Landschaft.

Nach einer halben Stunde entspanntem Dahinrollen wechselt die Straße zu unbefestigter Fahrbahn und wir bewegen uns vorsichtig auf der nun staubigen Piste durch den Wald. Wieder vergehen einige Meilen, bis wir anhalten, Herrchen aussteigt und auf einer Nebenpiste verschwindet. Wenige Minuten später kommt er zurück und steuert unser Gespann zu einer großen Stellfläche, die von der Hauptpiste nicht sichtbar war. Ich beobachte, wie meine Untertanen unseren Wohnanhänger ausrichten und anschließend vom Truck abkoppeln.

Mit eiligen Bewegungen putze ich mir noch schnell das Fell und die Ohren, um zumindest etwas ordentlich beim Aussteigen auszusehen, nehme auf der Rücksitzbank Platz, nur um gleich darauf von Frauchen die Tür geöffnet zu bekommen.

Ich springe hinaus und atme tief die frische Berg- und Waldluft ein. Als ich meinen Blick schweifen lasse, sehe ich in der Ferne ein hohes Gebirge, welches sich aus den riesigen Waldflächen erhebt. Direkt hinter unserem Wohnanhänger stehen große Nadelbäume, die nur darauf warten, von mir erkundet zu werden. Irgendwo im Wald höre ich einen Fluss rauschen.

Welch ein Paradies, denke ich mir. Dann gehen wir alle in unser mobiles Zuhause und essen zu Mittag. Den restlichen Tag verbringe ich damit, die nähere Umgebung zu erkunden und beschnuppere neugierig die wunderbar nach Harz duftenden Bäume hinter unserem Anhänger.

Abbildung 57: Beim Wildcampen am Rande des Glacier Nationalparks in Montana.

Am nächsten Morgen bin ich früh wach. Die Kälte hat mich geweckt und ich krieche zu Frauchen unter die Bettdecke. Als mir wieder warm ist, wecke ich die beiden auf. Ich will so schnell wie möglich in den Park und die Landschaft dort sehen.

Wieder einmal erweist sich meine Methode des über die Köpfe hin und her springen als sehr wirkungsvoll und kurze Zeit später sitzen wir am Frühstückstisch. Völlig zu Recht habe ich meinen Futternapf bereits zuvor als erstes gefüllt bekommen und sehe nun vergnüglich meinen Untertanen zu, wie sie sich von mir zur Eile gedrängt ihre Mahlzeit einverleiben.

Dann füllen die beiden noch mehrere Trinkwasserflaschen ab und packen etwas zu essen ein, so dass wir gleich darauf losfahren können zu unserer für heute geplanten Besichtigungstour durch die Berge.

Frauchen und ich steigen in den Truck, Herrchen sperrt unser mobiles Zuhause ab und dann geht es wieder über mehrere Meilen staubige Piste zurück in den Nationalpark. Die Straße führt uns durch dichten Wald. Als sich die Bäume etwas lichten, stoppen wir in einer Haltebucht.

Während meine Untertanen aussteigen, sehe ich mir das Panorama durch die offenen Seitentüren an. Unter uns plätschert ein Gebirgsfluss dahin, zu dem Herrchen gerade über große, vom Wasser rund gewaschene Steinbrocken absteigt. Ein paar hundert Meter weiter macht der Fluss eine Biegung und verschwindet hinter einem Berghang. Auf der anderen Seite steigt das mit Gras und Nadelbäumen bewachsene Gelände steil an und endet an senkrecht in den Himmel ragenden Felswänden.

Mir gefällt es hier äußerst gut und ich würde gerne noch einige Zeit bleiben. Aber Herrchen kommt zurück und meint, wir würden der Straße weiter folgen, da diese uns hoch in die Berge und entlang der von hier sichtbaren Felswände führen würde.

Als ich das höre, schlägt mein kleines Katzenherz höher. Vor lauter Vorfreude bekomme ich schwitzige Pfoten und sporne meine Untertanen an, doch endlich loszufahren.

Schließlich rollen wir aus der Haltebucht hinaus und weiter geht unsere Reise. Erneut liegt links und rechts der Straße dichter Wald. Dann wird die Strecke kurviger und steiler. Danach lassen wir die Wälder unter uns und nach einer engen Serpentine halten wir an einem Aussichtsplatz an.

Wieder darf ich nicht aus dem Truck aussteigen, doch meine Mitreisenden sind so freundlich, mir die Seitenscheiben herunterzulassen und ich genieße freie Sicht auf den herrlichen Ausblick.

Unter uns liegt das Tal, in dem wir vorhin noch gefahren sind. Ich sehe den Fluss, welcher sich wie ein langes glitzerndes Band durch die Gebirgswelt schlängelt. Dichte Nadelwälder ziehen sich vom Ufer hinauf in die umliegenden, schneebedeckten Berge und lassen die Szenerie wie gemalt wirken. Beim Blick nach links sehe ich, wie die Straße an den Berghängen entlangführt und viele Meilen entfernt hinter einer großen Felswand verschwindet.

Die schiere Grandiosität der Landschaft lässt den Anblick surreal wirken und ich muss unweigerlich daran denken, wie winzig die Menschen und ihre Probleme doch im Vergleich dazu sind. Aber auch wir voller innerer Größe und Erhabenheit steckenden Katzen sind nichts weiter als eine kurze Momentaufnahme im ewigen Kreislauf der Natur.

Dann fahren wir weiter. Die Straße wird jetzt sehr eng und rechts von uns geht es steil hinab, nur eine dünne, niedrige Steinwand liegt zwischen uns und dem Abhang. Der Truck ist so breit wie die Seite der Fahrbahn, zusätzlich muss etwaiger Gegenverkehr tief hängende Felsen umfahren und so bleiben wir des Öfteren stehen, um kein Aneinanderstoßen zu riskieren.

Bei Aussichtspunkten halten wir regelmäßig und genießen den atemberaubenden Anblick des Gebirges. Aber auch die Pflanzenwelt ist wunderschön und ich betrachte sie voller Demut. Viele der Bergblumen stehen in voller Blüte und der farbliche Kontrast ist herrlich.

Abbildung 58: Herrliche bunte Blumen wachsen in der rauen Bergwelt.

Nach einigen Meilen wird die Straße wieder etwas breiter und Herrchen atmet auf. Soviel ich mitbekommen habe, müssen wir allerdings den gesamten Weg zurück, da die östliche Ausfahrt aus dem Park durch ein Reservat der indianischen Ureinwohner führt, welches aufgrund der Virus-Pandemie nur für Stammesangehörige geöffnet ist.

Mir ist das sehr recht und ich freue mich bereits, die sogenannte Going-to-the-Sun Straße mit entgegengesetztem Ausblick erneut zu sehen.

Aber noch haben wir viel Strecke vor uns, welche weiter hinein in den Nationalpark führt. Rechts von uns tost ein Wasserfall direkt neben der Straße hinab und wir fahren durch in der Sonne funkelnden Sprühnebel.

Dann bleiben wir erneut stehen. Vor uns liegt eine sanft abfallende Bergwiese voll lila blühender, hoher Pflanzen. Dazwischen sind mehrere niedrige Sträucher. Die Sonne steht mittlerweile tief und die Gipfel werfen lange Schatten über Teile der Landschaft. Einige Touristen machen sich einen

Spaß daraus, sich zwischen die langstieligen Pflanzen zu stellen und fotografieren zu lassen. Andere bleiben in Hockstellung darin und nur ihre Köpfe sind in dem Blütenmeer sichtbar.

Ich muss über diese lustige Eigenart der Menschen schmunzeln und notiere mir sie, um irgendwann meinen Artgenossen davon zu erzählen.

Abbildung 59: Eine Bergwiese voll lila blühender, hoher Pflanzen.

Wir fahren weiter, nur um wenige Minuten später wieder anzuhalten. Ein weiteres Mal genießen wir einen spektakulären Ausblick in die umliegenden Berge und das Tal unter uns.

Dann bemerke ich eine Bewegung auf der gegenüberliegenden Seite einiger steil abfallenden Geröllhänge. Ich spähe hinüber und kurz bevor sie außer Sichtweite sind, sehe ich, dass eine Familie von Gebirgsziegen einen schmalen Pfad entlang spaziert. Auch meine Untertanen haben es bemerkt, jedoch war Herrchen nicht schnell genug mit der Kamera und ich höre, wie Frauchen und er enttäuscht seufzen.

Doch nur wenige Augenblicke später erblicken wir direkt neben uns in der Felswand ein weiteres wunderschönes Exemplar der Ziegenart. Ich frage mich verdutzt, wie das Tier dort hingekommen ist, doch als ich beobachte, wie geschickt es am steilen Abgrund entlang balanciert und sich schließlich hinlegt, verstehe ich.

Die freundlich dreinschauende Kreatur hat ein schneeweißes, zotteliges Fell und typische Ziegenhörner. Auch ein kleiner Bart darf selbstverständlich nicht fehlen. Sie beäugt uns ebenso voller Interesse – natürlich nicht der Menschen wegen, die wird sie ja schon öfters kennengelernt haben. Das Wildtier und ich blicken uns gegenseitig freudig in die Augen und tauschen uns im Stillen aus. Herrchen hat die Gelegenheit genutzt und eifrig Fotos der Bergziege gemacht.

Abbildung 60: Eine äußerst kletterbegabte Bergziege sitzt unweit von uns in den Felswänden.

Nach einigen Minuten meint Frauchen, wir sollten weiterfahren und uns noch die restlichen Aussichtspunkte ansehen, bevor es dunkel wird.

So schließen wir die Türen und setzen unsere Tour fort, nur um kurz darauf erneut anzuhalten. Wir stehen in einer weiteren Haltebucht und ich luge neugierig aus dem Fenster, erkenne jedoch nichts Besonderes. Mittlerweile sind wieder vermehrt Nadelbäume um uns herum, dazwischen liegen große Felsbrocken.

Plötzlich bewegt sich etwas und einer der Felsen fängt an sich zu erheben und auf etwas herum zu kauen. Ich blicke verdutzt hinüber und gerade als ich anfange an meinen Sinnen zu zweifeln, bemerke ich erleichtert, dass es ein großes graues Tier ist, welches wie ein weiterer Stein zwischen den anderen Brocken herumlag. Solch eine grandiose Tarnung, denke ich mir.

Das Wesen geht langsam in unsere Richtung und entfernt sich von den Felsen, so dass wir es jetzt klar und in voller Größe bewundern können. Sein kurzes Fell wechselt am Hinterteil zu weiß und zwei beeindruckende, gewundene sowie massig wirkende Hörner schmücken sein Haupt. Frauchen und Herrchen sind ganz leise, um das Tier nicht zu verjagen, während es auf einem Grashalm herumkaut.

Es handle sich hier um ein Dickhornschaf, erklärt mir flüsternd mein gerne klug wirkender Untertan. So etwas in der Art habe ich bereits vermutet und bin entsprechend wenig beeindruckt von seinem Wissen.

Ich beobachte weiterhin gespannt das Wesen, wie es dort im Wald steht und in aller Ruhe seine grüne Mahlzeit genießt. Jedes Mal aufs Neue bin ich fasziniert davon, welch wunderbare Kreaturen sich die Natur doch ausgedacht hat und wie gut diese an die Lebensbedingungen angepasst sind.

Woher nimmt sie nur die Ideen hierfür? Oder ist alles nur Zufall?

Über diesen absurden Gedanken muss ich innerlich lachen, zu ausgefeilt und genial ist jedes Lebewesen, um aus reinem Würfelspiel entstanden zu sein – von der Mikrobe über wunderschöne Pflanzen hin zu gigantischen Meeressäugern, sie alle sind bis ins kleinste Detail perfekt geplant. Ich bemerke, dass ich in eine endlose Fragenspirale abrutsche und konzentriere mich schnell wieder auf den jetzigen Moment.

Ich beobachte erneut das schöne Schaf und seine imposanten Hörner. Herrchen macht derweilen noch ein paar weitere Fotos sowie ein kurzes Video von dem Tier, wie es vor beeindruckender Kulisse den Abend genießt.

Dann spaziert es langsam und mit einer Seelenruhe zurück in den Wald und ist bald aus unserem Blickfeld verschwunden. Meine Untertanen lassen die Seitenscheiben wieder hoch und drehen zum Glück die Heizung auf – es zieht mittlerweile bitterkalt herein.

Abbildung 61: Ein Dickhornschaf kaut genüsslich auf einem Grashalm herum.

Schließlich verlassen wir die Haltebucht und durchqueren einen Tunnel, welcher in den Berg geschlagen ist. Auf der anderen Seite rieselt am Rand ein weiterer kleiner Wasserfall herab und wir freuen uns, vorhin die Scheiben geschlossen zu haben.

Abbildung 62: Ein Bärenjunges klettert neben uns vom Baum.

Die Straße führt uns nun bergabwärts und als wir gerade in einen lichten Wald hineinfahren, stoppt Herrchen abrupt den Truck. Ich schaue mich verwundert um und sehe neben uns am Straßenrand auf einem Baum drei schwarze und kuschelig aussehende Tierchen schnell die Äste hinuntersteigen.

Endlich, Bären! Ich springe auf die Rücksitzbank und drücke mir das Näschen an der Seitenscheibe platt. Sofort erkenne ich, dass es sich um Jungtiere handelt und würde am liebsten zu ihnen auf den Baum springen. Das wären bestimmt prima Spielgefährten, denke ich mir.

Voller Bewunderung betrachte ich ihre knuffigen Ohren und die für ihre noch kleine Körpergröße recht großen Pratzen. Nur beim Klettern, da können sie wahrlich nicht mit mir mithalten. Äste knacken und Rinde fällt hinunter, während die Schwarzbärjungen eilig vom Baum kommen.

Wenig später verschwinden sie im Unterholz. Meine Untertanen sind begeistert und auch ich lasse mich von ihrer Euphorie anstecken.

Langsam rollen wir weiter, in der Hoffnung noch mehr tierische Einwohner dieser herrlichen Gebirgswelt zu sehen. Meile um Meile vergeht, doch die einheimische Fauna scheint heute keine Lust mehr zu haben, sich uns zu zeigen.

Die Sonne ist mittlerweile endgültig hinter den Bergen verschwunden und die Gipfel leuchten in glühendem Rot, als wir an einem traumhaft gelegenen, tiefblauen See ankommen. Hohe Felswände umgeben das Gewässer, auf welchem sich sanfte Wellen kräuseln. Das uns gegenüberliegende Ufer ist mit dichtem Nadelwald bewachsen. Wir hingegen stehen auf einer Klippe, welche steil in den See abfällt. In der Entfernung erkenne ich eine kleine Insel.

Leider können wir aufgrund der einbrechenden Dunkelheit nicht lange an diesem magischen Ort verweilen und so machen wir uns auf, die letzten paar Meilen der Straße durch den Nationalpark zu erkunden.

Wir fahren noch für kurze Zeit durch schöne Wälder, dann erreichen wir den letzten Aussichtspunkt und wenden dort, um uns auf den Rückweg zu machen.

Meine Untertanen finden es schade, dass nun die Dunkelheit fast vollständig über uns hereingebrochen ist und sie nur noch wenig außerhalb des Scheinwerferlichts erkennen. Ich ignoriere ihre Unfähigkeit, im Dunkeln zu sehen und genieße weiterhin die spektakuläre Natur durch die Scheiben des Trucks, während wir wieder die in den Felsen geschlagene Straße am Abhang des Bergmassivs entlangfahren.

Schließlich sind wir zurück bei der engen Haarnadelkurve und fahren stetig bergabwärts in den mittlerweile stockfinsteren Wald im Tal hinein. Nach vielen weiteren Meilen erreichen wir die Piste, welche zu unserem Wildcamping-Platz führt.

Kurz nachdem ich auf der Rücksitzbank eingeschlafen bin, wecken mich meine Untertanen auf und erklären mir, wir wären wieder bei unserem mobilen Zuhause.

Noch etwas schlaftrunken tapse ich hinaus, springe die Stufen empor und warte auf mein Feuchtfutter. Heute war wirklich ein langer Tag, denke ich mir. Ich schlecke meinen Napf aus und schlendere zu meinem Schlafplatz hinüber, um mich, über die vielen tollen Erlebnisse freuend, für die Nacht vorzubereiten.

Ich muss wohl dabei während der Fellpflege eingeschlafen sein und finde mich beim Aufwachen in einer seltsamen Haltung wieder. Schnell rolle ich mich einer Katze angemessen zusammen und bin kurz darauf wieder eingeschlummert.

Abbildung 63: Einer der wunderschönen Bergseen im Glacier Nationalpark. Ich erlebe dort einen magischen Moment, als das letzte Licht des Tages die Umgebung verzaubert.

Früh am nächsten Morgen, noch bevor die Sonne aufgegangen ist, hat mir Frauchen die Jalousie an dem großen Fenster geöffnet, so dass ich hinausblicken kann. Insgeheim vermute ich, sie tut das, damit ich abgelenkt bin und meine Untertanen länger schlafen lasse. Ich kichere in mich hinein. Als wenn ich mich so leicht beeinflussen lassen würde.

Während ich so dasitze, beobachte ich wie ein paar Mäuse über den Boden flitzen. Ob ich mich wohl heimlich hinausstehlen kann, um mir einen der Leckerbissen zu schnappen?

Leider hat mir Herrchen noch nicht gezeigt, wie die Tür zu öffnen ist, und so verbleibt es beim reinen Anblick der vierbeinigen Köstlichkeiten.

Als ich anfange zu sabbern, beschließe ich, es ist nun an der Zeit meine Mitbewohner zu wecken und von visueller zu gustatorischer Wahrnehmung überzugehen. Welch tolles Wort und Ausdrucksweise, denke ich mir. Und einem erleuchteten Wesen wie mir eine viel angemessenere Wortwahl als einfach nur zu sagen, der reine Anblick macht nicht satt und ich brauche jetzt etwas für den Geschmack.

Ich beginne, Frauchen an Hals und Gesicht vorsichtig mit meinen Krallen zu piksen. Abrupt dreht sie sich um. Ich freue mich jedes Mal über dieses Spiel und springe über ihren Kopf hinweg auf die andere Seite, um sie erneut mit meinen Krallen zu berühren. Nun stöhnt sie entnervt auf und meint, ich wäre ein schrecklicher kleiner Tyrann zu dieser frühen unmenschlichen Zeit.

Da ich weiß, dass sie es genau andersherum meint, bin ich zutiefst glücklich über diese Worte und rechne jeden Moment damit, mein Futter serviert zu bekommen. Etwas schlaftrunken füllt mir Frauchen dann auch schon kurz darauf eine lecker duftende Portion in meinen Fressnapf. Wenig später stößt auch Herrchen zu unserer Runde der Frühaufsteher und meine Untertanen bereiten sich ihre Morgenmahlzeit zu.

Anschließend machen wir uns wieder daran, den Nationalpark zu erkunden. Dieses Mal fahren wir die Piste durch den Wald in die andere Richtung, wir möchten uns den nördlichen und weniger stark besuchten Teil ansehen.

Nach ein paar Meilen ist die Fahrbahn wieder asphaltiert und wir sehen auf beiden Seiten der Straße vereinzelt stehende Häuser, welche von großen Grundstücken umgeben sind. Als wir die bewohnte Gegend hinter uns lassen, wechselt der Untergrund erneut zu staubiger Piste und kurz vor einem Schild, auf dem irgendetwas unwichtiges mit Kanada steht, biegen wir ab und fahren langsam über den nun sehr holprigen und staubigen Waldweg.

Nachdem wir ein kleines Touristen-Resort passiert haben, kommen wir bei einem herrlichen, türkis-blau schimmernden Gebirgsfluss an und bewundern das kristallklare Wasser. Herrchen watet sogar etwas hinein und genießt das erquickende, kühle Nass. Ich traue mich bis an den Rand, bin allerdings sehr vorsichtig, keinen Tropfen abzubekommen, um mein hübsches Fell nicht zu besudeln.

Nicht weit vom Ufer entfernt ist eine große Sandbank, auf welcher Büsche und Bäume wachsen. In Gedanken male ich mir aus, wie schön es jetzt wäre, mit meinem imaginären Boot dort hinüber zu paddeln und ein paar exotische und von der Außenwelt isoliert lebende Mäuse zu entdecken. Ob sie wohl auch außergewöhnlich schmecken würden?

Im nächsten Moment reißen mich meine Untertanen aus meinen Überlegungen und wir steigen wieder in den Truck ein. Auf einer Brücke überqueren wir den Fluss und kommen schließlich an der Grenze des Glacier Nationalparks an. Herrchen zeigt unseren Jahrespass und wir fahren auf der nach wie vor staubigen Piste weiter in den Wald hinein.

Die Straße schlängelt sich nun in engen Kurven in die Höhe und nach einiger Zeit sind wir umgeben von Laub- und Nadelbäumen. Dann kommen wir bei einer großen, geschotterten Lichtung an, auf der bereits viele Fahrzeuge parken. Wir versuchen, einen freien Platz für unseren Truck zu finden, haben jedoch kein Glück.

Herrchen erzählt mir, dass man von hier aus zu einem Gebirgssee kann, welcher nicht weit entfernt sei. Wir drehen noch ein paar weitere Runden, in der Hoffnung, einer der Besucher würde abreisen und Parkplätze frei werden, lassen es letztendlich aber gut sein und machen uns leicht frustriert auf den Rückweg. Mit so vielen Menschen jenseits der Hauptattraktionen im Nationalpark haben meine Untergebenen nicht gerechnet.

Die Straße, welche uns hierhergeführt hat, ist der einzige Weg hinaus und so rollen wir vorsichtig wieder die vielen Meilen zurück, bis wir auf der Waldpiste sind, welche uns zu unserem Wohnanhänger führt. Unterwegs halten wir noch kurz an, um einen Adler zu fotografieren, welcher in einem Baum direkt über der Piste landet, und sind schließlich am frühen Nachmittag wieder bei unserem Zuhause.

Auch wenn wir nicht soviel gesehen haben wie geplant, bin ich doch froh, dass die Fahrerei heute nicht so lange gedauert hat wie gestern.

Ich bekomme eine leckere Mahlzeit in meinen Futternapf gefüllt, bei welcher ich mir vorstelle, auf der Insel der exotischen Mäuse zu sein. Kaum bin ich damit fertig, springe ich auf das Bett und lege mich auf meine Kuscheldecke. Hier kann ich in aller Ruhe meine Insel-Träume fortsetzen und schlummere zufrieden ein.

Abbildung 64: Einer der wunderschönen, kristallklaren Flüsse, die ich auf meiner Reise durch den Glacier Nationalpark gesehen habe.

Die nächsten zwei Tage entscheiden sich meine Mitbewohner dazu, ohne mich auf Tour zu gehen.

Da mir die Fahrerei sowieso zu viel wird, genieße ich die Ruhepause und lasse die beiden ziehen – wieder einmal wohl wissend, dass sie nicht ansatzweise soviel Spaß haben werden, als wenn ich mit ihnen kommen würde.

Schließlich ist es soweit und es heißt, von der Bergwelt des Glacier Nationalparks Abschied zu nehmen. Rasch haben wir alles zusammengepackt und den Wohnanhänger an den Truck gekuppelt.

Dann verlassen wir den nördlichsten Punkt unserer Reise, wie Herrchen vor ein paar Tagen so schön gesagt hat, und machen uns auf den langen Weg nach Süden, für welchen wir uns erneut mehrere Monate Zeit lassen werden.

Auf unserer Fahrt durch die wild-romantische Berglandschaft kommen wir an Seen und Flüssen vorbei. Ich erinnere mich an meine Zeit in der Wüste und wie grün dagegen hier in Montana alles wirkt.

Stunde um Stunde vergeht. Häufig stelle ich mich auf der Rücksitzbank am Seitenfenster auf meine Hinterbeine und spähe hinaus. Dann rolle ich mich wieder zusammen, döse etwas oder liege vorne auf dem Mittelsitz zwischen meinen Untertanen, um Herrchen – teils argwöhnisch – beim Steuern des Trucks zu beobachten.

Die Landschaft ist meistens dicht bewaldet, nur gelegentlich fahren wir durch offene Flächen. Ich merke, wie sehr mich die Reise über die kurvenreichen Straßen ermüdet, und als wir schließlich an unserem Tagesziel ankommen, hätte ich den Moment beinahe verschlafen.

Müde blinzelnd sehe ich mich um, als Frauchen und Herrchen unser Gespann rückwärts einparken. Schön ist es hier, denke ich mir. Wir stehen auf einer Lichtung, hinter welcher ein rauschender Bach vorbeifließt. Um uns herum sind überall Nadel- und Laubbäume und hohes dichtes Gras.

Ich bin sofort wieder munter und möchte hinaus. Hier scheint es viel zu entdecken zu geben. Es wirkt zwar wie eine Art Campingplatz, aber keiner der mir so unangenehmen RV Parks. Ich vermute, wir sind auf einem der kostenlosen, weitläufigen und meist recht hübsch angelegten Stellplätze der amerikanischen Nationalwald-Behörde.

Wenig später haben meine Untertanen bereits alles aufgebaut und anstatt mit ihnen in den Wohnanhänger zu gehen, überrede ich Herrchen, sich doch gleich mit mir die Gegend anzusehen. Wir spazieren hinüber zu dem Bach, in welchem, wie sich herausstellt, kristallklares Wasser an uns vorbei strömt.

Ich beuge mich hinab und trinke daraus ein paar Schlucke. Das ist wahrlich leckeres, herrlich erquickendes Gebirgswasser. Die Ufer des Baches sind mit teils dichtem Buschwerk und Gras bewachsen und ich bin froh, dass wir eine leicht zugängliche Stelle gefunden haben. Die Luft ist überaus frisch mit duftenden Wald- und Wiesennoten und ich sauge sie mit tiefen Atemzügen in mich ein. Dann gehen wir zurück in den Wohnanhänger und ich freue mich darüber, dass Frauchen mir bereits meinen Futternapf gefüllt hat.

Herrchen geht wieder hinaus, um Tisch und Stühle aufzubauen. In dem Moment kommt unser einziger Nachbar zu ihm, welcher in etwa fünfzig Meter Entfernung parkt.

Durch die offene Eingangstür beobachte ich das Geschehen. Der fremde Mann hat seine Arme voll mit Holzscheite, welche er vor Herrchen bei unserer Feuerstelle ablegt. Die beiden unterhalten sich eine ganze Zeit lang, leider verstehe ich nicht viel davon. Herrchen und der Mann lachen viel und ich befinde, dass der Fremde sehr sympathisch wirkt.

Als mein Untertan zurück in den Anhänger kommt, können Frauchen und ich nicht anders: Mit bohrendem Blick verlangen wir nach Auflösung der Situation. Wir wollen alles wissen, was die beiden da draußen gesprochen haben.

Herrchen erzählt, der nette Mann lebt eigentlich nicht weit von hier in der nächsten Ortschaft. Sein treuer Hund, mit welchem er seit vierzehn Jahren zusammenlebt, hatte kürzlich eine schwere Operation, und der Mann hat für einen Monat frei genommen, um sich den ganzen Tag um den Vierbeiner kümmern zu können. Als es ihm wieder besser ging, hat er beschlossen, dass die beiden für zwei Wochen hier im Wald mit ihrem kleinen Wohnanhänger campen gehen.

Ich bin zutiefst gerührt, als ich das alles höre. Der Fremde ist wahrlich ein großer Tierfreund.

Die nächsten Tage sprechen Frauchen und Herrchen immer wieder mit unserem Nachbarn. Er kommt sogar einmal vorbei, um uns ein Holzscheit zu bringen, auf welches er Augen, Nase, Mund und Haare angebracht hat. An einem befestigten Draht kann man das kleine Holzwesen sogar aufhängen.

Dann zeigt er Herrchen, dass er noch viele weitere Mitglieder der sogenannten Holzleute-Familie angefertigt hat. Sie hängen überall an den Bäumen an Ästen und schauen auf uns herab. Jedes der Holzscheite scheint einen anderen Charakter zu repräsentieren, welche der Mann mit seinen künstlerischen Fähigkeiten aus ihnen gezaubert hat.

Abbildung 65: Mein neuer Holzscheit-Freund.

Mittlerweile sind wir gute Freunde geworden. Der Mann gibt uns auch viele Tipps, was wir hier in der Gegend ansehen können.

Leider darf ich meine Untertanen auf keinem der Ausflüge begleiten, welche sie zu einer nahegelegenen, kleinen und sehr hübschen Ortschaft namens Philipsburg führt, und einmal zu einer verlassenen Geisterstadt in den umliegenden Bergen. Die Straße dorthin muss ein ziemliches Abenteuer gewesen sein, welches ich gerne miterlebt hätte. Doch auch so habe ich hier meinen Spaß und verbringe eine entspannte Zeit am Bach und im Wald.

Eines Abends zünden wir ein Lagerfeuer mit den Holzscheiten an, welche unser Nachbar uns gleich anfangs vorbeigebracht hat. Leider ist unser lieber Freund bereits vor zwei Tagen weitergefahren und so sitzen wir im Stillen um das flackernde Feuer herum und freuen uns darüber, solch einen tollen und zutiefst aufrichtigen Menschen kennengelernt zu haben.

Wir bleiben noch ein paar weitere Tage, in denen Herrchen unter anderem irgendetwas an unserem Wohnanhänger repariert. Dann ist es wieder an der Zeit für uns weiterzufahren.

Schnell ist alles zusammengepackt und wir sind bald startklar. Es geht erneut durch waldreiche Gegenden. Nach geraumer Zeit schlängelt sich der Highway in die Höhe und als wir an einem Aussichtspunkt anhalten, genießen wir einen weiteren spektakuläre Anblick der uns umgebenden Bergwelt. Der heute bewölkte Himmel wirkt grenzenlos und Montana's Beiname „Big Sky Country" macht der Bezeichnung alle Ehre.

Herrchen ist ausgestiegen und studiert eine aufgestellte Informations-Tafel. Als er zurückkommt, zeigt er mit dem Finger in die Ferne und erzählt uns, dort in dem Tal liegt Helena, Montanas Hauptstadt. Dann sagt er noch etwas über die verschiedenen von unserem Standort sichtbaren Gebirgszüge, lässt kurz darauf wieder den Motor unseres Trucks an und wenig später rollen wir, immer wieder abbremsend, auf der nun ins Tal führenden Straße weiter.

Schließlich kommen wir in Helena an, wo wir uns zu meinem Unmut in der Nähe für ein paar Tage auf einem RV Park einbuchen. Meine Untertanen versuchen mir geduldig die Situation zu erklären und dass sie Lebensmittel kaufen müssten, doch als sie hinzufügen, sie möchten sich auch die Stadt etwas ansehen, drehe ich mich von ihnen weg, lege mich auf meine Kuscheldecke und wende ihnen demonstrativ mein für sie viel zu hübsches Hinterteil zu.

Doch auch diese wenigen Tage vergehen und wir sind bald wieder unterwegs zu einem der ganz großen Höhepunkte unserer Reise, dem Land der Geysire und heißen Quellen, wie mir gesagt wurde.

Geysire und blubbernde Quellen

Nachdem wir am späten Vormittag aufgebrochen sind, fahren wir für lange Zeit durch Täler, in welchen intensive Landwirtschaft betrieben wird. Links und rechts davon sehe ich am Horizont die mir mittlerweile so vertraute Gebirgswelt Montana's.

Nach etwa zwei Stunden wird die Gegend wieder bewaldeter und wir sind plötzlich in Wyoming, nur um wenige Meilen später erneut die Grenze zu Montana zu passieren.

Ich frage mich, ob Herrchen wohl noch ein viel schlechterer Fahrer ist, als ich bisher dachte und wir nun im Kreis gefahren sind. Da keiner meiner beiden Untertanen wirkt, als wenn er den Irrtum bemerkt hätte, fange ich an laut zu Miauen.

Die beiden sehen mich an und Frauchen streichelt mich. Ich rolle mit dem Auge. Warum verstehen die mich so oft einfach nicht?

Als ich anfange, von vorne auf die Rücksitzbank und wieder zurück auf den Vordersitz zu springen, um ihre Aufmerksamkeit zu bekommen, höre ich nur, dass wir bald da sind. Ich beschließe, die Sache aufzugeben und lege mich auf meinen Mittelsitz, um etwas auszuruhen.

Doch es lässt mir keine Ruhe und ich blicke aus dem Fenster, um die Angelegenheit weiter zu beobachten. In dem Moment fahren wir durch eine hübsche Ortschaft und biegen nach Westen ab. Dann erneut ein großes blaues Straßenschild, diesmal steht darauf „Welcome to Idaho".

Ich fange an in Betracht zu ziehen, dass meine Mitreisenden nun komplett die Orientierung verloren haben. Und wie können wir innerhalb von so wenigen Meilen drei Bundesstaaten durchqueren?

Während ich vor mich hin grüble, merke ich, dass wir langsamer werden und abbiegen. Der Blick aus dem Fenster verrät mir, dass wir auf einer kleinen Nebenstraße durch eine Wald- und Wiesengegend fahren. Ich vergesse alle meine Bedenken bezüglich Zurechnungsfähigkeit meiner Untertanen und springe auf die Rücksitzbank, um mein Fell zu putzen und mich für unsere Ankunft am neuen Stellplatz vorzubereiten. Der ist zwar weit und breit noch nicht zu sehen, aber die Gegend sieht vielversprechend aus.

Meine Vermutung wird bestätigt und wenige Minuten später sind wir auf einer schlechten Piste, welche uns direkt über eine Wiese an den nahegelegenen Waldrand bringt. Als wir an einer unscheinbaren Abzweigung vorbeikommen, welche links von uns durch hohes Gras führt, steigt Herrchen aus und geht den an einer Baumgruppe endenden Weg entlang.

Dort angekommen, sieht er sich um und kommt rennend und freudestrahlend zurück. Als ich ihn so sehe, muss ich ebenfalls grinsen und weiß, dass wir an unserem Ziel sind. Ich inspiziere die Gegend bereits durch die Fenster des Trucks und merke, dass ich ganz aufgeregt bin. Überall Bäume, Gras, dazwischen immer wieder umgestürztes Holz. Als wenn ich träumen würde. Ich werde stutzig, mache einen Realitätsabgleich und befinde, dass ich hellwach bin.

Im Schritttempo rollen wir die Schneise entlang durch das Gras zu den Bäumen. Dort angekommen steigt Frauchen aus und nach kurzem Rangieren ist der Wohnanhänger ausgerichtet. Der Aufbau geht schnell vonstatten und ich darf aus dem Truck hinausspringen.

Frauchen hält mir die Eingangstür unseres mobilen Zuhauses auf, doch ich denke gar nicht daran, jetzt schon hinein zu gehen. Viel zu schön ist es hier. Voller Neugier beschnuppere ich das Gras, die Bäume, das am Boden liegende Holz.

Dann teilt mir mein feines Riechorgan mit, dass in der näheren Umgebung erst kürzlich eine vierbeinige Delikatesse vorbeigekommen ist. Ich folge der Spur und im nächsten Moment stehe ich vor einem kleinen Loch in der Erde, aus dem es himmlisch duftet.

Vor lauter Euphorie habe ich leider nicht mitbekommen, dass mich Frauchen genauestens beobachtet hat. Während ich in Gedanken bereits schlemme, spüre ich, wie sie mich hochhebt und vor sich hin schimpfend zum Wohnanhänger trägt.

Sie lässt mich vor meinem gefüllten Futternapf wieder herunter und ich fange an, die Mahlzeit zu genießen. Die Position des Mäuselochs habe ich mir fest eingeprägt und beschließe, nach einem Erholungsschlaf einen weiteren Versuch zu unternehmen.

Abbildung 66: Gleich zu Anfang an habe ich an unserem neuen Stellplatz ein spannendes Mäuseloch entdeckt.

Als ich wieder munter werde, hat es draußen bereits zu dämmern begonnen und meine Mitbewohner lassen mich nicht mehr hinaus. Da ich als Katze unendliche Geduldigkeit in den Genen habe, mache ich mir nichts daraus und vertage meine Unternehmung einfach auf den nächsten Tag.

Während ich entspannt auf meinem Thron vor dem großen Fenster meditiere, schnappe ich auf, wie Herrchen und Frauchen bereits Pläne für morgen machen. Ich höre Worte wie Yellowstone Nationalpark, wilde Flüsse und Geysire.

Mein Interesse ist geweckt. Unauffällig spitze ich die Ohren und drehe sie wie Antennen in Richtung meiner Untertanen. Doch die beiden beenden abrupt ihr Gespräch und wenden sich wichtigeren Dingen zu – mich zu streicheln. Manchmal ärgere ich mich über mich selbst, dass ich so knuddelig aussehe. Gerne hätte ich den weiteren Verlauf der Planung mitbekommen, um etwaige Optimierungen kund zu tun.

Als der nächste Morgen graut, bin ich bereits hellwach und beobachte durch das Fenster ein paar Nagetiere bei ihrem eifrigen Tun. Ganz genau erfasse ich all ihre Bewegungen, wo sie im Boden verschwinden und herauskommen.

Einige Zeit später steht Herrchen auf, erhitzt Wasser für den Kaffee, füllt mir meinen Futter- und Wassernapf und wartet dann brav, bis ich aufgefressen habe, um mit mir hinaus zu gehen.

Geduldigkeits-Gene hin oder her, ich habe keine Zeit zu verlieren und springe über alle Stufen hinweg direkt hinunter auf den Boden. Das Gras und die Erde sind noch leicht feucht vom Morgentau und duften herrlich. In schnellem Trab gehe ich zu der Stelle, an der ich vorhin die vierbeinigen Leckerbissen erspäht habe und kurz bevor ich dort ankomme, ducke ich mich auf den Boden und schleiche mich vorsichtig näher.

Die sorglosen Nager wuseln immer noch im Gras vor mir herum, während ich mit vor Aufregung zuckendem Schwanz nur wenige Zentimeter von ihnen entfernt dasitze. Ich warte den richtigen Moment ab, spanne in Vorbereitung auf den Sprung meine Muskeln an und schon halte ich einen kleinen Gaumenschmaus in meinen Krallen.

Eilig packe ich die Maus in mein Mäulchen und renne davon, um von meinen Untertanen nicht gesehen zu werden. Hinter einem umgestürzten Baum lasse ich mir die lokale Köstlichkeit schmecken. Dann setze ich meinen unschuldigsten Gesichtsaufdruck auf und spaziere mit einer Seelenruhe zurück zu Herrchen, welcher bereits angefangen hat, mich zu suchen. Gewohnt freudig begrüßt er mich und wir gehen wieder hinein in den Wohnanhänger. Meine Mitbewohner bereiten ihr Frühstück vor und ich entspanne mich auf meiner Kuscheldecke.

Am späten Vormittag ist es dann soweit, Herrchen sperrt den Wohnanhänger ab und wir fahren mit dem Truck zurück nach Montana und in den Yellowstone Nationalpark. Kaum haben wir den Kontrollposten hinter uns gelassen, sind wir auch schon wieder in Wyoming. Ich frage mich erneut, ob alles mit rechten Dingen zu geht, aber Herrchen erklärt, dass wir in dem Dreiländereck Idaho/Montana/Wyoming sind und der Nationalpark zum Großteil in Wyoming liegt. Mir wird einiges klar und ich bin froh, dieses Rätsel endlich gelöst zu haben.

Die Straße führt uns an einem Fluss entlang, welcher sich durch das Tal schlängelt. Links und rechts sind wir von schroffen Bergen umgeben. Die Landschaft wirkt wild und ursprünglich. Dann halten wir spontan an, Herrchen schnappt sich seine Kamera und eilt aus dem Truck.

Ich sehe ihm nach und bemerke, dass auf der anderen Seite des Flusses eine Elchkuh mit ihrem Nachwuchs watet. Gebannt beobachte ich die anmutigen Tiere. Leichtfüßig bewegen sich die beiden Flussaufwärts, immer wieder zu uns blickend. Dann ist Herrchen zurück und wir fahren weiter.

Abbildung 67: Eine Elchkuh watet mit ihrem Nachwuchs durch den Fluss.

Als wir an einer Kreuzung ankommen, sagt mein Untertan, wir fangen heute mit der Nordschleife an, welche allerdings im letzten Drittel gesperrt ist und wir somit den ganzen Weg wieder zurückfahren müssen. Ich habe keine Ahnung was er meint und warte darauf, die tolle Gegend zu sehen.

Die Straße schlängelt sich etwas in die Höhe, um anschließend durch eine Wiesenlandschaft zu führen, welche von bis zum Horizont reichenden Wald begrenzt wird. Um uns herum sind mehrere Nebelschwaden und ich wundere mich, dass sie nur vereinzelt auftreten.

Als wir näherkommen, stelle ich zu meinem Erstaunen fest, dass der Nebel von brodelnden Gewässern im Boden aufsteigt. Gebannt beobachte ich das Naturschauspiel. Dann fahren wir zu einem Parkplatz und meine Untertanen steigen aus.

Ein stinkender, schwefeliger Geruch weht herein und ich rümpfe mir mein Schnäuzelchen. Frauchen und Herrchen gehen vor Kälte bibbernd über einen Holzsteg, welcher durch das Gras direkt zu den nach faulen Eiern riechenden Wassertümpeln führt. Ich sehe die beiden lachen, und frage mich, mit einem Brechreiz kämpfend, was an dem ekelhaften Geruch so lustig ist. Zum Glück sind sie wenige Minuten später wieder da und wir verlassen den Ort.

Während wir weiterfahren, erzählen sie mir, dass dies heiße Quellen seien, welche von unterirdischen vulkanischen Aktivitäten stammen. Außerdem sei es in den Dampfschwaden angenehm warm gewesen, im Gegensatz zu der uns umgebenden kühlen Morgenluft.

Beinahe fassungslos starre ich sie an und versuche zu verstehen, warum die beiden sich freiwillig in die stinkenden Schwaden gestellt haben. Wärme hätten sie schließlich auch hier im Truck gehabt.

Es dauert nicht lange, dann rollen wir auf den nächsten Parkplatz. Kurz zuvor habe ich bereits rechts neben der Straße eine Schlucht und darin einen Wasserfall gesehen.

Abbildung 68: Einer der Wasserfälle im nördlichen Teil des Yellowstone National Parks.

Als Herrchen den Truck anhält und meine Mitfahrer aussteigen, höre ich das laute Rauschen der gewaltigen Wassermassen. Da ich nicht mit hinaus darf, sehe ich mir aus der Entfernung das Spektakel an. Ohnehin erblicke ich wohl mehr Details aus der Distanz als meine Untertanen selbst wenn sie direkt davorstehen würden – das Nicht-Erkennen liegt in der Natur des Menschen.

Über schön geformtes Lava Tuff-Gestein schießt das Wasser hinunter in die Tiefe, etwa knapp dreißig Meter schätze ich mit einem gekonnten Blick. Links und rechts davon sind steile Hänge, welche in dichten Wald übergehen. Auch Flussabwärts sind bis zum Horizont dicht an dicht stehende Nadelbäume zu sehen. Schließlich kommen Frauchen und Herrchen zurück und wir setzen unsere Fahrt fort.

Die Straße windet sich in die Höhe. Wir überqueren den Fluss, welchen wir weiter unten als Wasserfall gesehen haben. Auf beiden Uferseiten brodelt und dampft es aus dem Boden.

Dann stoppen wir erneut und durch die Windschutzscheibe sehe ich, dass wir frontal vor einer grau-weißen Fläche gehalten haben, hinter welcher sich ein ebenso grau-weiß gefärbter Berg erhebt. Auch hier dampft es überall aus dem beinahe baumlosen Massiv und ein Tosen ist zu hören, welches aus dem

Berg zu kommen scheint. Herrchen macht fleißig Fotos, während Frauchen bei mir bleibt – ihr ist es draußen zu kalt, meint sie. Bald ist Herrchen zurück und wir setzen unsere Reise durch die interessante Landschaft fort.

Nach vielen Meilen und endlosen Kurven höre ich Herrchen sagen, wir müssten jeden Moment bei den Mammoth Hot Springs sein und somit am Ende der Strecke, die wir fahren wollten. Wenig später biegen wir auch bereits von der Hauptstraße ab und fahren durch einen Parkplatz hindurch, wo wir den Truck abstellen. Ich darf leider nicht mit hinaus und muss mit der Aussicht durch die Scheiben vorliebnehmen.

Auf den Hinterfüßen stehend spähe ich nach draußen. Nicht weit entfernt liegt eine terrassenförmige Ebene, welche über mehrere Stufen hinweg abfällt. Die Oberfläche ist teils von Wasser überflutet und in einigen Bereichen schneeweiß, dann wieder orange-ockerfarben bis hin zu rötlichen Tönen. Kurz bevor die Fläche steil abfällt erkenne ich noch einen schönen natürlichen und blau schimmernden Pool. Auf den Terrassen stehen abgestorbene Bäume, und auch hier brodelt und dampft es wieder an mehreren Stellen. Durch diese bizarre Landschaft führt ein Weg auf Holzstehlen, worauf meine Untertanen zusammen mit einigen anderen Besuchern unterwegs sind.

Nach einigen Minuten sind die beiden zurück bei mir, wir parken rückwärts aus und fahren eine schmale Straße entlang an weiteren heißen Quellen vorbei, welche aus kunterbuntem Gestein emporsteigen. Ich habe mich mittlerweile an den stinkenden Schwefel-Geruch gewöhnt und genieße voller Staunen die Gegend.

Wieder passieren wir einige, diesmal kleinere, Terrassen, welche in hellem Weiß in der Sonne glitzern und in vielen Stufen enden, an denen Stalaktite hängen.

Als wir an einer Haltebucht stehen bleiben, liegt vor uns eine Schneise mit weißer und rostbrauner Oberfläche, in der vereinzelte Überbleibsel von Bäumen stehen. Die ganze Gegend sieht extrem lebensfeindlich aus und ich möchte hier keine Pfote auf den Boden setzen. Etwas weiter steht ein Schild und Herrchen liest vor, dass der Untergrund durchzogen sei mit heißen Quellen, welche sozusagen über Nacht nach oben dringen und die Landschaft verändern können und teils stark säurehaltig wären.

Mir schaudert beim Gedanken daran, mich in solch eine Todeszone zu verlaufen und ich bin froh, als wir wieder weiterfahren.

Einige Minuten später sind wir zurück auf der Hauptstraße der Nordschleife durch den Nationalpark und machen uns auf den Heimweg. Ich bewundere die weite und unglaublich waldreiche Gegend. Immer wieder sehe ich aufsteigenden Dampf weit entfernt im dichten Wald.

Nach einiger Zeit werde ich müde und mit jeder Meile schläfriger. Ich springe auf die Rücksitzbank und rolle mich zusammen, um ein kurzes Nickerchen zu machen.

Als ich davon erwache, passieren wir gerade wieder das „Welcome to Idaho" Schild und sind kurz darauf auf der Waldstraße, welche uns zu unserem Wohnanhänger führt. Zuerst blinzele ich etwas verwundert drein, dass ich den Großteil der Rückfahrt verschlafen habe, dann freue ich mich jedoch darauf, endlich wieder bei meinen Idaho-Mäusen zu sein. Soll nochmal einer sagen, in Idaho gibt's nur leckere Kartoffeln.

Ich spaziere noch etwas draußen herum, finde jedoch auf die Schnelle keinen Snack. Da ich zu hungrig bin, um mich in Geduld zu üben, beschließe ich in meinen Wohnanhänger zu gehen und befehle Frauchen, mir meinen Futternapf zu füllen. Sie kommt der Aufforderung selbstverständlich umgehend nach und ich schlage mir mein kleines Bäuchlein voll.

Pappsatt wie ich nun bin, springe ich auf das Bett und mache es mir auf meiner Kuscheldecke gemütlich. Dabei lasse ich den Tag noch einmal Revue passieren.

Kurz darauf erwische ich mich dabei, wie ich völlig unerwartet ins Reich der Träume abdrifte und ein paar Mäuse vor mir Limbo tanzen. Da ich nun schon einmal hier bin, beschließe ich zu bleiben, schnappe mir die Verlierer-Maus und genieße den weiteren Verlauf des Traumes.

Früh am nächsten Morgen erwache ich ausgeruht und frisch gestärkt. Da es draußen noch dunkel und in unserem Zuhause recht kühl ist, springe ich zu Frauchen hinüber und stupse sie liebevoll mit meiner kalten, feuchten Schnauze an. Nach zwei weiteren Wiederholungen ist sie wach und lässt mich mit unter die warme Decke, wo ich ausharre, bis Herrchen die Heizung aufdreht.

Als die Sonne aufgegangen ist, stehen wir alle auf und nehmen unser Frühstück zu uns. Meine Untertanen haben beschlossen, heute nicht zurück in den Yellowstone Park zu fahren, sondern zu den nahe gelegenen Mesa Falls. Herrchen verspricht mir aber, die nächsten Tage die Südschleife durch den Yellowstone zu fahren und meint auch, dass diese wohl noch spektakulärer wäre als das, was wir bereits gesehen haben.

Mir ist es recht und so kann ich mich mehrere Stunden im Wohnanhänger entspannen, bis meine Mitbewohner wieder von ihrer Tour zurück sind. Anschließend lasse ich mir die Fotos der von ihnen besuchten Wasserfälle zeigen, welche wider Erwarten recht schön anzuschauen sind. Eigentlich sogar imposanter als jene von gestern im Nationalpark.

Abbildung 69: Die oberen Mesa Falls in Idaho.

Wasserfälle hin oder her, nun will ich aber endlich hinaus und die Natur rund um unseren Stellplatz genießen. Herrchen versteht sofort mein Ansinnen und wir gehen beide vor unseren Wohnanhänger.

Mein Untertan spaziert etwas umher, während ich zielstrebig eine der Eingangspforten zu den unterirdischen Mäusestädten aufsuche.

Abbildung 70: Ich kundschafte Bäume aus und habe die Qual der Wahl.

Nach einigen Minuten vergeblichen Wartens beschließe ich, etwas anderes zu unternehmen und flitze zu dem nächsten Baum hinüber, um mit einem kraftvollen Sprung daran hochzuklettern.

Welch ein Hochgefühl das ist, mich mit meinen Krallen in der dicken Rinde des Baumes festzuhalten, um kurz darauf auf einem der Äste zu stehen und hinab zu blicken. Dann springe ich wieder hinunter und renne mit angelegten Ohren aus purem Spaß über die Wiese und hinüber zu Herrchen. Er begrüßt mich freudig und krault mir den Rücken.

Schließlich tapsen wir noch etwas umher bevor ich mich in den Schatten neben den Wohnanhänger lege. Herrchen fängt an, ein Buch zu lesen und so vergeht der Nachmittag.

Als es Abend wird, bricht Herrchen zu einem Spaziergang durch die nähere Umgebung auf und ich laufe ihm nach. Plötzlich bleibt er abrupt stehen, zückt seine Kamera und blickt durch sie hindurch in das uns gegenüberliegende Waldstück. Ich folge seinem Blick und sehe, dass dort ein großer grau-braun gescheckter Uhu sitzt, welcher uns aus seinem rundlichen Gesicht mit gelben Augen anstarrt.

Mir wird ganz mulmig zumute und ich ducke mich in das Gras hinein. Der Vogel hält sich mit seinen kräftigen langen Krallen auf einem Ast fest. Herrchen macht ein paar Fotos von ihm und als er anfängt, den Uhu zu filmen, fliegt dieser mit seinen breiten Schwingen los und geräuschlos in den Wald hinein.

In nach wie vor geduckter Haltung eile ich flott davon und zur Eingangstür des Wohnanhängers zurück. Diese Kreatur ist mir mehr als unheimlich und mit seinem Blick hat mir der Uhu unmissverständlich mitgeteilt, dass er mich zum Fressen gern hat. Vor lauter Aufregung habe ich sogar einen buschigen Schwanz bekommen, große Vögel mit hakenförmigem Schnabel mag ich einfach überhaupt nicht. Zu gut kann ich mich noch an den Raubvogel erinnern, welcher vor vielen Monaten in der Wüste aus heiterem Himmel wie ein Stein heruntergeschossen kam, um ein Beutetier in Sekundenbruchteilen zu überraschen.

Als ich in unserem sicheren Zuhause bin, werde ich wieder entspannter und mache es mir auf dem Boden bequem. Für heute beschließe ich, nicht mehr hinauszugehen und selbst verlockend fiepende Mäuse können mich nicht dazu überreden, den Wohnanhänger zu verlassen.

Im Morgengrauen des nächsten Tages blicke ich wieder aus dem großen Fenster hinaus. Etwas ist heute anders und das Licht schimmert merkwürdig.

Als später meine Untertanen aufstehen und Herrchen und ich vor dem Frühstück nach draußen gehen, ist die Luft erfüllt mit Rauchgeruch. Auch die Sicht ist sehr begrenzt, der Himmel grau und die Sonne nur als rot glühende Scheibe durch die Schwaden zu erkennen.

Herrchen meint, dass der Wind wohl den Rauch der Waldbrände aus dem entfernten Kalifornien oder Oregon hierher geweht haben muss. Da wir heute sowieso verhältnismäßig spät aufgestanden sind und die Rauchschwaden die

Fernsicht beeinträchtigen, beschließen wir, einen weiteren Tag zuhause zu bleiben und stattdessen die Natur um uns herum zu genießen.

Es bleibt den restlichen Tag – trotz wolkenlosem Himmel – grau und trist und von der Sonne ist nicht mehr als ein blasser Schimmer zu sehen. Ich vergnüge mich damit, über umgefallene Baumstämme zu balancieren und neue Mäuselöcher zu entdecken, welche es hier wahrlich haufenweise gibt.

Idaho ist in meinem zur baldigen Herausgabe geplanten Magazin „Ratgeber für Katzen: Die leckersten Mäuse-Staaten" mittlerweile ganz oben gelistet.

Tags darauf sind wir bereits vor Sonnenaufgang unterwegs in den Yellowstone Nationalpark. Obwohl es Hochsommer ist, schalten wir im Truck die Heizung an, so kühl ist der heutige Morgen.

Wir fahren wieder die Strecke an dem Fluss entlang, wo ich vor ein paar Tagen die Elchkuh mit Nachwuchs gesehen habe. Dann biegen wir nach rechts ab und nehmen die Südroute durch den Park in Angriff. Zuerst führt uns die Straße durch Wald, dann über weite Lichtungen.

Am Horizont steigen überall hohe Dampfsäulen aus dem Boden auf. Das Morgenlicht verzaubert die ohnehin spektakuläre Landschaft und ich genieße den magischen Moment. Einige Minuten später, wir fahren noch immer über die Lichtung, rollen wir in eine Haltebucht am Straßenrand und Herrchen steigt aus.

Etwa hundert Meter entfernt stehen zwei große Kraniche im hohen Gras. In größerer Distanz, nicht weit von dem aus der Erde aufsteigenden Dampf, steht ein Bison und futtert die noch taunassen Grashalme. Gespannt beobachte ich die Tiere in ihrer natürlichen Umgebung. Dann kommt Herrchen zurück und wir fahren weiter.

Abbildung 71: Ein Bison grast im Yellowstone Nationalpark.

Nur um kurz darauf erneut von der Straße abzufahren und diesmal auf einem Parkplatz zu halten.

Mein Untertan liest ein Schild, an dem wir vorbeikommen und sagt, wir sind bei einem der großen Basins angekommen, in welchem herrliche Pools und Geysire in den schillerndsten Farben zu sehen sein sollen. Ganz nebenbei erwähnt er, ich dürfe hier nicht mit und müsse im

Truck bleiben, aber er würde mir auf jeden Fall danach Fotos zeigen und alles erzählen.

Damit habe ich nicht gerechnet und sehe ihn irritiert an. Doch noch bevor ich ihn mit meinem Blick beeindrucken kann, ist er zusammen mit Frauchen ausgestiegen und ich kann den beiden nur noch hinterher sehen. Sie gehen über eine hölzerne Brücke, welche einen Fluss überquert und verschwinden im Nebel.

Ich beschließe, die Zeit zu nutzen und blicke mich um. Es sind einige Menschen hier, und alle eilen sie in dieselbe Richtung, in welche meine Untertanen gegangen sind. Als ich den Fluss näher inspiziere, sehe ich, dass es auf der gegenüberliegenden Uferseite brodelt und dampft. Ein seichter, nur wenige Meter hoher und anscheinend heißer Wasserfall fließt von weiter oben hinein. Der kleine Abhang, über den er stürzt, ist durchzogen von grünen, gelben und rötlichen Farben. Ich frage mich, wie so etwas entstehen kann und merke es mir für später, wenn meine Untertanen zurück sind.

Die Minuten vergehen und es wird spürbar kälter im Truck. Mit einem Sprung bin ich auf der Rücksitzbank und rolle mich dort zusammen. Als ich es mir gerade besonders gemütlich gemacht habe, höre ich wie meine Untertanen zurückkommen.

Die beiden steigen ein und ein Wortschwall voller Begeisterung bricht über mich herein. Ich beruhige die Menschlinge und schließlich erzählen sie alles der Reihe nach. Sie wären zuerst an einem tiefblauen, großen Pool vorbei gegangen. Durch das kristallklare Wasser konnten sie bis zum Grund sehen, welcher aus schneeweißen Mineralien-Strukturen besteht. Leider hat es durch die kalte Umgebungsluft so stark gedampft, dass sie nicht einmal bis zur Hälfte den Pool überblicken konnten. Sie meinten, bis vor etwa hundert Jahren sei darin sogar ein Geysir zu sehen gewesen mit einer über dreißig Meter hohen Fontäne. Nun blubbere es jedoch nur noch.

Dann reden sie weiter und schwärmen von dem sogenannten Grand Prismatic Spring, der größten heißen Quelle in den Vereinigten Staaten. Die Farben müssen atemberaubend gewesen sein und dem Spektrum eines Regenbogens ähneln und sie wähnten sich zwischendurch in einer anderen Welt. Man kann dort nicht direkt auf dem Boden laufen, sondern muss auf Bohlen, welche in einigem Abstand zur Oberfläche der heißen Quellen angebracht sind, entlang spazieren. Herrchen meinte auch, manchmal konnte er spüren, wie es warm an seine Sandalen geblubbert hat und das wirklich nichts für mich gewesen wäre.

Ich sehe ihn forsch an und wundere mich, wie er bei diesen kühlen Temperaturen überhaupt auf so einige irrsinnige Idee kommen kann, offene Schuhe zu tragen.

Bevor wir weiterfahren, zeigen mir meine Mitreisenden noch Fotos auf der Digitalkamera und ich fange an, ihre Begeisterung voll und ganz zu verstehen. Welch ein Farbenspiel!

Schließlich rollen wir vom Parkplatz hinaus auf die Rundstraße und setzen unsere Fahrt fort. Wir stoppen noch mehrmals, doch ich muss jedes Mal im Truck bleiben. Meine Untertanen sagen zu mir, das ist leider so in einem Nationalpark und bei all den Menschen dort draußen würde ich mich sowieso nicht wohl fühlen. Zum Glück kann man auch einiges von der Straße aus sehen und so drücke ich mir regelmäßig mein Schnäuzelchen an den Seitenscheiben platt.

Abbildung 72: Grand Prismatic Spring von einem Aussichtspunkt, zu dem meine Untertanen später noch gegangen sind. Dahinter der stark dampfende Excelsior Geysir.

Einmal geht Herrchen alleine los, Frauchen ist es zu kalt und so warten wir zusammen auf ihn im Truck.

Als er zurückkommt, sehe ich ihm den Spaß, den er hatte, schon von Weitem an. Er steigt ein, versucht sich ganz entspannt zu geben, doch dann prustet er los.

Ein wenige Kilometer langer Rundweg über Bohlen hat ihn von einem prachtvoll schillernden Pool zum Nächsten gebracht. Manche waren auch kleine Geysire, deren Fontäne wie aus dem Nichts und ohne jede Vorwarnung hochgeschossen ist. Zwar nur wenige Meter, aber dennoch beeindruckend, meint er. Und die Farben der Pools – die wären einfach unglaublich, betont mein Untertan. Leuchtendes Grün, Türkis, unendlich tiefes Blau, dann wieder strahlend gelbgefärbtes Gestein. Herrchen hört gar nicht auf zu schwärmen.

Dann schaut er uns beide an und als wenn er meine Gedanken gelesen hätte, sagt er, wie es sich wohl angefühlt hätte, als Entdecker dieser unglaublichen Landschaften als erster hier gewesen zu sein.

Ich male mir im Geiste aus, welch Abenteuer ich erlebt hätte und wie ich mich als allererste Katze mit meinen Pfoten-Abdrücken verewigen würde. Der Expeditions-Fotograph könnte tolle Bilder von mir machen, ich würde in allen Magazinen auf der Titelseite erscheinen und – das Wichtigste – den Menschen zeigen, auf welchem großartigen Planeten sie leben dürfen und wie dankbar sie für dieses Privileg sein sollten.

Abbildung 73: Der Sapphire Pool ist kristallklar und an den Rändern türkisfarben, was zur Mitte hin in immer tieferes Blau übergeht.

Meine Untergebenen reißen mich aus meinen Gedanken und sagen, wir fahren jetzt noch zu Old Faithful, einem berühmten Geysir, dessen Eruption mit am präzisesten vorhergesagt werden kann.

Einige Zeit später kommen wir auf dem Parkplatz an und ich staune nicht schlecht, als ich bemerke, wie riesig die Fläche ist, auf der auch bereits viele Fahrzeuge stehen. Ich frage mich, ob das überhaupt noch als Naturerlebnis zählt und bin gespannt, was meine Mitreisenden erzählen werden. Überall sind Menschen, die geschäftig in eine Richtung laufen.

Auch Frauchen und Herrchen schließen sich den vielen Touristen an und bald sind sie aus meinem Blickfeld verschwunden. Während ich so dasitze und warte, drehe ich mich immer wieder nach allen Seiten um, in der Hoffnung, von der hoch aufschießenden Fontäne von meinem VIP-Sitzplatz im Truck etwas zu sehen.

Da mir meine Untertanen jedes Mal, wenn ich alleine zurückbleibe, ein Fenster einen Spalt offenlassen, versuche ich mit meinen hocheffizienten Ohren von der Umgebung etwas mitzubekommen. Ich kann immer wieder vernehmen, dass Menschen in weiterer Entfernung erstaunte Geräusche von sich geben, nur um kurz danach abzuebben. Das Ganze wiederholt sich mehrere Male bis ein Tosen und Rauschen meine Aufmerksamkeit auf sich lenkt.

Ich sehe in die Richtung des Lärms und entdecke über den Baumspitzen eine breite Fontäne in die Luft schießen, welche ein paar Sekunden später wieder abfällt. Heißer Dampf wird vom Wind verweht und ich rieche erneut einen Schwall nach Schwefel stinkender Luft. Gespannt halte ich Ausschau nach einer weiteren Fontäne, kann jedoch keine erblicken.

Abbildung 74: Eruption des Geysirs Old Faithful.

Ein paar Minuten darauf sehe ich, dass meine Untertanen bereits wieder zurückkommen und als sie die Trucktüren öffnen, schaue ich sie mit großem Auge fragend an, um alles erzählt zu bekommen.

Herrchen lässt nicht lange damit warten und sprudelt los, wie beeindruckend doch der Geysir ist. Ich finde es ebenfalls ziemlich imponierend, wenn man bedenkt, dass die Fontäne zig Meter hoch sein kann und lediglich durch heißes Wasser der Druck dazu in der unterirdischen Kammer aufgebaut wird.

Die meisten Autos fahren nun vom Parkplatz ab, während gleichzeitig schon die nächste Ladung Besucher anrollen. Wir verlassen ebenfalls Old Faithful und machen uns auf den Rückweg.

Unterwegs biegen wir noch hin und wieder ab und auf einer ganz besonders schönen Nebenstraße fahren wir ein weiteres Mal durch eine wie verzaubert wirkende Landschaft. Wir passieren mehrere heiße Quellen und Pools, die in ihrer Beschaffung und Auswahl der Farben nicht unterschiedlicher sein könnten.

Manche sehen aus, als wenn ein Farbkasten ausgelaufen wäre. Pastellfarbene Töne verschwimmen ineinander und sind mit etwas Wasser bedeckt, das sie herrlich glitzern lässt. Andere wirken wie tiefblaue Whirlpools in einer verschneiten Winterlandschaft – der Schein trügt allerdings und die weiße Oberfläche ist ausschließlich abgelagerten Mineralien geschuldet.

Es dampft und brodelt nach wie vor überall und könnte wahrlich ein anderer Planet sein, auf dem wir uns soeben befinden, denke ich mir.

Ich versuche, so gut es geht alle Eindrücke tief in mich aufzusaugen, merke jedoch auch, dass vieles zwar sichtbar, für den Verstand aber nicht greifbar ist. Zu gigantisch und außergewöhnlich ist die Landschaft, die Mutter Natur auf unseren wunderschönen Planeten Erde gezaubert hat.

Mittlerweile ist es schon früher Nachmittag und meine Untertanen und ich merken, wie wir Hunger bekommen und von der vielen Fahrerei sowie den kühlen Temperaturen langsam müde werden. Zum Glück nähern wir uns bereits dem Ausgang des Nationalparks und in weniger als einer Stunde sind wir wieder zuhause in meinem eigenem Waldreich irgendwo im östlichen Idaho.

Völlig geschlaucht plumpse ich vom Truck und laufe zur Eingangstür unseres Wohnanhängers. Frauchen und Herrchen brauchen wie immer viel zu lange und als ich beinahe mit meiner Geduld am Ende bin, stehen sie neben mir und sperren die Tür auf.

Ich schlurfe hinein, lasse mir mein wohlverdientes und verspätetes Mittagessen schmecken, um anschließend in Meditation auf meiner Kuscheldecke den heutigen Tag noch einmal in Gedanken Revue passieren zu lassen. Glücklich und zufrieden rolle ich mich danach zusammen und falle in tiefen Schlaf.

Als ich wieder erwache, sitzen meine Mitbewohner um mich herum und starren mich an. Etwas verwundert drehe ich mich um, ob hinter mir etwas merkwürdiges passiert ist, kann jedoch nichts erkennen. Dann meint Frauchen, wie goldig und putzig ich doch im Schlaf geseufzt und geschnauft habe und dass meine Pfoten sowie die Schwanzspitze immer wieder wild gezuckt haben.

Ich verstehe erneut beim besten Willen nicht, was daran so besonders ist, dass ich als Katze intensive Träume habe und frage mich insgeheim, ob Menschen denn nicht bemerken würden, wenn sie während des Schlafs laute und seltsame Geräusche von sich geben.

Dann fällt mir ein, dass die Zweibeiner es ja meistens nicht einmal schaffen, bewusst zu Träumen und beschließe, meine Untertanen seien nicht in der Position, mit mir darüber zu sprechen.

Die folgenden Tage lassen mich Herrchen und Frauchen öfters alleine, um Ausflüge ohne mich zu unternehmen. Da ich weiß, dass ich sowieso nicht aus dem Truck dürfte, ist es mir so ganz recht.

Ich verbringe die Zeit damit zu schlafen und neugierige Tiere durch das Fenster zu beobachten, die immer mal wieder in unserem Camp vorbeikommen. Und nicht zu vergessen die vielen Stunden, in denen ich grüble und Pläne schmiede, um noch ein paar der ach so delikaten Idaho-Mäuse in meinen Magen zu bekommen.

Irgendwann ist jedoch leider unser Aufenthalt beim Yellowstone Nationalpark auch wieder zu Ende und als Herrchen eines Abends anfängt, die ersten Dinge abzubauen, weiß ich, dass wir am nächsten Morgen abreisen werden.

Da ich mittlerweile gelernt habe, dass wir eine Art Nomaden sind und uns Amerika ansehen, mache ich mir nichts mehr daraus. Stattdessen beginne ich mit meinem Ritual, mich von allen Bäumen und der Landschaft zu verabschieden und beschließe, einen weiteren Nager zu Opfern, welchen ich anschließend verzehre, um die Yellowstone-Götter nicht zu verärgern.

Tags darauf sind wir am späten Vormittag mit unserem Gespann wieder auf der Straße und fahren nach Süden. Am Nachmittag sehe ich, dass wir zurück in Utah sind, wo wir uns auf einem weitläufigen RV Park für die Nacht einquartieren.

Meine Untertanen nutzen den restlichen Tag, um das Innere unseres Wohnanhängers zu putzen, Wasservorräte aufzufüllen und ein paar kleinere Reparaturen zu erledigen.

Dann geht bereits die Sonne unter und wir beobachten das fantastische Farbenspiel in den warmen Abendstunden.

Salz bis zum Horizont

Am nächsten Morgen sind wir schon wieder unterwegs und fahren durch die schier endlosen Weiten des nordwestlichen Utahs. Ein Straßenschild erinnert uns daran, dass die nächste Werkstatt und Tankstelle in knapp 200km Entfernung sind – dazwischen liegt nur Wildnis.

Kurz darauf wird mir aus unerfindlichen Gründen sehr übel, mich würgt es etwas und dann speie ich mein leckeres Frühstücks-Dosenhuhn auf die Rücksitzbank.

Meine Untertanen blicken mich verdutzt an und ich noch verdutzter zurück. Zum Glück müssen wir im nächsten Moment sowieso abbiegen, um den Highway zu folgen und finden an der Kreuzung eine Stelle neben der Straße, an der wir anhalten können.

Während Frauchen und Herrchen eilig mein Erbrochenes aufwischen, fliehe ich auf den Vordersitz, wo ein frischer Windzug durch die offenen Türen einen seltsamen und entsetzlichen Gestank, welcher von der Rücksitzbank herzieht, verweht. Was immer hier auch so elendig stinkt, ich muss dringend meine Untertanen darauf aufmerksam machen, dass sie die Ursache finden.

Als auch Herrchen den beißenden Geruch nicht mehr ignorieren kann und mich darauf anspricht, dass es mein hochgewürgtes Frühstück sei, setze ich meinen unschuldigsten Blick auf und blinzele ihn mit meinem Auge verführerisch an. Er tätschelt mich und fragt Frauchen, wie sie vorankommt und wann wir weiterkönnen – woraufhin sie etwas genervt antwortet, dass sie gleich alles gereinigt hat. Ich sehe Herrchen liebevoll an und finde es toll, wie schnell ich ihn herumbekommen habe und er sich auf meine Seite geschlagen hat.

Dann setzen wir unsere Reise fort. Stundenlang sehen wir nur Berge und Hochwüste, in welcher Sagebrush und ein paar andere trockene Sträucher die Vegetation dominieren. Zwischendurch passieren wir die Grenze zum Bundesstaat Nevada. Schließlich kommen wir wieder durch eine kleine Ortschaft und sind wenig später an einem großen Interstate Highway. Dort orientieren wir uns gen Osten und in nicht einmal einer halben Stunde geht es erneut hinein nach Utah.

Als wir aus den Bergen hinausfahren, öffnet sich vor uns eine gigantische, weiß schimmernde Ebene, die bis weit hinter den Horizont reicht. Es dauert nicht lange und wir verlassen den breiten Highway, um auf eine schmale asphaltierte Straße zu fahren.

Ein paar Meilen später biegen wir erneut ab und sind auf einer holprigen Piste unterwegs, welche uns in die Wüste hineinführt. Zu unserer linken Seite ragen wilde und karge Berge auf, rechts von uns ist die unendlich weite, schneeweiße Ebene. Ich frage mich, was das wohl sein kann, doch meine Untertanen bleiben stumm. Sie sind wohl zu sehr damit beschäftigt, einen Stellplatz für uns zu finden.

Mehrmals halten wir an und Herrchen erkundet zu Fuß eine der Nebenpisten, welche sich in die Berge hinaufwinden. Ich erkenne schon jedes Mal von Weitem, dass die Wege sich verlaufen und für unser Gespann unpassierbar werden.

Herrchen gibt jedoch nicht auf und rennt teils mehrere Kilometer in die Bergwelt hinein, um einen tollen Platz für uns zu suchen. Er macht es sich ja auch nicht leicht, denke ich mir. Seine Ansprüche sind mittlerweile gehoben und der ideale Camping-Ort für uns ist abgelegen mit toller Aussicht, keine Nachbarn im Umkreis von mindestens einem Kilometer und ein Platz, an dem ich mich frei bewegen und die Umgebung entdecken kann, ohne in Dornen zu treten. Nicht zu vergessen, dass man dort schön wandern und die Gegend erkunden können soll, ohne jedes Mal erst mit dem Truck fahren zu müssen.

Schließlich kommt er von einer seiner Erkundungstouren zurück, mittlerweile schweißgebadet von den über 30°C Außentemperatur und berichtet uns, dass er etwas gefunden hat. Der Weg dorthin ist allerdings sehr eng und holprig, aber er glaubt, dass wir es schaffen könnten.

Als ich das höre, werde ich ganz aufgeregt und kann es kaum erwarten, dass wir mit dem Abenteuer beginnen und über die mehr schlechte als rechte Piste hinauf zu den Bergen fahren. In Schneckentempo und mit äußerster Vorsicht bewegen wir uns vorwärts und hätten beinahe einen großen Felsbrocken am Straßenrand gerammt. Doch dann kommen wir bei dem von Herrchen ausgesuchten Fleckchen an.

Meine Untertanen benötigen weitere fünfzehn Minuten dafür, um den Wohnanhänger einigermaßen eben auszurichten. Dann wird alles für in Ordnung befunden und Herrchen beginnt mit dem Aufbau, während Frauchen bei mir im klimatisierten Innenraum des Trucks darauf wartet, dass wir hinaus können.

Als es soweit ist, springe ich mit einem irren Tempo aus dem Fahrzeug und trabe in die entgegengesetzte Richtung unseres Wohnanhängers. Frauchen sieht mir ungläubig hinterher und ruft etwas, doch ich ignoriere sie und denke mir nichts dabei.

Erst als ich bei einem Busch angekommen bin, um ihn auf etwaige Mäuselöcher zu überprüfen, merke ich, wie mir die Sonne auf meinen schwarzen Pelz brennt. Vor lauter Abenteuerlust ist mir gar nicht aufgefallen, wie heiß es hier ist. Ich mache noch ein paar weitere Schritte um die Pflanze herum und als die Hitze unter meinem Fell unerträglich wird, drehe ich um und galoppiere eilenden Schrittes zu unserem Zuhause.

Dort wartet Frauchen bereits auf mich und hält mir die Moskitoschutz-Tür auf. Innen angekommen, spüre ich einen angenehmen Luftzug und sehe, dass meine Untertanen den großen Ventilator angemacht haben, um etwas Abkühlung zu bekommen.

Herrchen erzählt dabei wieder einmal, wie toll er es findet, dass wir hier mitten im Nirgendwo ohne jegliche Stromanschlüsse dennoch all unsere elektrischen Geräte dank Solar-Energie nutzen können und verfällt in Schwärmerei. Frauchen und ich ignorieren ihn und rollen mit unseren drei Augen, woraufhin Herrchen glücklicherweise bald Ruhe gibt.

Ich suche mir den kühlsten Fleck am Boden aus, lege mich hin und strecke alle Viere von mir. Ist das schön, einfach nur dazuliegen und zu entspannen.

Nach einiger Zeit, die Schatten sind draußen bereits länger geworden, gehe ich mit Herrchen noch etwas spazieren. Mein Untertan muss unbedingt auf den nächsten Abhang klettern, um von dort die Fernsicht zu genießen. Ich folge ihm zunächst, bleibe dann aber bei dem ersten Mäuseloch hängen und widme mich dem ausführlichen Studium des Nager-Heims.

Einige Minuten später steht jedoch Frauchen neben mir und unterbricht mich. Wir gehen beide wieder in Richtung unseres Wohnanhängers, während Herrchen noch in den Felsen über uns herumklettert und eifrig Fotos macht.

Als er wieder bei uns ist, sagt er, dass es wirklich herrlich ist, wie abgeschieden wir mal wieder mit unserem Gespann stehen. Auch ich blicke in die Ferne und denke mir das gleiche.

Es ist in der Tat wie in einem Traum. Hinter uns im Norden und Westen die Berge, wo soeben die Sonne versinkt, und vor uns in wenigen Kilometern Entfernung die weiße Fläche, über der die unterschiedlichen Luftmassen nun im Abendlicht in verschiedenen Rot- und Blautönen leuchten.

Kein Geräusch ist zu hören und ich erinnere mich noch zu gut daran, als bei meinen ersten Aufenthalten in der Wüste ich vor lauter Stille ein Rauschen im Ohr wahrgenommen habe. Zum Glück habe ich mich nach all den Monaten auf unseren Reisen zu den fantastischsten Orten daran gewöhnt und kann diese magischen Momente nun voll und ganz genießen.

Nach einigen Minuten der absoluten Ruhe beginnen Grillen mit ihrem schönen Zirp-Konzert und einmal mehr bemerke ich, welch außergewöhnliches Leben ich doch für eine Katze führe.

Bald bricht die Dunkelheit über uns herein und wie jeden Abend muss ich spätestens zu diesem Zeitpunkt in den Wohnanhänger, um nichts mit der heimischen Tierwelt anstellen zu können – und ebenso, dass diese nichts mit mir anstellt, wie meine Untertanen immer wieder betonen.

Hier in der Hochwüste Utahs kühlen die heißen Tagestemperaturen recht schnell ab, sobald die Sonne verschwunden ist und so genießen wir während unseres Abendessens die angenehme Luft, welche durch die offenen Fenster hereinweht.

Bald darauf schlafe ich tief und fest und kann es kaum erwarten, dass der nächste Tag hereinbricht.

Als es draußen wieder hell wird, ist auch Herrchen zeitig wach und wir beide gehen hinaus, um den Sonnenaufgang zu genießen.

Beim Anblick der glutroten Scheibe, wie sie über der weißen Ebene auftaucht, bin ich mir nicht sicher, ob ich tatsächlich wach bin. Auch dass Herrchen um diese Uhrzeit bereits mit mir draußen sitzt trägt zu dem Gefühl bei, ich würde immer noch schlafen und träumen. Doch ein kurzer Realitätsabgleich beweist das Gegenteil und voller Freude und Demut verbringen wir die wenigen Minuten dieses verzauberten Moments.

Abbildung 75: Ich habe den Sonnenaufgang zusammen mit Herrchen genossen und mache mich auf den Weg zurück zum Wohnanhänger.

Danach spazieren wir zurück in den Wohnanhänger und gemeinsam mit Frauchen machen wir uns über das Frühstück her.

Heute ist wieder einer der besonderen Tage, an denen ich sogar frisches Eigelb bekomme. Vor meinem Fressnapf stehend, schlürfe ich die köstliche Flüssigkeit genüsslich auf.

Die restlichen Stunden bis zur Mittagszeit verbringe ich noch mit Frauchen vor dem Wohnanhänger, während Herrchen zu einer Wanderung aufbricht, um sich nahegelegene Höhlen in den Bergen anzusehen. Als es mir schließlich zu heiß wird, lege ich mich für ein länger andauerndes Schläfchen auf meine Kuscheldecke und genieße den entspannten Nachmittag.

Kurz bevor ich sowieso aufstehen wollte, kommt Frauchen zu mir, streichelt mein Fell und kitzelt mich an den Sohlen meiner Pfoten. Ich bin mir nicht sicher, ob sie mich wecken oder ärgern oder beides wollte.

Aber da ich nun schon einmal wach bin, dränge ich meine Untertanin dazu, mir eine Mahlzeit in den Futternapf zu füllen, welche ich anschließend mit Heißhunger verschlinge. Dann gehen wir zusammen wieder hinaus und ich überlege, was ich den restlichen Tag tun könnte.

Noch etwas planlos, spaziere ich den Weg ein paar Meter in Richtung der Berge, dicht gefolgt von Frauchen und Herrchen.

Mein Mitbewohner erzählt derweilen von seinen Abenteuern, die er bei seiner Höhlenbesichtigung erlebt hat: Dem steilen Anstieg, dem finsteren Höhlenende und merkwürdigen Steinen, die er am Höhleneingang gesehen hat.

Ich finde Herrchens Erzählungen wesentlich weniger aufregend als er selbst und beschließe, zu dem nahegelegenen kleinen Felsen zu spazieren, den ich soeben links neben mir entdeckt habe. Er scheint eine kleine Öffnung zu haben, die mich magisch anzieht.

Als ich davorstehe, sehe ich durch die Öffnung, dass der Felsen innen hohl ist. Ich kann dem Drang nicht widerstehen und schlüpfe hinein. Hinter mir höre ich Frauchen und Herrchen aufgeregt wettern, ich solle da sofort rauskommen. Eine Schlange oder anderes wildes Getier könnte darin wohnen und wäre wohl überhaupt nicht erfreut, mich in ihrem Zuhause zu sehen, höre ich von den beiden.

Mir sind ihre Worte herzlich egal und ich genieße das Entdeckergefühl. Ich sehe mich sorgfältig darin um, doch leider war überhaupt nichts Interessantes zu finden und so stakse ich rückwärts aus dem Felsen wieder heraus.

Kaum bin ich wieder im Tageslicht, fängt Frauchen an zu kichern, bückt sich zu mir herunter und wischt eine Spinnwebe hinter meinem Ohr weg. Schade, denke ich mir, die hat mich verruchter aussehen lassen und passte so wunderbar zu meinem einen Auge.

Wir erkunden noch etwas die nähere Umgebung und ich beschnuppere einige weitere Felsen und Steine sowie Sträucher. Gelegentlich nehme ich typischen Nager-Geruch wahr, der jedoch schon vor einiger Zeit hinterlassen wurde und es wohl nicht der Mühe wert wäre, der Spur zu folgen.

Abbildung 76: Ich schlüpfe in einen hohlen Felsen hinein.

Dann schlendere ich Seite an Seite mit meinen Untertanen zum Wohnanhänger zurück, um entspannt den warmen Abend davor zu verbringen. Als wir so dasitzen, meint Herrchen, dass wir morgen einen kurzen Ausflug auf die weiße Ebene unternehmen und es mir bestimmt wieder sehr gut gefallen wird.

Wenig später bricht bereits die Abenddämmerung über uns herein und ich muss wieder in unser Zuhause zurück, nicht ohne zuvor noch den riesigen und fast schon vollen Mond zu bewundern, welcher über der Wüste aufsteigt.

Tags darauf brechen wir zu unserer Tour auf. Herrchen rückt endlich damit heraus, dass wir in den Silver Island Mountains sind, welche westlich an die Bonneville Salt Flats angrenzen, zu denen wir gerade unterwegs sind.

Ich überlege mir, dass der Name zu den Bergen tatsächlich gut passt, kann allerdings nur mutmaßen, dass er daherkommt, dass die Berge wie Inseln aus der weißen Fläche emporragen – oder aber, dass in den Bergen vor langer Zeit Silber gefunden wurde.

Wir fahren mit dem Truck hinunter zu der holprigen Piste und zurück zur asphaltierten Straße. Von dort führt diese über mehrere Meilen hinein in die Salzebenen und beim Blick aus dem Seitenfenster erlebe ich das seltsame Phänomen, dass ich zwar die Bewegung spüre, es jedoch aussieht, als wenn wir stillstehen würden. Mir wird davon leicht schwindlig und ich torkele auf die Rücksitzbank, um mich hinzulegen. Mein Frühstück lasse ich mir heute nicht schon wieder so leicht nehmen.

Schließlich sind wir da – sofern man Herrchen glauben kann, die Umgebung sieht noch genauso weiß und flach aus wie vorhin. Doch dann bemerke ich, dass wir von der asphaltierten Oberfläche abfahren und uns nur noch auf dem strahlend weißen Untergrund fortbewegen.

Viele Minuten rollen wir durch das Nichts und ich frage mich, wie wir jemals wieder zurückfinden wollen, wenn hier alles gleich aussieht. Als ich zum linken Seitenfenster hinausblicke, sehe ich in weiter Entfernung die Silver Islands Bergkette, wo wir unseren Wohnanhänger stehen haben.

Voller Faszination bewundere ich die raue Schönheit der Natur, wohlwissend wie grausam die Lebensbedingungen hier in dieser Wüste sein können. Die grauen und braunen Berge erheben sich in der Tat wie Inseln aus dem uns umgebenden Weiß. Ihre beinahe vegetationslosen Hänge und schroffen Felswände stehen in direktem farblichem Kontrast zu der hellen Umgebung.

Wieder einmal wähne ich mich auf einem fremden Planeten, so bizarr ist die Szenerie.

Abbildung 77: Links die Silver Island Mountains, rechts Salz bis zum Horizont. Dazwischen vereinzelt ein paar andere Fahrzeuge, welche als schwarze Punkte zu erkennen sind.

Dann hält Herrchen unseren Truck an und meine beiden Untertanen steigen aus. Als ich mich bereit mache, hinausgelassen zu werden, muss ich leider von

Frauchen erfahren, dass der ganze Untergrund hier aus reinem Salz besteht und es das pure Gift für mich als Katze an den Pfoten wäre.

Etwas enttäuscht blicke ich sie an, verstehe jedoch, dass sie es nur gut mit mir meint. Die beiden machen mehrere Minuten lang Fotos aus den verschiedensten Perspektiven, mal mit ihnen, dann nur mit Truck und ein anderes Mal nur die Landschaft.

Ich sehe abwechselnd durch die Front- und Seitenscheiben hinaus und versuche, die unermessliche Weite zu erfassen, schaffe es jedoch wieder einmal nicht.

Salz soweit das Auge reicht, bis zum Horizont.

Ich finde den Anblick unbeschreiblich schön und mich überwältigt ein unermessliches Gefühl der Freiheit. Auch Herrchen und Frauchen sind mitgerissen von dem herrlichen Anblick.

Als meine Mitreisenden wieder zu Sinnen kommen, steigen sie zu mir in den Truck und wir machen uns auf den Weg zurück.

Mittlerweile ist es Mittagszeit und die Sonne brennt wie gewohnt vom Himmel. Wir fahren vorsichtig über die Salzebene hinweg, passieren ab und an andere Fahrzeuge und kommen schließlich wieder auf der asphaltierten Zufahrtstraße heraus.

Abbildung 78: Unser Truck auf den Salzebenen mit den Silver Island Mountains im Hintergrund, in denen irgendwo unser Wohnanhänger steht.

Wenige Minuten später spüre ich, wie es erneut zu rumpeln und holpern beginnt und weiß, dass wir uns auf der Piste befinden, welche uns entlang der Berge zu unserem Zuhause bringt.

Kaum dort angekommen, springe ich von dem Ausflug müde hinaus, in den Wohnanhänger hinein und lege mich hin, um das dringende Schlafbedürfnis zu stillen. Ich habe nicht mal mehr Lust, auf mein Mittagessen zu warten, so sehr freue ich mich bereits auf Schlummerland.

Umso hungriger bin ich, als ich wunderbar erholt aus meinem tiefen Schlaf erwache. Mit einem kraftvollen Sprung, um den mich jeder Löwe beneiden würde, eile ich zu meiner Futterschüssel, wo Frauchen bereits freudig darauf wartet, mir eine große Portion einfüllen zu dürfen.

Dann mache ich mich auf nach draußen. Die größte Hitze ist überstanden und ich genieße ein lauschiges Lüftchen, das über die Ebenen zu uns hinauf in die Berge weht.

Ich beschließe, meinen Abendspaziergang heute etwas auszudehnen und gehe mit Herrchen ein ganzes Stück weit von unserem Zuhause weg in die Wüstenberge hinein.

Abbildung 79: Eines der vielen Reptilien, die ich auf meinen Spaziergängen entdecke.

Immer wieder wuselt es neben uns und ich sehe Eidechsen unterschiedlichster Couleur und Größe davonhuschen. Gebannt blicke ich ihnen nach, wohl wissend, dass ich sie niemals erwischen würde. Flink flitzen die Reptilien über die Steine und in Felsspalten oder Erdlöcher hinein. Manche haben eine mit rundlichen Flecken übersäte Haut, andere sind gestreift, wieder andere beides.

Einige wenige Exemplare machen sich keine Mühe, vor mir zu fliehen. Anstatt dessen blicken sie mich unverblümt mit ihren stechenden Echsenaugen an. Da mir dieses Verhalten besonders unheimlich ist, beobachte ich sie aus sicherer Entfernung und mache einen großen Bogen um sie.

Wer weiß, in welch mysteriöser schwarzer Magie die Tiere geschult sind.

Abbildung 80: Ich beim Erkunden der näheren Umgebung um unser mobiles Zuhause herum.

Schließlich machen sich Herrchen und ich auf den Rückweg. Mittlerweile daran gewöhnt, dass ich häufig anhalten muss, sobald ein interessanter Geruch in der Luft liegt, bleibt mein getreuer Untertan jedes Mal mit mir stehen und wartet geduldig und brav, bis ich bereit bin, weiter zu gehen.

Wir sind in einem ausgetrockneten Flussbett und als wir gerade wieder ein paar Schritte machen, sehe ich aus dem Augenwinkel, wie etwas vielbeiniges langsam vor mir über den losen Untergrund läuft. Herrchen ist bereits abrupt stehen geblieben und bückt sich hastig zu mir herunter, um mich zurück zu halten.

Arglos blicke ich erst ihn an und dann vor mich auf den Boden und mache eilig einen Sprung zurück. Eine riesige Spinne, größer als alle die ich bisher gesehen habe, krabbelt gemütlich über den kiesig-sandigen Untergrund.

Ich sehe mir das Tier genauer an. Die Beine sind stark behaart, wobei das innerste Glied schwarz ist und alle anderen bräunlich wirken. Der Vorderleib ist relativ kahl, das Hinterteil jedoch ebenfalls voller Haare und der letzte Abschnitt hübsch orange gefärbt. Aus dem vorderen Bereich ragen zwei weitere – wie ich von Herrchen erfahre – Taster genannte Gliedmaßen hervor. Die Vogelspinne ist in etwa so groß wie Herrchens Hand samt Finger und ich halte mich in gebührendem Abstand zu ihr zurück.

Als sie an uns vorbei spaziert ist, warten wir noch kurz ab. Doch sie kommt nicht wieder und wir setzen unseren Heimweg fort.

Herrchen ist ganz aufgeregt und hat einige Fotos gemacht, die er Frauchen unbedingt zeigen möchte. Ich bin erneut erstaunt, welch seltsame und hochangepasste Kreaturen es in dieser lebensfeindlichen Landschaft gibt und beschließe, mich besser über die Tierwelt der amerikanischen Wüsten zu informieren. Die Natur ist wahrlich eine Künstlerin ohnegleichen.

Der Anblick der gewaltigen Spinne bringt mich zum Nachdenken und ich beginne, über das Sein zu sinnieren. Ob das achtbeinige Tier mich wohl genauso bemerkt und unsere Begegnung empfunden hat, wie ich die seine? Gibt es für die Spinne einen tieferen Sinn in Allem? Ist sie sich des harten Lebensraumes und des Lebens an sich bewusst, in dem sie lebt?

Ich stolpere wieder einmal von einer Frage zur nächsten, dann sehe ich, dass Herrchen bereits einige Schritte weiter gegangen ist und eile ihm hinterher. Ich versuche mich an den letzten Gedanken zu erinnern, doch wir sind bereits fast bei unserem Zuhause und als Frauchen uns begrüßt verliere ich endgültig den vorhin gesponnenen gedanklichen Faden.

Herrchen erzählt ihr voller Aufregung von unserem Erlebnis mit der Vogelspinne, was ich mit eifrigem Maunzen bekräftige. Anfangs glaubt uns Frauchen nicht, als mein Untertan ihr dann aber die Fotos auf der Kamera zeigt, blickt sie überrascht auf und meint, ich solle nicht immer so gefährliche Abenteuer unternehmen.

Ich will erst protestieren, lasse es dann jedoch bleiben. Zu gut kenne ich sie und mir ist klar, dass wieder einmal die Fantasie mit ihr durchgegangen ist. Aus vielen Jahren des Zusammenlebens mit meinen Untertanen weiß ich, dass Menschen sich in der Regel schwer damit tun, in der Realität zu leben und rennen lieber all ihren Dramen im Kopf hinterher.

Als Frauchen sich wieder beruhigt hat, serviert sie mir mein Abendessen und wir lassen den Abend gemütlich in unserem Wohnanhänger ausklingen.

Ich denke noch einige Zeit an die Begegnungen des heutigen Tages und setze meine philosophischen Studien anschließend im Traum in einem höheren Bewusstseinszustand fort, in der Hoffnung dort Antworten auf meine vielen Fragen zu bekommen.

Irgendwann habe ich jedoch genug davon und widme mich angenehmeren Dingen. Ich wechsle in andere Sphären und regiere die restliche Nacht über mein aus fetten Mäusen bestehendes Volk.

Abbildung 81: Ich entdecke eine Vogelspinne in einem ausgetrockneten Flussbett.

Am nächsten Tag verbringe ich wieder mit Herrchen die Morgenstunden vor unserem Wohnanhänger und genieße die kühle Luft. Zur Mittagszeit bleibe ich erst faul unter unserem Zuhause im Schatten liegen, gehe aber nach einiger Zeit doch hinein.

Mein Untertan packt seinen Rucksack und macht sich auf zu einer längeren Erkundungstour durch die Wüstenberge, während Frauchen bei mir bleibt, um mich gut zu versorgen.

Als Herrchen viele Stunden später zurückkommt, berichtet er über seine Erlebnisse und meint, dass er zuerst bei einer anderen Höhle gewesen wäre, die aber, nachdem er einen felsigen Hang hinaufgeklettert ist, auf die letzten Meter durch eine sehr bröckelig wirkende, natürliche Lehmwand für ihn unzugänglich gewesen sei.

Dann meint Herrchen, er wäre an den Felsklippen entlang gewandert bis sich die Möglichkeit ergeben hätte, über ein steiles steiniges Gelände auf die Klippen zu kommen und weiter hinauf in die Berge zu gehen. Dort hat er kleine, von Wind und Wetter geformte Felsbrücken entdeckt und auch ein großes Skelett, das durch die starke Sonneneinstrahlung bereits komplett ausgebleicht war.

Auf meine Frage hin, von welchem Lebewesen es stammen könnte, meint er, dass es wohl ein großes Reh oder eine der hierlebenden Hirscharten gewesen sein muss, oder vielleicht von einer Pronghorn-Antilope. Aber so genau wüsste er das nicht.

Ich lasse mir ein Foto zeigen, bin danach jedoch genauso schlau wie Herrchen und kann nur darüber mutmaßen, welchem Tier das Skelett zuzuordnen ist.

Weiter erzählt Herrchen, dass er ein paar kleinere Versteinerungen gesehen hat und schwärmt die nächsten Minuten darüber, wie sehr er doch die steinigen Wüsten Amerikas liebt und dass es darin immer etwas zu entdecken gibt.

In diesem Punkt stimme ich ihm voll und ganz zu und fühle tief in mir eine absolute Ruhe, die ich jedes Mal empfinde, wenn wir in Trockengebieten fernab der Zivilisation campieren.

Auch tags darauf ist Herrchen auf Entdeckungstour. Als ich derweilen mit Frauchen draußen sitze, merke ich, wie mich vermehrt große Fliegen nerven und mir immer wieder ins Gesicht krabbeln.

Anfangs verjage ich sie noch, doch dann komme ich nicht mehr hinterher und gehe in den Anhänger hinein. Auch Frauchen flieht zu mir und als Herrchen zurück ist von seiner Wanderung erzählen wir ihm davon.

Mittlerweile sind einige der Fliegen in den Wohnanhänger gelangt – wie sie das geschafft haben, können wir uns nicht erklären – und meine Untertanen machen sich daran, die kleinen Biester hinauszuschaffen. Doch es werden immer mehr und erst mit Einbruch der Abenddämmerung haben wir wieder unsere Ruhe vor ihnen.

Am nächsten Tag das gleiche Spiel: Mit zunehmender Sonne werden die Fliegen zahlreicher und finden immer einen Weg in den Wohnanhänger. Meine Untertanen hören bei der hundertsten Fliege des Tages auf zu zählen und wir kommen zu dem Entschluss, dass sie irgendwie durch das Moskito-Netz der Eingangstür hindurch kommen müssen.

Daraufhin schließen wir die äußere Tür und tatsächlich kommt keines der geflügelten Nervensägen mehr hinein. Allerdings heizt sich nun der Innenraum unseres Zuhauses schnell auf und nach weniger als einer Stunde müssen wir notgedrungen die Tür wieder öffnen. Kurz darauf haben wir auch erneut eine Fliegen-Armada im Hänger und meine Untertanen ihre Beschäftigung.

Herrchen findet zwar bald eine Lücke zwischen Mückenschutz-Tür und Rahmen, welche er auch sofort stopft. Doch spätestens, wenn wir nur kurz die Tür öffnen, um zum Beispiel die Solar-Panels dem Sonnenverlauf anzupassen, stürmt erneut ein Heer der kleinen schwarz-grün schimmernden Biester herein.

Da wir weder wissen, woher plötzlich die Fliegenplage kommt noch ahnen, wie lange sie anhält, beschließen wir schweren Herzens, am nächsten Morgen abzureisen. Doch so schade es auch dieses Mal ist, diesen schönen Ort zu verlassen, weiß ich, dass wir bestimmt etwas Neues entdecken und bald das nächste Abenteuer vor der Haus – pardon, Wohnmobiltür stehen wird.

Abbildung 82: Die fantastische Aussicht aus den Bergen auf die darunterliegende Wüste und die Salt Flats dahinter.

Grüne Inseln in der Wüste

Es ist wieder später Vormittag, bis wir alle Sachen aufgeräumt und den Wohnanhänger angekuppelt haben. Auch das Herausfahren aus unserem Stellplatz benötigt dieses Mal etwas länger und Herrchen rangiert hin und her, während Frauchen aufpasst, dass er rückwärts nicht gegen einen Felsen oder Busch fährt.

Schließlich ist es geschafft, wir rollen zurück zur holprigen Hauptpiste und von dort auf den großen Interstate Highway. Die Sonne sticht mittlerweile kräftig vom Himmel und ich bin froh, dass wir im klimatisierten Truck sitzen.

Wir fahren in westliche Richtung zurück nach Nevada, dann geht es über einen kleineren Highway gen Südwesten. Wieder bewegen wir uns durch endlose Wüstenlandschaften. Auf beiden Seiten der Straße erheben sich nach einiger Zeit schroffe und karge Berge. Herrchen meint, wir sind in einem von vielen beinahe parallel angeordneten Tälern unterwegs und dass die Szenerie typisch wäre für das nördliche und zentrale Nevada.

Meile um Meile vergeht und ich merke, wie mich der Anblick der einsamen Landschaft hypnotisiert und ich gelegentlich kurz einnicke.

Ich weiß nicht wieviel Zeit vergangen ist, als Frauchen sagt, wir kommen gleich in eine Ortschaft, wo wir einen Zwischenstopp für die Nacht einlegen werden. Und tatsächlich, weniger als zwanzig Minuten später sehe ich die ersten Häuser und Anwesen neben der Straße.

Dann fahren wir in das Zentrum der kleinen Stadt, biegen an einer Ampel links ab und lassen bald wieder die Ortschaft hinter uns. Als ich mich schon wundere, ob ich mich wohl verhört hätte, dass wir hier übernachten wollen, spüre ich, wie Herrchen den Truck abbremst und wir vom Highway abbiegen.

Es geht über einen kurzen geschotterten Weg und schließlich erkenne ich, dass wir in einen RV Park hineinrollen. Zum Glück bin ich dank Frauchen bestens informiert und weiß, dass wir hier nur für eine Nacht bleiben. Entsprechend nehme ich den Anblick der vielen Wohnmobile gelassen. Herrchen erledigt die Registrierung und kurz darauf haben wir unser Zuhause bereits eingeparkt und meine Untertanen bereiten alles vor, dass ich in den Wohnanhänger kann.

Als ich an der Leine – ach, wie ist mir das jedes Mal zuwider und peinlich – zu unserem Zuhause spaziere, blicke ich mich für einige Momente um und erkenne, dass auf beiden Seiten des Anhängers ein großer Baum steht. Zu schade, dass ich dort nicht einfach hochklettern darf.

Dann höre ich fremde Stimmen und Schritte und ich mache mich eilig daran, in den Wohnanhänger zu springen. Meine Untertanen folgen mir notgedrungen, da ich sie stramm an der Leine führe, und schließlich bekomme ich eine leckere Mahlzeit serviert. Auch Frauchen und Herrchen essen etwas, füllen dann jedoch seltsamerweise Wasser ab und packen einen Rucksack.

Da ich keinerlei Lust verspüre, heute noch etwas zu unternehmen, flüchte ich in mein sicheres Eck hinter dem Bett und luge vorsichtig mit meinem Auge hervor, um die Situation zu beobachten. Dann höre ich die beiden nur noch sagen, sie schauen sich die Ortschaft an und gehen noch etwas Steine klopfen, und schon sind sie weg.

Ich überlege kurz, ob ich sie richtig verstanden habe, komme aber zu dem Entschluss, mich mit den Steinen verhört zu haben. Als ich mitbekomme, wie meine Untertanen mit dem Truck davonfahren, schleiche ich aus meinem sicheren Versteck hervor und mache es mir auf dem Bett gemütlich.

In Seelenruhe reinige ich mir mein Fell, so dass es nach den wilden Wüstentagen wieder richtig seidig glänzt. Ich beginne bei den Hinterbeinen und arbeite mich langsam über die Vorderpfoten zu den Ohren vor. Welch eine Wohltat das ist und so entspannend, denke ich mir, während ich dem Schleckgeräusch meiner Zunge lausche.

Ich muss wohl dabei eingeschlafen sein, denn plötzlich höre ich die Stimmen von Frauchen und Herrchen, die anscheinend von ihrem Ausflug zurückkommen. Ich springe vom Bett und eile zur Eingangstür, um sie zu begrüßen. Wenige Augenblicke später öffnet sich diese und meine Untertanen stehen davor und meinen, sie würden gerne hineinkommen.

Ich blicke sie fragend an und bleibe auf dem Teppich davor sitzen. Dann öffnen sie langsam die Moskitoschutz-Tür und kommen herein. Immer wieder wundere ich mich, warum sie jedes Mal so einen Aufriss darum machen, wenn sie auf einem Campingplatz sind und nach Hause kommen.

Ich darf mir Dinge anhören wie „ich solle zurücktreten" oder aber auch „ich dürfe jetzt nicht hinaus". Dabei möchte ich sie doch nur gerne begrüßen – und mir natürlich meine Portion Feuchtfutter abholen. Niemals, wirklich niemals, würde ich mit leeren Magen versuchen zu flüchten. Für wie dumm halten die mich eigentlich!

Dann, nachdem sie mir meinen Napf gefüllt und ich diesen geleert habe, möchte ich von meinen Untertanen gerne erfahren, was sie alles erlebt haben.

Herrchen fängt auch gleich an zu erzählen. Sie waren in den nahegelegenen Bergen, dort gibt es einen extra ausgewiesenen Ort, wo man nach Edelsteinen graben kann. Es soll wohl richtig professionelle Edelsteinsucher geben, die teils über einen Meter tiefe Löcher ausheben und dann mit Hammer und Meißel und auch Pinsel die kleinen Kostbarkeiten aus dem Fels hauen beziehungsweise freilegen. Meine Mitreisenden waren natürlich weniger gut ausgestattet und haben ein paar vielversprechende und freiliegende Felsbrocken aufgehoben, welche dann bei der nächsten Gelegenheit mit Gummihammer und Schraubenzieher bearbeitet wurden. Leider sind bei diesen unorthodoxen Methoden die meisten Glitzersteine in viele Einzelteile zersprungen.

Mit leichtem Entsetzen in meinem behaarten Katzengesicht höre ich ihnen zu und würde am liebsten die Pfoten über dem Kopf zusammenschlagen, so fremdschäme ich mich für sie und ihr dilettantisches Vorgehen. Doch ich vergebe ihnen schnell und lausche weiter ihren Erlebnisberichten.

Nachdem sie mit Steine klopfen fertig waren, haben sie sich in Ely umgesehen, der Ortschaft, in deren Nähe wir auf dem Campingplatz sind. Dort muss das berühmte Hotel Nevada stehen sowie mehrere interessante Wandmalereien.

Sie zeigen mir ein paar Fotos, doch ich muss gestehen, dass solche Erlebnisse nicht unbedingt auf meiner Prioritätenliste sind. Nach einigen Minuten wird mir dabei langweilig und mir fällt ein, dass ich mich vorhin noch nicht ganz fertig geputzt habe, was ich jetzt nachhole.

Den restlichen Abend verbringen meine Untertanen damit, ihre Kleidung in den Waschautomaten des RV Parks zu säubern. Ich sitze derweilen am offenen Fenster hinter dem Moskito-Netz und genieße die kühle hereinziehende Luft.

Wir verbringen anschließend eine ruhige Nacht und machen uns am nächsten Morgen auf den Weiterweg in südliche Richtung. Wieder geht es durch Wüstentäler. Dann macht die Straße eine Kurve und führt nach Osten, woraufhin wir wenig später das Tal verlassen und über einen Pass hinauf in die Berge fahren.

Ich genieße die an uns vorbeiziehende Landschaft durch die Seitenfenster. Irgendwann meint Herrchen, dass wir heute gar nicht mehr allzu weit fahren und bald an unserem Zielort, einem Nationalpark, ankommen.

Einige Meilen danach rollen wir durch eine kleine Ortschaft hindurch, biegen darin ab und fahren kerzengerade auf ein Gebirge zu. Auf der stetig ansteigenden Straße kommen wir schließlich an einer großen Steintafel vorbei, die Frauchen auch sofort fotografiert. Meine Untertanin meint, darauf steht „Great Basin Nationalpark" und wir würden die nächsten Tage hier in der Gegend bleiben, um sie zu erkunden.

Anschließend geht es in leichten Kurven in den Nationalpark hinein und kurz darauf sind wir bereits bei einem der Campingplätze angekommen. Diese sind in der Regel weitläufiger als die RV Parks und man ist von etwaigen

Nachbarn durch Büsche, Bäume oder andere Vegetation getrennt, wenngleich es auch nicht so toll ist wie das von mir heiß geliebte wilde Campieren in den weiten Amerikas.

Doch auch hier finden wir ein hübsches Plätzchen und meine Untertanen machen sich daran, alles für mich vorzubereiten. Geduldig warte ich im Truck, dann ist es soweit und ich darf hinaus.

Als ich Frauchen auffordere, mir bereits im Truck die Leine abzumachen, antwortet sie, das geht nicht, es ist ja ein Nationalpark. Ich denke mir, was das für ein großer Unsinn sei und dann fällt es mir wieder ein, dass ich mich hier an die allgemeinen Haustier-Regeln halte muss – auch wenn ich mich eigentlich als ein dem Menschen übergeordnetes Wesen betrachte.

Etwas gedemütigt füge ich mich meinem Schicksal und spaziere in geduckter Haltung an der Leine zum Wohnanhänger hinüber, in der Hoffnung, dass mich kein Tier oder Mensch so sieht. Erleichtert stelle ich fest, dass weit und breit niemand ist, bleibe stehen und sehe mich um.

Der erste Eindruck ist gar nicht übel, stelle ich fest. Um uns herum ist alles herrlich grün und ich höre in der Nähe einen Bach plätschern. Den muss ich mir später unbedingt ansehen. Unser Wohnanhänger steht auf asphaltiertem Untergrund, aber daneben führt eine Wiese in einen lauschigen Mischwald hinein, welcher mit hübschen Zitterpappeln und ein paar wenigen Nadelbäumen bewachsen ist. Auch einige interessante Sträucher sind zu sehen, welche erfahrungsgemäß meistens voller Erdlöcher mit Mäusehäppchen sind.

Als ich darüber nachdenke, dass unsere Fahrt viele Stunden durch karge Wüstengegenden geführt hat, wirkt dieser Ort im Vergleich dazu beinahe surreal.

Herrchen bemerkt meinen umherschweifenden Blick und erzählt mir und Frauchen, dass eines der Hauptmerkmale des Great Basin Nationalparks ist, den Menschen anhand der grandiosen Natur zu veranschaulichen, welch wunderschöne grüne Inseln die Berge inmitten der rauen Hochwüste sind. Einzig und allein durch den Höhenunterschied ändert sich das Klima und der Niederschlag und somit auch die Vegetation, woraus sich für die Tierwelt ebenfalls ganze Refugien bilden als Kontrast zu den tiefer gelegenen Trockengebieten.

Dann fügt er noch hinzu, dass wir uns die nächsten Tage die Gegend genauer ansehen werden und dadurch auch innerhalb weniger Minuten Fahrt die krassen Gegensätze in der Vegetation beobachten können, lediglich aufgrund der zurückgelegten Höhenmeter.

Als ich ihm so zuhöre, beginne ich mich mehr und mehr auf den nächsten Ausflug zu freuen und bin sehr gespannt, was es dabei alles zu sehen gibt.

Aber nun ist es erst einmal an der Zeit, dass ich mein verspätetes Mittagessen bekomme und ich zerre Frauchen, die meine Leine hält, in den Anhänger hinein. Voller Freude und Untertänigkeit tischt sie mir mein Futter auf und ich lasse es mir schmecken.

Anschließend will ich mir das nahegelegene Waldstück ansehen und dem plätschernden Geräusch auf den Grund gehen. Und wer weiß, vielleicht läuft mir ja noch ein Dessert über den Weg.

Ich überrede Herrchen, mit mir hinaus zu gehen und wir spazieren schnurstracks über einen kleinen Trampelpfad zu dem Wald hinüber. Dort führt uns ein umgefallener schmaler Baumstamm über einen kleinen Bach, aus welchem ich ein paar Schlucke des köstlichen Nass trinke.

Herrchen ist ganz begeistert und versucht Fotos von mir zu machen, doch ich lasse ihm keine Zeit und stürme weiter. Leider werde ich durch die Leine zurückgehalten und als ich mich umdrehe, bemerke ich, dass Herrchen etwas wackelig über den Baumstamm herüber balanciert.

Ich muss in mich hineinlachen. Der Bach ist keine zwei Meter breit und falls Herrchen hineinsteigen müsste, würde immer noch sein Fußknöchel herausschauen, so flach ist das Gewässer. Menschen sind so unglaublich tollpatschig, wenn es darum geht, ihre Körperbewegungen zu koordinieren.

Ich mache mir einen Spaß daraus und ziehe unbarmherzig an der Leine.

Das Bächlein von soeben kann unmöglich die Quelle des Rauschens gewesen sein. Der Pfad führt uns durch die weißstämmigen, mit grünen Blättern belaubten und bei jedem Windhauch herrlich raschelnden Pappeln hindurch. Herrchen folgt mir geduckt, um nicht an Ästen hängen zu bleiben.

Etwa fünfzehn Meter später sind wir auf einer kleinen Lichtung, welche durch zwei unterschiedliche Bäche begrenzt ist. Der eine davon ist nicht viel breiter als der, den ich eingangs überquert habe. Ich schlendere hinüber und lasse mir ein paar der dort wachsenden saftigen Grashalme schmecken. Wahrlich eine rare Köstlichkeit in der Wüste, und ich lege nun einmal Wert auf lokale und natürlich gewachsene Spezialitäten.

Dann gehe ich zurück. Der andere Strom ist wilder und rauscht einem Gebirgsbach würdig neben uns vorbei. Ein paar bunte Schmetterlinge spielen über dem Wasser und flattern umher. Der Pfad, über welchen wir gekommen sind, führt wenige Meter bachaufwärts zu einem weiteren großen und dicken umgefallenen Baumstamm, welcher den kleinen Strom überbrückt.

Ich will dort unbedingt hinüber und veranlasse Herrchen, mir zu folgen. Doch als ich bis zur Mitte des Baumes balanciert bin, lässt mich mein Untertan nicht weitergehen. Ich ziehe noch etwas an der Leine, jedoch ohne Erfolg. Etwas irritiert blicke ich Herrchen an und höre ihn durch das Rauschen des Baches hindurch sagen, dass er mit mir auf keinen Fall über den Baumstamm an das andere Ufer hinüber gehen wird. Meine Versuche, ihn telepathisch zu überreden, schlagen leider nicht an. So drehe ich mich leichtfüßig auf dem schmalen Untergrund um und tänzele gekonnt und mit sicheren Schritten zurück zu Herrchen.

Dann setzen wir uns noch etwas auf die Lichtung und genießen das beruhigende Rauschen des Baches. Dabei fällt mir auf, dass ich aufgrund des Lärms mit meinen Ohren gar nicht die Umgebung sondieren kann. Das macht mich schließlich doch zunehmend nervös, insbesondere da ich vorhin bereits Gerüche von Tieren wahrgenommen habe, die ich mit Gefahr verbinde. Ich kann mich nur einfach nicht daran erinnern, welche Kreaturen so riechen.

Also überrede ich meinen Untertan – ach was, ich befehle ihm - dass wir zu unserem mobilen Zuhause zurückspazieren. Erneut fällt Herrchen beinah in den kleinen Bach und tritt dann auch tatsächlich in das Wasser hinein, um nicht zu stürzen. Doch er kann nur über die Situation lachen und mit einem nassen und einem trockenen Fuß schlurft er hinter mir her zurück über das Gras. Dort angekommen, lässt er sich in einen unserer Campingstühle nieder und ich lege mich im Schatten dazu, um etwas zu entspannen.

Es vergehen nur wenige Minuten, dann schnuppere ich wieder den bekannten und doch fremd wirkenden Geruch von irgendwelchen Tieren.

Ich richte mich auf und überprüfe sorgfältig die Umgebung mit meinem Auge. Auch meine Ohren setze ich ein und peile jede Richtung auf der Suche nach seltsamen Geräuschen an.

Dann sehe ich, dass Herrchen sich langsam und beinahe geräuschlos aufrichtet, zur Kamera greift und mit für ihn ungewöhnlich leisen Schritten vorsichtig auf das Waldstück zugeht. In dem Moment, als er die Kamera hebt, sehe ich ein paar große Vögel davonrennen und hinter dem nächsten Busch verschwinden.

Truthähne!

Das war der Geruch, den ich vorhin und auch jetzt wieder wahrgenommen habe. Ich bin froh, dass ich mich auf meine Intuition verlassen habe und dem unheimlichen Federvieh nicht unbedacht über den Weg gelaufen bin. Zu gut erinnere ich mich noch an Frauchens Worte, als wir die Kreaturen in North Dakota angetroffen haben.

Ob sie die Wahrheit gesprochen oder mir einfach nur Angst machen wollte, ist mir in dem Moment egal und ich verspüre keinerlei Drang, die Sache zu überprüfen.

Nachdem die Vögel verschwunden sind, beschließe ich, jetzt doch in den Wohnanhänger hinein zu wollen, woraufhin Herrchen und ich die Treppen hinaufsteigen und er mir endlich die Leine abnimmt.

Ich schlendere zum Bett, springe auf meine Kuscheldecke und erhole mich von dem kurzen Ausflug und dem Überfall der Truthähne.

Abbildung 83: Ich lasse mir das saftige Gras an einem der Bäche bei unserem Stellplatz schmecken. Leider darf ich hier nur mit Leine unterwegs sein.

Am nächsten Morgen herrscht wieder einmal wolkenloser Himmel und die Sonne strahlt herrlich herunter. Trotz der kühlen nächtlichen Temperaturen und der Höhe von über 2.000 Meter über Meeresspiegel, auf der wir uns befinden, wärmt sich der Wohnanhänger schnell auf und wir fangen schon während des Frühstücks damit an, die noch kühlere Außenluft durch die Fenster herein zu lassen.

Heute gibt es für meine Mitbewohner Rührei, von dem sie mir wie immer vor dem Anrichten von einem Ei das Gelb abtrennen und es in meinen Futternapf geben. Sobald sie dann bereit sind, um ihr Morgenmahl einzunehmen, stellen sie auch mir meine Portion hin und gemeinsam lassen wir es uns schmecken.

Als wir fertig sind, machen wir uns bereit für den heutigen Ausflug. Frauchen und Herrchen füllen Wasserflaschen ab, packen noch ein paar Snacks ein und schon fahren wir los.

Direkt nach dem Campingplatz geht die gut ausgebaute Straße steil nach oben und windet sich in die Bergwelt hinein. Nur wenige Minuten später biegen wir auf eine Piste ab, die nach ein paar Metern zu einem Aussichtspunkt führt.

Wir sind mittlerweile auf mehr als 2.500 Metern Höhe und das Panorama ist spektakulär. Vor uns geht es steil hinunter und der Hang ist bewachsen mit Laub- und Nadelbäumen. Über die Wipfel hinweg kann ich bis weit in die Ferne blicken, wo die nächste Bergkette parallel verlaufend das unter uns liegende Tal begrenzt.

Jetzt verstehe ich auch die Phrase, dass diese Berge wie grüne Inseln aus der Hochwüste ragen. Denn in der Tat blicke ich über dichte Vegetation hinab in die karge Ebene, wo nur noch Sagebrush und andere Trockengebiets-Vegetation wächst. Doch hier in den Bergen wähne ich mich in einer anderen, nahezu paradiesischen Welt.

Als wir weiterfahren, werden die Wälder dichter und Nadelbäume dominieren die Szenerie. Gelegentlich kann ich in einer Serpentine einen weiteren Fernblick erhaschen, doch mit zunehmendem Bewuchs wird es immer schwieriger. Schließlich kommen wir am Ende der Straße an und als meine Untertanen aussteigen, zieht es kalt herein.

Ich bin verwirrt, denn bei unserer Abfahrt hat mir die Sonne schon beinahe unerträglich auf das Fell gebrannt – und nun fröstelt es auch meine Untertanen in ihrer kurzen Kleidung. Herrchen meint beiläufig zu Frauchen, man merke ganz klar den Unterschied und dass wir uns jetzt auf 3.000 Meter Höhe befinden.

Die beiden spazieren etwas herum und sehen sich einige Ausgangspunkte von Wanderwegen an, dann kommen sie zu mir zurück.

Frauchen und Herrchen unterhalten sich und ich erfahre, dass sie die nächsten Tage hierher zurückkommen möchten, um zu wandern. Ich kann jedoch nicht mit und muss daher alleine im Wohnanhänger bleiben, was wiederum nur ab den späteren Nachmittagsstunden möglich ist, da es zuvor, trotz der höheren Lage des Campingplatzes, zu warm ist und unser Zuhause sich auf ein für mich unerträgliches Maß aufheizen würde.

Ich finde es rührend, wie sehr sich meine Untertanen um ihre Königin und Anführerin, damit meine ich natürlich mich, kümmern und beschließe, sie heute Nacht dafür besonders liebevoll an den Wangen und Hals abzuschlecken. Sie werden sich darüber bestimmt sehr freuen.

Wenige Momente später fahren wir die kurvenreiche Straße zurück, nicht ohne ein paar weitere Male stehen zu bleiben und die Aussicht zu genießen. Die Farben haben sich nun dank der tiefer stehenden Sonne hin zu wärmeren und sanfteren Tönen verschoben und tauchen die ganze Szenerie in das magische Abendlicht, das ich so gerne mag.

Als wir wieder am Wohnanhänger ankommen, dämmert es bereits und die Außentemperatur hat stark abgekühlt. Auch in unserem Zuhause ist es nun angenehmer und ich lasse mir ein köstliches Abendmahl aus der Feuchtfutterdose zubereiten.

Nachdem ich meinen Napf bis auf den letzten Happen ausgeschleckt habe, ziehe ich mich in meine Gemächer zurück und verbringe die Zeit bis zur Nacht auf meiner Kuscheldecke in tiefer Meditation.

Abbildung 84: Die Aussicht von etwa 2.500m über Meeresspiegel hinab in die Hochwüste des Great Basins. Klar ist zu erkennen, ab welcher Höhe die Vegetation grüner wird.

Tags darauf verbringen meine Untertanen und ich den Vor- und frühen Nachmittag bei unserem Stellplatz. Ich genieße mit Herrchen viel Zeit an dem lauschigen Ort bei den Bächen.

Mittlerweile habe ich mich etwas daran gewöhnt, dass ich mit meinen Ohren aufgrund des lauten Plätscherns keine Umgebungsgeräusche richtig wahrnehmen kann. Da ich aber weiß, dass, wenn ich nur nahe genug bei Herrchen bleibe, die wilden Truthähne mir nichts tun werden, halte ich das

Risiko für überschaubar und wiege mich in Sicherheit, ohne dafür allzu viele Freiheiten aufgeben zu müssen.

Ich beobachte wieder Schmetterlinge bei ihrem Spiel und versuche, mich an eine Eidechse heranzuschleichen, die ich aber zu meiner Enttäuschung nicht erwische. Die Reptilien sind einfach immer noch zu flink für mich, obwohl ich bereits für diese spezielle Jagd heimlich trainiert habe. Es muss wohl an der Höhenluft liegen, vermute ich.

Als ich meinen Blick auf der Suche nach weiteren Jagdgelegenheiten schweifen lasse, sehe ich mehrere Ameisen, die einen Baumspross hinauflaufen. Etwas weiter oben sind weitere der fleißigen Gliederfüßer zu sehen, wie sie an Hinterteilen von Läusen herumwerkeln und diese melken. Etwas angewidert und dennoch fasziniert beobachte ich diesen seltsamen Vorgang.

Dann wird es mir zu langweilig und ich beschließe, Herrchen zurück über den Baumstamm zu treiben. Ich ziehe an der Leine, er springt auf und folgt mir arglos. Kaum sind wir bei dem Bächlein, springe ich auf den Stamm und renne wild los auf die andere Uferseite. Herrchen stolpert, kann sich gerade noch fangen, und tritt dieses Mal mit beiden Füßen in das Wasser. Mir platzt ein lautes Miau heraus und ich lache im Stillen weiter über den Spaß, den ich mir gerade gemacht habe.

Zurück bei unserem Wohnanhänger bleiben wir beide noch etwas außen sitzen und Frauchen stößt zu uns. Die Markise des Hängers ist ausgefahren und wir genießen den von ihr gespendeten Schatten.

Nach einer knappen Stunde beschließen meine Mitbewohner, dass die Temperaturen jetzt weit genug abgekühlt haben und ich alleine zuhause bleiben kann. Sie packen ihren Rucksack, danach versorgen sie mich noch mit einer frischen Portion Futter und Wasser. Anschließend gehen sie hinaus, schließen die Tür und ich höre, wie sie von außen absperren.

Einen Moment später brüllt der Motor des Trucks auf und Frauchen und Herrchen fahren davon. Genüsslich schlucke ich Happen um Happen meines Feuchtfutters hinunter und überlege dann, was ich die paar Stunden anstellen kann, die ich alleine bin. Ich entschließe mich dazu, erst noch etwas aus dem Fenster zu blicken. Danach putze ich mich und beruhige meine Gedanken, um wenig später direkt in eine lange und tiefe Meditation überzugehen.

Nach einiger Zeit sagt mir eine Vorahnung, dass meine Untertanen in etwa zehn Minuten zurück sein werden und ich begebe mich langsam aus meiner Meditation heraus. Nach exakt neun Minuten und fünfundfünfzig Sekunden springe ich von meiner Kuscheldecke zu Boden, gehe entspannt zur Eingangstür, um fünf Sekunden später zu hören, wie Herrchen diese aufsperrt, um anschließend hereinzukommen.

Ich begrüße meine Untertanen mit einem freudigen Blick, welchen sie selbstverständlich erwidern – ich glaube sogar, dass ich eine Art Kniebeuge von ihnen gesehen habe. Wie gewohnt bekomme ich meine nächste Portion Futter. Dann möchte ich von meinen Mitbewohnern alles wissen, was sie erlebt haben.

Erst beginnt Frauchen zu erzählen, dass sie die gleiche Straße wie tags zuvor hochgefahren sind. Ich denke mir nur, dass wir das ja bereits gestern besprochen haben und maunze herum, dass sie mit dem nächsten Teil fortfahren soll.

Sie scheint mich zu verstehen und fängt an, von der Wanderung zu sprechen, die sie unternommen haben. Zuerst ging es durch den dichten Nadelwald in einer leichten Steigung nach oben. Die Pinien, Tannen und Fichten wären wunderschön gewesen und der Duft herrlich.

In Gedanken stelle ich mir ihr Erlebnis vor und rieche den betörenden Geruch des Gehölzes.

Dann erzählt sie weiter, dass der Boden teils helles weißes Gestein war, was einen tollen Kontrast zu den rötlichen, braunen und grauen Stämmen und den grünen Nadeln der Bäume dargestellt hat. Nach einiger Zeit wären sie dann an einen traumhaft gelegenen Bergsee gekommen, der von hohen Gipfeln umsäumt war. Der See liegt auf knapp 3.200 Meter über dem Meeresspiegel und es war dort entsprechend kühl. In manchen schattigen Hängen wäre sogar noch Schnee gewesen.

Abbildung 85: Einer der Bergseen im Great Basin Nationalpark, zu denen meine Untertanen gewandert sind.

Während sie an dem blaugrünen Gewässer waren, sind Maultierhirsche zum Trinken an die andere Uferseite herangekommen. Herrchen konnte sie mit seiner Kamera zoomen und hat ein Foto von den edlen Tieren gemacht. Sie hatten noch relativ kurzes Geweih, dafür aber umso größere markante Ohren, welche typisch für diese Art hier ist.

Danach sind sie weiter dem Wanderweg durch den Wald gefolgt und an noch einem See vorbeigekommen, welcher allerdings nur wenig Wasser hatte. Sie haben sogar gesehen, wie weit nach der Schneeschmelze der Wasserpegel normalerweise an das Ufer hochreicht.

Als Herrchens und Frauchens Wanderung sich dem Ende zuneigte, sind sie noch zu uralten Borstenkiefern gelaufen, die bereits mehrere tausend Jahre alt waren.

Ich spitze meine Ohren, als ich das höre und blicke sie demütig an. In Gedanken sehe ich diese Bäume vor mir, wie sie bereits zu Zeiten auf Erden gewachsen sind, die soweit zurückliegen, dass noch kein Europäer den amerikanischen Boden betreten hat. Was diese Pflanzen wohl alles zu berichten hätten nach all den Jahrhunderten?

Fasziniert von diesen Bäumen lasse ich das gedankliche Bild noch etwas auf mich wirken und stelle mir vor, welch ein Gefühl es wohl wäre, auf einem der Äste der steinalten Bristlecone Pines – so heißen sie laut Frauchen auf Englisch – zu sitzen und einfach nur zu verweilen. Ob sich mir wohl irgendwann einmal die Gelegenheit ergibt?

Am Rande bekomme ich mit, dass Frauchen für einige weitere Minuten von ihren Erlebnissen erzählt und wie sie zurückgefahren sind, doch das interessiert mich nicht mehr besonders.

Ich schlendere zur Eingangstür und miaue kräftig, um meinen Mitreisenden klar zu machen, dass ich jetzt nach all den Stunden des Herumsitzens hinaus möchte, um mir die Beine zu vertreten. Herrchen antwortet nur, dass ich wohl nicht ganz bei Verstand wäre, es sei draußen bereits dunkel.

Ich lasse jedoch nicht locker und miaue in den herzzerreißendsten Tönen. Schließlich kann mein Untertan nicht anders, nimmt mich an die Leine und wir gehen beide hinaus in die Nacht. Hier bin ich in meinem Element, nichts ist zu dieser Zeit unsichtbarer als eine kleine schwarze Katze, bei der noch dazu nur ein Auge im Gegenlicht leuchtet. Kraftvoll ziehe ich an der Leine, doch mein Herrchen bewegt sich nur träge.

Er meint zu mir, ich solle langsam machen, er sieht noch nichts und seine Augen müssten sich erst an die Dunkelheit gewöhnen. Verwundert blicke ich ihn an, es ist doch beinahe taghell bei all den vielen Sternen! Und das leuchtende Band der Milchstraße am Firmament scheint selbst in den hintersten Winkel!

Diese Menschlein und ihre verkümmerten Sinne, denke ich mir. Aber selbstverständlich nehme ich darauf Rücksicht, wie es sich für ein höheres Wesen geziemt, und lasse meinem Untergebenen alle Zeit, die er braucht, um zumindest ein kleines bisschen besser in der für seine Verhältnisse stockfinsteren Nacht klar zu kommen.

Wir gehen die Wiese etwas auf und ab – im Schneckentempo, versteht sich – um anschließend gemeinsam vor dem Wohnanhänger das Zirpen der Grillen und den Nachthimmel zu genießen.

Dann wird es fast unerträglich hell am Horizont und der Mond geht auf. Herrchen atmet begeistert auf und meint, jetzt sieht er auch endlich wieder etwas besser. Ich werde jedoch müde und veranlasse meinen Untertan dazu, mir die Eingangstür zu öffnen, so dass ich wieder in unser Zuhause hineinspringen kann.

Er selbst bleibt noch für ein paar Minuten draußen und versucht, ein Foto von Mond und Mars zu schießen, da diese beiden Himmelskörper heute von der Erde aus betrachtet unglaublich nahe nebeneinander stehen. Ich vergnüge mich derweil mit meiner von Frauchen servierten Mahlzeit und begebe mich dann auf meinen Schlafplatz, um das Nachtritual einzuleiten.

In meinen Träumen reise ich zu den Bristlecone Pines und plaudere mit ihnen über Jahrtausend altes Wissen und andere Banalitäten.

Abbildung 86: Maultierhirsche trinken aus dem Stella Lake, einem Bergsee im Great Basin Nationalpark.

Am nächsten Morgen verkünden mir meine Mitbewohner aus dem Nichts heraus beim Frühstück, dass wir heute spontan weiterfahren werden.

Anscheinend blicke ich sie irritiert an, denn Herrchen ergänzt, dass es hier die nächsten Tage wieder sehr warm werden soll und die beiden sich eigentlich bis auf eine tolle Höhle alles angesehen hätten, was sie wollten. Und die Höhle wäre aufgrund der Virus-Pandemie momentan für Besucher geschlossen. Es gäbe wohl noch ein paar andere Wanderungen, die sie gerne machen würden, aber da sie aufgrund der hohen Tagestemperaturen mich nicht alleine lassen können, fällt auch diese Option weg.

Ich überlege kurz, ob das nun ein Moment ist, in dem ich mich schuldig fühlen sollte, entscheide mich jedoch ganz klar dagegen. Dann mache ich mich auf, zu meinem sicheren Platz hinter dem Bett zu schlendern und verkrieche mich in der Ecke, aus der mich Herrchen nicht so leicht hervorbekommt.

Selbst schuld, wenn er die Abreise sogar noch ankündet und das Überraschungsmoment verrät.

Etwas später sitze ich jedoch schon wieder auf der Rücksitzbank des Trucks und wir fahren von unserem Stellplatz heraus. Ich beschließe, dass ich mir dringend eine bessere Strategie überlegen muss, damit mich Herrchen nicht allzu leicht aus meinem Versteck hervorbekommt und mache mir dazu eine gedankliche Notiz.

Wir rollen aus dem Campingplatz davon und auf die Nationalparkstraße, welche uns in entgegengesetzter Richtung zurück auf den nächsten Highway bringt.

Mein ganz privater roter Canyon

Durch die hinteren Seitenfenster beobachte ich, wie wir nach und nach die grünen Berginseln verlassen und hinunter in die Trockenebene fahren. Für viele Stunden geht es wieder durch spektakuläre Wüstenlandschaften und unermessliche Weiten.

Schließlich überqueren wir ein weiteres Mal die Grenze zu Utah und mein kleines Katzenherz macht dabei einen großen Freudensprung. Tief in mir weiß ich, dass ich bald wieder fantastische Abenteuer ganz ohne Leine erleben darf – und Herrchen hat es mir auch mit großem Ehrenwort versprochen.

Zuvor jedoch bleiben wir für zwei Nächte noch in einer Stadt auf einem RV Park, wo Frauchen und Herrchen die Möglichkeit nutzen, um meine und auch ihre Vorräte aufzustocken. Anschließend geht es schnurstracks weiter gen Osten.

Wir durchqueren eine Bergkette und verlassen damit die Hochwüste. Die Umgebung wird bewaldeter und das Gestein rötlicher. Ich merke in meinen Ohren auch häufiger einen Druck, den ich durch herzhaftes Gähnen ausgleiche. Meinen Untertanen geht es ähnlich und Herrchen erwähnt, dass wir nun wieder auf mehr als 2.000 Meter über dem Meeresspiegel sind, was ich mir bereits dachte.

Die Straße windet sich noch immer in die Höhe und wir sind nun umgeben von einer Märchenlandschaft aus roten Felstürmen und Gesteinsformationen.

Dann sehe ich vor uns plötzlich, dass der Highway durch einen in Fels geschlagenen kurzen Tunnel führt, über welchen sich in hübschem Kontrast der strahlend blaue Himmel abhebt.

Abbildung 87: Einer der zwei Felsentunnel durch den Red Canyon in Utah.

Zuerst mache ich mir Sorgen, dass wir in dem für mich nach Nadelöhr aussehenden Felsenfenster stecken bleiben, doch als wir hindurch rollen, bemerke ich, dass wir mehr als genug Platz haben. Auf der anderen Seite kommt uns sogar ein riesiges Wohnmobil entgegen, was keinerlei Anstalten macht, langsamer zu werden, um den Tunnel vorsichtig zu passieren.

Kurz darauf durchfahren wir auch schon den nächsten Tunnel, danach schlängelt sich der Highway noch eine Meile weiter nach oben, bis wir anschließend auf einer Art Plateau angekommen sind und es gerade aus weiter geht. In dem Moment werden wir jedoch langsamer und ich erkenne, dass neben uns eine Piste in die Wildnis hineinführt.

Für mich kann das nur eines bedeuten: Wir sind bald da!

Ich springe auf die Rücksitzbank und fange an, mich eifrig zu putzen und fertig zum Aussteigen zu machen. Wir rollen die gute, doch wieder einmal sehr staubige Piste entlang und anschließend in einen Wald voller Ponderosa Pinien hinein.

Dort steuert Herrchen den erstbesten Platz an. Ich wundere mich derweilen, warum wir heute gar nicht suchen und beim Blick aus dem Fenster sehe ich, dass es zwar hübsch ist, bin jedoch von meinen Untertanen besseres und ein selektiveres Vorgehen gewöhnt.

Kaum halten wir an, steigt Herrchen aus und hängt unser mobiles Zuhause vom Truck ab. Er bringt noch ein Schloss an der Deichsel des Wohnanhängers an, um ihn vor Diebstahl zu schützen, kommt dann zurück in den Truck und wir fahren ohne Anhänger los.

Jetzt wird mir klar, was er vorhat. Klug wie ich bin, zähle ich eins und eins zusammen und weiß, dass wir dieses Mal die Gegend zuerst ohne unser Zuhause im Schlepptau erkunden, wodurch wir schneller und wendiger unterwegs sind, bevor wir den Wohnanhänger dann nachholen.

Wir fahren weiter in den Wald hinein und die Strecke wird zunehmend schlechter und schmäler. An einer Passage ist es so eng, dass wir sogar mit dem Truck einen langen Ast berühren und mit dem Anhänger hier niemals durchkommen würden. Nach einigen weiteren holprigen Minuten kommen wir zurück auf die Hauptpiste und probieren die nächste Abzweigung aus.

Wieder geht es in Pinienwald hinein und auch hier schlängelt sich die Piste in engen Kurven durch die Bäume hindurch. Etwa fünfzehn Minuten später gabelt sich der Weg und wir biegen links ab, in der Hoffnung, so wieder auf die staubige Waldstraße zurückzukommen.

Nicht einmal hundert Meter weiter stoppt Herrchen abrupt den Truck, um dann nach rechts auf eine auf den ersten Blick nichtssagende Lichtung abzubiegen. Nach weiteren fünfzig Metern bleiben wir erneut stehen und Herrchen steigt aus.

Ich blicke derweilen aus dem hinteren Seitenfenster und bin ganz begeistert von dem Anblick. Direkt neben uns geht es einen Hang voll rötlich-gelblich-weißen Lehmgesteins hinunter in einen Canyon. Etwas rechts von mir stehen schöne Felsentürme, die zum Klettern einladen und überall sind die herrlich duftenden Ponderosa Pinien.

Dann sehe ich Herrchen zurückkommen und als er wieder einsteigt, sagt er, dieser Platz wäre perfekt für uns. Wir müssten jetzt nur noch hoffen, dass der Rückweg zur Hauptpiste einigermaßen mit dem Wohnanhänger befahrbar ist.

Meine Untertanen verlieren keine Zeit und rollen aus der Lichtung hinaus auf den holprigen Weg. Wie immer müssen wir uns darüber Sorgen machen, dass eventuell ein weiterer Camper bereits unterwegs hierher ist und uns den Stellplatz vor der Nase wegschnappt. Ich habe einmal von Herrchen gehört, wir sollen uns selbst die Daumen drücken, dass alles gut geht, und so gebe ich mein Bestes.

Vorsichtig fahren wir die Strecke weiter und mehrmals steigt Herrchen aus, um tiefe Bodenrillen und niedrig hängende Äste zu inspizieren. Dann lichtet sich der Wald und wir sehen, dass wir tatsächlich auf die gute Piste zurückkommen. Wenig später sind wir bei unserem Wohnanhänger, meine Untertanen koppeln ihn an den Truck und wir fahren wieder zurück in den Wald hinein, nun nur noch mit Schrittgeschwindigkeit.

Gleich am Anfang liegen bereits Felsbrocken, die Herrchen vorsichtig umfährt. Dann geht es zwischen eng stehenden Bäumen hindurch und wir hören, dass einige Äste die Seitenwände des Anhängers streifen. Sowohl Herrchen als auch Frauchen überprüfen stetig im Rückspiegel, ob der Anhänger weiterem Gehölz zu nahe kommt, doch ein paar zusätzliche Berührungen mit den Pinien lassen sich nicht vermeiden. Als wir bei den tiefen, mit losem Sand und Staub gefüllten Bodenfurchen ankommen, reduziert Herrchen erneut die Geschwindigkeit auf Schneckentempo und mit äußerster Vorsicht passieren wir auch diese heikle Stelle.

Die restliche Strecke verläuft ohne weitere nennenswerte Schwierigkeiten und bald darauf sind wir zurück auf der Lichtung. Meine Untertanen parken unser Zuhause direkt beim Abhang des Canyons, so dass wir ideal den spektakulären Anblick der Landschaft genießen können. Dann erledigt Herrchen die restlichen Aufbauarbeiten und schließlich ist es endlich soweit, ich darf hinaus.

Voller Energie springe ich aus dem Truck auf den weichen Waldboden hinab und sauge die frische Luft in mich auf.

Wie fantastisch das riecht!

Ich bin mittlerweile ein großer Fan der Ponderosa Pinien. Ihr an Vanille erinnernder Duft ist betörend und die dicke Rinde lädt zu tollen Klettereien ein.

Als ich mich weiter umsehe, kann ich mein Glück zuerst gar nicht fassen. Rote Felsen und die Hoodoos genannten Sandsteintürme sind zum Greifen nahe. Überall liegen vielversprechend aussehende Baumstämme zum darauf Balancieren herum.

Die vor uns liegende Landschaft zieht sich bis zum Horizont, wo ein paar weitere rote Felswände und -türme zu sehen sind. Von unserem Standpunkt oberhalb des Canyons können wir alles bestens überblicken.

Herrchen meint, unser Platz liegt am Rande des Red Canyons und wir sind nur wenige Meilen vom Bryce Canyon Nationalpark entfernt. Außer sich vor Freude sagt er, dass dies wohl der bisher beste Platz ist, den wir jemals gefunden haben. Noch dazu im Nationalwald, wo wir sechzehn Tage kostenlos wild campieren und ausgiebig die Natur genießen können.

Ich stimme ihm eifrig zu und überlege, ob ich gleich auf Entdeckungsreise gehe, entscheide mich jedoch dagegen. Mein Magen hat bereits mehrmals geknurrt und ein hungriger Entdecker ist ein schlechter Entdecker. Also nichts wie hinein in unser Zuhause, wo ich eine leckere Mahlzeit aufgetischt bekomme. Nachdem ich diese ausnahmsweise hastig hinuntergeschlungen habe, stehe ich wieder miauend an der Mückenschutz-Tür, damit meine Untertanen mir diese öffnen und ich zu meiner ersten Tour in dieser vielversprechenden Umgebung aufbrechen kann. Herrchen lässt mich hinaus und gemeinsam gehen wir zum Rand des Canyons.

Ich sehe mich erneut um und höre, dass Herrchen meint, ich solle aufpassen, denn es gibt hier mit hundertprozentiger Sicherheit größere Raubtiere als mich. Ich fühle mich geschmeichelt, als Raubtier bezeichnet zu werden und mache mich auf den Weg hinunter.

Vorsichtig steige ich hinab, während unter meinen Pfoten immer wieder loses Gestein und Lehm davon rollen. Gekonnt balanciere ich diese Situationen mit meinem Schwanz aus und erreiche bald flacheres Gelände. Dort schnuppere ich eifrig herum und folge den unterschiedlichsten Spuren. Meine Sinne laufen auf Hochtouren und ich fühle mich überwältigt von den verschiedenen Eindrücken.

Als ich mich umblicke, merke ich, dass ich bereits ein ganzes Stück von meinem Zuhause entfernt bin, doch dann lenkt mich bereits das nächste Rascheln im Gehölz vor mir ab.

Ich nähere mich langsam, um zu sehen, was dort vor sich geht. Ein kleines, seltsam aussehendes Nagetier, welches Streifenhörnchen ähnlich sieht, rennt davon und verschwindet auf einem nahe gelegenen Baum. Hinter mir höre ich meine Untertanen irgendetwas schreien, da ich sie jedoch nicht verstehen kann, ignoriere ich den nervenden Lärm und gehe weiter.

Die Sonne ist bereits hinter den Felsen verschwunden und die Dämmerung über uns hereingebrochen. Plötzlich sehe ich Herrchen unweit hinter mir.

Ich erschrecke und lege einen kurzen Sprint ein, doch aufgrund der Höhe geht mir recht schnell die Puste aus. Mein Trainings-Zustand lässt nach mehreren Tagen an der Leine zu wünschen übrig, denke ich mir.

Dann höre ich erneut Herrchens Schritte und eile weiter in die Wildnis hinaus. Er ruft, es würde jetzt reichen und in der Dunkelheit habe ich hier unten nichts zu suchen.

Ich bin ganz anderer Meinung. Doch mein Untertan gibt nicht auf und folgt mir auch weiterhin. Schließlich gelingt es ihm, mich zu überraschen. Er hebt mich hoch und trägt mich vorsichtig über den unebenen Boden zurück in Richtung unseres Wohnanhängers.

Dazwischen setzt er mich regelmäßig ab und meint, ich könne gerne selbst meine Beine benutzen. Ich denke mir dasselbe und versuche, wieder hinunter in den Canyon zu entkommen. Leider hebt er mich bei jedem Fluchtversuch erneut empor und so bewegen wir uns Stück für Stück den Hang hinauf.

Als wir bereits weniger als fünfzig Meter von unserem Zuhause entfernt auf abschüssigem Gelände stehen, höre ich ein beängstigendes Geräusch in der Ferne und zucke zusammen. Just in diesem Moment hebt mich Herrchen wieder hoch und mich ergreift die Panik.

Voller Angst verliere ich die Fassung und fange an, wild zu zappeln und panisch zu schreien. Ich sehe mich bereits zwischen den Reißzähnen eines großen Ungeheuers, dass mich zu seinem Bau trägt und dort dem Nachwuchs stolz als Beute präsentiert, welcher sich jeden Augenblick auf mich stürzen wird.

Mit letzter Kraft versuche ich mich zu befreien, um davon zu rennen. Jedoch erfolglos. Dann spüre ich, wie ich auf den Boden gesetzt werde, doch meine Beine versagen und ich fange an, den Abhang mit verdrehtem Körper hinunter zu rollen.

Ich werde gestoppt und wieder hochgehoben. Zitternd und mit letzter Kraft schreie ich weiter um mein Leben, aufgrund der Schockstarre kann ich mich nicht mehr anders wehren.

Nach einer gefühlten Ewigkeit werde ich erneut abgesetzt und mir wird schwarz vor Augen. Mein Puls und Atem rasen.

Unfähig, meinen Kopf zu heben, versuche ich ein letztes Mal um Hilfe zu rufen, bin jedoch nicht zu mehr als einem immer leiser werdenden Jammern fähig.

Dann spüre ich, wie Stimmen mir ruhig zureden und liebevoll mein Fell gestreichelt wird. Langsam komme ich wieder zu mir und schaffe es, mich umzusehen.

Neben mir im Staub knien Frauchen und Herrchen und versuchen mich zu beruhigen. Als ich sie anblicke, erkenne ich, dass beide Tränen in den

Augen haben. Ich bleibe ein paar weitere Minuten liegen und genieße die Streicheleinheiten, dann spüre ich, dass meine Kräfte zurückkehren und stehe noch etwas wackelig auf.

Verdutzt blicke ich meine Untertanen an und frage mich, was soeben in mich gefahren war. Meine Mitbewohner sind außer sich vor Freude, dass ich wieder wohl auf bin und ich schmiege mich an sie.

In Gedanken lasse ich die Situation Revue passieren und komme zu dem Schluss, dass wohl meine Nerven mit mir durchgegangen sind. Vielleicht aufgrund eines Traumas aus meinem früheren Leben, noch bevor ich ins Tierheim kam, denke ich mir.

Ich überlege auch, dass ich hier wirklich besser aufpassen muss, um nicht tatsächlich im Bauch eines Berglöwen, Coyoten oder Ähnlichem zu landen.

Nach meiner schlauen Erkenntnis beschließe ich, es sei genug für heute und gehe zurück in den Wohnanhänger. Ich bekomme eine ausgiebige Abendmahlzeit, lasse mich danach auf meinem Schlafplatz nieder und lande recht schnell im Land der Träume.

Dort finde ich mich als Beobachter der vorhin erlebten Situation wieder und analysiere diese bis ins kleinste Detail. Daraufhin komme ich zu dem Entschluss, dass ich völlig übertrieben habe und mit etwas mehr Vorsicht hier in der Wildnis keinerlei Einschränkungen habe.

Nach diesem brillanten Resultat freue mich umso mehr auf den nächsten Morgen, um meine Entdeckungen im Canyon fortzusetzen.

Noch vor Sonnenaufgang bin ich hellwach und warte darauf, dass meine Untertanen aufstehen. Das gestrige Erlebnis ist schon lange vergessen, warum sollte ich mich auch mit Dingen belasten, die bereits geschehen sind?

Ich sitze auf meinem Katzenbaum neben dem Bett und starre Frauchen und Herrchen an, während sie daliegen und schlafen. Als Frauchen etwas blinzelt, springe ich hinüber und schlecke ihr über das Gesicht. Im Nu ist sie aufgestanden, dicht gefolgt von Herrchen. Noch vor dem Frühstück gehe ich mit meinem Mitbewohner hinaus.

Die Luft ist kühl, doch die Sonne wärmt mir angenehm das Fell. Es duftet wieder betörend nach den Pinien. Dann beschließe ich, dass mir etwas Morgensport nicht schaden würde und mache mich daran, zu den nächsten Felsen zu spazieren.

Eines der Sandsteinmassive wächst oben aus dem Abhang heraus und ich schlendere auf dem kühlen Untergrund bis zum Ende des Gesteins. Dort geht es steil für etwa acht Meter nach unten, doch weniger als einen Meter entfernt steht bereits der nächste Felsenturm. Ich überlege nicht lange und springe hinüber. Hinter mir höre ich Herrchen entsetzt rufen, ich solle das sein lassen.

Da ich keinerlei triftige Gründe ausfindig machen kann, ihm Folge zu leisten, lasse ich seine Worte unbeachtet verpuffen.

Ich blicke von dem Hoodoo, auf dem ich nun stehe, hinab und sehe, dass etwas weiter unten ein Vorsprung im Sandstein ist. Dort hüpfe ich hinunter, rutsche leicht weg als loses Gestein ausbricht und genieße dann die exponierte Position. Über mir kann ich Herrchens Schimpfereien wahrnehmen, und ich bilde mir sogar ein, Schnappatmung und Zähneklappern gehört zu haben.

Während ich so dasitze, blicke ich mich um und überlege, wie ich nun weiterkommen könnte. Unter mir ist keine weitere Möglichkeit, wohin ich springen kann. Nach oben kommt auch nicht in Frage. Doch gegenüber, in der Mitte des nächsten Hoodoos meine ich, einen weiteren natürlichen Absatz im Fels zu erkennen.

Ich komme zu dem Entschluss, dass ich mir das aus der Nähe ansehen muss und bin mit einem kraftvollen Sprung gleich darauf dort. Jetzt sehe ich auch, dass ich hier, sobald ich irgendwie auf die Rückseite gekommen bin, ohne Probleme zum Boden hinunterklettern kann.

Also fange ich an, mich vorsichtig um den Felsenturm herum zu hangeln und bin nach wenigen Minuten wieder auf dem weichen Waldboden angekommen. Zu guter Letzt überlege ich mir, einen Sprint den Abhang hinauf einzulegen und komme außer Atem und hechelnd bei Herrchen an, der mich bereits verzweifelt gesucht hat.

Freundlich begrüße ich ihn und gemeinsam gehen wir zurück zum Wohnanhänger, um mit Frauchen zu frühstücken.

Abbildung 88: Der Anfang einer ganz hervorragenden Klettertour.

Nachdem ich pappsatt bin, schlendere ich zum Bett, springe hinauf und mache es mir auf meiner Kuscheldecke gemütlich. Dort verweile ich ein paar Stunden, um anschließend wieder hinaus zu gehen und mich in den Schatten unter den Wohnanhänger zu legen, wo ich die frische Waldluft genieße.

Während Frauchen bei mir bleibt, unternimmt Herrchen eine Wanderung, von der er begeistert zurückkommt. Er zeigt uns Fotos, auf denen er Pfotenabdrücke eines Pumas im Canyon etwa eine Meile von hier gefunden hat. Da sich das für mich ziemlich weit weg anhört, schenke ich dieser Entdeckung nicht besonders viel Aufmerksamkeit und mache mich bereit, um selbst zu einem Spaziergang aufzubrechen.

Ich habe heute morgen bei meiner Klettertour etwas weniger als hundert Meter entfernt einen Baum gesehen, der mich an Frauchens Erzählungen aus dem Great Basin Nationalpark erinnert hat. Ich schlendere in die Richtung und als ich näherkomme, erkenne ich, dass sich die Beschreibung mit dem Exemplar vor mir deckt.

Eine Bristlecone Pinie! Und definitiv keine junge Pflanze, sondern wahrscheinlich bereits viele hundert, wenn nicht sogar über tausend Jahre alt!

Die Gelegenheit lasse ich mir nicht entgehen und als ich bei dem Baum ankomme, steige ich andächtig und voller Demut auf den unteren Bereich seines Stamms, welcher horizontal aus dem Hang wächst. Das Gefühl dabei ist unbeschreiblich und ich spüre die durch die vielen Jahre erworbene Weisheit des Baumes in mir.

Dann stelle ich mich hin, blicke den kargen Stamm hinauf und bewundere das verdreht wirkende Holz. Nur im oberen Bereich des Baumes sind grüne Nadeln zu sehen. Hätte ich nicht gewusst, dass es ein lebendes Wesen ist, wäre ich davon ausgegangen, auf Totholz zu stehen.

Von meinem Platz habe ich gleichzeitig eine herrliche Aussicht, welche ich nun rundum zufrieden genieße.

Die bereits tiefer stehende Nachmittagssonne lässt die roten Felsen in noch wärmeren Tönen erscheinen, und auch die vielen Ponderosa Pinien um mich herum strahlen einen magischen Zauber aus.

Abbildung 89: Ich genieße das Gefühl, auf einem der uralten Bäume zu stehen und bewundere die fantastische Aussicht in meinen ganz privaten Canyon.

Voller Lebensglück empfinde ich diesen einzigartigen Moment und bin wieder einmal froh, mein zuvor so angenehmes und geregeltes Leben zugunsten des Abenteuers aufgegeben zu haben.

Am nächsten Tag bin ich für mehrere Stunden alleine. Frauchen und Herrchen sind zu dem berühmten Bryce Canyon Nationalpark aufgebrochen. Da sie an unserem Platz den Wohnanhänger perfekt zur Sonne ausrichten konnten und wir noch dazu auf etwa 2.300 Meter über Seehöhe campieren, heizt sich der Innenraum nicht besonders auf und die beiden können unterwegs sein, ohne sich um mich sorgen zu müssen.

Als sie am späten Nachmittag wieder zurück sind, erzählen sie mir von ihrem Ausflug durch den Park. Sie sind hellauf begeistert und ich muss sie zuerst beruhigen, damit sie ihre Erlebnisse in klaren Worten und der richtigen Reihenfolge formulieren können.

Es sind in der Tat nur etwa fünfzehn Minuten Fahrerei mit dem Truck von unserem Wildcamping-Ort bis zum Eingang des Nationalparks. Die Fahrt dorthin führt zuletzt noch durch ein kleines Örtchen, in dem RV Parks, ein paar Einkaufsmöglichkeiten, Tankstellen und Gaststätten sind.

Gleich danach fängt der Nationalpark an. Die Straße durch den Park ist etwa achtzehn Meilen lang und auch die jeweiligen Zufahrten zu den Aussichtspunkten fügen noch einige Extra-Meilen hinzu.

Meine Untertanen haben beschlossen, beim Ende der Straße anzufangen und das Erkunden der Gegend auf mehrere Tage zu verteilen. Wir können auf unserem Stellplatz schließlich mehr als zwei Wochen in einer der tollsten Landschaften, die ich bisher gesehen habe, für umsonst wildcampieren, daher verstehe ich ihre Entscheidung nur zu gut.

Aufgrund der vielen Kurven und der Geschwindigkeitsbegrenzung, welche unter anderem zum Schutz der Wildtiere gilt, zieht sich die Fahrt durch den Park länger hin als man aufgrund der Anzahl Meilen anfangs erwartet. Doch auch die Strecke an sich ist sehr sehenswert und kurz vor Straßenende geht es über einen Felsrücken zum letzten Aussichtspunkt hinauf, von dem auch mehrere Wanderungen starten.

Frauchen und Herrchen haben dort ihren Truck geparkt und sind eine kurze Schleife gewandert, welche sie durch Wald mit weiteren Bristlecone Pinien und fantastischen Aussichten geführt hat.

Abbildung 90: Die Fernsicht vom südlichsten und auch höchsten Punkt des Bryce Canyon Nationalparks ist atemberaubend.

Dank der Höhenlage reicht die Fernsicht dort bis zum Horizont und an einigen Stellen kann man sowohl den ganzen Park nach Norden hin überblicken als auch bis in das Gebiet der Vermilion Cliffs sehen, welche südlich von hier liegen.

Die Landschaft sei stark bewaldet und ich hätte wohl meinen Spaß dabei, den perfekten Kletterbaum herauszusuchen, meint Herrchen zu mir.

Nachdem sich meine Untergebenen an der herrlichen Natur dort satt gesehen haben, sind sie die Straße durch den Nationalpark gen Norden gefahren, um bei weiteren Aussichtspunkten zu halten.

Sie erzählen mir von skurrilen Felsgebilden und einer großen natürlichen Brücke, die in dem weichen Sandstein entstanden ist. Dort haben sie auch ein amerikanisches Ehepaar getroffen, das ganz fasziniert an den Ponderosa Pinien gerochen hat. Frauchen und Herrchen sind mit den beiden ins Gespräch gekommen und alle vier haben sich gegenseitig vorgeschwärmt, wie toll und mit welch unterschiedlichen Düften die Pinien doch ausgestattet sind, je nachdem in welcher Gegend man gerade ist.

Als ich das höre, finde ich es wirklich schade, nicht dabei gewesen zu sein. Mit meiner feinen Spürnase hätte ich sie noch viel mehr über die Zusammensetzung des Duftes als auch der einzelnen Nuancen lehren können. Anstatt dessen bleiben sie in ihrer auf die menschlichen Riechfähigkeiten beschränkten Erfahrungen begrenzt.

Bei etwa der Hälfte der Strecke haben Herrchen und Frauchen dann beschlossen, zurück zu fahren, um den restlichen Nachmittag und Abend mit mir zu verbringen.

Nachdem die beiden ihre Erzählung beendet haben, bestehe ich darauf, nun endlich hinaus zu dürfen. Wieder balanciere ich über Felsen und Baumstämme und lasse es mir auch nicht nehmen, einen neuen Baum herauszusuchen, auf den ich anschließend gekonnt hinaufklettere.

Bald darauf verschwindet die Sonne auch schon hinter den gegenüberliegenden Bergen und meine Mitbewohner und ich genießen einen herrlichen Sonnenuntergang, welcher die wenigen Wolken wie Flammen am Himmel wirken lässt. Sowohl die Farben der Landschaft als auch am Horizont könnten ebenso dem Malkasten eines genialen Künstlers entsprungen sein.

Als wir anschließend in den Anhänger hinein gehen, hat die Außentemperatur merklich abgekühlt und Herrchen schaltet die Gasheizung ein. Frauchen bereitet Abendessen zu und ich bekomme eine große Portion Futter in meinen Napf abgefüllt. Danach geht jeder seinen eigenen Tätigkeiten nach.

Einige Zeit später, ich habe mich bereits auf meinen Schlafplatz gelegt, um innerlich zur Ruhe zu kommen, höre ich ein mir wohlvertrautes Geräusch. Etwas trippelt über den Boden im Wohnanhänger.

Ich reiße mein Äuglein auf und blicke nach links und rechts, kann jedoch nichts entdecken. Dann springe ich von meinem Schlafplatz herunter und folge langsam und lautlos dem Geräusch. Auch Herrchen wird dank meiner zielstrebigen Bewegungen darauf aufmerksam, doch sobald er den ersten trampelnden Schritt macht, verstummt das Geräusch.

Etwa dreißig Minuten später ist es wieder da. Gekonnt schleiche ich blitzschnell in die Richtung, kann dann aber nicht weiter. Der Küchenschrank ist mir im Weg. Ich blicke zu Herrchen hinauf und kratze dann an der

Schranktür, um ihn darauf aufmerksam zu machen, wo das Geräusch herkommt.

Herrchen steht auf und ich höre eilig etwas davon trippeln. Zum Glück hat mich mein Untertan verstanden und öffnet die Schranktüren. Ich schnuppere darin herum und weiß ganz genau, was hier vor sich geht. Eine Maus hat es irgendwie in unseren Wohnanhänger geschafft und treibt hier nun ihr Unwesen. Da die Rohre des Spülbeckens in den Unterboden zu den Tanks führen, kann sie daran entlang durch die enge Öffnung im Boden immer wieder entfliehen und ich ihr nicht hinterher.

Also muss ich mir einen anderen Plan überlegen und beschließe, mich vor dem offenen Küchenschrank in Position zu bringen und abzuwarten. Herrchen geht derweilen auf sicheren Abstand, da er weiß wie rigide meine Methoden sein können.

Die Minuten vergehen, dann bewegt sich wieder etwas im Schrank. Ich schleiche näher und sehe vor mir die Maus, wie sie zwischen Töpfen, Schüsseln und Pfannen umherwuselt. Meine Tarnkappe ist aktiviert und so kann sie mich nicht wahrnehmen.

Mittlerweile trennen uns nur noch wenige Zentimeter und ich warte auf den perfekten Moment. Dann ist es soweit, mit einem Satz springe ich in den Schrank hinein, dass die Küchenutensilien nur so scheppern und komme von Erfolg gekrönt mit der Maus in meinem Mäulchen wieder heraus.

Nur was mache ich jetzt mit ihr?

Diesen Teil des Plans habe ich nicht so sorgfältig ausgearbeitet und Hunger verspüre ich auch keinen. Es war dieses Mal einfach nur die zufällige Gelegenheit, die ich mir nicht entgehen lassen konnte. Also erst einmal mit ihr hinauf zu meinem für Frauchen und Herrchen schwer zugänglichen Platz hinter dem Bett.

Doch meine Untertanen sind bereits auf meinen Fang aufmerksam geworden und überraschen mich mit ihrem Vorschlag, die Maus doch einfach leben zu lassen und aus dem Wohnanhänger hinaus ins Freie zu bringen.

Entsetzt von dieser irrsinnigen Idee, fällt mir der Nager aus dem Maul und versucht sich sofort im nächsten Spalt zu verstecken. Gelangweilt blicke ich dem anscheinend nicht besonders intelligenten Tier hinterher, denn mehr als der Kopf hat nicht hineingepasst und das Hinterteil steht noch weit hervor. Die Maus fühlt sich jedoch sicher und macht keinerlei Bewegung, was mir Zeit gibt, die Sache mit Frauchen und Herrchen zu besprechen.

Doch Herrchen schnappt sich die Maus mit einem Handschuh und ohne näher auf meine Argumentation einzugehen, dass sie doch später einen guten Snack abgeben würde, bringt er sie zur Tür und hinaus in die Nähe des nächsten Baumes, wo sie schnell das Weite sucht.

Sprachlos von dieser Verschwendung gehe ich zurück auf meinen Schlafplatz, während Frauchen eilig den Spalt, in dem sich der Leckerbissen versteckt hat, desinfiziert und sich anschließend daran macht, den Küchenschrank auszuräumen und alles zu reinigen.

Auch wenn ich anfangs mit der spontanen Mahlzeit überfordert war, gibt es doch nichts Schlimmeres, als diese Geschenke des Universums abzulehnen, denke ich mir.

Doch ich komme zu dem Entschluss, dass ich letztendlich nichts dafür kann und schiebe die Schuld meinen Untertanen in die Schuhe, was mich von etwaigem schlechtem Karma endgültig befreien dürfte.

Den nächsten Tag verbringen wir wieder alle zusammen in unserem fantastischen Garten. Herrchen streunt ab und zu in der Gegend herum, um sich die Pflanzen anzusehen und Fotos zu machen und Frauchen liest ein Buch. Ich gehe gelegentlich auf Erkundungstouren und liege dann wieder im Schatten herum.

Abbildung 91: Ich komme von einer meiner Erkundungstouren zurück.

Am Nachmittag des Folgetages fahren meine Untertanen wieder weg und sehen sich einen schön gelegenen Wasserfall inmitten des roten Gesteins an.

Bevor der Abend anbricht sind sie bereits zurück und wir genießen ein weiteres Mal einen tollen Sonnenuntergang, bis uns die aufkommende Kälte der Nacht in den Wohnanhänger treibt.

Auch tags darauf starte ich mit einem entspannten Spaziergang zusammen mit Herrchen durch die umliegende Gegend und führe mein morgendliches Sportprogramm durch.

Am frühen Nachmittag dann lassen mich meine Untertanen wissen, dass sie heute erneut in den Bryce Canyon Nationalpark fahren, um dort die weiteren Aussichtspunkte zu erkunden und später das schöne Licht und die warmen Farben der tieferstehenden Sonne zu genießen.

Da ich sowieso müde bin, gehe ich ohne Widerworte mit ihnen in den Wohnanhänger hinein und mache es mir auf dem Bett gemütlich. Bald darauf haben Frauchen und Herrchen ihren Rucksack gepackt und verabschieden sich. Auf ihre neuen Abenteuererzählungen wartend, verbringe ich die Zeit mit Fellpflege und sinniere vor mich hin.

Dann sind sie zurück, zeigen mir Fotos und beginnen zu berichten. Insbesondere der nördlichere Teil des Parks hat es ihnen heute ganz besonders angetan.

Sie reden von einer Landschaft, die märchen- und feenhafter nicht aussehen könnte. Weite Täler voller Hoodoos lassen mit etwas Fantasie Schlösser, Burgen und verwunschene Landschaften entstehen. Diese Felsentürme sind meistens mehrfarbig, je nachdem in welcher Bodenschicht sie angesiedelt sind. Von Zinnoberrot über gelbliche, weiße und ockerfarbene Töne reicht das Spektrum. Zwischen den Hoodoos sind häufig Nadelbäume zu sehen, welche mit ihrem Grün einen hübschen Kontrast zu der wunderschönen Felsenlandschaft bilden.

Es ziehen sich einige Wanderwege durch die Täler, die sie demnächst unbedingt erkunden müssen, meinen sie. Manche Felsformationen sind ganz besonders bizarr und haben entsprechende Namen, so zum Beispiel Thors Hammer.

Sie haben auch bereits eine Wanderung hinunter in den Canyon gemacht. Der Pfad hat sie über viele Serpentinen hinab und durch einen als Wallstreet benannten Bereich geführt, wo sie zwischen zwei roten, nahe beieinander liegenden und unglaublich beeindruckenden Sandsteinwänden hindurchgegangen sind.

Sobald man herauskommt, öffnet sich vor einem eine weitere märchenhafte Landschaft, von wo man die Hoodoos und Felsstrukturen von unten betrachten kann. Nachdem sie aus dem Canyon wieder hoch gewandert sind, haben sie noch an einem weiteren Aussichtspunkt die tollen Farben der tiefstehenden Sonne über der spektakulären Landschaft betrachtet und sind anschließend zu mir zurückgefahren.

Nach all ihren Erzählungen würde ich mir mittlerweile doch gerne mein eigenes Bild von dem großartigen Nationalpark machen, aber da ich auch weiß, dass ich dort den Truck nicht verlassen könnte, nehme ich lieber weiterhin mit meinem privaten roten Canyon Vorlieb.

Leider ist es heute bereits zu spät, als dass ich noch weitere Abenteuer hier erleben könnte und wieder einmal geht ein weiterer Tag in diesem wunderschönen Teil Utahs zur Neige.

Abbildung 92: Einer der Bereiche des Bryce Canyons, in welchem die meisten Hoodoos zu finden sind.

Am nächsten Morgen bin ich bald wach und beobachte gespannt eines der hier heimischen seltsamen Streifenhörnchen durch das große Fenster in der Essecke. Mir kommt der Gedanke, von so einem Tierchen bald einmal zu kosten, verwerfe ihn jedoch, da sie mir zu flink für mich scheinen.

Als Herrchen sich räkelt und kurz danach aufsteht, geht er mit mir hinaus und wir genießen die Stimmung des anbrechenden Tages. Wie gewohnt ist die Luft klar und kühl und die noch tiefstehende Sonne schickt bereits ihre wärmenden Strahlen durch die Baumwipfel. Während ich wieder über ein paar

Baumstämme balanciere, richtet Herrchen die Solar-Panels aus und kommt anschließend zu mir, damit wir gemeinsam Spaß haben können.

Schließlich ist auch Frauchen wach und wir gehen wieder hinein in den Wohnanhänger, um dort zu frühstücken. Ich bin heute ganz entspannt, denn meine Mitbewohner haben mir versprochen, dass sie den ganzen Tag bei mir sind und wir die Zeit zusammen draußen verbringen werden.

Bald darauf mache ich mich erneut auf den Weg hinaus, springe voller Elan die Stufen hinunter und schlendere umher, nur um wenig später über einen weiteren verdrehten Baumstamm zu balancieren.

Trotz des beinahe zur alltäglichen Gewohnheit werdenden Vergnügens, habe ich nach wie vor noch große Freude daran und genieße den Moment im Jetzt.

Abbildung 93: Ich liebe es, über diese tollen Baumstämme zu balancieren.

Herrchen ist nicht weit von mir, setzt sich dann in seinen Campingstuhl und beginnt, ein Buch zu lesen. Ich beschließe, ihm telepathisch über die Schulter zu blicken und lege mich neben ihn auf dem Boden in den Schatten.

Es ist bereits mehr als eine halbe Stunde vergangen, als plötzlich eine Stimme zu hören ist und jemand uns etwas auf Englisch zuruft. Ich verstehe nur etwas von Hund und als ich mich umdrehe, sehe ich unter dem

Wohnanhänger hindurch einen der naiv dreinblickenden Vierbeiner in meine Richtung laufen.

Da ich heute keinerlei Lust verspüre, diesen mit einer schlechten Auffassungsgabe ausgestatteten Tieren zu vermitteln, dass das mein Reich ist, gehe ich betont entspannt die Stufen hinauf in unser Zuhause und verfolge durch ein Fenster alles Weitere.

Herrchen ist mittlerweile aufgestanden und geht zu der Dame hinüber, welche von der staubigen schlechten Waldpiste über die Lichtung zu ihm gelaufen kommt. Er wirkt etwas überrascht, hier draußen andere Menschen zu treffen, doch anscheinend ist die Frau mit ihrem Hund zu einem längeren Spaziergang unterwegs und so unterhalten sich die beiden eine Zeit lang.

Der Hund kommt derweilen in unseren Garten und ich beobachte ihn argwöhnisch mit zusammengekniffenem Auge durch die Mückenschutz-Tür. Er läuft auf und ab und beschnuppert jegliches Detail, das er nur finden kann. Seine Zunge hängt dabei mal links, mal rechts aus seinem Maul heraus und verleiht ihm einen besonders dümmlichen Gesichtsausdruck.

Dann geschieht das völlig Unfassbare. Die Kreatur geht zu einem auf dem Boden liegenden größeren, noch mit Nadeln behangenen Ast, stellt sich das Hinterteil verkrampfend davor und beginnt mit einem genüsslichen und für ihn befreiendem Geräusch, braune Würstchen auf den Ast zu legen. Ich kann es nicht glauben, dass der Hund tatsächlich vor meinem Auge sein Geschäft verrichtet und bringe vor lauter Fassungslosigkeit keinen Ton hervor.

Dann spaziert er, als ob nichts gewesen wäre, zurück zu seinem Frauchen, welche sich anscheinend bei meinem Herrchen dafür entschuldigt. Gutmütig wie er ist, meint er nur, das wäre überhaupt kein Problem, was ich allerdings anders sehe.

Die beiden verabschieden sich und Herrchen kommt zurück, zieht sich Handschuhe an und nimmt den Ast, um ihn weiter entfernt wieder abzulegen. Ich beobachte ihn genauestens, um zu kontrollieren, dass keine der Hundeausscheidungen vom Ast fallen und stelle abschließend zufrieden fest, dass Herrchen einen guten Job gemacht hat.

Danach springe ich wieder hinaus und fange an, jede Ecke, in der der Hund geschnuppert hat, zu inspizieren und seinen Geruch durch heftiges Reiben meines Körpers und Kopfes an der entsprechenden Stelle zu eliminieren. Der restliche Tag verläuft zum Glück wieder entspannt und ich vergesse den Vorfall noch bevor der Abend hereinbricht.

Auch den nächsten Tag bleiben meine Untertanen zum Großteil bei mir. Herrchen ist wie so häufig auf einer seiner zwei- bis dreistündigen

Wanderungen, um die Umgebung zu erkunden, und als er zurückkommt verbringen wir viel Zeit miteinander im Umkreis des Wohnanhängers.

Ich bin wieder etwas in den Canyon hinuntergegangen und sitze einfach nur da, um alles Mögliche zu beobachten. Plötzlich saust nicht weit von mir eines der Streifenhörnchen vorbei. Ich folge ihm mit dem Blick, ohne Absichten zu hegen.

Es läuft weiter, springt auf einen Baum und rennt diesen flink hinauf. Die Bewegungen erinnern mich an die der Eichhörnchen, die ich in den Bergen von Wyoming gesehen habe.

Kurze Zeit später kommt das Streifenhörnchen wieder vom Baum herunter und flitzt erneut unweit meines Sitzplatzes vorbei. Das ständige Hin und Her macht mich ganz nervös und als es ein drittes Mal vorbei hüpft, hat es endgültig meinen Jagdtrieb geweckt.

Anfangs versuche ich zu widerstehen, doch das aufmüpfige Tierchen lässt mir keine Wahl. Ich beginne, mich näher an den Nager heran zu schleichen. Da ich nicht weiß, wie ausgeprägt der Flucht- und Verteidigungsreflex ist, gehe ich auf Nummer sicher und nehme all mein Können in Anspruch, um den Jagderfolg zu garantieren.

Geräuschlos steige ich auf einen Baumstumpf und von dort auf den querliegenden Stamm. Von meiner erhobenen und nun zentralen Position habe ich einen verbesserten Angriffsradius und das anscheinend nicht besonders schlaue Streifenhörnchen bewegt sich immerzu im Umfeld meiner strategischen Stellung.

Da ich auch gelernt habe, Herrchen während meiner Jagdtätigkeiten im Auge zu behalten, blicke ich mich eilig um, dass er mich nicht bei meinem Vorhaben beobachtet und im entscheidenden Moment unterbricht. Er blickt zwar häufig zu mir herunter, doch zum Glück ist er zu weit entfernt, um mitzubekommen, was ich im Schilde führe. Als sich unsere Blicke kreuzen, werfe ich ihm ein künstlich aufgesetztes Lächeln zu, was er erwidert und mich dann wieder in Ruhe lässt.

Schließlich widme ich mich erneut meinem Vorhaben. Das Streifenhörnchen – ich glaube nun zu wissen, es mit einem sogenannten Uinta Chipmunk zu tun zu haben – wuselt nach wie vor arglos in meiner Nähe umher und kommt immer wieder in direkte Sprungweite.

Ich mache mich bereit, um die Mission zu vollenden und warte geduckt und bereit zum Absprung auf den richtigen Moment. Dann ist es soweit, ich drücke mich ab und noch bevor das Tierchen reagieren kann, halte ich es schon mit meinen Krallen fest.

Doch was ist das? Das Streifenhörnchen beginnt sich wie ein Berserker zu wehren und zu schreien. Ich versuche zuzubeißen, finde jedoch keinen passenden Zeitpunkt. Leider habe ich es auch nicht so gut erwischt wie geplant und halte es mehr oder weniger nur am Schwanz fest.

Ich kann den unglaublich schnellen Bewegungen des Nagers kaum folgen, möchte jedoch nicht aufgeben. Für einen Sekundenbruchteil entwischt mir das Tier sogar, doch ich kralle mir noch die Schwanzspitze, so dass es nicht aus kann.

Während ich mich schwerer tue als gedacht, vernehme ich nicht weit entfernt ein Rascheln und drehe mich um. Ich sehe nur für einen Augenblick einen großen Schatten und einen langen Schwanz, dann ist das Etwas hinter dem nächsten Busch verschwunden.

Mir läuft es eiskalt den Rücken hinunter, vergesse das Streifenhörnchen, welches unmittelbar davon und auf den nächsten Baum flitzt, und renne so schnell ich kann den Abhang hinauf zu Herrchen, wo ich kurz darauf hechelnd und schnell atmend ankomme.

Ich trabe, nun etwas langsamer, zum Wohnanhänger und werde hineingelassen. Auf meinem sicheren Platz rufe ich mir die Bilder des Schattens ins Gedächtnis und überlege, was das gewesen sein könnte. Noch viel mehr wundere ich mich jedoch, wie es passieren konnte, dass ich nichts von dem Ding mitbekommen habe, bevor es beinahe in meiner unmittelbaren Nähe war.

Ich komme zu dem Entschluss, dass ich vielleicht all die Wildtiere unterschätze und diese viel ausgeprägtere Überlebens- und Jagdfähigkeiten habe als ich liebevoll umsorgte Katze, die ihr Futter von ihren Untertanen bekommt und nicht am täglichen Kampf ums Überleben teilnehmen muss.

Dieser Gedanke scheint mir plausibel und ich schwöre mir hoch und heilig, in Zukunft vorsichtiger vorzugehen, mich von Streifenhörnchen fern zu halten und bei meinen Mäusen zu bleiben. Auch diese gelten schließlich als Wildbret und nahrhafte Leckerbissen.

Die folgenden Tage sind meine Untertanen mal bei mir, mal unterwegs im Nationalpark, um zu wandern oder einfach die spektakuläre Landschaft zu genießen.

Nach insgesamt zwei Wochen werde ich dann wieder mit der Realität in meinem Königinnenreich voller roter Felsen und Hoodoos konfrontiert und Frauchen und Herrchen teilen mir mit, dass wir morgen weiterfahren werden.

Ich merke, dass es auch ihnen nicht leichtfällt, doch unsere Abwassertanks sind voll und das Frischwasser beinahe leer und so bleibt uns keine andere Wahl, als zwei Tage vor dem offiziellen 16-Tage Limit unseren herrlichen Lagerplatz im Nationalwald zu verlassen.

Tags darauf packen wir alles zusammen und als ich im Truck bin und wir aus der Lichtung herausfahren, blicke ich traurig und sehnsüchtig durch die hinteren Seitenscheiben zurück und sehe zu, wie sich mein bisher wohl tollster und heißgeliebter Spielgarten immer weiter entfernt.

Insbesondere Herrchens Gefühlslage ähnelt stark der meinen und schweigsam rollen wir vorsichtig die schlechte Nebenpiste zurück zur Hauptstrecke, um kurz darauf auf den Highway abzubiegen.

Noch ein Canyon

Nachdem wir bei der nächsten Möglichkeit unsere Tanks entleert und Frischwasser aufgefüllt haben, fahren wir zuerst weiter nach Osten, um ein paar Tage im Escalante National Monument zu bleiben.

Wir finden einen netten Platz zum Wildcampieren und Frauchen und Herrchen wollen die nächsten Tage die Gegend erkunden. Doch es kommt anders als geplant.

Im Gegensatz zu den Hochlagen des Gebiets rund um den Bryce Canyon ist es hier, auf etwa 1.700 Meter über Meeresspiegel, wesentlich wärmer und die einzige schattenspendende Vegetation besteht aus Juniper-Bäumen, die nicht hoch genug sind, um den Wohnanhänger darunter zu parken. Entsprechend heizt sich dieser regelmäßig schon ab dem Vormittag auf beachtliche Temperaturen auf und wir verbringen ab spätestens Mittag die Zeit draußen unter der Markise oder den Junipers.

Insgesamt vier Tage warten Frauchen und Herrchen auf einen guten Zeitpunkt, in dem sie mich für ein paar Stunden alleine lassen können, um die viele Meilen lange und holprige Piste durch das Monument zu fahren und etwaige Wanderungen vornehmen zu können. Es soll hier wieder spektakuläre Felsformationen geben, die sie nicht missen möchten.

Doch die Temperaturen kühlen nicht ab. Kurz überlegen sie, ob sie in den frühen Morgenstunden ihren Ausflug machen könnten, kommen aber zu dem Entschluss, das wäre zu riskant für mich, falls sie mit dem Truck weit entfernt liegen bleiben würden und es nicht rechtzeitig zurückschaffen würden, bevor die Temperaturen in für mich unangenehme Bereiche steigen.

Schließlich fahren wir weiter und heben uns diese Landschaft voller auf uns wartender Abenteuer für ein andermal auf. Es geht zurück nach Westen und schließlich nach Süden.

Dann passieren wir ein Schild, auf dem „Welcome to Arizona“ steht und mir wird bewusst, dass wir Utah nun endgültig für die nächste Zeit verlassen haben. Mit Freude und Trauer zugleich erinnere ich mich an die großartigen Momente, die ich in diesem Bundesstaat erleben durfte, besinne mich aber wenig später darauf, im Jetzt zu verharren. Schon ist mein Abenteuersinn zurück und ich kann es kaum erwarten, bei einem weiteren Höhepunkt unserer Reise anzukommen.

Wir rollen wieder durch Hochwüsten, welche am Horizont von schroffen Plateaus begrenzt werden. Dann wird der Highway kurviger und führt uns in höhere Lagen. Auch die Vegetation ändert sich von trockenem Sagebrush über Junipers hin zu Nadelbäumen.

Als die Bäume immer dichter und die Gegend waldiger wird, biegen wir ab und es geht über eine Piste in den Wald hinein. Ich freue mich bereits, dass wir bald da sein werden und positioniere mich in freudiger Erwartung an der Hintertür. Dann ist es soweit und wir scheinen anzukommen.

Doch ich erlebe eine herbe Enttäuschung. Trotz der holprigen und staubigen Piste stehen wir vor dem Anmeldebereich eines RV Parks. Herrchen steigt aus und registriert unser Gespann, kommt dann zurück und wir fahren zu dem uns zugewiesen Stellplatz.

Fragend blicke ich meine Untertanen abwechselnd an und verlange eine Erklärung. Diese wird auch sofort geliefert und sie meinen, wir sind nicht weit entfernt vom Nordrand des Grand Canyons. Es soll zwar auch viele Meilen weiter südlich und direkt am Canyon Möglichkeiten zum Wildcamping geben, doch meine Mitbewohner würden heute gerne normale Wasser- und Abwasseranschlüsse am Wohnanhänger genießen.

Außerdem sind sie sich nicht sicher, welche der freien Plätze am Canyon tatsächlich zugänglich sind, da ein Waldbrand vor Kurzem einige Straßen unpassierbar gemacht hat und aufgrund der großen Entfernung zu anderen Camping-Möglichkeiten die beiden keine Lust haben, im Fall der Fälle viele Stunden zu suchen. Zuletzt versprechen sie mir noch, dass wir nur eine Nacht hier bleiben und uns danach wieder etwas in der Wildnis suchen werden. Ich gehe auf diesen Kompromiss ein und nehme es nun gelassener.

Nachdem alles aufgebaut ist, machen sich Frauchen und Herrchen etwas zu essen, füllen auch mir meine Futterschale und anschließend packen sie ihren Rucksack. Sie meinen, hier im Wald auf dem RV Park wäre ich bestens aufgehoben und ich könne doch die paar Stunden, bis sie zurück sind, die Aussicht aus dem Fenster genießen und die vielen Eichhörnchen, Rehe und Vögel beobachten. Auch das akzeptiere ich ohne Einwände.

Bevor sie aus unserem Wohnanhänger hinausgehen, erwähnen sie noch kurz, dass sie jetzt zu dem Nordrand des Grand Canyons fahren und dieser ganz anders sein soll als der südliche Teil, welchen sie sich vor Jahren schon einmal angesehen haben. Und sie würden mir über alles ausführlich berichten, wenn sie zurück sind. Ich frage mich, wann sie denn nun endlich davonfahren, und just in diesem Moment sperren sie den Anhänger von außen ab und ich höre die Geräusche des Trucks.

Da ich momentan keinerlei Lust verspüre, die Umgebung nur durch das Fenster zu entdecken, begebe ich mich auf das Bett und lasse es mir auf meiner Kuscheldecke gut gehen. Als es dann zu dämmern beginnt, beschließe ich, es wäre nun eine gute Zeit, um die Außenwelt zu beobachten und nehme auf meinem Thron in der Essecke Platz.

Und in der Tat, zuerst huschen ein paar Eichhörnchen vorbei und ich beobachte auch einige Vögel. Später dann sind noch Rehe und Hirsche zu sehen, welche aber nicht allzu nahekommen.

Einige Zeit später, es ist bereits stockfinstere Nacht, kommen auch Frauchen und Herrchen wieder zurück und sind ziemlich geschafft. Das erste was sie zu erzählen haben, ist, dass sie auf der Rückfahrt mindestens hundert Rehe und Jungtiere über die vielen Meilen verteilt am Fahrbahnrand gesehen haben, was immer wieder zu starken Bremsmanövern geführt hat, um Kollisionen zu vermeiden.

Dann beginnen sie, voller Begeisterung über den Grand Canyon zu berichten. Er sei in der Tat anders als der südliche Teil, wesentlich mehr unterschiedliche Vegetation und dadurch eben grüner. Auch wirke es alles für das Auge grandioser und dennoch greifbarer. Da sie in den späten Nachmittags- bis Abendstunden dort waren, hatten sie perfekte Lichtbedingungen und vieles der Szenerie sah aus, als wenn es nicht von dieser Welt sei.

Abbildung 94: Blick in einen Seitenarm am Nordrand des Grand Canyons.

Die Aussichtspunkte im nördlichen Teil sind außerdem wesentlich weiter auseinander und sie mussten viele Meilen zurücklegen, um zu den einzelnen Plätzen zu kommen.

Teils sind sie durch herrlichen Zitterpappel-Wald gefahren, was sie aufgrund der Höhenlage ziemlich gewundert hat. Das Laub war bereits gefärbt und hat in kräftigem Gelb geleuchtet. Sie sind auf dem Rückweg dort wieder hindurch gekommen und in Kombination mit dem rötlichen Abendhimmel war das Spektakel ein wahrer Augenschmaus, meinen meine Untertanen.

Dann sind sie noch auf einem gigantischen Felsfenster gestanden, das im Laufe der Zeit durch Erosion entstanden ist. Sobald man sich darauf befindet, hat man keine Ahnung, dass ein Teil des Gesteins fehlt. Doch kaum ist man ein paar hundert Meter entfernt, kann man das Loch im Fels bestaunen, hinter dem man beim Hindurchblicken den Fluss Colorado in der Tiefe erkennen kann, wie er durch das rote Gestein fließt.

An einem weiteren Punkt hatten Herrchen und Frauchen eine fantastische Fernsicht über den ganzen Grand Canyon bis weit über den Südrand hinweg. Sogar die San Francisco Peaks, jene Berge bei Flagstaff, in deren Nähe wir im Frühsommer waren, konnte man erkennen.

Zuerst bin ich mir nicht sicher, ob ich ihnen alles glauben kann, doch als sie mir Fotos zeigen, bin ich überzeugt und finde es wieder einmal schade, nicht dabei gewesen zu sein, wenngleich es viele Stunden strapaziöse Autofahrt für mich bedeutet hätte.

Abbildung 95: Blick von Norden nach Süden über den Grand Canyon mit sichtbaren San Francisco Peaks links im Bild.

Meine Untertanen reden dann noch etwas von der langen Fahrt, ein paar weiteren Aussichtspunkten und dem abenteuerlichen Rückweg. Sie überlegen auch kurz, ob wir uns nicht doch die Wildcamping-Möglichkeiten ansehen sollten, entscheiden sich schließlich jedoch dagegen, mit der Begründung, man bekomme bestimmt irgendwann wieder einmal in die Gegend und könne ja dann darüber nachdenken.

Für mich hört sich das mehr nach einer Ausrede an, doch ich weiß auch, dass wir mittlerweile seit mehreren Wochen nicht mehr in der Nähe einer größeren Stadt waren, um unsere Vorräte wieder ordentlich aufzustocken.

Und ich habe vor wenigen Tagen auch aufgeschnappt, dass wohl nicht mehr allzu viel Feuchtfutter für mich da wäre. Entsprechend verhalte ich mich weise und behalte jegliche Kommentare für mich.

Nach diesem besonders kurzen Aufenthalt bei einem so berühmten und spektakulären Höhepunkt unserer Reise, begeben wir uns tags darauf schon wieder auf die Weiterfahr nach Süden.

Wieder bei den Vulkanen

Wir verlassen den Campingplatz im Wald und sind wenig später auf dem kurvigen Highway, welcher uns hiergebracht hat. Diesem folgen wir gen Osten und fahren durch die atemberaubenden Vermilion Cliffs, wo wir in einer Haltebucht eine kurze Pause einlegen und die tolle Aussicht genießen.

Abbildung 96: Blick von einem Aussichtspunkt zu einem Randplateau der Vermilion Cliffs.

Dann geht es durch schier endlos scheinende Wüste weiter nach Süden. Die Stunden vergehen und ich verbringe viel Zeit damit, meinen Gedanken nachzuhängen sowie zu schlafen. Die Klimaanlage kühlt den Truck auf angenehme Temperaturen, ohne sie wäre es in der Kabine durch die intensive Sonne selbst jetzt im Spätsommer kaum auszuhalten.

Irgendwann bemerke ich, dass wir wieder in höhere Lagen fahren und Herrchen meint, wir müssten bald da sein, da wir die tiefer gelegene Ebene nun durchquert haben.

Der Highway führt uns über Hügel hinauf in die Berge und erneut wird die Vegetation in der Landschaft grüner. Zuerst tauchen vermehrt Juniper und andere niedrige Bäume und Sträucher auf, dann dominieren Nadelbäume die Botanik, insbesondere Pinien, welche zu weitflächigen Wäldern werden.

Als wir den gefühlt höchsten Punkt erreichen, bremst Herrchen unser Gespann und wir biegen rechts ab auf eine Piste durch den Wald. Obwohl wir sowieso schon langsam von der asphaltierten Straße auf den unbefestigten Untergrund rollen, werden wir kräftig durchgeschüttelt.

Im Schneckentempo bewegen wir uns vorwärts, doch die arg schlechte Piste fordert uns noch immer viel ab und meine Untertanen machen sich ernsthafte Sorgen um den Wohnanhänger. Mehrere Meilen schleichen wir so dahin, was beinahe eine Stunde bei der niedrigen Geschwindigkeit dauert. Immer wieder werden wir von Geländewägen, anderen Trucks ohne Hänger und den kleineren leichten Offroad-Buggies überholt, welche allesamt stark den Boden aufwirbeln und die ganze Umgebung in dichten Staub hüllen. Beiderseits der Waldpiste stehen überall Wohnmobile und wir finden keinen Stellplatz, was aufgrund der Staubsituation sowieso keine angenehme Option wäre.

Schließlich entscheiden wir umzudrehen und es in die andere Richtung zu versuchen. Herrchen hält kurz darauf bei einer wenig versprechenden Nebenpiste, an deren Einfahrt bereits ein großer Wohnanhänger parkt. Er steigt aus und läuft den Weg nach hinten über einen Berghang in den Wald hinein. Frauchen und ich überlegen derweilen, was für weitere Möglichkeiten wir haben, wenn wir in diesem Bereich des Nationalwaldes keinen Stellplatz finden.

Nach etwa zehn Minuten ist Herrchen zurück und meint mit etwas skeptischem Blick, dass er eine Stelle mit toller Aussicht gefunden hat, an der auch ich mich frei bewegen könnte. Er glaubt, dass wir die Piste nach hinten schaffen könnten, allerdings ist es teilweise sehr eng, kurvig und der Wohnanhänger würde an zwei Abschnitten ziemlich schief dahinrollen und wir entsprechend vorsichtig sein müssen.

Einstimmig beschließen wir es zu versuchen. Schlimmstenfalls würden wir einfach unser Zuhause verlieren, sagt Herrchen halb im Scherz, halb ernst, worauf ich ein leichtes Entsetzen im Gesicht nicht verbergen kann.

Doch zuerst müssen wir etwas weiter vorne an der Hauptpiste drehen, da der Winkel von hier aus für unser Gespann zu knapp ist.

Gesagt, getan. In weniger als einer Minute sind wir zurück bei dem Abzweig auf die Nebenpiste und umfahren das erste große Schlagloch, welches gleich nach wenigen Metern vor uns auftaucht. Dann geht es einen kleinen Hang nach oben und wir hoffen, dass uns niemand entgegenkommt. Der Weg ist so eng, dass wir Mühe haben, den Anhänger darauf zu halten und nicht an einem Baumstamm oder Felsen seitlich aufzufahren – für Gegenverkehr wäre hier wahrlich kein Platz. Bei einer Kurve ist es besonders knapp, obwohl Herrchen mit dem Truck größtmöglich ausholt.

Dann sind wir zum Glück da, meine Untertanen wenden in sehr engem Winkel Truck und Anhänger und schließlich wird unser Zuhause ausgerichtet, abgehängt und alles aufgebaut.

Derweilen sehe ich mich bereits neugierig durch die Seitenscheiben um. Hier könnte es mir gefallen, denke ich mir. Sogar sehr gut.

In dem natürlichen Pinienwald stehen die wunderschönen Bäume in einigem Abstand zueinander, was für genügend Licht sorgt. Vor unserem Wohnanhänger ist eine Art Lichtung, hinter welcher es einen Abhang hinunter geht. Von unserer Position aus haben wir einen tollen Fernblick bis in die Wüstenebene, die wir vorhin, viele Meilen entfernt, noch durchquert haben.

Links neben uns wächst ein wenige Meter hoher Juniper-Baum, doch rechts davon und auf der Rückseite überall die herrlichen Ponderosa-Pinien. Auch große, schwarz-grau-rötliche Felsbrocken sind oft zu sehen, welche mehrere tiefere Löcher aufweisen, die ich unbedingt auskundschaften muss.

Dann ist es auch schon soweit und ich darf hinaus. Geschäftig springe ich vom Truck auf den schwarzen Boden. Die Konsistenz unter meinen Pfötchen kommt mir vertraut vor. Zu gut erinnere ich mich noch an diese Art vulkanischen Untergrund, den ich vor mehreren Monaten kennengelernt habe. Doch hier ist es interessanterweise fester und ich sinke mit meinen Pfoten überhaupt nicht ein.

Herrchen sieht meinen Blick und erklärt, dass wir das letzte Mal in den nicht weit entfernten Cinder Hills waren, welche nur etwa zehn Meilen südöstlich von unserem jetzigen Platz liegen würden. Außerdem ist genau auf der anderen Seite des Waldes ein Vulkankrater und das National Monument, das damals noch aufgrund der Virus-Situation geschlossen war und nun wieder geöffnet hat. Wenn ich den Hang hinter unserem Wohnanhänger etwas weiter nach oben gehen würde, könnte ich den Vulkan sogar sehen. Aber wir würden sowieso die nächsten Tage zu dem Vulkan und in das National Monument fahren, um es genauer erkunden zu können.

Mir dröhnen mittlerweile die Ohren und ich gehe hinein. Manchmal redet Herrchen einfach wie ein Wasserfall, denke ich mir. Sei es auch noch so interessant, er muss doch verstehen können, dass er auch ab und an Redepausen einlegen muss – insbesondere mir sensiblem Geschöpf gegenüber.

Wie gewohnt bekomme ich mein Feuchtfutter bereitgestellt, das ich mir köstlich schmecken lasse. Dann möchte ich mich zuerst ausruhen und begebe mich auf das Bett, um mich auf meiner Kuscheldecke zusammenzurollen. Für später nehme ich mir vor, noch etwas den näheren Umkreis rund um unser Zuhause zu erkunden.

Am Nachmittag will ich nun endlich hinaus. Etwas zögerlich schreite ich die erste Stufe hinab und sehe mich dann sorgfältig um, ob sich seit meiner Ruhepause etwas geändert hat. Doch weder wilde Tiere noch andere Merkwürdigkeiten sind zu erkennen. So spaziere ich die restlichen beiden Stufen zum Boden hinunter und fange an, mich durch die Gegend zu schnuppern.

Ein weiteres Mal entdecke ich viele neue Gerüche, die ich von anderen Stellplätzen noch nicht kannte. Mittlerweile ist mein Riechrepertoire beachtlich angewachsen und würde ich davon den Katzen in Deutschland erzählen, hätten sie wohl nur verächtliche Blicke für mich und meine, in ihren Augen abstrusen, Geschichten übrig – wie unvorstellbar muss es für meine

Artgenossen dort sein, wenn ich ihnen von all den Abenteuern berichten würde?

Bereits zu Anfang meiner Reise habe ich mir ähnliche Fragen gestellt, doch jetzt, nach den vielen hinzugelernten Erfahrungen und Erlebnissen wird mir immer stärker bewusst, wie wenig man von dem Verpassten ahnen kann, wenn der Ausbruch aus dem Alltag nie gelingt.

Ich gehe weiter und bleibe bei der nächsten Gruppe Bäume stehen. Der erste Blick wirkt vielversprechend und es sind ein paar Äste in Sprungweite. Ich denke nicht weiter darüber nach, spanne meinen Körper an und bin mit einem Satz auf dem untersten Ast.

Erneut erinnere ich mich daran, wie schwer ich mich noch im Frühjahr damit getan habe, so eine für Katzen selbstverständliche Körperbewegung auszuführen und die einzelnen Abläufe entsprechend perfekt zu koordinieren. Damals habe ich es gerade so geschafft, einen niedrig hängenden Ast zu erreichen, und das, obwohl ich in meinem alten Leben viel draußen unterwegs war. Nur eben nicht zum regelmäßigen Klettern.

Frauchen und Herrchen sind mittlerweile zu mir gestoßen und meine Untertanin fotografiert mich bei meinen Showeinlagen. Herrchen geht den Hang etwas weiter hinauf, um sich die Gegend anzusehen.

Ich laufe ihm hinterher und zusammen entdecken wir ein paar schöne, doch unglaublich scharfkantige Felsen. Auch diese haben viele Aushöhlungen und ich beginne damit, sie zu erkunden. Immer wieder stecke ich meinen Kopf zwischen dem schwarzen rauen Gestein hindurch, doch außer ein paar Spinnweben, die mir hinter den Ohren hängen bleiben, ist nichts zu finden.

Viele blühende Pflanzen wachsen zwischen den dunklen Felsbrocken hervor, was ich als recht hübsch empfinde. Auch sind häufig Flechten auf dem Gestein, die in grellen gelb-grünen Farbtönen leuchten. Herrchen sagt, mehr zu sich selbst, dass diese Organismen dazu beitragen, das Lavagestein um uns herum zu immer feinerem Material aufzubrechen.

Etwas weiter oben erreichen wir den höchsten Punkt des Hügels. Von hier sehen wir, wie Herrchen bereits erwähnt hat, den nur wenige Meilen entfernten Vulkan.

Überall um uns herum sind hohe Berge und Herrchen zeigt auf einen davon und meint, dass sei Humphreys Peak, der mit mehr als 3.800 Metern höchste Gipfel Arizonas. Da wir uns auf unserem Wildcamping-Platz bereits auf 2.500 Meter über dem Meeresspiegel befinden, wirkt der Berg gar nicht so spektakulär hoch. Doch die in der Zwischenzeit stark abgekühlten Temperaturen überzeugen mich, dass wir tatsächlich wieder einmal in sehr hohen Lagen unterwegs sind.

Ergänzend sagt Herrchen noch, dass Humphreys Peak zur Gruppe der San Francisco Peaks gehört und das sei die Ansammlung der inaktiven Vulkane, welche meine Untertanen vorgestern noch vom Nordrand des Grand Canyons gesehen haben.

Dank der mittlerweile hinter den hohen Gipfeln verschwundenen Sonne erleben mein Herrchen und ich einen wunderschönen Abendhimmel, der sich, wie bereits so häufig, von kräftigem Rot zu Purpur und Blau färbt. Ich habe bereits aufgehört, diese magischen Momente mitzuzählen, genieße sie jedoch nach wie vor als sähe ich sie das erste Mal.

Dann ist es wieder Zeit, um zurück zum Wohnanhänger zu gehen, wo Frauchen bereits auf uns wartet und vorwurfsvoll zu Herrchen und mir meint, dass es eigentlich schon zu spät für kleine Katzen sei, um noch in der Wildnis herumzustreunen. Ich sehe Herrchen an, er mich, und wir beide wissen nicht, von welcher kleinen streunenden Katze Frauchen redet.

Im nächsten Moment springe ich in unser Zuhause hinein, bekomme mein Abendessen und auch meine Mitbewohner lassen es sich mit frischgekochten Köstlichkeiten gut gehen.

Während ich den restlichen Abend bis zum Schlafengehen auf meiner Kuscheldecke verbringe und nur selten aufstehe, um meine Untertanen zu drangsalieren, höre ich draußen ab und an ein paar Coyoten heulen und bin wieder einmal höchst erfreut, im sicheren und wohlig warmen Wohnanhänger zu sein.

Den nächsten Tag lassen wir gemütlich angehen. Wir frühstücken ausgiebig und lange, dann gehe ich mit Herrchen etwas spazieren. Ich nehme mir vor, das Stück auf der Rückseite unseres Wohnanhängers zu erkunden. Dort geht es ebenso einen Hang hinauf, von wo ich mir eine tolle Aussicht und Klettermöglichkeiten erhoffe.

Zügig überquere ich den staubigen Weg, über welchen wir gekommen sind und seit unserer Ankunft kein weiteres Fahrzeug gefahren ist. Dann trabe ich an Juniper und Pinien vorbei hinauf auf die Anhöhe. Ein paar schöne schwarz-rote Lavafelsen ragen aus dem Boden hervor und auch hier sind wieder grüne Pflanzen und bunte Blumen, die zwischen den Spalten emporwachsen.

Lässig springe ich auf einen der Felsbrocken und tänzele auf der anderen Seite hinunter, um meinen Spaziergang fortzusetzen. Wenige Meter später bin ich oben angekommen, finde einen umgefallenen Baumstamm und balanciere darauf herum.

Hinter mir setzt sich der lichte Pinienwald fort und zieht sich bis zu den zum Greifen nahe aufsteigenden Bergen. Ich bleibe stehen und genieße einfach nur den herrlichen Ausblick und die erfrischende Bergluft, welche ich mit tiefen Atemzügen inhaliere. Ganz nebenbei bemerke ich, dass mir die dünnere Höhenluft bereits weniger ausmacht und mein Organismus sich darauf eingestellt hat. Bei dieser Erkenntnis fällt mir nichts anderes ein, als mich selbst zu loben und grinse zufrieden.

Ich verweile mit Herrchen noch ein wenig auf dem Baumstamm, dann springe ich hinab, lege einen Freudensprint ein und renne wie wild zum nächsten Busch.

Abbildung 97: Nachdem ich über den umgefallenen Baumstamm balanciert bin, genieße ich den herrlichen Ausblick und die Bergluft.

Mir kommt der Gedanke, dass ich bisher noch keinerlei Mäusegerüche wahrgenommen habe. Es sind zwar immer wieder höchst verdächtige Erdlöcher zu sehen, doch ich konnte nicht einen einzigen der Nager erblicken oder hören, seit wir hier sind. Neugierig gehe ich um den Busch herum, doch auch hier gibt es keinerlei Anzeichen für eine Behausung der leckeren Vierbeiner.

Für ein paar weitere Minuten erkunde ich noch die Anhöhe, auf der ich mich befinde, dann wird mir die Höhensonne auf meinem schwarzen Pelz zu unangenehm und ich gehe zickzack von einem Schatten zum Nächsten zurück zu unserem Wohnanhänger.

Herrchen hat mich anscheinend aus den Augen verloren und ich höre ihn, wie er auf der Anhöhe nach mir ruft. Ich wette mit mir selbst, dass er länger als zwei Minuten benötigt, um zu realisieren, dass ich nicht mehr dort bin, und kassiere dann auch wie erwartet den imaginären Wetteinsatz.

Bis zum späten Nachmittag gehe ich abwechselnd hinaus, dann verbringe ich wieder etwas Zeit im Inneren unseres Zuhauses. Plötzlich verkünden meine Untertanen, sie würden gerne einen spontanen Ausflug in das bereits erwähnte und gleich gegenüberliegende National Monument machen, um sich die vulkanische Gegend genauer anzusehen. Ich sage nicht nein und schließe mich ihnen an.

Wir fahren den schmalen Weg zurück zur staubigen Hauptpiste, was sich als wesentlich entspannter herausstellt, sobald der Anhänger nicht hinterhergezogen werden muss. Die Piste ist zwar nach wie vor noch unangenehm holprig, doch können wir nun etwas schneller darauf unterwegs sein und kommen so nach etwa fünfzehn Minuten bereits beim Highway an.

Diesen überqueren wir und fahren auf der gegenüberliegenden Seite wieder in den Wald hinein, wo dann auch bald die Einfahrt in das Sunset Crater Volcano National Monument ist. Herrchen hält den Truck beim Besucherzentrum an, um sich ein paar Informationen zu besorgen. Dann geht es nach wenigen Minuten weiter und hinein in den Park.

Unser erster Stopp führt uns zu einem Gelände, das durchzogen ist von schroffem Lavagestein. Dazwischen schlängelt sich ein Wanderweg hindurch, den meine Untertanen auch begehen möchten. Sie sagen zu mir, ich könne sie von meiner Position im Truck durchgängig beobachten, denn der Pfad führt immer in Sichtweite in einer Schleife durch das Areal.

Kurz darauf sind sie auch schon weg und ich blicke ihnen hinterher. So karg und lebensfeindlich das Lavagebiet anfangs auch wirkt, beim genaueren Hinsehen stelle ich fest, dass auch dort die Natur Einzug gehalten hat und unterschiedliche Pflanzen der harschen Umgebung trotzen. Diverse Gräser über Sträucher bis hin zu Pinien haben sich in dem Vulkangestein breit gemacht. Beim Blick nach rechts erkenne ich, dass sogar hübsche Zitterpappeln mit ihrem weißen Stamm aus dem schwarzen Boden emporwachsen. Immer wieder bewundere ich die Durchsetzungskraft des Lebens, das sich selbst von diesen kargen Umständen nicht unterkriegen lässt.

Es dauert nicht lange, dann sind meine Mitreisenden wieder zurück von ihrer sehr kurzen Wanderung und wir fahren weiter zum nächsten Haltepunkt. Auch dort werde ich alleine gelassen, kann aber alles überblicken und schaue Frauchen und Herrchen dabei zu, wie sie einen Steg entlanglaufen.

Dieses Mal besteht der Boden aus feinkörnigen Lavabröckchen, welche ich bereits von den Cinder Hills kenne. Es ist beinahe wie an einem Strand ohne Meer.

Die Gegend ist jedoch nicht flach, sondern ganze Hügel aus dieser vulkanischen Asche sind durch Ausbrüche entstanden. Auch darin wächst und gedeiht die Vegetation und ich wundere mich, wie tief die Wurzeln ragen müssen, um an Wasser zu kommen.

Abbildung 98: Feine vulkanische Ascheklümpchen prägen die Oberfläche der Landschaft.

Ich sehe meine Untertanen ein paar Fotos machen, dann kommen sie zurück, nur um einem weiteren Pfad durch die Vulkanlandschaft zu folgen, welcher sie allerdings aus meinem Blickfeld bringt.

Nach etwa zwanzig Minuten sind sie wieder bei mir und erzählen von dem, was sie gesehen haben.

Es ging über eine lange Treppe hinunter in eine tiefere Lavaschicht. Dort gab es Einblicke in eine einem Konus ähnliche Öffnung, in welcher zu Zeiten des Ausbruchs flüssige Lava gebrodelt hat. Auch eine gigantische Pinie haben sie entdeckt, die sie zutiefst beeindruckt hat.

Dann gab es noch kleine Höhlen zu sehen, die sich weit unterhalb des Gesteins entlang gezogen haben. Zumindest haben sie das auf den

Informationstafeln gelesen, denn diese Höhlen sind mit einem Gitter verschlossen und dürfen nicht von Touristen begangen werden. Außerdem seien sie ziemlich eng und Frauchen und Herrchen fragen sich, ob man dort überhaupt hineinpassen kann.

Ich werde hellhörig und sage den beiden, dass ich mich sofort freiwillig melden würde, worauf die zwei mich entsetzt anblicken und mir davon abraten.

Wir fahren die Straße weiter, bis wir schließlich beim Aussichtspunkt vor dem tatsächlichen Vulkankrater ankommen. Leider ist der Aufstieg nicht erlaubt. Doch das Panorama ist herrlich und die tiefstehende Sonne wirft lange Schatten auf die Lavalandschaften.

Nach allem was ich bereits gesehen habe, denke ich mir wieder einmal, welch bizarre Gegenden es doch gibt. Die Szenerie könnte, wie so häufig, aus anderen Welten sein, dermaßen fremdartig wirkt sie. Wir blicken noch ein paar weitere Minuten in die Ferne, dann fahren wir die ganze Strecke durch den Park zurück und halten ein letztes Mal an, um den tollen Anblick des Sunset Craters von der Rückseite zu genießen.

Auch die Berge, bei denen wir unser Camp aufgeschlagen haben, können wir von hier aus gut betrachten und lassen still deren Eindrücke im Licht des Abendhimmels auf uns wirken. Am Fuße der Berge erstreckt sich eine Fläche, welche von Gras, gelben sonnenblumenartigen Gewächsen und anschließend tiefgrünen Nadelbäumen bewachsen ist. Auch hier stellt die Natur ihre künstlerischen Fähigkeiten kräftig zur Schau.

Abbildung 99: Unsere "Hausberge", wo unser Wildcamping-Platz liegt.

Nachdem wir für einige Minuten die Abendstimmung in uns aufgesogen haben, wird es Frauchen und Herrchen zu kalt. Sie springen zurück in den Truck und wir fahren quer über den Highway auf die andere Seite hinein in den Wald.

Es ist rasch dunkel geworden und im Scheinwerferlicht rollen wir über die Piste zu unserem Wohnanhänger.

Kaum dort angekommen, schaltet Herrchen als erstes die Heizung ein und wir verbringen den restlichen Abend in unserem kleinen, aber feinen Zuhause.

Den folgenden Tag bleiben meine Untertanen bis zum Nachmittag wieder bei mir und ich genieße mein freies Leben in den Bergen. Danach lassen sie mich für ein paar Stunden alleine und fahren in die nächstgelegene Stadt Flagstaff, welche etwa fünfzehn Meilen südlich von uns liegt. Dort gibt es jedwede Versorgungsmöglichkeit, die sich Frauchen und Herrchen nur wünschen können und sie erledigen alle möglichen Einkäufe.

Als sie wieder bei mir sind, ist es bereits stockfinstere Nacht. Durch die Fensterscheiben habe ich bis kurz vor ihrem Eintreffen den fantastischen Sternenhimmel genossen.

Die beiden kommen herein, ich darf mir wieder die üblichen Phrasen anhören, dass ich nicht mehr raus dürfe und schließlich erkunde ich all ihre Einkäufe, während sie diese auspacken und verstauen.

Zu meiner Zufriedenheit entdecke ich stapelweise mitgebrachtes Feuchtfutter und mache mir um die nächsten Wochen keinerlei Sorgen.

Außer dass Herrchen einen weiteren kurzen Ausflug nach Flagstaff unternimmt, um Propan-Gas zum Heizen zu holen, verlaufen die nächsten zwei Tage ruhig. Ich genieße mein Leben ohne Leine, erkunde nach wie vor den Wald und die Hügel um uns herum und lasse es mir einfach gut gehen.

Am Abend darauf jedoch, als ich gerade mit meinem Untertan noch etwas vor dem Wohnanhänger flaniere, höre ich ein trabendes Geräusch eines näherkommenden Hundes.

Ich spitze meine Ohren und blicke mit meinem Argusauge in die entsprechende Richtung. Durch die Büsche habe ich den Vierbeiner schnell entdeckt und erkenne, dass es ein recht junger, doch bereits stattlicher Welpe ist. Da ich weiß, dass ein Hund in diesem zarten Alter erst recht keinerlei Manieren hat, begebe ich mich zügig in unseren Wohnanhänger hinein.

Zu meinem Erstaunen kommen mein Herrchen und der Mitbewohner des Hundes kurz darauf ins Gespräch und unterhalten sich bestens. Noch viel mehr erstaunt mich, dass die beiden recht schnell die Sprache wechseln und nun in Deutsch miteinander sprechen.

Jetzt werde ich doch neugierig und lausche an der Eingangstür. In dem Moment kommt der verrückte junge Hund die Treppe hoch und glotzt zu mir hinein. Ich fauche ihn an, der Welpe dreht sich um und fetzt davon, um irgendeinem Spielzeug hinterher zu jagen. Belustigt beobachte ich den Vierbeiner, wohlwissend dass er selbst in vielen Jahren noch immer die gleiche Verhaltensweise an den Tag legen wird.

Herrchen und der andere Mann, beide sind wohl im selben Alter, tauschen sich weiterhin aus. Ich erfahre, dass der Hundefreund vor fünf Jahren in die USA ausgewandert ist und nun seit mehreren Monaten in einem Wohnmobil lebt und auf Reisen ist, um sich Amerika anzusehen und diesen mobilen Lebensstil zu genießen. Es ist bereits finster, als die beiden sich verabschieden und Herrchen zu uns in den Wohnanhänger kommt.

Ich bin noch immer verdutzt, dass wir hier mitten im Wald in den Bergen Arizonas einen Deutschen treffen, der dann auch nur wenige hundert Meter entfernt campiert. Was für ein verrückter Zufall, denke ich mir.

Tags darauf, gegen Nachmittag, unternehmen Frauchen und Herrchen einen Ausflug in das nahegelegene Wupatki National Monument, um sich die dort verbliebenen Behausungen von indianischen Ureinwohnern anzusehen.

Ich winke dankend ab, als sie mich fragen ob ich mitfahren möchte, wohlwissend dass ich wieder nicht aussteigen dürfte. Und Menschengemachtes interessiert mich sowieso nicht allzu sehr.

Als sie zurück sind, erzählen sie mir wie gewohnt von ihren Erlebnissen. Sie seien in die Wüstenebene hinuntergefahren, wo es nach etwa zwanzig Meilen in den Park geht. Die Wüste war recht hübsch anzusehen und an sich schon viele Fotos wert. Als sie dann bei den Behausungen waren, haben sie zuerst nur wenige Überreste der aus Sandsteinblöcken gebauten Häuser gesehen.

Doch das letzte Gebäude ähnelte einer Festung und hat den beiden recht imponiert, insbesondere da zu der damaligen Zeit keinerlei moderne Gerätschaften zur Verfügung standen.

Abbildung 100: Wupatki Pueblo im gleichnamigen National Monument während der Abendstunden.

Nicht weit von diesem als Wupatki Pueblo bekanntem Gebäude ist ein Loch im Boden, aus welchem durchgehend kalte Luft wie bei einem starken Gebläse herausströmt. Dieses als Blowhole bezeichnete Loch könne mit dem Atem der

Erde verglichen werden, denn es verhält sich zyklisch und nach einer gewissen Zeit des Herausblasens saugt es Luft nach innen.

Ich höre gespannt zu, die Geschichte über das Blowhole zieht mich voller Faszination in ihren Bann. In Gedanken male ich mir aus, was für Entdeckungen ich wohl machen könnte, wenn ich dem Loch ins Innere der Erde folgen würde.

Dann reißen mich meine Untertanen aus meinen Tagträumen und zeigen mir ein paar der Fotos, die sie gemacht haben. Abschließend ergänzen sie noch, dass die Bewohner der Häuser rund um das Wupatki Pueblo die Gegend wohl verlassen haben, kurz bevor der nahegelegene Vulkan ausgebrochen ist, welcher den Sunset Crater hinterlassen hat.

Nachdem wir uns alle für die Nachtruhe hingelegt haben, lande ich recht schnell im Traumreich und gehe auf Entdeckungsreise nach Wupatki. Kaum komme ich bei dem Blowhole an, versuche ich hineinzuklettern, werde jedoch aufgrund des starken Ausatmens der Erde immer wieder nach draußen geblasen, so dass ich nach dem fünften Versuch keine Lust mehr dazu verspüre und mir neue Traumabenteuer für die restlichen Stunden des Schlafs suche.

Wir sind mittlerweile über zehn Tage in den bewaldeten Vulkanbergen nahe Flagstaff und obwohl täglich die Sonne vom wolkenlosen Himmel scheint, werden die Morgen- und Abendstunden zunehmend kühler.

Frauchen und Herrchen sind vor wenigen Minuten losgefahren, um sich die zu dieser Jahreszeit auftretenden Herbstfarben der Laubbäume in dem Waldgebiet anzusehen. Wenngleich an unserem Stellplatz hauptsächlich Nadelgehölz wächst, sind weiter in den Bergen verschiedene Abschnitte mit Laubwäldern zu finden, die zum Großteil aus Pappeln bestehen. Deren Blätter haben sich bereits zu knalligen Gelb- und teilweise auch schon Rottönen verfärbt, was in den umliegenden Pinienwäldern herrlich anzusehen ist.

Nach einigen Stunden sind die beiden zurück und beginnen mit ihrem Bericht. Sie hätten in der Tat ganze Berghänge voller verfärbter Laubbäume gefunden, aber der Höhepunkt war die Fahrt hoch zur Arizona Snowbowl, welche im Winter ein bekanntes Ski-Gebiet in der Gegend ist.

Die Straße führt bis auf über 2.800 Meter hinauf, wo eine große Grasfläche ist, hinter welcher ein weiterer Zitterpappelwald steht. Zusammen mit der fantastischen Aussicht war der Anblick der bereits gelb verfärbten Bäume mit ihrem weißen Stamm besonders beeindruckend und nur die am Nachmittag aufkommende kühle Luft hat Frauchen und Herrchen dazu gebracht, wieder ihre Fahrt zurück zu unserem Zuhause anzutreten.

Es muss auch sehr viel los gewesen sein und sogar Hinweistafeln von der Nationalwald-Verwaltung wurden aufgestellt, um die besten Plätze in dem riesigen Waldgebiet zu finden.

Abbildung 101: Blick vom Parkplatz der Arizona Snowbowl in einen nahegelegenen Zitterpappelwald, welcher auf etwa 2.800 Meter über Meereshöhe wächst.

Ich höre bis zum Schluss interessiert zu, dann möchte ich noch für den Rest des Tages hinaus und meine Untertanen öffnen mir unverzüglich die Tür.

Als ich durch die Landschaft spaziere, wundere ich mich, wie lange wir wohl hier an diesem schönen Platz noch bleiben werden und ob es weitere Orte gibt, die ich nicht gesehen habe.

Ich komme zu dem Entschluss, dass ich es früher oder später sowieso erfahren werde und mache mich daran, meine bisher erfolglosen Studien über das rätselhafte Verschwinden der Flagstaff-Vulkanmäuse fortzusetzen. Wenn ich doch nur endlich eine von ihnen entdecken würde, denke ich mir mit einem Anflug der Verzweiflung.

Drei Tage später ist dann der Zeitpunkt gekommen, an dem wir alles zusammenpacken und uns von dannen machen.

Ich bedanke mich zuvor noch bei allen umliegenden Pflanzen, Felsen und der Landschaft für die schöne Zeit an diesem wunderbaren Ort. Dann rollen wir aus dem Wald hinaus zurück auf den Highway, durch Flagstaff hindurch und setzen unsere Reise nach Süden fort.

Gar nicht fern von Mexico

Wir verlassen die Höhenlagen und fahren schließlich zur Abbruchkante des Colorado-Plateaus, auf welchem die fantastischen Landschaften Utahs und des nördlichen Arizonas liegen.

Doch bevor wir endgültig aus der Gegend verschwinden, verbringen wir die Nacht auf einem Campingplatz bei Payson, einem Städtchen, welches bereits südlich des sogenannten Mogollon Rim liegt. Die Vegetation ist nach wie vor waldreich mit diversen Sträuchern, die ich zuvor in nördlicheren Bereichen kaum gesehen habe.

Dann geht es weiter, und am Ende des nächsten Fahrtages zeigt das Navigationssystem an, dass wir seit Langem wieder auf weniger als tausend Meter über dem Meeresspiegel sind.

Wir haben einen schönen Platz inmitten der Wüste gefunden, wo wir übernachten werden und der Anhänger nicht einmal vom Truck abgekuppelt werden muss. Beim Aussteigen schlägt mir ein warmer Wind entgegen und ich bin froh, dass die Sonne bereits tief steht.

Nach und nach werden die Temperaturen auch für mich in meinem dicken Pelz erträglich und zusammen mit meinen Mitreisenden spazieren wir etwas durch die Gegend in der Nähe unseres Wohnanhängers.

Wie anders doch nun die Landschaft ist im Vergleich zu den Bergen, wo wir die letzten Wochen verbracht haben.

Der Boden ist sandig und ein paar vereinzelte niedrige Wüstensträucher sind der einzige Bewuchs. Die Fernsicht reicht wieder einmal bis zum Horizont, wo gerade die Sonne spektakulär hinter Wüstenbergen verschwindet. Da wir es gewohnt sind, dass es unmittelbar danach empfindlich kühl wird, sind wir überrascht von den nach wie vor milden Temperaturen.

Schließlich gehen wir in unser Zuhause hinein und lassen alle Fenster und die Tür geöffnet, da es immer noch recht heiß darin ist.

Am nächsten Morgen erfahren wir die traurige Nachricht, dass Frauchens Vater über Nacht plötzlich verstorben ist.

Wir überlegen hin und her, was wir tun sollen, und beschließen dann, auf einen Campingplatz im südlichsten Arizona zu fahren. Wir wollten sowieso dort in die Gegend und die große Stadt Tucson mit ihrem internationalen Flughafen ist weniger als hundert Meilen entfernt. Außerdem gibt es auf dem Campingplatz vernünftige Monatsraten und die einzelnen Parzellen sind recht großflächig. Ich schlucke anfangs etwas, doch aufgrund der Umstände verstehe ich meine Untertanen nur zu gut.

Am späten Vormittag fahren wir weiter und erneut viele Stunden nach Süden. Die Stimmung ist traurig und so werden wenige Worte gewechselt.

Ich erinnere mich noch gut an Frauchens Vater. Jedes Mal, wenn sie und Herrchen gemeinsam zu einer ihrer Reisen aufgebrochen sind, hat er sich liebevoll um meine Stiefschwestern und mich gekümmert. Er kam vormittags und nachmittags vorbei und blieb meistens viele Stunden. Mir hat er immer eine besonders große Portion Futter gegeben und ich mich mit vielen Schmuseeinheiten herzlich dafür bedankt. Mein Ein-Auge-Bonus hat sein Übriges getan.

Als wir schließlich auf dem ausgesuchten RV Park ankommen, verläuft alles wie gewohnt und ein paar Minuten später stehen wir auf dem uns zugewiesenen Platz. Und in der Tat ist dieser außergewöhnlich groß. Neben unserem kleinen Anhänger könnten noch ohne Probleme zwei weitere abgestellt werden.

Herrchen hat uns hier für ein volles Monat einquartiert, der längste durchgehende Aufenthalt am selben Ort, den wir bisher hatten. Er und Frauchen meinen, so weiter zu reisen wie bisher kommt vorerst sowieso nicht in Frage und sie überlegen noch, ob sie nach Deutschland fliegen werden, um an der Beerdigung teilnehmen zu können.

Die ersten Tage vergehen und ich verhalte mich rücksichtsvoll und poche nicht auf mein Recht, hinaus zu dürfen. Doch wie es so oft der Fall ist, kommen die Dinge anders als erwartet.

Herrchen hat sich mit einem der Campingplatz-Mitarbeiter unterhalten und der meint, es ist überhaupt kein Problem, wenn ich frei herumlaufen würde. Ich solle nur mit seinem kleinen Hündchen etwas nachsichtig sein, denn es sei ziemlich arglos. Da auch weit und breit keine vielbefahrene Straße ist und wir von Wüste umgeben sind, sehen meine Mitbewohner darin keine Gefahr und so darf ich tatsächlich auf einem RV Park ganz ohne Leine frei umher spazieren. Ich musste nur zuvor das Versprechen abgeben, den kleinen Hund von meiner Frühstücksliste zu streichen, was ich nach einem Blick auf meine Futtervorräte als unproblematisch ansah.

Ich fühle mich wie die Königin des Campingplatzes und weiß gar nicht, wo ich zuerst anfangen soll, die Umgebung zu entdecken.

Um uns herum stehen viele grüne Wüstenpflanzen und auch einige Kakteen. Alle möglichen Vögel und sogar die kleinen Kolibris lassen es sich hier gut gehen.

Wir sind wieder ein Stück höher als bei der Zwischenübernachtung in der Wüste, doch die knapp 1.400 Meter über Meeresspiegel tragen nur wenig dazu dabei, die Umgebung abzukühlen und so beschränke ich mich bei meinen Erkundungstouren auf die schattigeren Plätzchen. Mir wurde auch gesagt, wir sind unweit der mexikanischen Grenze und da ich Mexiko mit Hitze assoziiere, wundert es mich nicht, dass es auch bei unserem Stellplatz sehr warme Temperaturen hat.

Derweilen planen Frauchen und Herrchen ihre Deutschlandreise, wägen hin und her ab, wie es für mich das Beste wäre, und arbeiten sich durch all die Besonderheiten, die es während der Viruspandemie zu beachten gilt.

Als sich jedoch herauskristallisiert, dass Deutschland einen weiteren Lockdown herbeiführen wird, kommen die beiden zu dem Entschluss, dass sie die Reiseambitionen verwerfen werden. Insbesondere Frauchen ist dadurch sehr geknickt und ich versuche sie etwas aufzumuntern, womit ich jedoch wenig Erfolg habe.

Die erste Woche vergeht und außer dass meine Untertanen zu ein paar Lebensmitteleinkäufen in den südlichen Teil des nahe gelegenen Städtchens Bisbee aufbrechen, verbringen wir die Zeit zusammen auf dem Campingplatz.

Nachts kommen die Coyoten so nahe, dass ich anfangs gedacht habe, sie spazieren jeden Moment zur Eingangstür herein. Und in der Tat finde ich tags darauf Spuren und Gerüche von ihnen in unmittelbarer Nähe unseres Stellplatzes. Das Geheule und Gebelle wirkt manchmal furchterregend und ich hüte mich von da an auch besser bei meinen Ausflügen, um nicht von einem der gefräßigen Vierbeiner überrascht zu werden.

Wenig später beschließen Frauchen und Herrchen, nun doch etwas zu unternehmen. Gegen Nachmittag, als die größte Hitze des Tages überstanden ist, brechen wir zu dritt auf und fahren etwa fünfundzwanzig Meilen zum San Pedro Fluss. Während wir unterwegs sind, erklärt Herrchen mir und Frauchen, dass der Fluss sich wie ein grünes Band durch die trockene Umgebung zieht und als eine Art Oase für vielerlei Vögel und andere Wildtiere fungiert.

Kaum kommen wir an, verstehe ich auch, wovon Herrchen gesprochen hat. Sind wir kurz zuvor noch durch karge Wüstenlandschaft gefahren, verändert sich von einem Moment auf den nächsten die Umgebung und wir sind umgeben von herrlichen Amerikanischen Pappeln. Die faszinierenden Bäume erscheinen mir hier riesig und haben weit ausladende Baumkronen mit prächtigem grünen Laub.

Ich überlege, ob ich mich in diese doch recht imposanten Höhen trauen würde zu klettern, denke aber nicht weiter darüber nach, da ich mir sicher bin, mich hier nicht frei bewegen zu dürfen.

Es ist tatsächlich ein kleines Paradies inmitten der lebensfeindlichen Umgebung und die Vögel zwitschern laut durcheinander.

Meine Untertanen gehen noch etwas spazieren, während ich im Truck warten muss. Auf der Rückfahrt erzählen sie mir, dass der Fluss zu dieser Jahreszeit beinahe ausgetrocknet sei, aber anscheinend noch genügend Feuchtigkeit für alle Pflanzen in den oberen Bodenschichten vorhanden ist. Die gesamte Uferböschung ist mit dichtem saftigem Gras bewachsen und die Pappeln verbreiten einen sehr angenehmen Duft in der Luft.

Kurz bevor wir wieder bei unserem Campingplatz sind, fahren wir am nördlichen Ortsteil von Bisbee vorbei, das malerisch in den Bergen eingebettet liegt.

Ich betrachte es aus dem Seitenfenster, während Herrchen den Truck über die kurvige Straße hinunter ins Tal lenkt. Wenige Meilen danach biegen wir ab und sind im Nu wieder zurück bei unserem Wohnanhänger.

Leider ist es heute schon zu spät, als dass ich noch hinausdürfte, doch wohl wissend, dass die Coyoten hier besonders aufdringlich sind, mache ich es mir zu dieser späten Tageszeit lieber im sicheren Inneren gemütlich.

Am Ende der Woche gehen Frauchen und Herrchen erneut auf Entdeckungstour, ich darf jedoch dieses Mal nicht mitkommen. Sie meinen, sie wären viele Stunden unterwegs und einen beachtlichen Teil davon auf wahrscheinlich nicht besonders guten Pisten.

Dieses Argument überzeugt mich und ich mache es mir auf meinem Fensterplatz bequem. Die beiden verlassen den Wohnanhänger, nicht ohne vorher noch das Thermostat der Klimaanlage einzustellen, falls unser Zuhause sich zu sehr aufheizen sollte. Dann höre ich sie auch schon davonfahren.

Es ist bereits dunkel und das allabendliche Coyoten-Geheul in vollem Gange, als meine Mitbewohner zur Tür hereinkommen. Sichtlich geschafft von dem langen Tag versorgen sie mich mit Feuchtfutter, machen sich dann selbst etwas zu essen und beginnen schließlich mit dem Erzählen ihrer Erlebnisse.

Sie sind in das nahegelegene, etwa dreißig Meilen entfernte Coronado National Memorial gefahren, wussten jedoch nicht, was sie genau erwartet.

Nach einem kurzen Stopp beim Besucherzentrum wurde die Straße zur gut ausgebauten Piste. Diese hat sich in engen Serpentinen in die Höhe gewunden, bis sie schließlich auf dem sogenannten Montezuma Pass angekommen sind.

Bereits auf dem Parkplatz war die Fernsicht grandios, doch als sie einen kurzen Wanderweg zu einem Aussichtspunkt gegangen sind, hat es ihnen den Atem verschlagen. Von ihrem Standort auf etwa 2.000 Meter über Meereshöhe in den Huachuca Bergen konnten sie rings um in die Ferne blicken, über riesige Täler hinweg bis hin zu weiteren Bergen. Unter ihnen war der Grenzzaun zu Mexiko erkennbar, der sich durch die Landschaft bis zum

Horizont gezogen hat. Die Vegetation war relativ spärlich und nur ein paar wenige vereinzelte Bäumchen zu sehen. Hinter ihnen, wo die Berge höher waren, gab es allerdings dichtere Wälder zu erblicken, in denen wohl sogar Schwarzbären heimisch sein sollen. Selbst Jaguare wurden in dieser Gegend bereits gesichtet, wenngleich auch extrem selten.

Während sie an diesem herrlichen Ort standen und den spektakulären luftigen Ausblick genossen haben, sind sie mit einem weiteren Touristen ins Plaudern gekommen.

Schließlich entwickelte sich daraus ein langes Gespräch und meine Mitbewohner haben unter anderem erfahren, dass der Besucher aus dem etwa dreitausend Meilen entfernten und nordöstlichsten Bundesstaat Maine angereist ist, um hier im südlichen Arizona ein paar Wochen Urlaub zu machen.

Die drei haben sich bestens verstanden und nachdem sie sich an dem Fernblick satt gesehen haben, ging es zusammen weiter an der mexikanischen Grenze entlang zu einem See.

Abbildung 102: Die spektakuläre Aussicht vom Montezuma Pass in den Huachuca Bergen gen Südosten. Im Hintergrund ist der bis zum Horizont verlaufende Grenzzaun zu Mexiko zu erkennen.

Die Fahrt dorthin war holprig und staubig und mehrmals kamen ihnen Fahrzeuge der Grenzschutzbehörde entgegen. Die Landschaft hat sie durch Prärie ähnliche Gegenden geführt mit hohem braunen Gras, das bis zu den Bergen gereicht hat.

Dann veränderte sich die Szenerie plötzlich und die Piste ging entlang von hohen Junipers und anderen Büschen und Sträuchern. Immer wieder mussten sie ausgetrocknete Flussbetten queren, teils über schmale Brücken, teils mittendurch.

Schließlich, nach etwa dreißig Minuten auf der holprigen Piste, kamen sie zu dem See, welcher wunderschön in der tiefstehenden Sonne geglitzert hat. Umgeben von Mischwald und Pflanzen, die interessanterweise in den verschiedensten Klimazonen zuhause sind, lag er inmitten der halbwüstenhaften Gegend. Viele Wasservögel schwammen darauf und am anderen Ufer konnten sie sogar einen Weißkopfseeadler erspähen, der auf einem großen abgestorbenen Baum saß.

Nachdem sie eine Wanderung entlang des Gewässers gemacht haben, hat sich ihr neuer Freund herzlich von ihnen verabschiedet und auch meine Untertanen haben sich auf den Heimweg gemacht. Da sie keinerlei Lust verspürten, die Piste im Dunkeln zurückzulegen, sind sie einen großen Umweg auf asphaltierten Straßen um das Massiv der Huachuca Berge herumgefahren, wo sie diese von der Westseite in traumhaftem Abendlicht beobachten konnten, bevor die Sonne endgültig verschwand.

Alles in allem war es ein perfekter Ausflugstag, meint Herrchen und ich sehe auch Frauchen an, dass es ihr bereits besser geht.

Die nächsten Tage vergehen ohne weitere Ereignisse und meine Untertanen sind meistens bei mir. Gelegentlich besorgen sie ein paar Lebensmittel und Herrchen repariert hin und wieder ein paar Dinge an unserem Wohnanhänger.

Dann brechen die beiden erneut zu einem Ausflug auf, dieses Mal möchten sie sich die nur wenige Meilen entfernte Künstlerstadt Bisbee ansehen, an der wir bereits schon vorbei gefahren sind.

Bei ihrer Rückkehr erzählen meine Reisegefährten von den vielen bunten Häusern, die in einen Canyon hineingebaut wurden. Das malerisch gelegene Örtchen wirkt so ganz anders als die meisten amerikanischen Städte. Teilweise erinnerte es sie an die italienische Toskana.

Nachdem sie ein bisschen durch Bisbee flaniert sind, fuhren meine Untertanen in die umliegenden Berge und haben Fotos der Stadt von oben gemacht, die sie mir jetzt zeigen. In der Tat ist die Lage der Ortschaft recht ansehnlich, doch viel mehr begeistert mich auch hier wieder die Fernsicht und die Weite und Wildheit der Landschaft. All das zu erkunden würde mir tierisch gefallen, denke ich mir.

Frauchen und Herrchen erzählen weiter, dass, als sie dann auf dem Rückweg erneut durch den Südteil der Stadt kamen, sie spontan abgebogen sind und eine Gegend entdeckt haben, die sie in die Zeit der 50er Jahre gebracht hat. Gut erhaltene alte Tankstellen, Häuser und die zugehörigen Fahrzeuge standen in teils schillernden Farben auf der Straße geparkt. Insbesondere Frauchen war Feuer und Flamme, als sie all die Sehenswürdigkeiten entdeckt hat.

Auch dieser Ausflug endete für die beiden in einem gelungenen Tag.

Abbildung 103: Der Blick auf Bisbee aus den Bergen.

Da es draußen noch hell ist, vermittle ich meinen Untertanen nun, dass ich endlich hinaus möchte.

Zusammen mit Herrchen steige ich die Stufen hinab und wälze mich zuerst ausführlich auf dem staubigen Boden, um danach wie ein Waschbär auszusehen. Dann spaziere ich hinter unseren Wohnanhänger zu den Wüstenpflanzen hinüber und hoffe, die ein oder andere Eidechse jagen zu können.

Auch dieses Mal ist mein Jagdglück nicht von Erfolg gekrönt und ich drehe eine kurze Runde hinüber zu unserem Nachbarn und dann durch ein kleines ausgetrocknetes Flussbett zurück zu unserem Zuhause.

Mittlerweile sind drei Wochen vergangen, die wir auf dem Campingplatz im südöstlichen Arizona unweit der mexikanischen Grenze verbringen. Die anfangs tagsüber noch heißen Temperaturen sind abgekühlt, so dass sich unser Wohnanhänger trotz der vielen Sonne nicht mehr so stark aufheizt.

Heute sind Frauchen und Herrchen zu einer weiteren Tour aufgebrochen, von der ich wieder gerne zuhause geblieben bin. Während ich auf sie warte, putze ich mir abwechselnd das Fell und entspanne mich auf meiner Kuscheldecke. Gelegentlich spaziere ich auch zu meinem Wassernapf, um ein paar Schlucke daraus zu nehmen.

Dann höre ich, dass meine Mitbewohner mit dem Truck zurück sind und springe zur Eingangstür, um sie zu begrüßen. Bald darauf öffnet sich diese und da es erst Nachmittag ist, darf ich einfach so hinaus. Dort warte ich auf mein Herrchen und Frauchen, dass sie mir von ihrem heutigen Ausflug berichten, was sie dann auch gerne tun, nachdem sie sich in ihren Campingstühlen niedergelassen haben.

Frauchen beginnt und sagt, sie wären nach Norden in die Wildwest-Stadt Tombstone gefahren. Die Stadt hat ihr Aussehen aus dem 19. Jahrhundert beibehalten und ist mittlerweile eine Touristenattraktion. Es gibt dort noch Saloons und andere Gebäude aus dieser Zeit und alles ist recht nett anzusehen. Sogar eine mittägliche nachgestellte Schießerei findet statt – selbstverständlich nur mit Platzpatronen.

Da ich an solchen Themen nicht besonders interessiert bin, nicke ich freundlichkeitshalber immer wieder mit dem Kopf, höre jedoch nicht mehr richtig zu.

Als Herrchen dann von ihrer Weiterfahrt in die Dragoon Berge erzählt, beginne ich wieder andächtig seinen Worten zu lauschen. Eigentlich sind sie dorthin gefahren, weil sie gehört haben, dass es tolle Wildcamping-Möglichkeiten am Fuße der Berge geben soll. Diese wollten sie auskundschaften, da sie sowieso in der Gegend waren.

Die Piste dorthin zieht sich über zwölf Meilen und der letzte Abschnitt ist alles andere als gut, meint Herrchen. Doch für einen Tagesausflug ohne Anhänger war es die Mühen wert. Die Berge bestehen aus erodiertem Granitgestein, was zu schön geformten sandfarbenen Felsbrocken an der Oberfläche geführt hat.

Als Frauchen mir die Fotos zeigt, denke ich mir, wie gerne ich dort herumklettern würde.

Ich sehe, dass die interessante Vegetation aus Juniper, Yucca, Agaven, Sträuchern und Gräsern besteht. Ich hätte meine helle Freude gehabt, an all den Pflanzen zu schnuppern und sie von einer etwaigen Nagerplage zu befreien.

Abbildung 104: Teile der Dragoon Berge unweit von Tombstone in Arizona.

Als Herrchen meinen Blick sieht, meint er zu mir, dass wir vielleicht nächstes Jahr bei den Dragoon Bergen einfach unseren Lagerplatz für die erlaubten zwei Wochen aufschlagen. Auch ihn würde es sehr reizen, mehr Zeit in dieser Gegend zu verbringen und diese gemeinsam mit mir zu entdecken, sagt er.

Wir palavern noch etwas über die Abenteuer, welche wir dort erleben könnten und ich stelle mir in meiner Fantasie all die dazugehörigen herrlichen Abende am Lagerfeuer vor.

Frauchen beendet den Bericht über ihren und Herrchens Ausflug. Anschließend genießen wir den restlichen Nachmittag vor dem Wohnanhänger, bis ich irgendwann keine Lust mehr habe und wieder hinein gehe.

Schneller als gedacht ist das Monat in dem RV Park vorbei und dank meiner beibehaltenen Freiheiten fiel es mir dieses Mal auch nicht so schwer, die Zeit dort zu verbringen - wenngleich auch fernab eines einsamen Stellplatzes in der Wildnis Amerika.

Am nächsten Morgen, als wir alles zusammenpacken, sagt Herrchen zu mir, wo wir jetzt hinfahren würden, hätte ich einen großen Spaß und mehr Freiheitsgefühl ist wohl beinahe unmöglich.

Da er für mich in Rätseln spricht, verlasse ich mich auf seine Worte und fiebere der Abfahrt entgegen, um zur ultimativen Freiheit aufzubrechen.

Zurück bei den magischen Bergen in der Sonora Wüste

Frauchen und Herrchen verabschieden sich von den mittlerweile vielen bekannten Menschen auf dem RV Park, dann fahren wir mit unserem Gespann hinaus auf die wenig befahrene Straße und biegen auf einen Highway nach Norden ab.

Kurz darauf kommen wir ein letztes Mal an Bisbee vorbei und folgen dem Highway am Rande des Canyons entlang hinauf zum Pass, wo es durch einen Tunnel geht und anschließend wieder hinunter. Wenig später passieren wir auch Tombstone. Etwa zwei Meilen danach ist aufgrund der Grenznähe zu Mexiko ein Checkpoint, an welchem wir unsere Dokumente zeigen und freundlich weiter gewunken werden.

Die Straße zieht sich weiterhin durch Wüste und Berge, bis wir schließlich zu einem Interstate Highway kommen, welcher uns nach Westen führt.

Eine Stunde später geht es durch die große Stadt Tucson hindurch, die ich bereits im Frühjahr besucht und wo ich so viel über Kakteen gelernt habe.

Dann biegen wir auf eine andere Autobahn ab, die uns laut Herrchen um die riesige Metropolregion rund um Phoenix in einigem Abstand herumführt. Die Landschaft ist weiterhin geprägt von Wüstenbergen und trockenen Ebenen.

Herrchen meint, wir sind nun vollends in der Region der Sonora-Wüste, welche sich über weite Teile des südlichen Arizonas zieht. In dieser werden wir auch die nächste Zeit bleiben, um zu überwintern. Im Vergleich zu dem RV Park, wo wir ein Monat verbracht haben, liegen unsere geplanten Ziele im Südwesten des Bundesstaates zwischen dreißig und zweihundert Metern Höhe, was zusammen mit der südlichen Lage die Temperaturen selbst im Winter sehr angenehm bleiben lässt.

Nachdem wir Phoenix umfahren haben, dauert es in etwa eine weitere Stunde, bis wir wieder auf eine schmale Piste abbiegen. Dort möchten wir für eine Nacht bleiben, da die Fahrt zu unserem Überwinterungsziel zu lange ist für einen Tag.

Herrchen übersieht eine tiefe Stelle und wir müssen mit anhören, wie die Anhängerkupplung mit einem lauten Geräusch kurz über die steinige Stelle schleift. Mein Untertan steigt daraufhin aus, überprüft routiniert, ob etwas kaputt gegangen ist, und schon fahren wir langsam die Piste entlang weiter.

Diese wird zunehmend schlechter und wir fragen uns, ob wir uns nicht verfahren haben. Teilweise wirkt es, als hätten wir den Weg aus den Augen verloren, doch einige Meter später sind wir wieder zurück auf der Spur. Ich bemerke, dass bei meinen Mitreisenden die Nerven mit jeder Minute angespannter werden und wundere mich, wie lange wir denn noch quer durch die Steinwüste schleichen wollen.

Schließlich ist Herrchen so verzweifelt, dass er aussteigt und zu Fuß weitergeht. Wir sind mittlerweile in der Situation, dass wir unser Gespann nicht mehr ohne weiteres wenden können und beim Gedanken daran, all die Strecke rückwärts zurück zu legen, stellen sich mir die Nackenhaare auf. Nicht, dass ich Angst hätte, aber das dann eintretende Gejammer und Geschimpfe von Frauchen und Herrchen würde mir wiederum ziemlich zu schaffen machen.

Nach einiger Zeit ist mein Untertan zurück und meint, nur wenige hundert Meter weiter in Richtung des vor uns liegenden Bergmassivs gibt es eine Stelle, die wohl für uns geeignet ist. Und er denkt auch, dass wir dort dann am nächsten Morgen wenden können. Seinem Gesichtsausdruck nach erkenne ich, dass er mehr hofft als zu wissen und ich bin gespannt, wie es morgen wohl weitergehen wird. Doch vorerst scheint uns ein Platz für die Nacht gesichert und kurz darauf sind Truck und Wohnanhänger abgestellt, ohne abgekoppelt zu werden.

Beim Aussteigen sehe ich mich um und erkenne, dass wir an einem recht hübschen Örtchen parken. Nicht weit von uns ist das besagte Bergmassiv, das, wie ich erfahre, Saddle Mountain heißt. Wir campieren auf einer kleinen Anhöhe, hinter welcher es in ein übersichtliches, ausgetrocknetes Flussbett hinab geht.

Leider ist bereits die Sonne untergegangen und die Dämmerung beginnt, was bedeutet, dass ich nicht mehr hinausdarf. Doch für morgen nehme ich mir vor, die Gegend zu erkunden, falls ich vor Abfahrt noch einmal die Möglichkeit bekomme.

Wenig später starten die in der Umgebung heimischen Grillen ihr nächtliches Zirp-Konzert und ich fühle mich großartig, endlich wieder weit draußen in der Natur zu sein,

Abbildung 105: Unser Stellplatz am Saddle Mountain.

fernab der menschlichen Zivilisation.

Als der nächste Tag beginnt, ist Herrchen bereits früh auf. Er meint, er will den Sonnenaufgang am Rande der Berge beobachten. Außerdem möchte er überprüfen, ob es noch einen anderen Weg gibt, der uns wieder zurück zu der befestigten Straße bringt. Und zuletzt will er feststellen, warum die Piste hierher so ganz anders verlaufen ist, als er es geplant hat. Denn eigentlich sollte diese überhaupt nicht problematisch sein und außerdem hat er gestern Abend noch ein paar Lichter etwa einen Kilometer weiter westlich von uns gesehen, die ebenfalls nahe am Berg waren. Das lässt ihn schlussfolgern, dass wir wohl zu früh in die Wüste abgebogen sind.

Ich maunze zurück, warum das letztendlich nicht egal sei, denn schließlich sind wir nun mal hier gelandet und es ist doch recht schön. Aber in dem Moment geht er schon davon, um den Sonnenaufgang zu sehen und ich lasse es gut sein, weiß ich doch nach all den Jahren, dass ein Homo Sapiens meistens nie in der Gegenwart verweilt.

Abbildung 106: Sonnenaufgang am nächsten Morgen bei Saddle Mountain.

Nachdem Herrchen zurückkommt, gibt es für uns drei ein leckeres Frühstück. Meines besteht natürlich aus den besten Zutaten von allen und ich genieße mit jedem Happen das leckere Feuchtfutter.

Anschließend darf ich noch etwas hinaus und spaziere in das Flussbett hinunter, wo ich vergnügt über ein paar größere Steine springe. Bevor ich zurück trabe, schnuppere ich an einem Gebüsch und geselle mich dann wieder zu meinen Untertanen, die vor dem Wohnanhänger stehen.

Nach ein paar Minuten muss ich jedoch hinein, denn die beiden haben beschlossen, einen kurzen Spaziergang zu machen, um näher an den Berg zu kommen. Dazu folgen sie dem Weg weiter, den wir gestern hierhergekommen sind und verschwinden bald aus meinem Blickfeld.

Als sie wieder da sind, packen wir die paar herumstehenden Sachen zusammen und ich werde in den Truck auf die Rücksitzbank gehoben und angeschnallt.

Dann diskutieren Frauchen und Herrchen noch eifrig, wie sie hier am besten mit dem Gespann hinauskommen und beschließen, es vorwärts zu versuchen, um einen größeren Busch herum, in der Hoffnung das genügend Platz für den benötigten Wendekreis ist.

Herrchen fährt los und ich sitze neben ihm auf dem mittleren Sitz, um gebannt die Situation zu beobachten. Im Rückspiegel sehe ich Frauchen, die mit vor Aufregung verzerrtem Gesicht uns Handzeichen gibt.

Als sie hektische Bewegungen macht, bleibt Herrchen stehen und steigt aus. Vor uns geht es nicht weiter, eine Senke und ein großer Felsbrocken sind im Weg. Herrchen kommt wieder in den Truck, dreht am Lenkrad und fährt ein Stück zurück. Der Winkel zwischen Wohnanhänger und Truck wird beängstigend gering und Millimeter für Millimeter reizen wir aus, bevor die Ladefläche mit den Propangas-Flaschen des Hängers zusammenstößt.

Dann starten wir den nächsten Versuch und tatsächlich, extrem langsam vorwärts bewegend schaffen wir es und fahren zwischen Gehölz und Fels herum.

Der Anhänger steht für einen Moment recht schief und ich mache Herrchen darauf aufmerksam, woraufhin er nur gelassen entgegnet, ich solle nicht immer so ein Drama machen. Etwas verblüfft über diese verdrehten Tatsachen starre ich ihn an und sehe dann, dass auch unser mobiles Zuhause wieder aus der brenzligen Situation gerollt ist.

Wir fahren noch ein paar Meter weiter und halten dann an, um auf Frauchen zu warten, welche eilig zu uns gerannt kommt und in den Truck springt. Wieder vereint, legen wir vorsichtig den Rest der Strecke zurück und sind nach mehreren weiteren Beinahe-Katastrophen endlich auf der befestigten Straße.

Ganz nebenbei erwähnt Herrchen, dass wir für all den Aufwand definitiv zu kurz geblieben sind und Frauchen und ich stimmen lächelnd und erleichtert zu.

Wir setzen unsere Fahrt fort und nach etwa zwei Stunden biegen wir erneut auf eine Piste ab. Als ich durch die hinteren Fenster hinausblicke, überkommt mich das Gefühl, hier schon einmal gewesen zu sein.

Es geht wenige Meter parallel zur asphaltierten Straße entlang, dann entfernen wir uns davon und durchqueren ein ausgetrocknetes Flussbett. Auf der anderen Seite fahren wir wieder hinaus und die Piste weiter hinein in die Wüste.

Als wir an einem Hügel mit einem alleinstehenden Saguaro-Kaktus vorbeikommen und ich die Landschaft mit den etwas weiter entfernten Wüstenbergen sehe, fällt es mir wie Schuppen von dem Auge. Wir sind zurück in der Nähe von Quartzsite in den Plomosa Bergen, wo ich das erste Mal ohne Leine in die Wildnis Amerikas hinausdurfte.

Nach dieser Erkenntnis werde ich ganz aufgeregt und spaziere auf der Rücksitzbank auf und ab, während ich gleichzeitig ununterbrochen freudig maunze. Ich kann es kaum erwarten, dass wir ankommen und feuere Herrchen an, doch etwas schneller über die staubige Piste zu fahren. Doch er lässt sich nicht aus der Ruhe bringen und so sind wir ein paar lange Minuten später schließlich am Ziel.

Meine Untertanen bereiten den Anhänger vor, dann kommen sie zurück, nehmen mir die Leine bereits im Truck ab und ich springe energiegeladen hinaus. Wir stehen dieses Mal etwa einen Kilometer weiter östlich am Ende der Piste, kurz bevor sie in ein weiteres Flussbett führt und von dort an für alle Fahrzeuge, die größer als Offroad-Buggies sind, unpassierbar wird. Auch haben wir etwa fünfzehn Meter vor unserer Wohnanhänger-Terrasse einen steilen Abhang, welcher direkt in das darunter liegende Flussbett abfällt – jedoch zu einer Stelle, die keine Piste und somit perfektes Revier für mich ist. Dort stehen mehrere Bäume, welche ich durch meine Erfahrung mittlerweile als Palo Verde und Mesquite-Bäume erkenne.

Insbesondere über die Palo Verdes hat mir Herrchen sehr interessantes erzählt. Unter anderem, dass diese mit ihrer grünen Rinde an Stamm und Ästen auch ohne Blätter Photosynthese betreiben können. Das sei vor allem in der Trockenzeit sehr von Vorteil, da die Pflanzen dann keine Blätter haben, um Feuchtigkeit zu sparen.

Nachdem ich mich kurz umgesehen habe, beschließe ich, mich zuerst zu stärken und spaziere in den Wohnanhänger hinein, um meine wohl verdiente Mahlzeit zu bekommen.

Kaum habe ich diese verspeist, gehe ich wieder hinaus zu Herrchen, der die restlichen Aufbauarbeiten abschließt und gerade die Solar-Panels aufstellt. Für ein paar Minuten beobachte ich ihn und stelle fest, dass er seine Aufgaben einwandfrei erledigt.

Dann schlendere ich zu dem Abhang und folge diesem parallel zum Flussbett, immer wieder instinktiv kleinen Kakteen ausweichend. An einer Stelle werden aus dem Abhang senkrecht abfallende Klippen, die anscheinend bei einem starken Regenfall mit darauffolgender Springflut entstanden sind. Unterhalb davon wächst ein herrlich aussehender und großer Palo Verde Baum aus dem ausgetrockneten Fluss, welcher weit über die Klippen hinaus aufragt.

Ich begutachte den Baum auf infrage kommende Klettermöglichkeiten und bin im nächsten Moment bereits auf dem ersten erreichbaren Ast. Dann klettere ich immer höher hinauf und genieße die tolle Aussicht.

Ich liebe einfach das Gefühl von viel Luft unter mir und beschließe, in der Krone des Palo Verdes noch ein Stockwerk höher zu springen. Dort tänzele ich über den Ast, doch als dieser bereits zu knacken beginnt, suche ich das Weite und steige eine Ebene tiefer.

Nach einigen weiteren Balance-Akten über die verschiedenen Äste komme ich wieder im unteren Bereich des Baumes an und springe gekonnt zurück auf den Rand der Klippe, wo mich Herrchen bereits freudig erwartet. Ich streiche ihm um die Beine und schnurre vor lauter Glücksgefühlen.

Zum Abschluss sprinte ich in wildem Galopp zurück zum Wohnanhänger und die Stufen hinauf, um mich anschließend auf meiner Kuscheldecke zu putzen und ein Nickerchen zu machen.

Abbildung 107: Nach einer erfolgreichen Klettertour auf einen Palo Verde Baum blicke ich zu Herrchen in die Kamera, bevor ich kurz danach wieder herunterspringe.

Abends gehe ich erneut mit meinen Mitbewohnern hinaus, um die letzten Strahlen der Sonne zu genießen, bevor diese hinter den Bergen im Westen verschwindet. Danach wird es recht schnell kalt und der aufkommende Wind treibt uns zurück in den Wohnanhänger.

Durch das große Fenster beobachten wir weiterhin den herrlichen Abendhimmel mit den sanft ineinander übergehenden rötlichen und bläulichen Farben. Schließlich ist es dunkel, wir machen das Licht an und Frauchen beginnt das Abendessen zuzubereiten. Kurz bevor meine Untertanen zu essen beginnen, servieren sie auch mir mein Mahl und wir lassen es uns schmecken.

Nachdem wir uns alle satt gegessen haben, mache ich mich auf den Weg zu Frauchen ins Bett. Herrchen bleibt noch für viele weitere Stunden wach und tippt auf seinem Laptop herum. Nach einer gewissen Zeit lege ich mich neben ihn auf meinen Platz beim großen Fenster in der Essecke, um ihn bei seinem Tun zu inspirieren – worin auch immer das bestehen mag.

Die folgenden Tage verbringen wir entspannt an unserem Stellplatz in der kargen und dennoch wunderschönen Sonora-Wüste. Herrchen und ich machen häufig kurze Ausflüge, bei denen wir die Wüstenpflanzen studieren.

Nicht weit von unserem Wohnanhänger entfernt stehen vereinzelte Saguaro-Kakteen, Teddybär- und andere Chollas, Ocotillos sowie verschiedene Sträucher.

Einer davon ist der Kreosotbusch, welcher zu dieser Jahreszeit hübsche kleine behaarte Samenkügelchen an seinen Ästen hängen hat. Diese fallen bei der geringsten Berührung ab, rollen davon und werden vom Wind verweht.

Als ich einmal an einem der Kreosotbüsche schnuppere, bin ich ganz erstaunt, wie herrlich duftend das Gehölz dieser Pflanze ist. Das leicht rauchige Aroma wirkt zusammen mit den anderen Noten betörend und ich erinnere mich, dass im Frühling nach einem kurzen Regenschauer die Luft in der Wüste davon erfüllt war.

Herrchen meint ganz nebenbei, dass diese Spezies unglaublich faszinierend ist. Das Wurzelsystem jeder einzelnen Pflanze ist so effizient, dass jegliche Feuchtigkeit im Boden aufgesaugt wird. Dies hat schwerwiegende Folgen für andere Pflanzen als auch die eigenen Sämlinge, da sie keinerlei Möglichkeiten haben, im direkten Umfeld zu wachsen und zu gedeihen.

Um diesem Problem der Vermehrung zu entgehen, wachsen aus den Wurzeln immer wieder neue Stämme empor und im Laufe der Zeit sterben die inneren Stämme ab. Dadurch entstehen ganze Ringe von Kreosotbüschen, die nach wie vor Teil einer einzigen Pflanze und dadurch genetisch absolut identisch sind.

Abschließend erzählt Herrchen, dass in der Mojave-Wüste im benachbarten Kalifornien einer dieser Ringe auf ein Alter von etwa 11.700 Jahren geschätzt wird, was diesen zu einem der ältesten Organismen des Planeten macht.

Ich lausche gebannt Herrchens Worten und sehe den Kreosotbusch nun mit ganz anderem Auge. Was für ein Wunder der Natur und welch perfekter Plan hinter dieser Pflanze steckt. Solch ein ausgeklügeltes System, das Organismen tausende von Jahren alt werden lässt in einer so lebensfeindlichen Gegend wie dieser Wüste, weckt tiefste Demut in mir.

Nachdenklich gehe ich mit Herrchen weiter und zurück zu unserem Wohnanhänger, wo ich weiterhin viel Zeit damit verbringe, über die Natur und das Universum zu sinnieren.

Ab und zu, wenn ich draußen im Schatten neben dem Truck liege, landen Libellen nicht weit von mir entfernt auf dem steinigen Boden. Ich kann über deren Verhalten nur mutmaßen, gehe aber davon aus, dass sie sich sonnen und sich die Zeit mit meinem erhabenen Anblick versüßen.

Gelegentlich geht mir aber auch der Gedanke durch den Kopf, sie tun das nur, um mich zur Jagd herauszufordern. Dann stürze ich mich jedes Mal wie ein Löwe auf sie, jedoch immer erfolglos.

Manchmal bleiben die hübschen Insekten sogar auf Herrchens oder Frauchens Lehne des Campingstuhls sitzen, während die beiden darin sitzen. In diesen Momenten äuge ich eifersüchtig zu ihnen hinüber und tue so, als wenn mich das gar nicht tangieren würde.

Dann fliegen die Libellen weiter, nur um kurz darauf zurück zu kommen und das Spiel beginnt von vorne.

Abbildung 108: Ich komme von einem meiner vielen Ausflügen in der Wüste zurück. Im Hintergrund Palo Verde Bäume, rechts im Bild Kreosotbüsche.

Während unserer Zeit in der Sonora-Wüste fahren meine Untertanen manchmal in das nahegelegene Quartzsite, um ein paar Dinge zu erledigen oder sich etwas anzusehen.

Als sie einmal davon nach Hause kommen, erzählen sie mir von einem wunderschönen Stadtpark, den sie dort besucht haben. Dieser sei als Andenken an ein kleines Mädchen namens Celia errichtet worden, das mit gerade einmal acht Jahren gestorben ist und der Liebling des ganzen Ortes war.

Um etwas an die Einwohner von Quartzsite zurück zu geben und dem Mädchen zu gedenken, haben die Eltern „Celia's Regenbogen Garten" gegründet. Darin befinden sich herrliche Pflanzen, welche von den verschiedensten Kakteen über Akazien- und Eukalyptus-Bäumen zu Oleander und sogenannten Feenstaub-Sträuchern reichen. Mittlerweile ist der Park kräftig angewachsen und weitere Familien gedenken dort ihrer Verstorbenen.

Herrchen und Frauchen zeigen mir noch einige Fotos und ich bin verblüfft, dass um diese Jahreszeit die Pflanzen noch blühen, was auf den zweiten Blick in Anbetracht der milden Temperaturen dann jedoch weniger verwunderlich ist.

Die Tage vergehen und ich genieße die tolle Zeit. Immer wieder suche ich mir neue Bäume zum Erklettern. Auch unternehme ich tagtäglich länger werdende Wanderungen durch das ausgetrocknete Flussbett, wo ich an Steinen schnuppere und kleine ausgewaschene oder von Tieren angelegte Höhlen erforsche.

Abbildung 109: Ich habe einen weiteren Baum erfolgreich erklommen.

Einer meiner Untertanen ist meist nie weit von mir und kümmert sich um meine Sicherheit. Ein bisschen erinnern die beiden mich an Prärie-Hunde, bei denen auch immer Wächter vor den Bauten saßen und nach Raubtieren Ausschau hielten, um im Fall der Fälle die anderen zu warnen.

Mittlerweile ist Weihnachten und während ich in der Wüste herumstöbere, sehe ich, dass Frauchen und Herrchen zu einzelnen Kakteen gehen und irgendetwas aufhängen. Zuerst überlege ich noch, was sie da machen könnten, beschließe dann aber, es einfach herauszufinden und spaziere zu ihnen hinüber.

Sie sind gerade bei einem der Teddybär-Chollas und Herrchen versucht, näher an die stachelige Pflanze zu kommen, ohne von ihr gepikst zu werden. Zusätzlich liegen am Boden überall die Ärmchen des Chollas herum, was es ihm nicht leichter macht, seine Aufgabe zu erledigen.

Als ich fast bei ihnen bin, erkenne ich, dass sie einen kleinen, pferdeförmigen und mexikanisch wirkenden Weihnachtsschmuck anbringen. Der Gegenstand glitzert in den unterschiedlichsten Farben und macht sich recht gut an dem Teddybär-Cholla, finde ich.

Kaum erkennen mich meine beiden Mitreisenden, empfangen sie mich mit freundlichen Gesten und Herrchen beginnt Fotos von mir zu machen. Ich bemühe mich, meine Pfoten besonders elegant zu bewegen und ernte dafür tosenden Beifall.

Die Sonne steht bereits tief am Himmel und die Schatten der Pflanzen und Steine ziehen sich über den Wüstenboden. Wir schlendern anschließend noch etwas in der Gegend umher, machen uns dann aber auf den Rückweg.

Der Wind nimmt zu und kaum ist die Sonne verschwunden, fallen die Temperaturen ab und wir flüchten in den noch warmen Wohnanhänger.

Abbildung 110: Ich schlendere zu Frauchen und Herrchen, die Weihnachtsschmuck an einem Dorn eines Teddybär-Chollas anbringen (links im Bild).

Doch auch dort schalten wir nach weniger als einer Stunde die Heizung ein und genießen die Wärme, während es draußen minütlich kälter wird. Der Wohnanhänger knarzt immer wieder durch die rasch fallenden

Außentemperaturen und ein weiterer wunderschöner Tag neigt sich seinem Ende zu.

Während ich auf meiner Kuscheldecke liege, kommen in mir Gedanken auf, wie sehr ich im Frühjahr noch gebangt habe, ob wir wohl jemals wieder an diesen verzauberten Ort zurückkommen. Im Nachhinein erkenne ich, dass auch das wieder eine völlig unbegründete Angst war, die ich mir anscheinend unbewusst – und das ist das wirklich Fatale daran – bei den Menschen abgeschaut habe.

Vor mich hin sinnierend schlummere ich ein, während Frauchen und Herrchen noch den Weihnachtsabend in der Abgeschiedenheit und Ruhe der Sonora-Wüste feiern.

Mittlerweile habe ich mich bereits so sehr an unseren Wildcamping-Platz gewöhnt, dass ich anfange, die Bäume und Steine beim Vornamen zu nennen.

Herrchen geht regelmäßig in der Wüste joggen und Frauchen widmet sich ebenfalls ihren Hobbies. Nachts bleibe ich immer öfter mit Herrchen lange wach, um bei seinen im Laufe der Zeit ausgearteten Schreibtätigkeiten am Laptop als Muse neben ihm zu liegen.

Eines Abends haben wir einen fantastischen Mondaufgang über den Bergen im Osten beobachtet. Anfangs habe ich mir schon Sorgen gemacht, dass die helle Kugel am Horizont zu uns herüber rollt und den Wohnanhänger beschädigt, doch sie ist wie ein riesiger Luftballon nach oben gestiegen, dabei immer kleiner geworden und schließlich auf Normalgröße geschrumpft.

Abbildung 111: Eines Abends beobachten wir einen spektakulären Mondaufgang über den Bergen im Osten.

Heute habe ich erfahren, dass Silvesterabend ist und morgen ein neues Kalenderjahr beginnt. Völlig unbeeindruckt von dieser Zeitrechnung der Menschen beschließe ich dennoch, einen Rückblick zu wagen. Immerhin habe ich viel erlebt und es war wirklich ein ganz außergewöhnliches Jahr für mich.

Ich erinnere mich, wie die letzten Tage in meinem alten Leben abliefen, die Wohnung immer leerer wurde und ich dann im Bauch des Ungetüms nach Amerika entführt wurde. Auch gehen mir Gedanken durch den Kopf, wie klein die Welt doch vorher noch war und wie wenig ich davon wusste, dass es mehr gibt als nur meinen Garten und den Komposthaufen.

Dann durchlebe ich in meinen Tagträumen erneut einige der vielen Abenteuer und staune nicht schlecht, als ich erkenne, was ich bereits alles gesehen und erlebt habe. Von Wüsten über Berge und unendliche Wälder bis hin zu grandiosen Canyons, all das durfte ich bereisen und bin in diesen Landschaften umherspaziert, auf Bäume und Felsentürme geklettert.

Ich bin wahrlich eine privilegierte Katze, denke ich mir.

Voller Dankbarkeit über all diese Erfahrungen blicke ich zu Frauchen und Herrchen hinüber und sehe, dass auch sie ein paar sentimentale Minuten durchleben.

Abbildung 112: Nach einer meiner Exkursionen gehe ich mit vielen neuen Erfahrungen nach Hause in meinen Wohnanhänger.

Weitere herrliche Tage in der Sonora-Wüste vergehen und ich bin oft morgens und abends mit Frauchen und Herrchen unterwegs in den grandiosen Weiten.

Gelegentlich denke ich noch an Deutschland und an die dort lebenden Katzen. Doch mehr und mehr weiß ich, dass ich hier in Amerika meine neue Heimat gefunden habe und diese nicht länger innerhalb der Grenzen eines Hauses oder Gartens liegt. Stattdessen ist die Wildnis mein Zuhause geworden, in welch fantastischer und atemberaubenden Landschaft wir auch immer sind.

Bald werden wir wohl auch die Gegend rund um unser Winterquartier verlassen und ich fiebere bereits den nächsten Abenteuern entgegen, die ich mit Frauchen und Herrchen im Land der unbegrenzten Möglichkeiten erleben werde.

ENDE

DANK

Niemals hätte ich zu Anfang der Reise und des Abenteuers in Betracht gezogen, dass ich ein Buch darüber schreiben werde, noch dazu aus Vicky's Katzenperspektive. Doch dank unzähliger Stimmen aus dem Familien- und Freundeskreis haben sich schließlich die Gedanken dazu geformt und letztendlich in meinem ersten Werk manifestiert.

Größter Dank gilt meinen Eltern und meinem Bruder, die jederzeit hinter mir und meinen Auswanderungs-Plänen standen, wenngleich ich auch weiß, wie schwer es ihnen gefallen ist, mich ziehen zu lassen. Zweifellos darf hier auch meine Schwester nicht unerwähnt bleiben, die mich stets von anderen Ebenen aus ermutigt hat.

Selbstverständlich möchte ich auch meine Ehefrau Sonja hier namentlich erwähnen und zutiefst danken für all ihre Unterstützung vor, während und nach diesem so ganz besonderen Projekt.

Ebenso wären wir drei wohl ziemlich aufgeschmissen gewesen, hätten unsere Freunde Ramona, Steffi und Thomas sowie meine Schwägerin Sabine uns nicht tatkräftig unterstützt. Wenige bis keine Tage vergingen, an denen wir nicht spontan ihre Hilfe benötigten.

Ohne des seelischen Beistands meines guten Freundes Marcel, sowohl vor der Auswanderung als auch all die Zeit danach bis in die Gegenwart, würde so manche Situation nach wie vor aussichtslos wirken. Auch das ein oder andere philosophische Gespräch hat dazu beigetragen, Dinge in einem anderen Licht erscheinen zu lassen und diese Erkenntnisse und Weisheiten bis in das Buch hineingetragen.

Außerdem möchte ich an dieser Stelle meiner Oma Maya, ihren Schwestern Lotte und Anni sowie Ehemann Pete danken, die in mir das Reisefieber als auch die Liebe zum nordamerikanischen Kontinent bereits in meiner Jugend erweckt haben.

Natürlich wäre das Reisen nichts ohne all die netten Menschen mit ihren spannenden Geschichten, die man unterwegs trifft und die ich hier nicht namentlich aufführe, denen ich jedoch auf diese Weise meinen Dank ausdrücken möchte.

Zu guter Letzt darf die Hauptdarstellerin des Buches natürlich nicht fehlen. Mit ihrer selbstlosen Art legt sie allerdings Wert darauf, erst zum Schluss genannt zu werden.

Über den Autor

Philipp Schubert

Hauptberuflich im IT Bereich tätig, ist der Autor mit Vicky und Ehefrau in die USA ausgewandert und reist seitdem mit seiner kleinen Familie in einem Wohnanhänger durch die Vereinigten Staaten. Im Laufe der Reise hat er seine Liebe zum Schreiben entdeckt und Vicky's Erlebnisse in diesem Buch zusammengefasst.